MAISON A. GIROUX
PARIS
Brevetée de L'EMPEREUR

LES DIEUX

ET

LES DEMI-DIEUX

DE

LA PEINTURE

PARIS. — IMPRIMERIE SIMON RAÇON ET COMP., RUE D'ERFURTH, 1.

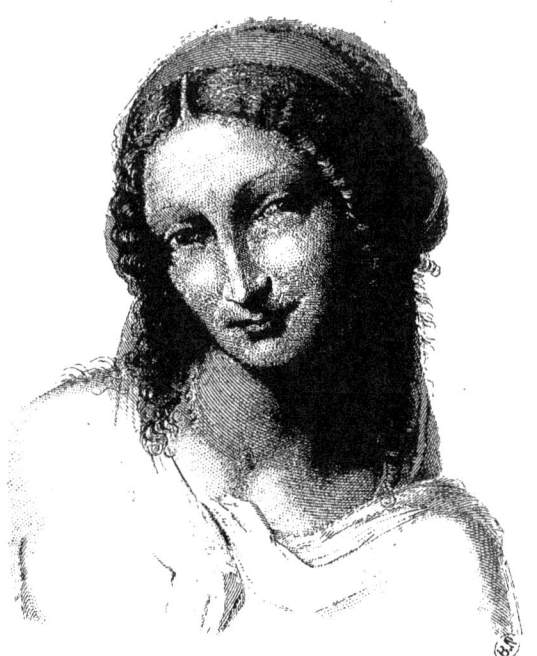

Dirigé par L. Calamatta.   Gravé par Demannez.

Léda
Léonard de Vinci

Imp. Ch. Chardon ainé, Paris.

LES DIEUX

LA PEINTURE

THÉOPHILE GAUTIER, ARSÈNE HOUSSAYE

DE SAINT-

ILLUSTRATIONS PAR

LES DIEUX
ET
LES DEMI-DIEUX
DE
LA PEINTURE

PAR MM.

THÉOPHILE GAUTIER, ARSÈNE HOUSSAYE
ET
PAUL DE SAINT-VICTOR

ILLUSTRATIONS PAR M. CALAMATTA

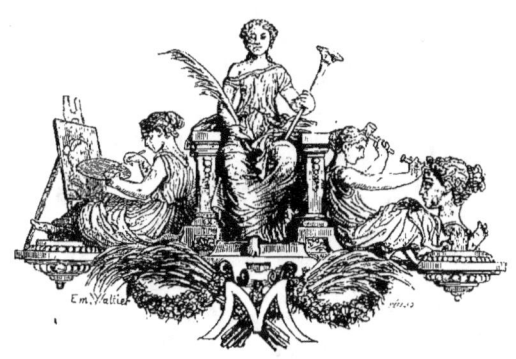

PARIS
MORIZOT, LIBRAIRE-ÉDITEUR
RUE PAVÉE SAINT-ANDRÉ-DES-ARTS, 3

1864

INTRODUCTION

Ce livre n'est pas une histoire complète de l'art, — aucune histoire n'est complète, — chacun des noms illustres qui en remplissent les pages eût nécessité un gros volume. On a voulu seulement dresser un trône d'or aux douze grands dieux, aux olympiens de la peinture et sur les marches d'ivoire de ces trônes, poser à un degré plus ou moins élevé les demi-dieux qui méritent d'être admis dans ce ciel d'un azur lumineux. Tous ont cherché le beau et l'ont trouvé par des routes diverses; peut-être nul d'entre eux, si grand qu'il soit, n'a donné son rêve tout entier, car devant les efforts de l'artiste, l'idéal recule jusque dans l'absolu. Si l'idéal n'était pas au-dessus de toute réalisation, il cesserait d'être l'idéal et de luire comme une étoile au bout de cette perspective sans fin qu'on n'atteindra pas plus qu'on ne soulèvera le voile sacré d'Isis : c'est là précisément ce qui fait la gloire et la supériorité de l'art ; derrière ses types les plus purs, les plus nobles, les plus divins on sent un type plus pur, plus noble, plus divin encore qui se fait deviner comme un visage rayonnant à travers la demi-transparence d'un voile. La forme montre et cache à la fois l'idée, quelque perfection qu'elle atteigne; elle a ses bonheurs et ses trahisons, elle a aussi ses impossibilités. Pour s'élever à l'expression du beau, elle ne possède que les lignes et les couleurs fournies par la nature, car l'invention d'une forme même dans la chimère ne saurait se concevoir. C'est donc la figure de l'homme, qui est l'univers arrivé à se comprendre, dont l'art se servira pour formuler son concept, en l'élevant, en l'épurant, en la dégageant de l'accidentel et du particulier. Les Grecs l'avaient divinisée avec leur religion anthropomorphique. Venus au monde, dans la jeunesse de l'humanité, en pleine fraîcheur et en pleine lumière, eux-mêmes beaux, intelligents, sereins, ils s'étaient approchés du type suprême dont ils étaient voisins encore. Leur poésie, leur architecture, leur statuaire, sont restées les plus brillants témoignages du génie humain. Il devait en être de même de leur peinture dont malheureusement les siècles jaloux ont effacé jusqu'au plus léger vestige. Sans nul doute Apelles égalait Phidias. Puis vinrent les cataclysmes de la barbarie et les ténèbres profondes du moyen âge, et l'idée du beau se perdit pour reparaître à la Renaissance, cette seconde aurore du monde avec les manuscrits grecs et les marbres antiques retrouvés sous les décombres des civilisations ensevelies. Du premier coup, le grand Léonard de Vinci réinventa tous les arts perdus et créa une formule du beau si rare, si exquise, si parfaite qu'on ne l'a jamais dépassée. Michel-Ange sans connaître Phidias, dont pourtant les chefs-d'œuvre existaient intacts encore sur les frontons d'Ictinus, sut être aussi grand que lui et mit le beau dans le terrible. Raphaël, baptisant l'art grec, ressuscita, avec ses madones, la Vénus de Cléomène plus belle et toujours vierge; Corrége fit sourire l'idéal et le baigna mystérieusement dans les transparences argentées de son clair-obscur, Titien le dora de sa couleur d'ambre, Rubens l'empourpra de ses tons flamboyants, Paul Véronèse l'habilla de ses riches brocarts ramagés, Rembrandt l'entoura de ses ombres fauves et le fit briller comme un microcosme, au fond de ses ténèbres magiques, Van Dyck lui prêta une élégance aristocratique, Poussin lui donna la philosophie, Le Sueur la grâce tendre et la mélancolie religieuse, David la rigueur classique, Prudhon le charme voluptueux, Reynolds le satiné et la fraîcheur de la santé anglaise, Hogarth infidèle à ses théories sur la ligne courbe, la roideur puritaine et britannique trop préoccupée de morale. Chaque pays, depuis cette glorieuse époque, tendit toujours vers ce noble but. En Espagne, Velasquez, par le caractère, dégagea le beau du réel ; Murillo l'aperçut dans une vision céleste et osa le faire descendre sur la terre. Bien avant, l'Ange de Fiesole l'avait dessiné sur le fond d'or de l'art gothique ; Holbein l'avait fixé par son dessin d'une exactitude si naïve et si savante, Hemling l'enluminait de ses tons fins et purs dans ses tableaux pieusement légendaires. Tous ces grands artistes ont représenté une face de l'idéal que nul ne peut voir tout entier, et cela suffit à leur gloire. D'autres points de vue se révèleront peut-être avec le temps, et le beau de l'avenir se fera entrevoir sous d'autres masques, déposés tour à tour ; car il faut l'étreindre comme Protée d'une étreinte bien vigoureuse, pour le forcer à se montrer sous sa véritable forme. Après une longue lutte, parfois le génie vient à bout de dompter ce fuyant adversaire. Il court à son chevalet, il saisit sa palette, il regarde, mais déjà le modèle a disparu. Heureusement il parvient à en esquisser de mémoire quelques traits sur la toile, et les siècles étonnés admirent cette glorieuse image qui n'est pourtant qu'une ombre et qu'un reflet.

Dans ce livre, on a essayé par une figure choisie, qui accompagne chaque légende de peintre, d'exprimer et de résumer l'idéal qu'il poursuivait, la forme favorite où sa pensée et son amour s'incarnaient le plus fréquemment, et qui fait reconnaître son œuvre, comme une tête gravée sur l'onyx d'un cachet, désigne, sans même qu'on ouvre la lettre, la main qui l'a écrite.

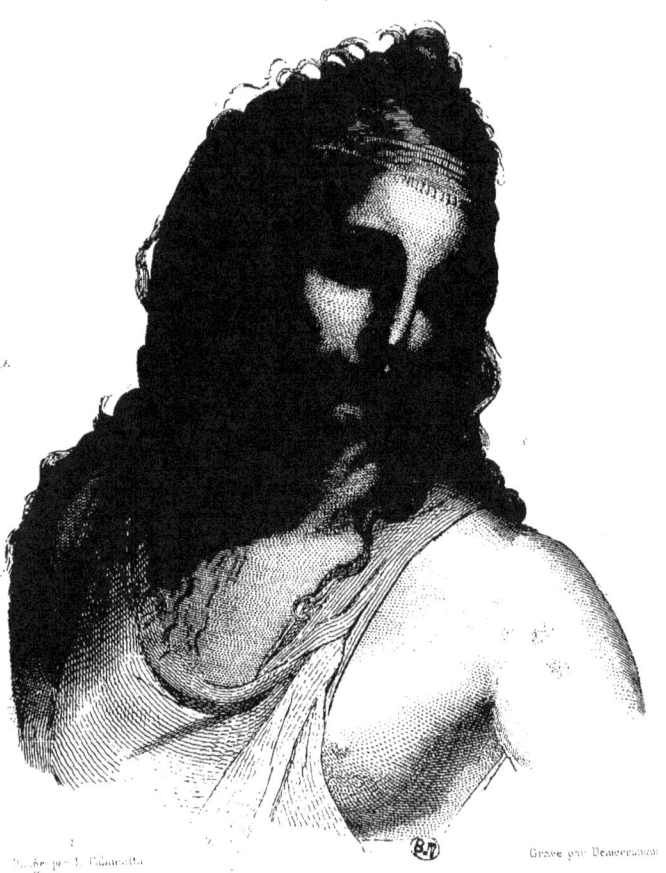

Roxane

Peint par Giroloma

Imp. Ch. Chardon ainé, Paris

LÉONARD DE VINCI

LÉONARD DE VINCI

Les Grecs avaient atteint le beau en toute chose, et le rocher sacré de l'Acropole, chargé de temples et de sculptures, resta debout comme l'autel du génie humain au milieu des solitudes et des ruines qu'avaient faites la barbarie plus que le temps, mais ignoré en quelque sorte, et donnant des leçons perdues.

Sans vouloir être injuste envers les efforts et les tentatives des civilisations postérieures, on peut dire qu'une longue nuit suivit ce jour éclatant, et que le sens du beau disparut pendant bien des siècles dans les cataclysmes d'empires et le chaos du moyen âge.

La sculpture et la peinture, entraînées par la chute du polythéisme, s'éclipsent totalement; treize siècles s'écoulent depuis l'avénement de Jésus-Christ jusqu'à André Taffi et Cimabuë, qui ne font guère que reproduire les vieux poncifs byzantins; il faut encore cent ou deux cents ans pour sortir de l'imagerie à fonds d'or, et de la sculpture enfantine, digne des Chinois et des sauvages.

Mais enfin arrive ce merveilleux seizième siècle, où l'esprit de l'homme se réveille en sursaut, comme d'un long rêve, et reprend possession de lui-même. Ce fut un moment plein de grâce et de charme, et qu'exprime on ne peut mieux le mot Renaissance, employé pour désigner cette époque climatérique : après les longues et opaques ténèbres, hantées de cauchemars, de terreurs et d'angoisses, se levait enfin l'aurore nouvelle. La beauté, oubliée si longtemps, apparaissait radieuse et enchantait le monde de son jeune éclat. Quelques manuscrits déchiffrés à travers la gothique écriture des moines, quelques fragments de marbres antiques sortis de terre comme par miracle avaient suffi pour opérer cette révolution.

Ces lampes de la vie, que, suivant le beau vers de Lucrèce, des coureurs se remettent l'un à l'autre, s'étaient rallumées à l'étincelle antique, et brillaient joyeusement dans des mains qui ne devaient plus les laisser éteindre. Un de ceux dont la lampe jeta le plus vif rayon, ce fut Léonard de Vinci. Sa flamme, bien que voilée par la fumée noire du temps, luit encore comme une étoile; et quand un des tableaux du maître se trouve dans une galerie, quelque sombre et rembruni qu'il soit, elle en est tout éclairée.

Léonard de Vinci, enfant naturel d'un messer Pietro, notaire de la république, naquit en 1452, dans un petit château, dont les ruines existent encore non loin de Florence, près du lac Fucecchio, au milieu d'un horizon charmant. Tout devait être joie, grâce et sourire pour cet enfant de l'amour, qui devint bientôt le plus beau des hommes : la Nature, comme revendiquant pour elle seule son plus parfait ouvrage, ne voulut pas qu'il eût de famille légitime, et sans appeler les fées à son berceau, — elles y vinrent d'elles-mêmes, — le doua de tous les dons imaginables. On eût dit que, par une sorte d'amour-propre, elle se justifiait ainsi de ses avortements et de ses ébauches imparfaites[1].

Contrairement à la loi ordinaire, Léonard de Vinci ne connut ni les luttes, ni les difficultés des commencements : l'admiration le prit tout jeune et ne le quitta plus. Il mourut entre les bras d'un roi, et, si l'érudition moderne a contesté cette légende, elle est tellement vraisemblable comme couronnement de cette vie heureuse et honorée, que tout le monde y dut croire.

Enfant, ses premiers dessins excitèrent la surprise et l'incrédulité. Mis à l'école du Verocchio, bon sculpteur et bon peintre, il y fit preuve d'une supériorité si précoce, que l'élève fut bientôt le maître : on sait qu'il peignit dans un tableau de son professeur une tête d'ange si belle, d'un goût si rare et

---

[1] En publiant ces études sur les dieux de la peinture, notre intention n'est pas d'écrire les biographies des grands maîtres de l'art. Leur vie physique est partout, et nous ne voulons pas copier des anecdotes connues de tout le monde, d'après Vasari, Lomazzo, Baldinucci, l'abbé Lanzi, Felibien, Cochin, de Piles, Decamps, Reynolds ; nous voulons seulement analyser dans leur œuvre ces artistes suprêmes, et retrouver la route par laquelle ils ont cherché le beau.

si neuf, qu'elle effaçait tout le reste de l'œuvre, et présageait à l'Italie une gloire sans rivale. En effet, nul n'est supérieur à Léonard, ni Raphaël, ni Michel-Ange, ni Corrége : on a pu s'asseoir à côté de lui sur son sommet, mais qui jamais a monté plus haut? Notez qu'il est le premier en date, et qu'il mena tout de suite l'art à un degré de perfection qui n'a pas été dépassé depuis.

Cette gloire semble suffisante pour un homme, et pourtant la peinture n'était qu'une des aptitudes du Vinci : également doué dans tous les sens, il eût pu faire aussi bien toute autre chose. C'était un génie universel, encyclopédique; il possédait toutes les connaissances de son temps, et, qualité plus rare, il voyait directement la nature.

Pour bien se rendre compte du génie de Léonard, il faut se dire qu'il travaillait en quelque sorte sans modèle et inventait à mesure de sa production. C'était même là sa plus grande jouissance; il ne tenait pas comme certains peintres à multiplier ses œuvres. Il se contentait en toutes choses d'avoir atteint le but, et une fois l'idéal réalisé, il abandonnait ou dédaignait. Il était homme à faire des études immenses pour un seul tableau, sauf à ne plus s'en servir après et à passer à d'autres exercices. Sa curiosité satisfaite, rien ne l'amusait plus. Le modèle fait, l'épreuve tirée, il brisait le moule. Il avait le sens de l'exquis, du rare, de l'absolu. Chaque tableau n'était qu'une expérience heureuse, un *desideratum* accompli qu'il trouvait inutile de renouveler. Dans chaque voie de l'art, il a laissé sa trace ineffaçable, et son pied se voit empreint sur toutes les hautes cimes, mais il semble n'y être monté que pour le plaisir de l'ascension : il en redescend aussitôt et va ailleurs. Il ne paraît pas avoir le dessein de s'illustrer ou de s'enrichir par une supériorité acquise, mais de se prouver seulement à lui-même qu'il est supérieur. Ainsi il a fait le plus beau portrait, le plus beau tableau, la plus belle fresque, le plus beau carton : c'est assez ; et il pense à autre chose, à modeler un cheval gigantesque, à faire le canal du Naviglio, à fortifier des villes, à trouver des engins de guerre, à inventer des scaphandres, des machines à voler, et autres imaginations plus ou moins chimériques. Il soupçonne presque la vapeur, il pressent le ballon, il fabrique des oiseaux qui volent et des animaux qui marchent. Il joue d'une lyre d'argent en forme de tête de cheval dont il est le facteur, et se compose une écriture à rebours, de droite à gauche, qu'on ne peut lire que dans un miroir, chiffre dont tous les secrets n'ont pas encore été pénétrés encore ; il étudie l'anatomie, non pas comme Michel-Ange, pour en faire parade, mais pour la savoir, et dessine d'admirables myologies dont il ne se sert pas, car nulles figures ne sont plus enveloppées que les siennes. Outre l'artiste, il contient un philosophe presque égal à Bacon, ennemi de la scolastique, ne croyant qu'à l'expérience et demandant à la seule nature la solution de ses doutes. Il fait tout, jusqu'à ses enduits et à ses couleurs ; avec cela, vous vous tromperiez étrangement, si vous vous imaginiez une sorte de pédant rogue, ou d'alchimiste hermétique soufflant dans un atelier changé en laboratoire : personne ne fut plus humain, plus aimable, plus séduisant que Léonard de Vinci ; il avait l'esprit, la grâce, l'adresse, la force à ce point qu'il pliait en deux un fer de cheval, et avec cela une beauté parfaite, une beauté d'Apollon. Il était si doux, si tendre, si sympathique, si lié de cœur à la nature, si compatissant aux moindres souffrances, qu'il achetait des oiseaux en cage pour les rendre à la liberté, tout joyeux de les voir monter éperdument dans l'azur; qualité rare en ce temps féroce et rude, où, loin d'avoir pitié des animaux, on était presque indifférent pour la vie humaine.

Léonard aimait les chevaux; il était excellent écuyer, et sur les montures les plus rebelles et les plus fringantes, il se plaisait à des sauts de haies et de fossés, à des voltes et à des courbettes qui remplissaient les spectateurs d'admiration et d'épouvante. Mais ce n'est que de l'artiste que nous avons à nous occuper. Quelque grand qu'il soit, le peintre chez Léonard n'est qu'un des côtés de l'homme. L'art ne l'absorba pas tout entier; il lutta avec lui et resta le plus fort, sans avoir le jarret desséché, comme Jacob dans son combat contre l'ange.

Quelles furent ses ressources? On ne le sait, mais on voit jusqu'à trente ans Léonard mener grand train à Florence, il avait chevaux, domestiques, beaux habits, tous les luxes du temps. La fortune, aveugle d'ordinaire, avait ôté son bandeau pour lui, et le favorisait comme s'il en était indigne. Jamais le malheur, comme nous l'avons dit, n'osa approcher cette belle vie et lui faire payer sa gloire.

Tout en menant une existence splendide, il peignait à travers beaucoup d'occupations et de fantaisies, car son esprit multiple se portait partout avec ardeur, ne dédaignant même pas des plaisanteries de physicien, comme de combiner des gaz infects et de gonfler des vessies dont la dilatation forçait les assistants à s'enfuir de la salle. Sa première manière rappelle encore celle du Verocchio, son maître ; il rend la nature par un moyen emprunté, mais déjà l'accent original est reconnaissable. Cette manière est plus archaïque, plus sèche de dessin, plus claire de ton, moins puissante de modelé que celle qu'il adoptera plus tard, lorsqu'il pourra rendre la nature avec son sentiment propre et sans moyen intermédiaire.

Ce qui caractérise, en effet, Léonard, c'est l'étude constante, attentive, approfondie, intime de la nature, non pas à la façon brutale des réalistes d'aujourd'hui, mais avec une délicatesse, une patience, une compréhension et un choix merveilleux. Il est à la fois vrai et fantasque, exact et visionnaire, il mêle ensemble la réalité et le rêve dans une proportion surprenante. Ses ouvrages vous fascinent par une sorte de pouvoir magique ; ils vivent d'une vie profonde et mystérieuse, presque alarmante, quoique depuis longtemps la carbonisation des couleurs leur ait ôté toute possibilité d'illusion.

On sait l'histoire de ce bouclier demandé par un paysan de Vinci, et sur lequel Léonard devait peindre quelque emblème effrayant.

Pendant plusieurs mois, on vit notre artiste à la chasse de couleuvres, de reptiles, de lézards, de crapauds, de chauves-souris, à l'aide desquels il composa un monstre hybride d'une grande vraisemblance zoologique et d'un effet terrible; vous pensez bien que le paysan n'eut pas son bouclier, qui fut vendu trois cents ducats à Galéas, duc de Milan.

Ces études servirent probablement à Léonard pour le masque de Méduse, qu'on voit au musée de Florence : autour de la tête coupée et d'une pâleur exsangue s'entortille hideusement la verte chevelure, dont chaque crin siffle et se tord. Les reptiles ont plus d'importance que le visage, dessiné en raccourci, comme pour dérober à l'œil les convulsions de la mort; car Léonard n'aimait pas les expressions extrêmes, et partageait là-dessus les idées de l'art antique. Mais cela sans doute l'amusait de faire voir comme il peignait bien les serpents.

L'*Enfant au berceau* qu'on voit à Bologne, les *Saintes Madeleines* des palais Pitti et Aldobrandini, les *Saintes Familles*, *Hérodiades* et *Têtes de saint Jean-Baptiste*, dont s'enorgueillissent quelques galeries, ne sont pas encore tout à fait de Léonard, quoiqu'on ne puisse guère mettre en doute leur authenticité : ce ne fut que plus tard, à sa seconde époque, qu'il trouva sa manière absolue et définitive.

L'idéal du Vinci, quoiqu'il ait la pureté, la grâce et la perfection de l'antique, est tout moderne par le sentiment. Il exprime des finesses, des suavités et des élégances inconnues aux anciens : les belles têtes grecques, dans leur irréprochable correction, sont sereines seulement; celles du Vinci sont douces, mais d'une douceur particulière, qui vient plutôt d'une indulgente supériorité que d'une faiblesse d'âme; il semble que des esprits d'une autre nature que la nôtre nous regardent comme à travers les trous d'un masque par ces yeux cerclés d'ombres, avec un air de tendre commisération qui n'est pas sans quelque malice.

Et quel sourire il fait jouer sur ces lèvres flexibles, qui se perdent dans des commissures veloutées, spirituellement tordues par la volupté et l'ironie! Nul n'a pu encore déchiffrer l'énigme de son expression : il raille et attire, refuse et promet, enivre et rend pensif. A-t-il réellement voltigé sur des bouches humaines, ou est-il pris aux sphinx moqueurs qui gardent le palais du Beau? Plus tard, Corrége le retrouvera ce sourire; mais, en lui donnant plus d'amour, il lui ôtera son mystère.

Ludovic le Maure appela Léonard de Vinci à Milan. Notre artiste réussit beaucoup à cette cour; sans avoir rien de servile dans l'humeur, il aimait le faste, l'élégance, la politesse. Les palais des rois ou des princes étaient son milieu naturel. Disert, excellent musicien, ordonnateur de fêtes plein d'imagination, recherché dans ses habits, galant, la mode le prit sous son aile, quoique homme de génie, et il obtint là les mêmes succès qu'à Florence.

Il fit le portrait des deux maîtresses du prince, Cécile Galerani et Lucrèce Crivelli, que Stendhal croit reconnaître dans le portrait de femme du Louvre en corsage rouge galonné d'or, et qu'on nomme vulgairement la *belle Ferronnière*, à cause du diamant qu'elle porte au front. Il commença à modeler pour la statue équestre de Ludovic un cheval aussi grand que le cheval de Troie, et dans la fonte duquel devaient entrer deux cent mille livres de métal; exécuta ses merveilleux travaux d'hydraulique, et prépara, pour le réfectoire de Sainte-Marie des Grâces, le carton de la *Cène*, dont il peignit d'abord les têtes séparément, en manière d'étude, à l'huile et au pastel.

Armé d'un petit album, il parcourait les rues de Milan, les promenades, les marchés, et surtout le Borghetto, espèce de cour des miracles où se rassemblait la canaille, cherchant un type de coquin pour son Judas, dont la tête resta longtemps en blanc sur la muraille, car il ne trouvait pas de physionomie assez perfide, assez basse, assez scélérate, pour l'apôtre apostat qui vendit au prix d'argent son Dieu, son maître, et son ami. Il rencontra enfin ce qu'il voulait, et l'œuvre fut terminée après plusieurs abandons et reprises. Le travail de Léonard était tout intellectuel; il ne peignait que lorsqu'il voyait son idée bien nette, et ne laissait rien au hasard du pinceau; on le voyait souvent accourir du bout de la ville, donner deux ou trois touches à sa peinture et se retirer. D'autres fois seulement, il la regardait en silence et n'y touchait pas. Selon lui, ce n'étaient pas les jours où il travaillait le moins. La *Cène* n'est pas une fresque, malheureusement, car elle aurait encore presque tout son éclat, comme celle de Montorfano, placée en face. Elle est peinte avec des couleurs à l'huile, dégraissées par un procédé particulier de l'invention de Léonard, sur un enduit peu solide: aucun outrage ne lui a été épargné, et cependant son ombre seule suffit pour éclipser tous les chefs-d'œuvre.

Nous avons eu le bonheur de voir à Milan la *Cène* de Léonard. Qu'on nous permette de reproduire ici la page écrite dans notre voyage d'Italie, sous l'impression immédiate de l'œuvre divine. Il est inutile d'en varier puérilement les mots, elle contient toute notre pensée sur Léonard.

« La *Cène* de Léonard de Vinci occupe le mur du fond du réfectoire. L'autre paroi est couverte par un Calvaire de Montorfano, daté de 1495. Il y a quelque talent dans cette peinture. Mais qui peut se soutenir devant Léonard de Vinci?

« Certes, l'état de dégradation où se trouve ce chef-d'œuvre du génie humain est à jamais regrettable, pourtant il ne lui nuit pas autant qu'on pourrait croire. Léonard de Vinci est par excellence le peintre du mystérieux, de l'ineffable, du crépusculaire; sa peinture a l'air d'une musique en mode mineur. Ses ombres sont des voiles qu'il entr'ouvre ou qu'il épaissit pour faire deviner une pensée secrète. Ses tons s'amortissent comme les couleurs des objets au clair de lune, ses contours s'enveloppent et se noient comme derrière une gaze noire, et le temps, qui ôte aux autres peintres, ajoute à celui-ci en renforçant les harmonieuses ténèbres où il aime à se plonger.

« La première impression que fait cette fresque merveilleuse tient du rêve : toute trace d'art a disparu ; elle semble flotter à la surface du mur, qui l'absorbe comme une vapeur légère. C'est l'ombre d'une peinture, le spectre d'un chef-d'œuvre qui revient. L'effet est peut-être plus solennel et plus religieux que si le tableau même était vivant : le corps a disparu, mais l'âme survit tout entière.

« Le Christ occupe le milieu de la table, ayant à sa droite saint Jean, l'apôtre bien-aimé. Saint Jean, dans l'attitude d'adoration, l'œil attentif et doux, la bouche entr'ouverte, le visage silencieux, se penche respectueusement, mais affectueusement, comme le cœur appuyé sur le maître divin. Léonard a fait aux apôtres des figures rudes, fortement accentuées; car les apôtres étaient tous pêcheurs, manouvriers et gens du peuple. Ils indiquent, par l'énergie de leurs traits, par la puissance de leurs muscles, qu'ils sont l'Église naissante. Jean, avec sa figure féminine, ses traits purs, sa carnation d'un ton fin et délicat, semble plutôt appartenir à l'ange qu'à l'homme; il est plus aérien que terrestre, plus poétique que dogmatique, plus amoureux encore que croyant; il symbolise le passage de la nature humaine à la nature divine. Le Christ porte empreinte sur son visage la douceur ineffable de la victime volontaire; l'azur du paradis luit dans ses yeux, et les paroles de paix et de consolation tombent de ses lèvres comme la manne céleste dans le désert. Le bleu tendre de sa prunelle et la teinte mate de sa peau, dont un reflet semble avoir coloré le pâle Charles Ier de van Dyck, révèlent les souffrances de la croix intérieure portée avec une résignation convaincue. Il accepte résolûment son sort, et ne se détourne point de l'éponge de fiel dans ce dernier et libre repas. On sent un héros tout moral et dont l'âme fait la force, dans cette figure d'une incomparable suavité : le port de la tête, la finesse de la peau, les attaches délicatement robustes, le jet pur des doigts, tout dénote une nature aristocratique au milieu des faces plébéiennes et rustiques de ses compagnons. Jésus-Christ est le fils de Dieu; mais il est aussi de la race des rois de Juda. A une religion toute spirituelle ne fallait-il pas un révélateur doux, élégant et beau, dont les petits enfants pussent s'approcher sans effroi? A la place de Jésus, assoyez Socrate à cette cène suprême, le caractère changera aussitôt : l'un demandera qu'on sacrifie un coq à Esculape; l'autre s'offrira lui-même pour hostie, et la beauté de l'art grec serait ici vaincue par la sérénité de l'art chrétien. »

Notre musée du Louvre est riche en peintures de Vinci, ce maître rare à qui un petit nombre de chefs-d'œuvre ont suffi pour conquérir le premier rang. Peu de galeries en réunissent autant et d'une telle authenticité. C'est en vain que le musée de Madrid se flatte de posséder la *Joconde;* l'original est bien chez nous.

La *Vierge aux rochers,* dont la gravure est si connue, appartient à la seconde manière de Léonard et peut en être considérée comme le type; le modelé est poursuivi avec un soin que n'ont pas les peintres auxquels l'ébauchoir n'est pas familier. La rondeur des corps obtenue par la dégradation des teintes, l'exactitude des ombres et la parcimonieuse réserve de la lumière, trahit dans ce tableau sans pareil des habitudes de sculpteur. On sait que Léonard l'était, et il disait souvent : « Ce n'est qu'en modelant que le peintre peut trouver la science des ombres. » On a conservé longtemps des figures de terre dont il s'aidait pour son travail.

L'aspect de la *Vierge aux rochers* est singulier, mystérieux et charmant. Une espèce de grotte basaltique abrite le divin groupe posé sur la rive d'une source qui laisse transparaître à travers son eau limpide les cailloux de son lit. L'arcade de la grotte découvre un paysage rocheux clair-semé d'arbres grêles et que traverse une rivière au bord de laquelle s'élève un village : tout cela d'une couleur indéfinissable comme celle des contrées chimériques que l'on parcourt en rêve, et merveilleusement propre à faire ressortir les figures.

Quel adorable type que celui de la Madone! Il est tout particulier à Léonard et ne rappelle en rien les vierges de Pérugin ni celles de Raphaël : le haut de la tête est sphérique, le front développé; l'ovale des joues s'amenuise pour se clore par un menton d'une courbe délicate; les yeux, aux paupières baissées, se cerclent de pénombres; le nez, quoique fin, n'est pas rectiligne avec le front, comme celui des statues grecques; ses narines se découpent et ses ailes frémissent comme si la respiration les faisait palpiter. La bouche, un peu grande, a ce sourire vague, énigmatique et délicieux que le Vinci donne à ses figures de femmes; une légère malice s'y mêle à l'expression de la pureté et de la bonté. Les cheveux longs, déliés, soyeux, descendent en mèches crespelées sur des joues baignées d'ombres et de demi-teintes et les accompagnent avec une grâce incomparable.

C'est la beauté lombarde idéalisée par une exécution admirable, dont le seul défaut serait peut-être une perfection trop absolue.

Et quelles mains! surtout celle qui, étendue en avant, présente les doigts en raccourci. M. Ingres seul a pu renouveler ce tour de force dans la figure de la *Musique couronnant Cherubini*. L'ajustement des draperies est de ce goût exquis et précieux qui caractérise le Vinci. Une agrafe en forme de médaillon retient sur la poitrine les bouts du manteau que les bras relèvent en leur imprimant des plis pleins de noblesse et d'élégance.

L'ange qui montre du doigt l'Enfant Jésus au petit saint Jean est la tête la plus suave, la plus fine et la plus fière que jamais le pinceau ait fixée sur la toile. Elle appartient, si l'on peut s'exprimer ainsi, à la plus haute aristocratie céleste. On dirait un page de grande naissance habitué à poser le pied sur les marches du trône.

Une chevelure annelée et bouclée foisonne autour de sa tête, d'un dessin si pur et si délicat qu'il dépasse la beauté féminine et donne l'idée d'un type supérieur à tout ce que l'homme peut rêver ; ses yeux ne sont pas tournés vers le groupe qu'il désigne, car il n'a pas besoin de regarder pour voir, et il n'aurait pas d'ailes aux épaules qu'on ne se tromperait pas sur sa nature. Une indifférence divine se peint sur sa figure charmante, qui daigne à peine sourire du coin des lèvres. Il accomplit la commission donnée par l'Éternel avec une sérénité impassible.

Assurément aucune vierge, aucune femme n'eut un plus beau visage ; mais l'esprit le plus mâle, l'intelligence la plus dominatrice brillent dans ces yeux noirs fixés vaguement sur le spectateur cherchant à pénétrer leur mystère.

On sait combien il est difficile de peindre des enfants. Les formes peu arrêtées du premier âge se prêtent malaisément à l'expression de l'art. Léonard de Vinci, dans le petit saint Jean de la *Vierge aux rochers*, a résolu ce problème avec sa supériorité accoutumée. La position ramassée de l'enfant, qui présente plusieurs portions de son corps en raccourci, est pleine de grâce, d'une grâce cherchée et rare comme tout ce que fait le sublime artiste, mais cependant naturelle. Il est impossible de rien voir de plus finement modelé que cette tête aux joues rebondies trouées de fossettes, que ces petits bras ronds et potelés, que ce torse grassement traversé de plis, et que ces jambes à demi repliées sur le gazon. L'ombre s'avance vers la lumière par des dégradations d'une délicatesse infinie et donne un relief extraordinaire à la figure.

A demi enveloppé d'une gaze claire, le divin Bambino s'agenouille en joignant les mains, comme s'il avait déjà conscience de sa mission et comprenait le geste que le petit saint Jean répète d'après l'ange.

Quant au coloris, si, en s'enfumant, il a perdu sa valeur propre, il a gardé une harmonie préférable, pour les délicats, à la fraîcheur et à l'éclat des nuances. Les tons se sont amortis dans un rapport si parfait, qu'il en résulte une sorte de teinte neutre, abstraite, idéale, mystérieuse, qui revêt les formes comme d'un voile céleste et les éloigne des réalités terrestres.

Nous trouvons un autre aspect de Léonard dans la *Vierge assise sur les genoux de sainte Anne*. Ici l'ombre est moins grise et moins violâtre; le peintre n'a sans doute pas employé pour ce tableau le noir de son invention qui a tant repoussé dans ses autres peintures. La couleur est restée plus blonde et plus chaude. Au milieu d'un paysage entremêlé de rochers et de petits arbres dont les feuilles se comptent, sainte Anne tient sur ses genoux la Vierge, qui se penche avec un mouvement adorable vers le petit Jésus. L'Enfant lutine son agneau qu'il tire doucement par l'oreille, action puérile et charmante qui ne détruit en rien la noblesse de la composition et lui ôte toute froideur. Quelques jolies rides coupent le front de sainte Anne et rayent ses joues, mais ne lui enlèvent pas sa beauté, car Léonard de Vinci répugne aux idées tristes, et il ne voudrait pas affliger l'œil par le spectacle de la décrépitude. La tête de la Vierge, prise un peu en dessous, a des finesses exquises de lignes; elle irradie la grâce virginale et la passion maternelle; les yeux sont presque noyés, et la bouche, demi-souriante, a cette indéfinissable expression dont Léonard a gardé le secret. Elle est peinte, comme le reste du tableau, avec un flou, une morbidezza que l'artiste lui eût peut-être enlevés en la finissant davantage.

Une tradition veut que ce tableau ait été peint d'après le carton de Léonard et sur son dessin par Bernardino Luini. C'est possible; mais, à coup sûr, le pinceau du maître a passé par là. Nous n'en voulons d'autres preuves que les œuvres de Luini lui-même, quelque charmantes qu'elles soient d'ailleurs.

Puisque nous en sommes aux saintes familles de Léonard, transcrivons ici une page de Henry Beyle sur la *Madone*, qui se trouve à Saint-Pétersbourg, la plus fine perle enchâssée dans la galerie de l'Ermitage.

« Ce qui arrête devant ce tableau, c'est la manière de Raphaël employée par un génie tout différent. Ce n'est pas que Léonard ait songé à imiter quelqu'un, tout son caractère s'y oppose; mais, en cherchant le sublime de la grâce et de la majesté, il se rencontra tout naturellement avec le peintre d'Urbin. S'il avait été en lui de chercher l'expression des passions profondes et d'étudier l'antique, je ne doute pas qu'il n'eût reproduit Raphaël en entier; seulement il lui eût été supérieur par le clair-obscur. Dans l'état des choses, cette *Sainte Famille* de Saint-Pétersbourg est, à mon sens, ce que Léonard a jamais fait de plus beau. Ce qui la distingue des madones de Raphaël, outre la différence extrême d'expression, c'est que toutes les parties sont trop terminées. Il manque un peu de facilité et d'aménité dans l'exécution matérielle. C'était la faute du temps. Raphaël lui-même a été surpassé par le Corrége.

« Il faut que Vinci appréciât lui-même son ouvrage, car il y plaça son chiffre, les trois lettres D. L. V. entrelacées ensemble, signature dont on ne connaît qu'un autre exemple dans le tableau de M. Sanvitali, à Parme.

« Quant à la partie morale de la *Madone* de l'Ermitage, ce qui frappe d'abord, c'est la maejsté et une beauté sublime; mais si, dans le style, Léonard s'est rapproché de Raphaël, jamais il ne s'en est éloigné davantage pour l'expression.

« Marie est vue de face, elle regarde son fils avec fierté. C'est une des figures les plus grandioses qu'on ait attribuées à la mère du Sauveur. L'enfant, plein de gaieté et de force, joue avec sa mère; derrière elle, à la gauche du spectateur, est une jeune femme occupée à lire. Dans le tableau, cette figure, pleine de dignité, prend le nom de sainte Catherine, mais c'est probablement le portrait de la belle-sœur de Léon X. Du côté opposé est un saint Joseph, la tête la plus originale du tableau. Saint Joseph sourit à l'enfant et lui fait une petite mine affectée de la grâce la plus parfaite. Cette idée est tout entière à Léonard. Il était bien loin de son siècle de songer à mettre une figure gaie dans un sujet sacré, et c'est en quoi il fut le précurseur du Corrége.

« L'expression sublime de ce saint Joseph tempère la majesté du reste, et écarte toute idée de lourdeur et d'ennui. Cette tête singulière se retrouve souvent chez les imitateurs du Vinci : par exemple, dans un tableau de Luini, au musée Bréra. »

Chose bizarre! Léonard de Vinci, qui possédait une si profonde science anatomique, ne peignit presque jamais de figure nue. Nous n'en connaissons, pour notre part, d'autre exemple que la *Léda*, dont la tête, dessinée par Calamatta et gravée sous sa direction, accompagne cet article. Elle est debout, dans une pose équilibrée avec une eurhythmie digne des plus belles statues grecques, auxquelles cependant elle ne ressemble pas, car le Vinci, original en tout, puisait la beauté à sa source même, dans la nature. Aux pieds de la Léda, nobles et purs comme s'ils étaient taillés dans du marbre de Paros, jouent, parmi les coquilles de leurs œufs brisés, les gracieux enfants du cygne divin; la jeune femme a cette expression de gaieté railleuse et supérieure qui est comme le cachet de Léonard; ses yeux pétillants de malice rient entre leurs paupières légèrement bridées; la bouche se retrousse vers les coins, creusant des fossettes aux joues, avec des sinuosités si molles, si voluptueuses et en même temps si fines, qu'elles en sont presque perfides. M. Baudry a su mettre un reflet de ce sourire dans sa délicieuse petite *Léda*, si remarquée quand elle parut au Salon, et son tableau en était tout illuminé.

Le seul reproche qu'on puisse adresser à cette charmante figure, c'est une perfection poussée trop loin, un fini de pinceau qui sent encore les premiers efforts de l'art se cherchant lui-même.

Léonard, dans le *Saint Jean-Baptiste* qui se trouve au musée du Louvre, nous semble avoir abusé de ce sourire; d'un fond d'ombres ténébreuses, la figure du saint se dégage à demi; un de ses doigts montre le ciel; mais son masque, efféminé jusqu'à faire douter de son sexe, est si sardonique, si rusé, si plein de réticences et de mystères, qu'il vous inquiète et vous inspire de vagues soupçons sur son orthodoxie. On dirait un de ces dieux déchus de Henri Heine qui, pour vivre, ont pris de l'emploi dans la religion nouvelle. Il montre le ciel, mais il s'en moque, et semble rire de la crédulité des spectateurs. Lui, il sait la doctrine secrète, et ne croit nullement au Christ qu'il annonce; toutefois il fait pour le vulgaire le geste convenu et met les gens d'esprit dans la confidence par son sourire diabolique.

Nous concevons que l'on ait accusé Léonard d'avoir une religion particulière, une philosophie occulte peu en rapport avec la foi générale. Il suffisait d'une figure comme le *Saint Jean-Baptiste* pour motiver de tels soupçons. Athée? certes Léonard ne le fut pas; panthéiste? peut-être, mais sans le savoir; il mourut dans les sentiments d'un bon catholique, « avec tous les sacrements de l'Église, » comme on le voit par une lettre de François Melzi, son élève, qui l'avait suivi en France.

Une sorte de fatalité semble s'être attachée à poursuivre les grandes œuvres de Léonard. Le cheval gigantesque auquel il avait travaillé pendant plus de seize années a été détruit; de la *Cène* il ne reste plus que l'ombre, mais une telle ombre fait pâlir bien des soleils!

Luini, Salaï, Melzi, Beltraffio et d'autres ont peint, dans la manière du Vinci, une foule d'Hérodiades, de madones et de Madeleines qui, sur les catalogues, portent le nom du maître, et parfois ne sont pas indignes d'un tel honneur; nous-même, à Burgos, dans la sacristie de la cathédrale, nous avons vu une Madeleine inondée de longs cheveux soyeux et fins, ombrée de demi-teintes admirablement ménagées, qu'on attribuait, non sans vraisemblance, à Léonard, mais qui n'était pas de lui, car le sublime paresseux a peu produit. A quoi bon, lorsqu'on a atteint la perfection, se répéter inutilement?

Comment croire à toutes ces œuvres? Léonard mit quatre ans à faire le portrait de la Monna Lisa, qu'il ne regarda jamais comme fini; il se pressait si peu que, pendant son séjour à Rome, ayant reçu une commande de Léon X, il commença par distiller des plantes pour composer un vernis destiné au tableau qu'il devait faire, et ne fit pas, selon son habitude; il lui suffisait de s'être prouvé à lui-même, par quelques œuvres, qu'il était un grand peintre. Peut-être même tirait-il plus vanité de ses talents d'ingénieur, d'hydraulicien et de compositeur de musique.

Qui s'imaginerait que ce beau Léonard, si élégant, si noble, si rare, si exquis, possédât au suprême degré le don de la caricature? En ce genre, comme en tout autre, il a du premier coup atteint la perfection. Avec quelle force comique, quelle raillerie magistrale, quelle puissance grotesque il découvre l'angle singulier, le détail caractéristique, le côté exorbitant, le tic impérieux de chaque physionomie! Comme il fait sortir le monstre caché dans tout homme, et comme d'un coup de crayon pareil à un coup de griffe il détache le visage pour laisser voir le masque caché dessous! Il amène les passions, les vices, les folies, les ridicules à la peau et les fait saillir par quelque prodigieuse exagération anatomique. Ses caricatures, qu'il ramassait dans les rues de Milan sur un calepin, ou qu'il griffonnait de mémoire sur les marges de ses manuscrits, ont été recueillies et gravées par Carlo Giuseppe Gerli : elles ont un caractère bizarre et grandiose, une sorte de jovialité terrible; un peu plus ces mascarons burlesques seraient effrayants, tant les os, les muscles, les veines s'accentuent avec une puissante difformité, les mâchoires inférieures avancent d'un pied, les nez se courbent comme des becs, les orbites se creusent en voûtes profondes où battent comme des ailes de chauve-souris les paupières flasques, les lèvres se plissent ou se renversent, montrant les gencives édentées ou hérissées de crocs. Les pommettes présentent des anfractuosités de rocher, le profil s'égueule ou s'ébrèche, ouvrant ou diminuant son angle facial avec une incroyable puissance de ridiculisation. Derrière une vague apparence humaine défile la hideuse ménagerie des bestialités et des vices : le mufle, le museau, la hure, le grouin, le bec de lièvre prêtent des masques difformes à la méchanceté, à la gourmandise, à la luxure, à la paresse, à l'idiotisme ; mais ce qu'il y a de merveilleux, c'est que chacune de ces têtes si pittoresquement monstrueuses, encadrée de quelque feuillage ou de quelque volute d'ornement, ferait un superbe mascaron crachant l'eau d'une fontaine, mâchant un marteau de porte, ouvrant son rictus à la clef d'une voûte.

Une puissance formidable torture ces contours, creuse ces cavités, fait saillir ces muscles, amène du fond des chairs ces muscles à la peau, accuse le squelette à travers l'enveloppe, exagère les pléthores ou les maigreurs dans un but caricatural ; c'est la jovialité cruelle mais irrésistible d'entraînement d'un dieu jeune et beau qui se moque de la difformité humaine.

On dirait que l'artiste a voulu faire une espèce de cours de tératologie entendu dans le sens large de Geoffroy de Saint-Hilaire, et prouver la beauté par la laideur, la *norme* par le désordre. La caricature, telle que les modernes l'ont entendue, n'a aucun rapport avec ces dessins dont la fantaisie a toujours pour point de départ la plus profonde science et qui sont en quelque sorte une arabesque anatomique ayant des muscles pour rinceaux. Ce sont là des jeux de Titan auxquels ne sauraient s'amuser, malgré toute leur valeur, ni Hogarth, ni Cruikshank, ni Gavarni, ni Daumier, car le Vinci est aussi prodigieux, dans ces croquis faits avec la griffe du lion trempée dans l'encre, que dans ses peintures les plus achevées.

S'il l'eût voulu, Léonard de Vinci eût pu être Michel-Ange, comme il eût été Raphaël; il fut lui, c'est assez. La grâce le séduisait plus que la force, quoiqu'il fût capable d'être fort : son carton de la bataille d'Anghiera balança celui de Michel-Ange; malheureusement il disparut dans les troubles de Florence, et il n'en reste qu'un fragment gravé par Edelinck d'après un dessin de Rubens. Assurément Rubens est un grand maître, mais jamais génie ne fut plus contraire à celui de Léonard, et dans l'estampe on sent que le peintre d'Anvers a fait ronfler les contours à la flamande, alourdi les croupes des chevaux, et vulgarisé à sa façon les figures étranges des cavaliers.

La douceur, la sérénité, la grâce, une grâce fière et tendre à la fois, telles furent les qualités dominantes de Léonard. Il inventa ou plutôt trouva dans la nature une beauté aussi parfaite que la beauté grecque, mais sans aucun rapport avec elle. C'est le seul artiste qui ait pu être beau sans être antique. En cela consiste son mérite suprême; car tous ceux qui ont ignoré ces types éternels, ces *canons* de l'idéal, ou qui s'en éloignent, restent entachés de barbarie ou marchent à la décadence. Léonard de Vinci a gardé la finesse gothique en l'animant d'un esprit tout moderne. Comme nous l'avons déjà dit ailleurs, car si Virgile est l'auteur de Dante, Léonard est notre peintre, les figures du Vinci semblent venir des sphères supérieures se mirer dans une glace ou plutôt dans un miroir d'acier bruni où leur reflet reste éternellement fixé par un secret pareil à celui du daguerréotype. On les a déjà vues, mais ce n'est pas sur cette terre, dans quelque existence antérieure peut-être dont elles vous font souvenir vaguement.

Comment expliquer d'une autre manière le charme singulier, presque magique, qu'exerce le portrait de Monna Lisa sur les natures les moins enthousiastes! Est-ce sa beauté? bien des figures de Raphaël et d'autres peintres sont plus correctes. Elle n'est même plus jeune, et son âge doit être l'âge aimé de Balzac, trente ans; à travers les finesses caressantes du modelé on devine déjà quelque fatigue, et le doigt de la vie a laissé son empreinte sur cette joue de pêche mûre. Le costume, par la carbonisation des couleurs, est devenu presque celui d'une veuve : un crêpe descend avec les cheveux le long du visage, mais le regard sagace, profond, velouté, plein de promesse, vous attire irrésistiblement et vous enivre, tandis que la bouche sinueuse, serpentine, retroussée aux coins, sous des pénombres violâtres, se raille de vous avec tant de douceur, de grâce et de supériorité, qu'on se sent tout timide comme un écolier devant une duchesse. Aussi cette tête aux ombres violettes, qu'on entrevoit comme à travers une gaze noire, arrête-t-elle pendant des heures la rêverie accoudée aux garde-fous des musées et poursuit-elle le souvenir comme un motif de symphonie. Sous la forme *exprimée*, on sent une pensée vague, infinie, *inexprimable*, comme une idée musicale ; on est ému, troublé ; des images *déjà vues* vous passent devant les yeux, des voix dont on croit reconnaître le timbre vous chuchotent à l'oreille de langoureuses confidences ; les désirs réprimés, les espérances qui désespéraient s'agitent douloureusement dans une ombre mêlée de rayons, et vous découvrez que vos mélancolies viennent de ce que la Joconde accueillit, il y a trois cents ans, l'aveu de votre amour avec ce sourire railleur qu'elle garde encore aujourd'hui.

Pendant que la Monna Lisa del Giocondo posait, et elle posa longtemps, car Léonard n'était pas homme à se dépêcher avec un tel modèle, des virtuoses exécutaient des concertos dans l'atelier. Le maître par la musique et les joyeux propos voulait retenir sur ces belles lèvres le sourire prêt à s'envoler pour le fixer à jamais sur sa toile. Ne trouvez-vous pas qu'il y a dans le portrait de la Joconde, sans vouloir jouer sur les tons et les notes, comme un écho d'impression musicale ? l'effet est doux, voilé, tendre, plein de mystère et d'harmonie, et le souvenir de cette adorable figure vous poursuit comme un de ces motifs de Mozart que l'âme se chante tout bas pour se consoler d'un malheur inconnu.

Tous ces dieux de la peinture s'emparent ainsi de notre âme et y jouent à tout jamais la divine musique, écho du monde radieux, surhumain où nous voyons apparaître le Beau.

FRA GIOVANNI DA FIESOLE

Il est un peintre qui apparaît au seuil de la Renaissance, comme l'ange de l'Annonciation de la peinture, la flamme au front, le lis à la main, messager de divins mystères. L'art l'a canonisé comme l'Église, en le surnommant l'*Angélique*; il a allumé sur sa mémoire l'auréole; il a placé son œuvre sur un autel. Ce Saint de la peinture est le bienheureux *Frà Giovanni da Fiesole*; il est pour elle ce que sainte Cécile est pour la musique : un idéal, une transfiguration, une étoile.

Frà Beato Angelico da Fiesole se nommait Guido *dans le siècle*, suivant cette belle et profonde expression monastique qui tire entre le monde et le cloître, la démarcation du désert, le rivage de l'éternité; il y a de l'horoscope et du couronnement dans la constellation de ces noms si purs groupés sur le front du saint artiste. Presque tous les grands peintres de l'Italie ont du reste des noms ou des surnoms qui s'accordent à leur génie, et l'accompagnent, en quelque sorte, comme des instruments d'harmonie et de consonnance. *Lionardo da Vinci*, ce son voilé de mélodie nocturne ne convient-il pas au mystérieux musicien des sérénades du clair-obscur ? *Tintoretto*, n'entendez-vous pas grincer la fanfare rauque et stridente de la couleur véhémente ? *Buonarotti* détache en relief, d'un éclatant coup de ciseau, sur le marbre la grandiose originalité qu'il désigne. *Allegri* pétille comme un sourire ivre de volupté joyeuse sur la mémoire du divin Corrége. *L'Albane !* le jardin d'Armide tout entier soupire dans cette note de flûte pastorale. On pourrait parcourir jusqu'au bout la gamme de ces affinités; mais prenons garde : le symbolisme du son a la profondeur illusoire du coquillage maritime : l'oreille qui s'y colle croit écouter la voix de la mer; elle n'entend que son propre bourdonnement.

Il est des vies de sainteté et d'humilité qui montent invisibles, vers le ciel, comme des fumées d'encens. Celle d'Angelico n'a laissé dans les légendes mêmes de son ordre qu'une vague odeur de vénération. Quelques souvenirs de vertus et d'extases composent toute son histoire. Le cloître est le vestibule de l'éternité; il participe de son silence et de son mystère.

Ce fut en 1387, à l'âge de vingt ans, qu'il entra dans

le couvent des dominicains de Fiesole. On ne sait rien de ses premières années ; mais il est probable que sa jeunesse ne fut pour lui que le noviciat de la vie religieuse ; il naquit prêtre ; sa robe de moine fut sans couture comme celle du Christ. Dieu a deux manières d'appeler à lui les âmes qu'il se réserve : la vocation et la conversion. La conversion a quelque chose du rapt et de l'enlèvement ; elle s'embusque sur le chemin de Damas, elle attaque, elle foudroie, elle renverse, elle dépouille le vieil homme avec la violence d'un déchirement, mais l'âme qu'elle a vaincue emporte dans sa vie nouvelle l'incurable plaie du souvenir. Les fantômes nus des voluptés romaines poursuivent saint Jérôme au désert ; ils se glissent jusque dans le lit de sable, où le vieil ascète roule son corps meurtri.

La vocation, au contraire, a la douce fatalité d'une attraction. Les êtres qu'elle a choisis semblent prolonger en s'éveillant à la vie un ravissement antérieur. Ils la traversent dans un état de somnambulisme céleste. Des ailes invisibles veillent sur le sommeil de leurs sens ; des épées de flammes s'interposent entre les ombres du monde et la sérénité de leur cœur. Leur pureté native ressemble à cette flamme du diamant aussi inaccessible aux souillures que celle des étoiles, et qui est la substance même de la pierre qu'elle fait rayonner.

Dans l'histoire de la peinture, Frà Angelico présente peut-être l'unique phénomène de cette innocence immaculée appliquée aux formes d'un art terrestre. Frà Bartolomeo, lui aussi, fut un moine et un saint. Son œuvre passe pour une des plus graves et des plus profondes expressions du génie catholique. Un jour, cependant, il peignit pour l'église du couvent de Saint-Marc un saint Sébastien qui, à peine exposé, troubla la chasteté du sanctuaire. Le jeune martyr renvoyait les flèches de son supplice en effluves de volupté au cœur des femmes prosternées devant lui. Sa chapelle devint un sérail de rêves et de désirs profanes ; la prière s'y noyait dans le soupir, l'agenouillement y languissait de mollesse. On fut forcé d'enlever bien vite l'image idolâtre ; elle tiédissait l'encens, elle corrompait l'autel. Le Frate n'était certes pas complice de sa tentation d'artiste, lui, un des pourvoyeurs de cet effrayant auto-da-fé plastique allumé par Savonarole, où la Renaissance, dans un accès de mysticisme indien, se jeta sur un bûcher de tableaux et de statues, et faillit brûler tout entière. Mais il avait traversé la vie et ses passions ; il avait appris l'art à l'école semi-païenne de Léonard ; le cloître n'était pas son berceau, mais son refuge, et il y apportait malgré lui les souvenirs et les reflets de son passage à travers le monde.

Ce rapprochement n'est qu'un exemple pris au hasard ; en étudiant l'un après l'autre les maîtres les plus ascétiques de l'art chrétien, nous surprendrions en chacun d'eux le point qui le rattache à la terre.

Dans ces premières messes de la peinture qui se célèbrent à l'ombre des cathédrales et des basiliques, Angelico seul a consacré et transsubstantié la forme en *l'élevant* vers le ciel. Lui seul a accompli le mystère du corps fait âme sans macération et sans flétrissure. A quoi attribuer ce miracle, si ce n'est à la candeur d'une nature sans tache, qui purifiait la matière en la reflétant.

Quelques historiens donnent pour maître à Fiesole, Gherardo Starnina, l'initiateur de l'Espagne au style italien ; mais rien ne confirme cette conjecture incertaine. J'ai sous les yeux deux petits tableaux de Starnina dont le coloris foncé et la familiarité tudesque ne rappellent nullement la manière idéale et légère du peintre angélique. La tradition la plus sûre est qu'un frère de son couvent lui enseigna l'art tout claustral de la miniature, et qu'il débuta par peindre des missels, des livres d'heures, jusqu'à des vignettes de reliquaires et de cierge pascal. La peinture, au moyen âge, s'était réfugiée dans le manuscrit sacré, comme dans la chrysalide de sa formation. Elle y attendait l'heure du réveil, au milieu des rêves d'azur et d'or de la fantaisie catholique. Elle préludait à ses immenses créations par de délicats opuscules. Fiesole sortit peintre de ce naïf apprentissage, mais il transporta, dans ses tableaux en détrempe, le zèle, la clarté, la scrupuleuse minutie de la miniature ; il garda les colorations limpides, et la sainte simplicité de son pinceau qui joue avec les moindres détails du sujet, comme la main d'un enfant avec les mouches et les brins d'herbes. Il n'appartient pas à son siècle ; il plane sur son école, il ne marche pas avec elle : il y apparaît entre Masaccio et Ghirlandajo, sans leur donner la main. Tandis qu'autour de lui les artistes florentins se passent en courant le flambeau hardi du naturalisme, lui continue à peindre à la lueur de l'astre mystique qui brilla sur Assise, cette crèche de l'art chrétien.

A cette époque, l'école florentine prépare tumultueusement la technique de la Renaissance. Tout est recherches, inventions, découvertes, activité inquiète, échanges hermétiques, dans cet atelier de la forme en travail. La peinture étreint la sculpture et ressort en relief de cet énergique embrassement; le dessin imite les sinuosités de l'orfévrerie et en reproduit les arêtes; le géomètre taille avec son compas le crayon de l'artiste, et lui révèle les lois de la profondeur et de la distance. Paolo Ucello vient de soulever le ciel d'or byzantin, et de découvrir les horizons enchantés de la perspective; Masolino de Panicale moule son modelé sur les saillies du bronze, et le trempe hardiment dans le clair-obscur; Masaccio résume tous ces progrès dans un admirable style : il dompte le raccourci, étreint le nu, élargit la couleur et fonde l'aplomb des figures; Filippo Lippi déploie les magnifiques exagérations du grandiose et de l'héroïsme plastique. Seul au milieu des agitations de l'art, ivre des premiers secrets de la nature, Frà Angelico reste dans sa cellule, fidèle, comme à des vœux, aux chastes procédés de l'école ombrienne : il la perpétue en la perfectionnant; il est pour ainsi dire, la vestale de son étoile vacillante aux grands souffles d'un siècle nouveau.

Le *Couronnement de la Vierge*, de Fiesole, que possède le Musée du Louvre, est une de ses plus pures merveilles. Arrêtons-nous un moment devant ce tableau, comme devant la rosace centrale de son œuvre.

Le Christ, assis sur un trône damassé d'or, pose la couronne du ciel sur la tête voilée de la Vierge. Marie, agenouillée, croise sur sa poitrine ses mains immobiles. Son profil faible et mince comme un relief d'hostie, transparaît de lucidité. Elle tient à peine à la marche du trône par la frange de sa robe diaphane, dont le pli fuyant décrit la courbe des génuflexions extatiques. Tout en elle exprime l'adoration assouvie, recueillie, muette, plongée dans sa plénitude comme dans un sommeil. Le Christ resplendit de paix et de gravité; son geste immuable plane sur l'infini du temps. On sent que le peintre n'a pas voulu représenter dans le *Couronnement de la Vierge* une cérémonie éphémère du Ciel, mais une des apparitions fixes de la vision des élus, un des mystères permanents de l'éternité.

Sur les gradins parallèles qui entourent le trône, abondent les anges des Chœurs et des Hiérarchies. Les uns soufflent dans ces longues trompettes d'or perpendiculaires, dont l'imagination croit entendre les sons purs, fins, clairs, prolongés de sphère en sphère en répons de douceur et de psalmodie; les autres jouent de la viole, du psaltérion, de la cithare ou d'autres instruments de gloire et de louange, dont la forme inconnue semble exprimer l'ineffable son. Frà Angelico est en famille au milieu des anges; il les connaît tous, depuis l'enfant ailé qui jonche de sa tête rieuse la nimbe des Assomptions, jusqu'au Séraphin brûlant qui prend feu à la présence de Dieu et se consume d'ardeur devant sa face.

Comment aurait-il trouvé, sans une surnaturelle intuition, ces têtes ravissantes qui figurent l'aspiration, l'élan, la prière, et corporisent les parfums de l'âme dans leurs aromes les plus subtils, dans leurs plus silencieuses émanations? Les anges de Raphaël paraîtraient lourds auprès de ces créatures aériennes, dont le sexe céleste flotte entre la vierge et l'adolescent. Chacun d'eux a son caractère et sa physionomie distincte, si l'on peut appeler de ces mots humains les nuances du bonheur. Il en est un qui embouche sa trompette en gonflant ses joues roses, avec l'allégresse d'un éphèbe grec sonnant un triomphe. D'autres rêvent, s'étonnent, admirent, ou sourient naïvement à la beauté du paradis.

Au-dessous des chœurs angéliques se groupent les patriarches, les saints, les docteurs, les martyrs ; rangées éclatantes de tuniques, de robes, de chasubles, de scapulaires, de camails, d'où sortent des têtes rayonnantes de béatitude. La procession aboutit à un évêque splendide à barbe byzantine, qui étale, comme l'envergure de son extase, une vaste chape, où la Passion, peinte dans l'étoffe, se déroule en versets d'écarlate. Ainsi drapé dans l'Évangile, à genoux sur le parvis, la crosse en main, la mitre en tête, dans l'attitude du pontificat triomphant, il fixe en plein le sacre de la Vierge. Vous diriez un mage catholique adorant le Soleil de justice et de vérité.

Mais c'est au groupe des saintes que l'angélique pinceau a réservé ses plus douces caresses. Il en est une — celle qui tient un agneau dans ses bras tranquilles — d'une beauté si translucide, d'une grâce si vaporeuse, que l'on croit voir cette femme qui apparut dans la lune, au poëte de la *Divine Comédie* « comme une perle sur un front blanc. »

Elle prie et elle rêve, attentive au choral des anges. Sa bouche s'entr'ouvre amoureusement comme pour aspirer l'hostie d'une communion invisible ; ses yeux dorment dans leur lumière, son visage baigne dans sa félicité ; on dirait que l'âme extravasée a répandu sa ferveur sur ses

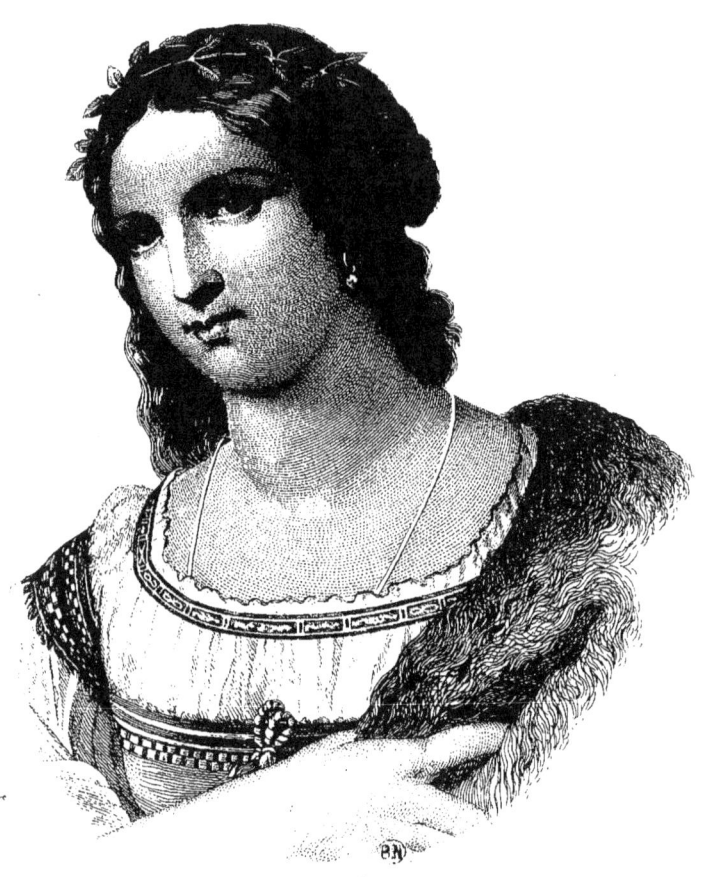

La Fornarina
d'après Raphaël.

joues diaphanes. Les anciens parlent d'un « vent tissé, » la robe rose qui languit sur elle semble faite avec de la pudeur. Auprès d'elle, sainte Catherine, appuyée sur sa roue et comme à peine réveillée de son martyre, regarde curieusement la blonde extatique. Elle semble la questionner sur les choses du ciel, et engager avec elle une de ces conversations angéliques qui, selon Swedenborg, s'engagent et se poursuivent par la seule palpitation des paupières. Derrière, une jeune reine élance, pour mieux voir, son doux profil sur un cou mince comme l'attache d'une fleur. A l'air précieux de sa jolie tête, vous diriez qu'elle représente, au milieu de ces effusions et de ces ardeurs, l'élégance de la sainteté, l'aristocratie du paradis.

La première impression de ce tableau séraphique est toute d'enchantement. L'œil respire délicieusement la pureté de ces douces figures : elle lui arrive comme le parfum des palmes et des lis d'une flore inconnue. Mais fixez-en l'ensemble par les yeux de l'âme, et bientôt le charme tout-puissant de foi qu'il recèle produira sur vous l'effet d'une révélation. Les dogmes catholiques se dégageront de ces têtes théologiques de prêtres et de docteurs, frappées du reflet de la vérité qu'elles reçoivent; les spiritualités religieuses exprimées par ces formes psychiques d'anges et de saintes — veilleuses transparentes des feux invisibles — vous pénétreront de leurs suaves influences; les rayonnements des tiares, des mitres, des couronnes, des auréoles, des ors merveilleux et vagues qui jonchent ces vêtements sublimes, prendront sous votre regard la splendeur du ciel étoilé, et vous vous sentirez emporté, par cercles d'ascensions insensibles, jusqu'à cette région de souffles, de battements d'ailes, de splendeurs dansantes, de lueurs vocales, de phosphorescences mélodieuses, d'apparitions et de disparitions enflammées, où Dante, cet aigle du mysticisme, a pu seul ravir la parole.

Un des prestiges de la peinture de Fiesole est sa couleur, dont la pureté radieuse n'a d'équivalent dans la manière d'aucun autre artiste. N'y cherchez ni les jeux des reflets, ni les prestiges des ombres, ni les illusions de la chair, mais je ne sais quelle suavité virginale. Il peint toujours à la détrempe; l'outremer est la base et comme le firmament de ses tableaux; les roses et les ors y abondent. Les teintes y semblent soufflées plutôt qu'appliquées. L'effet est d'un indicible enchantement.

Si l'on me demandait le secret de cette couleur céleste, j'irais le chercher dans les tabernacles qu'habitait son âme, et je recomposerais sa palette sur l'autel même de son sacerdoce. La vie religieuse projette autour d'elle une nimbe d'éclats et de rayonnements. L'église n'est pas seulement un édifice, c'est un climat sacré qui réfléchit la nature au miroir ardent du symbole, pour en faire jaillir une flamme plus digne d'être offerte à son Créateur. Elle a l'ostensoir pour soleil, les cierges pour étoiles, la fumée des encensoirs pour atmosphère. La lumière se transfigure au feu du vitrail, comme l'âme au creuset de la foi avant d'entrer dans son enceinte. Les montagnes de diamants de ses châsses, les fleurs sidérales de ses reliquaires, les arbres enflammés de ses candélabres, idéalisent la nature en la rappelant. Un cycle de fêtes triomphales, revêtues des blancheurs du lin, des embrasements de la pourpre et des orfrois du brocart, y figure la révolution du Soleil mystique, parcourant les signes de son zodiaque éternel. Les vases de ses sacrifices empruntent un éclat surnaturel à la lucidité de leur métal, aux reflets des flambeaux qui les illuminent, aux gestes mystérieux et lents des prêtres qui les lèvent ou qui les abaissent. Le calice rayonne, la patène miroite, le ciboire éclate, les burettes scintillent. Les chants liturgiques roulent dans leurs strophes des flots de pierreries merveilleuses; le béryl, le sardonyx, la sardoine, incessamment nommés par l'Apocalypse et par les Prophètes, jettent des feux éblouissants dans l'imagination des fidèles. Quand le Christ, incarné dans l'Eucharistie, s'élève entre les mains du prêtre à la cime de l'autel flamboyant et vaporeux, il y apparaît, comme Dieu au désert, à travers un buisson ardent.

Fiesole vivait dans l'église : ce fut de ses splendeurs qu'il composa sa palette. Le jour de son atelier vient du paradis.

L'art, pour Angelico, continuait la prière; c'est assez dire qu'il remplit sa vie. Vasari s'étonnait, en 1550, du nombre prodigieux de peintures qu'il avait laissées à Florence. La plupart ont disparu, et cependant celles qui restent témoignent d'une assiduité toute monastique au travail. Le couvent de Saint-Marc, qu'il habita après celui de Fiesole, est encore rempli de ses fresques; il en a couvert les dortoirs, les corridors, les cellules. Il a, pour ainsi dire, emparadisé le monastère, en déroulant sur ses murailles le ciel qu'il avait en lui. Entre tant de chefs-d'œuvre, notre préférence serait peut-être pour l'*Annonciation*, qui décore la galerie supérieure. Marie, inclinée en avant, écoute la parole de l'ange dans l'attitude de la résignation qui se livre. Son visage est empreint d'une mélancolie pensive, ses yeux regardent par delà l'ange lui-même, dans l'avenir qu'il lui annonce. On sent qu'elle y voit poindre la croix du Calvaire, et que le mystère de l'Incarnation s'accomplit dans son sein en le déchirant.

Les musées de Florence renferment un grand nombre des tableaux de Fiesole, mais il faut le chercher surtout à l'Académie des beaux-arts, qui conserve huit grands tableaux en trente-cinq compartiments représentant la vie de Jésus-Christ : ils décoraient autrefois les volets de la sacristie de la chapelle de la Nunziata.

C'est là qu'on peut admirer, dans tout l'ensemble de son génie, l'artiste bienheureux dont l'exécution même a la beauté d'une vertu. Je n'hésite pas, pour ma part, à y reconnaître les types de dessin les plus élégants et les plus purs que l'art italien ait produits avant Raphaël. La composition des groupes et des scènes n'affecte pas la symétrie pédantesque des Byzantins ; sa paix n'est point une léthargie, sa lenteur n'a rien d'immobile ; ses personnages s'entendent par signes, pour ainsi dire, mais par signes d'une finesse exquise, plus expressive que la parole. Les figures s'élancent sans roideur, et entrelacent les inflexions d'un mouvement toujours choisi et bienvenu aux lignes déliées des formes ogivales. Leurs draperies suivent le contour du geste et de la pose, mais avec le lointain, le vague et le flottant du voile. Ne leur demandez pas de profanes caresses, ni de matériels embrassements ; le peintre touche au corps avec les mains vierges du prêtre ; il l'abrége, il l'effile, il l'évanouit, il n'en exprime que la tête : on sent qu'il voudrait le vaporiser et donner à son buste, au moyen du tissu idéal dont il l'enveloppe, l'innocence de la tige d'une fleur ou le mystère d'une nuée.

Cette glorification qui devance les métamorphoses de l'éternité, Fiesole l'accomplit surtout par cette couleur dont nous avons déjà signalé la candide splendeur. Il la répand sur ses carnations en teintes blondes et claires dont le fondu ne peut se comparer qu'au trouble de ces tons dorés qui naissent et expirent confusément à la racine des jeunes chevelures. Presque toujours il cerne l'iris des yeux d'un cercle noir excessivement fin, ce qui donne au regard une inexprimable tendresse.

Les fonds de ses tableaux ont cet aspect mystique que l'école ombrienne prête à la nature. Angelico donne à ses paysages des horizons de parabole; il y creuse des vallées érémitiques, il y élève des montagnes où Jésus pourrait enseigner, il y dessine des sentiers que l'on dirait frayés par les sandales des anachorètes, et qui semblent conduire aux grottes des Pères du Désert. Comme Giotto, il cisèle en clair les feuilles de ses arbres, et donne à leur svelte tige l'élancement d'une aspiration vers le Ciel ; comme lui encore, il profile, dans ses perspectives, des édifices d'une délicatesse fantastique, qui semblent exprimer par la ténuité et de leurs lignes le détachement de la terre et la vanité des œuvres de l'homme.

Mais la merveille de cet Évangile historié, c'est l'âme qui le comprend, l'imagination qui le devine, et qui semble avoir pour les choses divines le don d'empreinte d'un saint

Suaire; c'est la succession d'idées innocemment sublimes qui s'y déploie sans effort, avec l'effusion d'une belle âme. Fiesole a du génie plein les mains, parce qu'il a de la sainteté plein le cœur; son inspiration n'est que la seconde vue de sa foi. Quelle surprenante idée que celle d'avoir représenté la Cène sous la forme d'une communion : le Christ, sacrificateur de son sacrifice, célébrant sa propre messe, et distribuant aux apôtres, de sa main de chair, le pain qui l'incarne et le multiplie!

Les scènes de la Passion sont peintes comme de la main d'un stigmatisé. On sait qu'il fondait en larmes chaque fois qu'il avait à les retracer, et qu'on le surprit souvent défaillant d'angoisse et de douleur au pied du tableau commencé. Mais il n'est pas seulement le voyant, il est encore le poëte de l'Évangile. A la reproduction textuelle du livre sacré il ajoute presque toujours des paraphrases d'une grâce ou d'une mélancolie pénétrantes. Ainsi, dans la descente de *Jésus aux limbes*, il représentera les saints de l'ancienne loi se pressant en foule au-devant du Sauveur armé de l'étendard de sa victoire sur la mort. Une mince cloison sépare les limbes de l'enfer; une âme — on dirait celle d'une femme, tant elle est svelte et frêle — est accourue au bruit. Elle s'élance, elle crie grâce, elle voudrait briser le mur qui la sépare du pardon, de la délivrance, du ciel peut-être! Oh! si le Christ pouvait l'entendre! mais un démon la retient dans son étreinte, la pauvre âme se débat toute palpitante; elle renverse en arrière sa tête éperdue. Il y a dans le jet frémissant de cette figure un sentiment de la damnation morale — de celle que sainte Thérèse plaignait sublimement de ne pouvoir aimer — plus poignant que toutes les tortures de l'enfer dantesque.

Dans ses *Jugements derniers*[1] — son motif de prédilection — il se passe entre les âmes élues et leurs anges gardiens des scènes de reconnaissance ravie, d'expansions ingénues, de caresses sororales, d'entrelacements ailés, de baisers fondus, d'étreintes insolubles, qui vous révèlent toutes les voluptés des cieux. N'est-ce pas encore une idée de génie que celle de figurer toujours l'enfant Jésus planant sur les genoux de sa mère, qui ne le touche jamais, et le berce les mains jointes.

Ce qui nous frappe encore dans l'œuvre de Fiesole, c'est une impuissance absolue à reproduire les mouvements et les expressions du mal. Les enfers de ses *Jugements* sont d'adorables caricatures de sainte ignorance et de puérile bonté. Les damnés font des mines d'une contrition touchante; les démons ont beau dresser leurs cornes et fendre leur bouche jusqu'aux oreilles, ils n'en sont pas moins au fond de bons diables qui ne demandent qu'à s'attendrir. Ne pouvant les faire terribles, Angelico les fait gras. L'obésité devait être la suprême laideur pour le maître des mortifications et des élancements de la forme. En somme, ils rappellent assez ces types joufflus et ventrus de moines luxurieux que le moyen âge accouplait dérisoirement aux gargouilles de ses gouttières. Les instruments de torture dont ils poursuivent les réprouvés, au milieu de minces flammes

---

[1] Entre les Jugements derniers si souvent répétés par Fiesole, nous citerons ceux du musée de l'Académie des beaux-arts de Florence, du musée de Berlin, et celui qui faisait partie de la galerie du cardinal Fesch.

de cierges, semblent les plus anodins du monde. Ce sont des serpents doux comme des lézards, des fouets pareils à des disciplines de dévotes, des chaînes aux anneaux de rosaire. La tendresse du pinceau qui caresse ces jolis supplices en diminue encore la terreur. Cependant, les anges, assis sur les nuées, les regardent d'un air de pitié ineffable. Ils se contiennent pour ne pas pleurer : une seule de leurs larmes éteindrait l'étincelle de ces doux enfers.

De même, dans ses *Passions* et dans ses *Martyres*, le bienheureux ne donne jamais aux figures des persécuteurs le caractère de l'impénitence finale. Ils font les méchants; mais tout espoir n'est pas perdu : peut-être se convertiront-ils un jour. Rien de plus charmant, comme exemple de cette incorrigible mansuétude, que le *Massacre des Innocents*, de l'Académie de Florence. De jeunes bourreaux, serrés comme des pages dans leurs cottes de mailles, égorgillent les Innocents dans les bras de leurs mères. Un carnage de boutons de roses où la rosée, ce sang des fleurs, coulerait à flots, ne serait pas plus gracieusement cruel. Les petits enfants sont bien sages, et laissent couper leurs têtes blondes sans crier et sans faire la moue. Les mères se débattent bien un peu, mais d'un air si posé, par gestes si tranquilles! Il en est une qui s'esquive à pas menus de la bagarre, en cachant son nourrisson dans le pli de son manteau bleu. Pourvu que l'enfant ne se réveille pas! A l'étrange placidité de cette scène de meurtre, vous diriez une *répétition* jouée par les anges, dans le ciel en fête, de la tragédie de l'Évangile. On pourrait prendre Hérode, qui regarde de sa terrasse, majestueux et calme, pour Dieu le père, contemplant, du haut de son trône, les jeux de ses Chérubins.

Imperfection sublime! gaucherie touchante d'une main virginale qui ne savait que bénir! On sourit d'abord, bientôt on admire. Cette pureté parfaite vous éblouit comme un phénomène du monde spirituel. On se demande de quelle argile est pétrie la nature des saints, et si le Ciel n'envoie pas des anges sur la terre.

En dehors de ses innombrables tableaux de petite dimension, Fiesole a laissé des fresques qui démontrent une haute aptitude aux grandes conceptions de la peinture monumentale. Le pape Nicolas V l'appela à Rome sous son pontificat, et le chargea de décorer au Vatican la chapelle qui porte son nom. Il y peignit la vie de saint Étienne et de saint Laurent dans un style austère et doux, auguste et naïf qui agrandit, sans les altérer, les types de ses compositions habituelles. Le même pape lui fit peindre à fresque la chapelle del Sagramento, qui fut plus tard détruite par Paul III. L'année même de sa mort, en 1455, il ébauchait sur la voûte d'une chapelle de la cathédrale d'Orvieto des figures de prophètes qui ont, depuis, été terminées par Luca da Cortona.

Nous n'avons rien dit de la vie d'Angelico; il n'a pas d'histoire, il n'a qu'une légende : ce fut une vierge faite homme, l'*Imitation de Jésus-Christ* sous forme humaine. L'artiste disparaissait tout entier sous l'humilité du moine. Pour lui, la peinture n'était qu'une des fonctions de louange et de prière de la vie claustrale. Il ne s'enorgueillissait pas plus des chefs-d'œuvre de son pinceau, que le cénobite de la natte de joncs tressée sous le palmier de sa cellule. Il n'entreprenait aucun tableau sans la permission de son prieur, et jamais il ne voulut en recevoir de prix : il aurait cru trafiquer des dons de son Dieu en vendant ses inspirations. Pendant son séjour à Rome, le pape Nicolas V voulut le nommer à l'archevêché de Florence. Angelico le supplia de le laisser dans son cloître. Il désigna lui-même pour le remplacer un religieux de son couvent, qui fut depuis saint Antonin.

Il peignit jusqu'à son dernier jour, créant par milliers les saints, les apôtres, les séraphins, les martyrs, avec la fécondité bénie de ces patriarches de la Bible qui engendraient des tribus sacrées. Sa vie fut une échelle de Jacob dressée vers le Ciel ; il en peupla d'anges chaque degré, comme pour les envoyer à Dieu au-devant de lui, en messagers d'offrande et d'aspiration. Si Dante l'avait suivi, au lieu de le précéder, dans quelle nuance limpide de son Paradis il aurait enchâssé l'âme du saint artiste ! Quelle canonisation d'effets de lumière et de scintillements étoilés il aurait faite au coloriste du Ciel !

L'art catholique avait donné en Fiesole son enthousiaste et suprême effort ; il s'arrêta après l'avoir produit. Son plus pur disciple, le croissant de cet astre virginal, est Benozzo Gozzoli, le peintre du Campo Santo. Autour de sa tradition se groupèrent encore Domenico di Michelino, Zanobio Strozzi et quelque autres : pâle constellation qu'absorbe bientôt l'éclatant soleil du seizième siècle. Plus tard, la Renaissance, dans ses intervalles de piété, vint s'agenouiller parfois, comme à un prie-Dieu, devant l'œuvre du peintre angélique ; elle en rapporta quelques étincelles des premières ferveurs de l'art italien. Son dernier reflet vient expirer en chastes sourires sur les lèvres des Vierges de Raphaël; il s'y est éteint pour jamais. On rallume les flammes de la terre, on ne rallume pas les étoiles éteintes.

HEMLING

Hemling n'a pas d'histoire. Peintre des légendes chrétiennes, il est lui-même une légende. On peut dire qu'il a traversé la vie, invisible et anonyme comme un ange. Son nom même est resté vague, comme s'il n'avait été transmis que par un écho. — L'Allemagne l'appelle Hemling, la Belgique dit Memling, quelques-uns écrivent Hemmeling, d'autres prononcent Memmelinck. — La tradition le poursuit comme un être ailé qui échappe à la preuve et qui ne se révèle que par ses miracles. On croit qu'il fut peintre de Charles le Téméraire ; on présume qu'il accompagna en Italie son maître Rogier ; il en est qui le font mourir en Espagne, à la Chartreuse de Miraflores. Vestiges indécis et presque effacés. L'artiste mystique a si peu pesé sur la terre qu'elle n'a point conservé sa trace. — La tradition la moins douteuse le représente blessé à la bataille de Morat et se traînant par les chemins au milieu d'un âpre hiver jusqu'à Bruges, son pays natal, où il fut admis à l'hôpital de Saint-Jean. Son long séjour dans cette maison des pauvres et des malades est le seul fait avéré de sa furtive existence. Ce fut là que, pour reconnaître l'hospitalité des moines, il peignit la *Châsse de sainte Ursule* et quelques-uns de ses plus délicats chefs-d'œuvre — Tel ce Christ des légendes qui, sous la figure d'un mendiant, frappe aux portes, la nuit, pour éprouver la charité des hommes. — Le matin il se transfigure, et laisse la maison qui l'a reçu pleine de sa lumière.

Ce fut donc pendant sa convalescence que Hemling composa ces divines peintures. Elles trahissent l'influence de cet état particulier de la vie. Qui n'a ressenti ou observé les phénomènes qui accompagnent la convalescence! Le corps, atténué par la souffrance, se spiritualise en quelque sorte ; sa trame grossière prend la finesse et la poésie d'un voile; ses organes se raffinent en se ravivant ; le pas est plus léger, le regard plus lucide, l'odorat plus exquis, l'oreille plus subtile ; les nerfs frémissent légèrement à des sensations qui naguère ne les auraient pas effleurés. D'une autre part, l'âme, échappée des ombres de la mort, renaît à la vie avec une innocence enfantine. De la tombe, dont il a effleuré les premiers degrés, le malade rapporte une mélancolie religieuse mêlée à la joie de l'existence reconquise. Ce monde qu'il a cru quitter lui apparaît coloré des teintes de l'Éden. L'attendrissement qu'il éprouve en le revoyant l'idéalise à ses yeux. Il fait doux, pour lui, dans les couleurs, comme dans l'air, comme dans les bruits. Il jouit de la lumière comme le premier homme dut admirer la première aurore. Le repos l'initie aux délices de la contemplation. Le chant d'un oiseau, la plainte d'une source, la grâce d'une fleur, le vol d'un insecte, la forme d'un nuage, le plongent dans une sereine rêverie. Les visages aimés ou compatissants qui ont entouré son lit de douleur se revêtent d'une angélique expression; les indifférents même lui semblent sympathiques; son âme leur prête la bienveillance dont elle est remplie : il rentre dans le monde et dans la nature avec la reconnaissance d'un exilé auquel on a rouvert sa patrie.

L'œuvre entière d'Hemling est empreinte de cette douce influence. La convalescence semble l'état normal de ce pur génie. Ses sveltes figures sont, pour ainsi dire, purifiées du corps. La douleur a passé sur leurs chastes formes, non pour les flétrir, mais pour les alléger. Il les épure et il les macère pour mieux révéler leur âme, comme on amincit l'albâtre des lampes pour que la flamme reluise à travers. Leurs airs de tête n'expriment que des joies surnaturelles ou des pensées idéales. Leurs draperies coulantes et diaphanes rappellent ces vêtements de clarté que l'Écriture promet aux élus. Les paysages qui les encadrent mêlent les teintes dorées de l'automne à l'azur du ciel des visions. Un silence mystique règne dans ses tableaux. N'y cherchez ni les effets du contraste, ni les mouvements de la passion, ni les splendeurs de la beauté matérielle : tout y est calme, recueillement, abstraction de la terre et vie intérieure. Dante n'emploie pour peindre son *Paradis* que des teintes et des dégradations de lumière; Hemling compose sa peinture des nuances les plus célestes de la sainteté et de la vertu.

Les maîtres s'expliquent et se commentent par leurs œuvres. — Arrêtons-nous devant cette *Châsse de sainte Ursule*, qui, par sa beauté et sa forme même, peut passer pour le monument d'Hemling. — La légende de sainte Ursule et des onze mille vierges est un des plus gracieux romans chrétiens du moyen âge. On dirait la vie des saintes écrite par une fée. Il y a de la chevalerie et de la féerie dans cette croisade de vierges commandée par la fille d'un roi, qui, du fond de l'Irlande, s'achemine vers Rome, y reçoit le baptême et s'y dévoue au martyre. Saint Cyriaque, un pape imaginaire, accueille et baptise ces amazones de la foi, et descend du trône de saint Pierre pour se faire l'aumônier de leur chaste armée. Guidées par lui, les onze mille vierges reviennent mourir à Cologne sous les flèches et les haches des Huns. L'art chrétien a souvent reproduit les aventures de cette chevalerie féminine. Hemling en a fait un poëme qu'on pourrait appeler l'Odyssée du martyre.

La châsse de Bruges, comme beaucoup de reliquaires de l'époque, a la structure d'une maison gothique. Sur ses parois, divisées en quatre compartiments, le peintre a représenté les épisodes du voyage d'Ursule et de ses compagnes. Les deux pignons encadrent les images de la Vierge et de la sainte. Sur le toit, il a peint son couronnement au milieu de la cour céleste.

C'est d'abord le débarquement d'Ursule à Cologne, à la tête de son armée virginale. Elle descend du lourd navire, soutenue par ses compagnes. La troupe sacrée défile déjà par la porte de la ville, qui découpe sur le clair du ciel les nefs de ses églises et le clocher de sa cathédrale. On croit voir entrer dans la Jérusalem céleste les vierges qui « suivent l'Agneau partout où il va. » — Les madones de l'Italie paraîtraient sensuelles auprès de ces saintes du Nord. La froideur particulière à leur race s'illumine d'une pureté divine ; c'est de la neige mêlée à de la lumière. Leur beauté n'a rien de plastique : les joues sont rondes, les pommettes saillantes ; les fronts ont cette largeur qui défigurerait les déesses païennes, mais qui convient à des saintes. — L'art chrétien fait régner le front sur le corps ; il l'élève comme une ogive sur ce temple du Saint-Esprit. — Le charme des vierges d'Hemling est d'une qualité presque incorporelle, leurs yeux clairs ont la fixité distraite de l'extase ; leurs tailles déliées s'élancent avec la rectitude des grands lis ; leurs gestes et leur maintien respirent une modestie solennelle. Rien n'égale la bizarre élégance de leurs costumes et de leurs coiffures. Ces saintes, qui vont au martyre, semblent des fées partant pour un bal sur la bruyère ou sur la nuée.

Le second tableau nous les montre entassées dans le vaisseau qui aborde à Bâle. Leurs têtes blondes et candides, que la virginité confond dans une charmante ressemblance, apparaissent serrées l'une contre l'autre, comme des fruits au fond d'une corbeille. La reine s'élance de cette agglomération de beautés, pareille aux Vierges des Assomptions planant sur un bouquet de têtes d'anges.

Dans le tableau suivant, l'artiste a représenté la jeune phalange arrivant à Rome. Le pape s'avance pour la recevoir sous le péristyle d'une église. Sa physionomie et son attitude sont empreintes de la gravité de l'épiscopat. Ce n'est point le pontife royal et magnifique de la Renaissance; c'est le rigide représentant de l'orthodoxie et du dogme. Je ne me figure pas autrement ce pape flamand qui, entrant au Vatican après Léon X, se signait à la vue des statues antiques. Les cardinaux qui l'entourent n'ont rien non plus de l'altière élégance des princes de la cour romaine. Vraies têtes théologiques, blanchies dans les méditations de la foi, on dirait les bourgmestres et les échevins de l'Église. — Ursule, agenouillée et voilée, met ses mains jointes dans la main du pape, et la ferveur de son geste est telle, qu'on sent qu'elle y dépose son cœur et son âme. Sa douce figure, hardiment fixée sur le visage du vieillard, respire l'exaltation du sacrifice accepté. Elle se livre, en sa personne, au Dieu des martyrs. Derrière elle s'aligne le ravissant cortège de ses sœurs. Leurs physionomies dociles et placides reflètent, avec d'imperceptibles variantes, la résignation de leur reine. L'expression d'Ursule va s'atténuant de figure en figure, comme un cri d'enthousiasme qui se répercute d'écho en écho, affaibli, mais non altéré. Il décroît, il s'amoindrit, il s'efface... le dernier n'est plus qu'un soupir.

Le pape, suivant la légende, voulut guider lui-même les onze milles vierges au martyre; il se fit le pâtre de ce troupeau virginal pour le conduire à la mort. Le peintre l'a représenté, dans le tableau suivant, assis entre deux cardinaux, dans la barque qui va descendre le Rhin. A sa droite siégent des évêques pensifs comme sur les bancs d'un concile; à sa gauche prient les saintes inclinées sur la proue du navire, comme sur le bord d'un prie-Dieu. Cette simple scène prend, sous le pinceau d'Hemling, la majesté d'un symbole. Le bateau s'agrandit aux proportions de l'Église. On croit voir la barque de Pierre partant pour l'éternité.

Le martyre des onze mille vierges remplit les deux derniers compartiments de la châsse. Ce sont les plus faibles au point de vue de l'art, mais les plus touchants aux yeux de l'esprit. Hemling ne sait exprimer ni la violence ni la haine. Sa main, si habile à exprimer les moindres nuances de la tendresse et de la pitié, devient comme celle de Fiesole d'une gaucherie charmante lorsqu'elle veut reproduire les mouvements du mal. Cette belle inaptitude que nous avons déjà signalée dans le génie du peintre angélique, est le privilége de presque tous les maîtres des premières écoles.

Hemling, comme Fiesole, ne sait que bénir. Son doux génie répugne aux expressions de la cruauté et aux angoisses de l'agonie matérielle. Dans le premier tableau, deux archers tirent à l'arbalète sur le colombier de saintes groupées, dans le vaisseau, autour de leur reine. Les unes reçoivent le trait de la mort avec ravissement, et comme elles recevraient l'hostie du viatique. D'autres se pâment ou se cachent la tête dans leurs mains, avec de gracieux mouvements d'enfants effrayés. Plus loin, Ursule, visée à bout portant par l'arc d'un soldat, attend la flèche mortelle, la bouche ouverte et les bras tendus, dans un recueillement qui ressemble au sommeil extatique des stigmatisées. Des Barbares, en habits de Sarrasins, groupés sur le devant de leur tente, les voient mourir avec la jovialité débonnaire de bourgeois flamands regardant des arbalétriers tirer à l'oiseau, un jour de kermesse.

On peut ranger la châsse de sainte Ursule, parmi les merveilles de la main humaine : la délicatesse du pinceau égale l'idéalité de la pensée. Ces deux cents figurines, dont les plus grandes ont un pied et les plus petites six lignes de hauteur, sont d'une finesse radieuse, qui n'a d'analogie que dans la manière de Fiesole. C'est un mélange ineffable d'éclat et de suavité, l'ardeur du vitrail tempérée par la transparence de la miniature. En créant ce monde surnaturel, Hemling l'a enveloppé de son atmosphère. Les marines, les paysages, les villes que traverse le chaste cortége se colore du reflet de son innocence. Tout y est simple, lumineux, candide. Les fleuves roulent des eaux de cristal; les navires rappellent l'arche primitive; les montagnes ont quelque chose d'aérien et d'immaculé; les édifices semblent construits pour la clôture et pour la prière. Jamais le monde n'a été contemplé par un regard si bienveillant et si doux. Tout se transfigure sous son pinceau, les visages, les corps, les vêtements, les édifices, les eaux, les arbres et l'air même. En évoquant dans ses tableaux les vierges et les saints, Hemling semble faire descendre avec eux le paradis sur la terre.

RAPHAËL

La Vierge est la divinité de l'art italien. On peuplerait des mondes avec les madones de ses six écoles. C'est le *Miracle des roses* de la peinture que cette multiplication merveilleuse du type unique de la Virginité-Mère ainsi reproduite sous des milliers de formes diverses. Depuis dix-huit cents ans la Vierge voyage, pour ainsi dire, à travers les enveloppes changeantes de la beauté terrestre, pareille à ces âmes du ciel indien qui, dans le cycle infini de leurs métempsycoses, prennent, essayent et rejettent, comme des vêtements progressifs, toutes les splendeurs et toutes les grâces de la nature, depuis l'étoile jusqu'à la gazelle, depuis la femme jusqu'à la fleur.

Ce serait un curieux pèlerinage à faire que de suivre l'itinéraire de la Madone dans le monde de l'art. Sa plus antique image, récemment découverte dans une crypte des catacombes, nous la montre sous les traits sillonnés et durs d'une parque chrétienne. Grossière et grandiose ébauche que l'on dirait rayée dans la pierre par le pouce sanglant d'un martyr! Elle sue l'amertume, elle respire la mort; elle s'harmonise avec l'horreur sacrée du labyrinthe sépulcral; elle y préside du fond de son abrupte chapelle aux deuils, aux lamentations, aux funérailles de l'Église.

Ce type primitif se transforme à peine, lorsque l'Église délivrée fait sortir la Vierge avec elle du sépulcre et l'installe solennellement sous le plein cintre des basiliques. Seulement sa vieillesse s'arrête, se momifie, s'endurcit et devient de l'éternité. La Vierge byzantine n'a pas d'âge; sa face impassible, prise dans les linéaments rigides de la mosaïque comme dans la définition d'un dogme invariable, n'exprime que l'inflexibilité de la foi. Jamais un sourire ne descelle ses lèvres d'émail, jamais un regard d'amour ou de charité n'attendrit ses yeux lapidaires. Entre elle et le fidèle agenouillé sur les pavés de l'église, aucun autre rapport que celui d'une adoration lointaine. La dureté même de la matière sur laquelle elle est empreinte, la splendeur sombre et compliquée des ors vitrifiés qui l'emboîtent, la magnificence mystérieuse de sa dalmatique, lui donnent l'air d'une de ces impératrices de Byzance constellées d'agates, fleuronnées de cabochons, incrustées d'émaux, qui siégeaient inaccessibles et placides au centre d'une cour bizarre et d'une théologique étiquette.

Giovanni Cimabuë, le rude précurseur de la Renaissance,

humanise un peu, mais sans l'embellir, cette Vierge terrible ; elle garde dans ses fresques et dans ses tableaux le profil aigu, les angles ronds, les yeux hagards, les pieds et les genoux en pointe, la physionomie chagrine et morne de son effigie orientale. Giotto, enfin, la revêt de grâce et de jeunesse ; il la dégage du moule écrasant du plein cintre et la modèle sur la forme svelte de l'ogive ; il élance sa taille, il arrondit ses contours, il éclaire ses yeux, il répand sur ses traits la vie de l'expression, la pudeur du coloris et la lumière du sourire ; il la délivre des maigres étreintes de la robe tombante et l'enveloppe des caresses et des éclaircies du voile.

A partir de ce moment, la Madone italienne est créée ; la Vierge apparaît à la terre sous une forme digne de sa beauté morale. Pendant un siècle encore, les écoles de Florence, de Sienne et de l'Ombrie reproduisent et interprètent, selon le génie de leurs peintres, ce portrait d'amour d'un art juvénil : de Giotto à Pinturrichio, la Vierge ne cesse de croître en grâce, en noblesse, en aménité ; cependant son type accompli et définitif n'est pas trouvé encore. Les images que tracent d'elle ces maîtres primitifs réalisent plutôt l'idéal de la foi que celui de l'art. L'angélique pudeur qui préside à leurs conceptions ressemble à la lune du ciel visible, son divin emblème ; elle estompe ou elle émousse les lignes plastiques et les contours extérieurs. Dans la plupart de ces tableaux, Marie nous apparaît comme une âme divine à peine enveloppée des apparences d'un corps spirituel. Ce n'est plus une femme, ce n'est plus une mère, c'est une essence de virginité contenue dans une forme plus vague que l'opale et plus fragile que l'albâtre. Cette macération surnaturelle l'efface du monde extérieur; elle délie tous les liens terrestres qui la rattachaient aux enfants des hommes. La Vierge de Fiesole, par exemple, avec sa ténuité subtile et sa coloration d'hostie éclairée par un cierge, n'offre aucune prise au regard humain. Les frêles linéaments qui la dessinent semblent plutôt les initiales d'un mystère sacré que les délimitations d'une substance.

D'autres, parmi ces peintres des premiers temps de la Renaissance, tombent dans l'excès contraire : ils donnent à la Vierge le type local de leur ville ou de leur province; ils l'affublent de leur costume, ils lui font prendre droit de bourgeoisie parmi ses jeunes filles et ses matrones. Privauté touchante, mais puérile, que les grâces de l'art enfant peuvent seules ennoblir.

Il était réservé à Raphaël d'accomplir la Madone, effleurée ou ébauchée seulement jusqu'à lui, d'accorder en elle les sublimités religieuses du catholicisme aux plus parfaites harmonies de la beauté physique, et de la faire planer, en quelque sorte, dans une assomption pondérée, à égale distance du ciel et de la terre, d'un idéal trop mystique ou d'une réalité trop vulgaire.

Même après ses travaux épiques du Vatican, on peut dire que la Vierge est restée sa création suprême. Ce fut sur elle qu'il porta tout l'effort et tous les progrès de son art. Ses Madones ressemblent à ces Heures qu'il a peintes plus robustes ou plus délicates, selon qu'elles s'éloignent ou s'avoisinent du soleil; elles redoublent de force, d'expression et de plénitude, à mesure qu'elles approchent du midi de son génie, de ce midi qui n'eut pas de couchant. De la

Vierge Condestabili de Pérouse à la *Madone de Saint-Sixte*, Marie parcourt dans son œuvre tout un firmament de beauté. Suivons cette gravitation idéale, démêlons au milieu des mille images diverses dont il a revêtue Celle que l'Église appelle l'*Étoile du matin*, l'astre distinctif qui marque chaque constellation nouvelle.

La *Belle Jardinière* peut compter, par le sentiment, sinon par la date, parmi les plus jeunes Vierges de Raphaël. Peinte en 1507 à Pérouse, au moment où il allait quitter Florence pour venir à Rome prendre possession de tout son génie, cette angélique idylle est comme un *ex voto* reconnaissant du divin jeune homme à l'école de l'Ombrie, où s'était formée son enfance. Sur le point d'abandonner pour jamais les naïves traditions de l'art mystique, il semble qu'il ait voulu les résumer dans une fleur de grâce et de sainteté.

Marie, assise au milieu des champs, serre entre ses bras le Fils de Dieu, debout sur son pied nu qui se dessine chastement sur l'herbe. Elle incline sur lui ses grands yeux limpides recueillis sous le voile baissé des paupières. Cette contemplation est si pieuse, si ingénue et si douce, qu'elle tient de la tranquillité du reflet, et que l'image du divin Enfant semble se réfléchir dans leur pâle azur, comme dans la clarté d'une belle eau dormante. Comment dire la candeur de ce visage ovale et pur comme une perle parfaite, la noble coupe de ce front si doucement bombé, la mollesse d'or soufflé de ces blonds cheveux ondés et noués en tresses négligentes, l'exquise formation du nez, la finesse presque invisible des sourcils, la courbe ingénue des lèvres, pareilles au calice d'une fleur entr'ouverte; la sainte modestie de cette robe unie, au corsage rouge, autour de laquelle le manteau bleu de la tradition flotte et se déploie comme un morceau de ciel! Quel charme ineffable dans la pose de l'Enfant Jésus dressant vers sa mère sa tête ravie et naïve! Le spectateur croit retrouver sa propre impression dans l'extase du petit saint Jean, à genoux devant le groupe maternel! Le jeune Précurseur s'appuie sur une croix rustique qu'il vient de faire avec deux joncs enlacés; mais Marie ne comprend pas encore ce navrant symbole, et la croix enfantine n'attriste pas plus la céleste églogue que la houlette d'un pasteur.

Autour de la sainte Famille s'arrondit, comme une terrestre auréole, un de ces mystiques paysages où il semble que Raphaël ait voulu purifier la terre, et lui rendre quelque chose de l'innocence de l'Éden. Le lis chanté par les psaumes, la rose au cœur virginal, la mauve, qui recèle une vertu secrète dans ses humbles feuilles, croissent et fleurissent aux pieds de Marie. Plus loin s'élancent deux de ces arbres sveltes, minces, émondés, dont la cime, à peine garnie de quelques feuilles transparentes, éveille en l'âme, par une relation mystérieuse, l'idée de jeunes têtes moissonnées par des ciseaux sacrés. Dans le fond, au sein de collines arrondies et bleuâtres, on aperçoit une petite ville aux toits en pointe et au campanile élancé. Rien n'indique les travaux et les agitations de l'activité humaine dans cette cité toute symbolique et toute spirituelle. Là, sans doute, on n'entend d'autre bruit que le chant des hymnes et le son de l'orgue; là se promènent par les rues claires des hommes vêtus de blanc

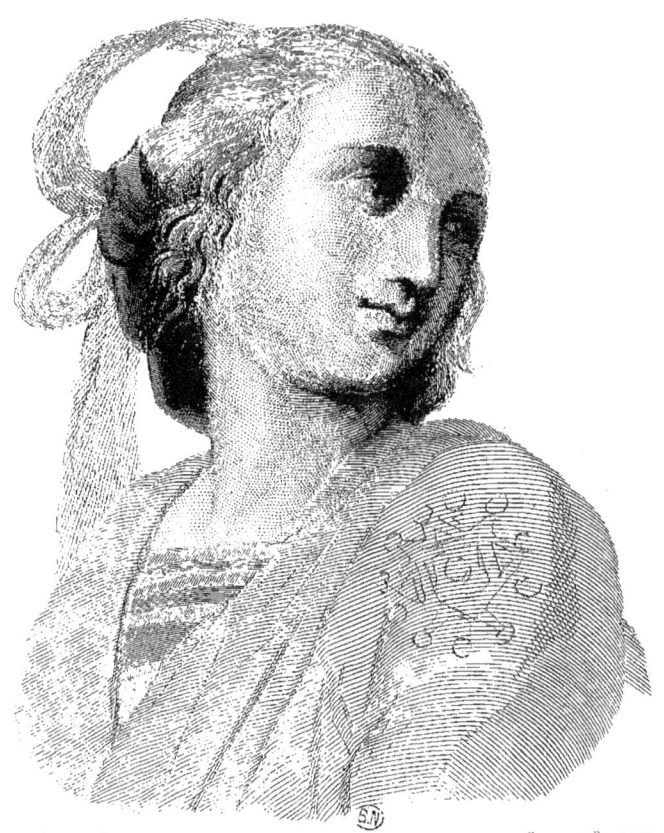

Muse
Peint par Raphaël

qui portent des palmes ; là se penchent aux fenêtres taillées en ogives des têtes extatiques, pareilles à celles qui se montrent, embrasées de couleurs ferventes, aux vitraux des vieilles cathédrales.

Tout est printemps, fraîcheur, jeunesse, prémices de génie, vénusté de style, dans cette douce peinture ; elle est traitée selon cette manière pure et précieuse à laquelle il semble que les vieux maîtres aient attaché une vertu morale. La pâleur dorée de son coloris répand sur elle je ne sais quelle clarté d'aurore : on dirait la réverbération lointaine du fond d'or évanoui des anciennes écoles. Les poses, les draperies, les gestes, les airs de tête de la grande manière raphaëlesque, commencent à s'y révéler, mais seulement à l'état de préludes et de douces promesses.

Cette jeune Vierge, à demi rustique, assise parmi les plantes et les fleurs de la solitude, Raphaël l'emmènera à Rome avec lui. Elle va s'y développer, s'y amplifier, s'y grandir ; elle va s'entourer d'anges, de saints, de donataires, de lampes, de rideaux, de colonnes, d'architectures magnifiques ; elle va régner du haut des cieux entr'ouverts sur des compositions grandioses inspirées par les fêtes de l'Église triomphante ; mais, quels que doivent être ses accroissements de force et de majesté, elle n'en reste pas moins, dans ce tableau, sinon la plus belle, du moins la plus jeune et la plus aimable de ses madones.

De la *Belle Jardinière* à la *Vierge au Voile*, quelle transformation déjà et quelle différence ! Le maître a vu Rome, et son style se ressent des influences de la ville éternelle. Si la Vierge a gardé le candide ovale et la blonde modestie de ses sœurs aînées, le geste de son bras, qui soulève le voile du lit de Jésus, celui de sa main posée sur l'épaule du petit saint Jean, la molle effusion de son agenouillement, développent les belles lignes de la statuaire antique. Sa robe, transformée en draperie, embrasse avec de chastes caresses les formes qu'elle suivait à peine autrefois. Son front porte le diadème de la royauté céleste, et le voile qui s'en épanche affecte des plis d'une imposante élégance. Dans le fond se dressent les murs pendants et la voûte écroulée d'une ruine romaine, et cette perspective d'antiquité sublime répond de loin, comme une harmonie, au groupe qu'elle encadre.

La *Vierge à la Chaise*, portrait idéalisé d'une jeune patricienne de Florence, se ressent de son origine. Elle semble faite pour trôner sur sa belle *seggiola* aux colonnettes ciselées, dans une de ces églises de marbre et d'or du seizième siècle, qui sont comme les salons du paradis. Elle est peut-être la plus populaire de toutes les madones de Raphaël; elle renouvelle, en les sanctifiant dans l'Italie catholique, les miracles de séduction de cette Vénus de Gnide dont la Grèce païenne devint amoureuse. Ce qui la distingue entre toutes ses sœurs, c'est la grâce : *Ave, Maria, gratia plena*. Une grâce demi-céleste, demi-mondaine, où la pureté de la vierge, la tendresse de la mère et l'amabilité de la femme, se mélangent avec des nuances et des harmonies de perle dans un parfait ovale de beauté. La noble finesse de ses traits, la clarté sereine de ses beaux yeux bienveillants, l'élégance du voile qui s'enroule autour de ses tempes, l'ajustement exquis du fichu brodé qui voile ses épaules et redouble de plis autour de sa poitrine, la tranquille étreinte de ses bras croisés autour de l'Enfant, tout en elle respire une courtoisie divine, une aménité accessible et je ne sais quelle surnaturelle distinction de grande dame céleste. Elle fait penser à ces saintes italiennes de la *Divine Comédie* qui conservent, jusque dans le feu des étoiles et des auréoles, l'air fin et spirituel de la civilisation toscane et l'accent « du beau pays où le *si* résonne. »

Quelle douce affabilité dans le mouvement de sa belle tête qui se retourne vers le spectateur comme pour l'éclairer de sa plénitude! On dirait qu'elle vient de céder aux angéliques instances qui décidèrent Béatrix à se dévoiler à Dante :

> Volgi, Beatrice, volgi gli occhi santi;
> Era la sua canzone; al tu fedele
> Che per vederti ha mossi passi tanti.
> Per gratia fa noi gratia che disvele
> A lui la bocca tua, si che discerna
> La seconda belleza che tu cele.

« Tourne, Béatrix, tourne tes yeux saints, — ainsi chantait leur canzone, — vers ton fidèle qui a fait tant de pas pour te voir !

« De grâce, fais-nous la grâce de lui dévoiler ta bouche, afin qu'il distingue la seconde beauté que tu caches. »

La *Vierge de la maison d'Albe*, peinte dans la même année peut-être, reluit, entre les autres madones de Raphaël, comme une larme parmi des perles. Assise sur le gazon d'un frais paysage, elle contemple avec une mélancolie rêveuse la croix de roseau que le petit saint Jean, à genoux, vient de présenter à son fils. Sa main posée sur l'épaule du Précurseur semble l'inviter à détourner le fatal présage; mais Jésus a déjà saisi la croix prophétique, et fixé sur elle des yeux résignés.

Raphaël n'aborde jamais qu'avec pudeur l'idée de la mort; aussi l'émotion de cette scène muette est-elle effleurée plutôt qu'exprimée. Elle circule avec la légèreté du pressentiment à travers les gestes, les airs de tête et les attitudes sympathiques de la jeune famille. Le Calvaire vient de lui apparaître, mais comme l'idée de la mort apparaît à la jeunesse, voilée, douce, indistincte, presque effacée par l'éloignement. Il n'y a qu'un nuage en l'air; il monte au-dessus de la tête de l'Enfant Jésus; et il est si faible et si pur, que l'imagination lui donne le sens d'un phénomène symbolique. On dirait qu'il vient de prendre l'empreinte de cette ombre de tristesse qui voile les visages de la sainte Famille, pour la dissiper dans le Ciel.

Les caresses de l'exécution dissimulent encore ce vague fond de deuil. Jamais Raphaël n'a peint d'enfants plus gracieux, de Vierge plus juvénile, de campagne plus ombreuse et plus pacifique; jamais son dessin n'a déployé de plus attiques élégances. Vous diriez le *Stabat Mater* recélé sous la forme exquise d'un beau sonnet de Pétrarque.

Jusqu'ici nous sommes restés dans le cycle terrestre des Vierges de Raphaël; mais il est une autre sphère purement idéale, au sein de laquelle il s'est plu à transporter souvent la Mère de Dieu. Là, Marie n'appartient plus à la terre : elle ne lui apparaît qu'à travers les incalculables distances de son Assomption. Elle ne se détache plus sur d'humbles fonds de campagne ou d'intérieur domestique, mais sur l'azur éternel, où pleuvent les rayons, où neigent les têtes d'anges. Elle ne s'assoit plus parmi les fleurs de la prairie ou sur la chaise taillée par la hache de Joseph; elle plane sur des nuées, elle règne sur des trônes d'une magnificence biblique et d'une architecture triomphale. Sa famille humaine a fait place à la cour des bienheureux et des anges. Son visage s'éclaire et se transfigure; les sourires féminins et maternels s'effacent de ses lèvres : la sérénité immuable, la paix éternelle, la félicité impassible, sont les seuls sentiments qu'expriment désormais ses traits agrandis.

La *Vierge aux Candélabres* est la première en date de cette série supérieure. Calme, grandiose, presque sévère, elle brille entre les deux flambeaux de ses angéliques acolytes, comme une étoile fixe de beauté. Ses yeux s'abaissent légèrement, sans doute pour exaucer d'en haut une adoration lointaine, et sur l'inclinaison seule de ces yeux sublimes l'esprit mesure la hauteur idéale où l'a transportée le génie du peintre. L'Enfant glorieux et joyeux qui joue sur son sein ne distrait pas son recueillement solennel; on sent qu'il ne tient plus à elle par les liens de sang de la maternité terrestre, mais par les liens plus subtils d'une filiation toute mystique. De même, les deux anges qui portent les candélabres ne sourient ici ni à Jésus, ni à la Madone : ils paraissent absorbés par le sentiment de leur propre gloire. On dirait que, réunis pour une cérémonie de la cour céleste, chacun des personnages continue sa surnaturelle existence, et reste isolé, au sein même d'une action commune, dans sa sphère d'extase et de dignité.

Plus imposante encore, la *Vierge au Poisson* forme, avec l'enfant majestueux que ses mains soulèvent, un groupe tout auguste et tout idéal qui rappelle la sculpture plutôt que la vie. Elle reçoit les adorations du jeune Tobie que l'ange lui présente avec la noble froideur d'une statue sacrée donnant audience aux fidèles, du fond d'un sanctuaire. La naïve timidité de l'adolescent, l'ardeur de l'ange qui l'entraîne vers sa reine avec un radieux enthousiasme, rehaussent, par le contraste, cette réserve fière et presque impérieuse.

Sursum corda! montons plus haut encore, jusqu'à cette cime extrême du sublime où plane la *Madone de saint Sixte*, la dernière Vierge de Raphaël.

Les rideaux symboliques de l'apparition viennent de s'entr'ouvrir. Marie, portée sur des nuages et tenant l'Enfant dans ses bras, apparaît solennellement à la terre. Un voile, trempé dans la pourpre des nuées, cerne les blonds bandeaux de son front royal et redescend sur ses épaules avec la palpitation d'une grande aile. Sa robe bleue, chassée par le vent, imprime à sa démarche suspendue les lignes flottantes de l'existence éthérée. Ses yeux sont fixes, sérieux, vaguement égarés; sa physionomie respire un trouble ineffable. Par quels mots humains expliquer ce mystère d'émotion et de ravissement? Est-ce l'enivrement des félicités célestes, ou la révélation subite de sa gloire? N'est-ce pas plutôt l'effroi sacré de son divin Fils? On dirait qu'elle vient de comprendre pour la première fois que l'enfant qu'elle porte est le Dieu des colères en même temps que le Dieu des miséricordes, et qu'elle tremble pour la terre en le présentant devant elle. L'Enfant semble justifier cette sainte épouvante. Ce n'est plus l'humble nouveau-né de Bethléem, ni le doux *bambino* des jardins de Nazareth ; c'est le Très-Haut, le Tout-Puissant, l'Éternel, condensé dans un corps puéril et rendu plus grandiose encore par cette réduction de substance. Le Christ vengeur de Michel-Ange est moins effrayant peut-être que cet enfant jupitéréen. Ses cheveux épars et hérissés comme des flammes, l'obliquité terrible de ses yeux pensifs, la structure puissante de son corps compacte et ramassé comme un abrégé de la force, le geste olympien de sa main étendue sur sa jambe robuste, la couleur de feu presque foncée, tant elle est profonde, qui l'enveloppe comme d'un mystérieux hâle d'auréole, tout en lui excite la crainte, le respect, le tremblement religieux.

Au-dessous de la Vierge, sainte Barbe agenouillée sur les nues, les mains croisées, le pied suspendu, oscillante et flottante dans la draperie orange qui l'enlace de ses longues bandes d'arc-en-ciel, abaisse vers la terre sa belle tête blonde dont le ton ardent semble exprimer la ferveur. L'ajustement, le tour, l'attitude de cette adorable figure, peuvent compter parmi les merveilles de l'art accompli. C'est la Grâce chrétienne incarnée sous la forme d'une des *Charites* de la Grèce, la draperie de Phidias enflée et soulevée par les brises du ciel, la beauté de la Déesse et la pudeur de la Vierge s'unissant et se confondant dans un chef-d'œuvre plastique. En face de sainte Barbe, saint Sixte, drapé dans sa chape, dresse vers la Vierge sa tête chauve, qu'ombrage la barbe orientale d'un Père de l'Église ; au bas du tableau, deux petits anges accoudés sur une balustrade attendent et regardent sans étonnement, sans surprise, avec l'insouciance familière d'enfants de la maison céleste.

C'est un prodige que ce tableau; on peut dire qu'il en présente les signes extérieurs. Commandé à Raphaël par les bénédictins de Plaisance, pour servir de bannière aux processions du couvent, il fut peint d'un jet, sans ébauche, et comme improvisé sur la toile. On n'a retrouvé trace, en effet, ni de ses études ni de ses esquisses. D'ailleurs, il suffit de l'entrevoir pour être frappé de cette spontanéité créatrice : aucun effort, aucune retouche, aucun artifice, mais partout une exécution à la fois ingénue et sublime; et les rehauts de l'ombre et les magie du clair-obscur, écartés, comme des éléments profanes, de la vision virginale. Les lignes du dessin serpentent à la façon des veines de la vie, sous la transparente coloration des figures; cependant ces figures sortent de la toile avec un relief étonnant. Le coloris sobre, limpide, égal, composé plutôt que mêlé de teintes blondes, rouges et roses, qui s'assortissent sans se confondre, a l'éclat ardent et doux de ces soirées extraordinaires, dont les crépuscules sont des phénomènes. On n'y sent nulle part l'empreinte de la touche, la marque du pinceau, le vestige de la main humaine; il tient à la fois de la clarté de la fresque et de la légèreté du pastel; il semble avoir coulé des sources de la lumière pour revêtir les êtres divins qui viennent d'en descendre. A ce monde de l'infini qu'il nous révèle, Raphaël ravit à la fois la divinité de ses types et le jour incorruptible qui les éclaire.

Cette toile sacrée est le dernier voile du sanctuaire : là finit la beauté visible. Derrière, il n'y a plus rien, rien que la Beauté éternelle, rien que cet *éternel féminin* dont parle Gœthe, et qu'il a posé à la fin de son poëme, comme le mot suprême de la vie : *Das ewig Weibliche*.

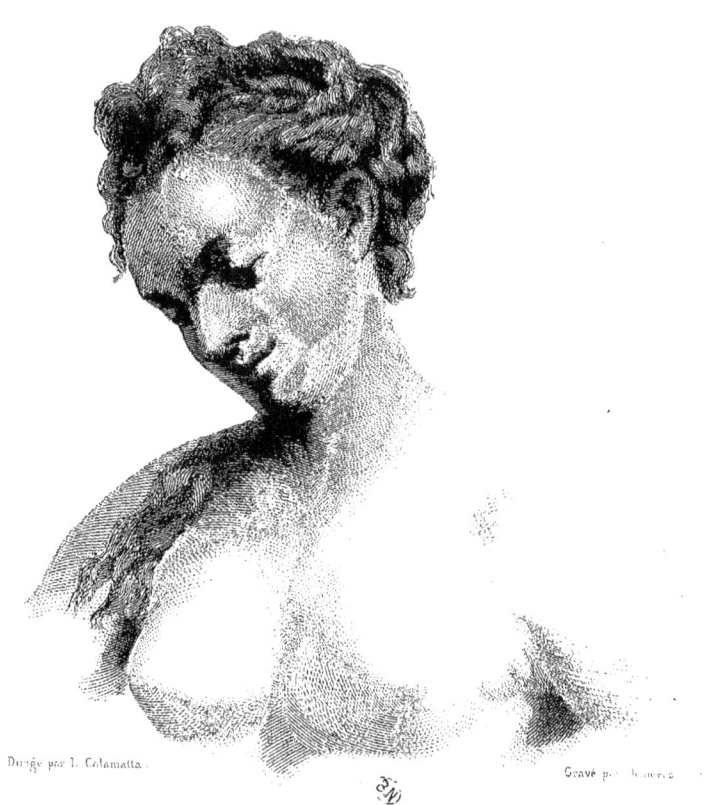

Dirigé par L. Calamatta. Gravé par *illegible*

Danaé
d'après le Corrège

Imp Ch. Chardon ainé Paris

CORRÉGE

Il se forme, on ne sait comment, autour des artistes célèbres, une légende qu'il est bien difficile de ramener à l'histoire, même quand sa fausseté en est depuis longtemps reconnue. En entendant prononcer ce nom du Corrége, on ne peut s'empêcher de recevoir une impression triste, et de songer avec mélancolie à la fin misérable de ce grand homme. On maudit un peu les moines qui lui payèrent un chef-d'œuvre en monnaie de billon dont le poids, car il n'était pas assez riche pour louer une voiture ou un cheval, le fatigua tellement sur la route, qu'il en prit une fluxion de poitrine, et mourut peu de jours après. C'est une chose douce de consoler, par une tardive admiration, l'ombre d'un génie malheureux pendant son séjour sur la terre, et sa gloire, entourée de ces ombres, rayonne avec plus de splendeur. Cette opinion, chose bizarre, fut celle de gens contemporains du peintre, ou du moins assez rapprochés de l'époque où il vivait pour avoir su la vérité, s'ils avaient voulu se donner la peine de la chercher; mais ce roman plaisait davantage. Corrége ne fut pas si pauvre qu'on le prétend; son père était un honnête marchand qui possédait quelque aisance et le fit bien élever. Giovanni Berni, de Plaisance, et Marastoni, de Modène, l'instruisirent dans les lettres, et il eut pour maître de philosophie G. B. Lombardi, de Corrége, célèbre médecin, qui avait été déjà professeur à Bologne et à Ferrare. Cela n'a rien qui sente la misère. A vingt-six ans il épousa une jeune fille de son pays, âgée de quinze ans, Girolama Merlini, dont il eut quatre enfants, trois filles, dont deux moururent en bas âge, et un fils, Pomponio, qu'il destina à la peinture. Voilà donc la nombreuse famille que l'infortuné Corrége avait tant de peine à nourrir et pour laquelle il s'exténuait de travail considérablement réduite. Deux enfants ne sont pas une telle charge qu'on ne puisse la supporter, même sans avoir le talent de l'auteur de l'*Antiope* et du *Mariage de sainte Catherine.* Le Carteggio de Tiraboschi contient plusieurs actes relatifs à des maisons et à des propriétés du Corrége. Sa femme, en outre, lui avait apporté une belle dot. Certes, il ne mena pas l'existence princière d'un Raphaël, d'un Michel-Ange ou d'un Titien, recherchés des empereurs, des papes et des cardinaux, mais il ne connut jamais l'étroite pauvreté, et la nécessité ne le força pas à l'avarice comme on le prétend. Jamais, au contraire, artiste ne mit plus de luxe dans l'exécution matérielle. Toutes ses peintures sont sur cuivre, sur panneau de cèdre ou sur toile de choix; il y prodigue les couleurs les plus chères, l'outremer, les laques, les verts riches; il les empâte sans ménagement et n'épargne rien pour assurer la conservation de ses tableaux. Quoiqu'il ait le pinceau facile, il y revient, les reprend, les fait sécher au soleil, et ne livre son œuvre que lorsqu'il la croit parfaite, conscience que n'eurent pas toujours des maîtres en grande réputation et qui, de louable, deviendrait admirable, si le Corrége eût été effectivement aussi dénué de ressources qu'on le représente. Les travaux ne lui manquèrent pas; dès sa plus tendre jeunesse, car il eut le talent précoce, on le voit chargé de commandes; on lui donna à peindre la coupole de l'église Saint-Jean, et ensuite le dôme de Parme, ouvrages considérables assez bien payés. Pour la coupole, il reçut quatre cent soixante-douze ducats d'or, et pour le dôme, trois cent cinquante. Il eut de *la Nuit*, quarante sequins d'or, du *Saint Jérôme*, quarante-sept, chose digne de remarque, il ne travailla guère pour les souverains; on ne cite de lui que deux tableaux faits pour le duc de Mantoue; mais sans valoir Rome, Florence ou Venise, Parme offrait à l'artiste des moyens suffisants pour se développer et une sphère convenable d'activité. Peut-être même y fut-il plus libre, moins influencé dans son originalité, qu'il ne l'eût été dans un de ces grands centres d'art, où des modèles illustres entraînent à l'imitation et où il est difficile de ne pas céder aux séductions du style en vogue. Il fut, à Parme, maître souverain et fondateur d'école, et la lettre d'Annibal à Louis Carrache est certes entachée d'exagération. « Je m'indigne et je pleure en dedans de moi-même, quand je pense à l'infortune de ce pauvre Antoine : un si grand homme, si c'est un homme et non pas un ange revêtu d'un corps, se perdre de la sorte dans un pays où il était méconnu et où il aurait dû être porté aux étoiles, et y finir par une mort misérable ! »

Mais il importe peu, en somme, que Corrége ait été riche ou pauvre, heureux ou malheureux, avare ou prodigue. Dans le milieu où il se trouvait, il a pleinement exprimé son idéal, un idéal nouveau, et il a inscrit sa signature dans un de ces cercles d'étoiles qui entourent les dieux de l'art.

Antonio Allegri naquit à Corrége, d'où lui vient son surnom, vers l'an 1494, la date n'est pas bien certaine, de Pellegrino Allegri et de Bernardina Piazzoli. Selon la tradition du pays, il reçut les premiers éléments de l'art de son oncle Laurent, et ensuite il fréquenta à Modène l'école de Francesco Bianchi, dit le Frari. Il apprit en même temps à modeler en terre, et il travailla avec Begarelli à ce groupe de la *Piété*, dans l'église de Sainte-Marguerite, dont les trois plus belles figures lui sont attribuées. De Modène on le faisait aller à Mantoue chez Andrea Mantegna, mais, comme on l'a découvert depuis, le Mantègne est mort en 1506, ce qui détruit cette supposition, *matériellement* du moins, car un artiste n'a pas besoin d'être vivant pour former des disciples : ses œuvres enseignent à sa place, et souvent d'une façon plus éloquente que n'auraient pu le faire ses paroles. Aussi admettons-nous très-bien Mantegna comme un des maîtres du Corrége, quoique les dates s'opposent à un enseignement direct. Corrége s'inspira de Mantegna avec la liberté du génie, en perfectionnant ce dont il s'emparait, et en le mêlant, par un amalgame intime, à ses qualités naturelles.

C'est un rare bonheur de trouver dans ce monde de la forme qui semble limité, et dont le corps humain est le thème éternel, une inflexion particulière, une ligne inconnue encore, un charme révélé pour la première fois. Ce bonheur, Corrége l'a eu au plus haut degré. Il a su dégager de la femme et de l'enfant une grâce qu'on ne soupçonnait pas, grâce tendre, amoureuse et souriante, et qu'on ne saurait mieux désigner que par le nom même du peintre, tourné en épithète : grâce corrégienne. Rien n'en donne l'idée, ni avant ni après. Ce n'est pas la grâce mystérieuse, profonde, presque inquiétante et surnaturelle de Léonard de Vinci, ni la grâce calme, virginale et céleste de Raphaël; c'est une volupté indéfinissable, une caresse perpétuelle, une séduction irrésistible, où il n'y a rien de lascif cependant; la nudité même, chez Corrége, a la candeur ingénue de l'enfance; comme Ève avant d'avoir péché, elle ignore qu'elle est sans voiles. Nous insistons sur cette grâce, parce qu'elle est le caractère distinctif de l'artiste, le charme qui attire à lui les âmes et les retient. Mais il ne faudrait pas s'imaginer que Corrége soit un peintre exlusivement préoccupé du joli, de l'aimable et du riant; il y a en lui un artiste dont les audaces et les fiertés musculaires rivalisent avec Michel-Ange; et pour s'en convaincre il suffit de regarder la coupole de Saint-Jean et le dôme de Parme. Ce suave et délicieux Corrége possède l'instruction pittoresque la plus solide et sait à fond la géométrie et la perspective, ce qui lui permet d'exécuter mathématiquement ces raccourcis dont la hardiesse étonne. Cette science crée le style de son dessin, en variant à l'infini les mouvements et les points de vue. Lorsque la plupart des peintres se contentent de rendre les figures comme elles s'offrent à hauteur d'œil, Corrége prend toujours ses têtes de bas en haut ou de haut en bas ; elles plafonnent ou se penchent, les lignes descendent ou remontent avec des flexions et des sinuosités inattendues, qui révèlent dans le contour des aspects d'une nouveauté étrange et charmante ; il en est de même des corps, dont cette science de raccourci et de perspective dégage des attitudes, des formes et des profils, que ni le crayon, ni le pinceau n'ont exprimés encore. L'habitude de modeler en terre donne au Corrége ce sentiment parfait du relief qu'on admire chez lui. Les figures ne sont pas enfermées dans un trait rigide ; elles sont peintes, pour ainsi dire, en ronde bosse, se dessinant par la lumière et l'ombre, en faisant saillir leurs milieux. Comme les objets dans l'atmosphère, elles nagent dans des contours fluides, effumés, vaporeux, qui les baignent, les enveloppent et laissent tourner autour d'elles. Le pinceau, dans sa main, est une sorte d'ébauchoir modelant par masses et poursuivant à travers la pâte comme à travers l'argile les rondeurs des formes. Souvent même il peint d'après une maquette de terre, pour se mieux rendre compte des raccourcis et de la projection des ombres, procédé qu'employait le divin Léonard. On a conservé quelques-unes des figurines qui lui servirent quand il travaillait aux fresques du Dôme, et qui expliquent, par leur suspension, ces attitudes impossibles à imaginer ou à copier d'après nature. Seulement, tout ce savoir est revêtu de grâce ; jamais l'effort ne s'y fait sentir, même dans les outrances et les tours de force ;

une harmonie divine l'enveloppe comme une souple et légère draperie qui flotte autour d'un beau corps.

Un critique italien appelle Corrége un Léonard *clarifié*. Cette observation ne manque pas de justesse. Le peintre de Parme comme le peintre de Milan conduit l'ombre à la lumière par des dégradations d'une délicatesse infinie, mais la qualité de cette ombre n'est pas la même. Noire ou violette, ou tout au moins neutre de ton chez le Vinci, l'ombre chez le Corrége est argentée, transparente, illuminée de reflets, et pourrait servir de lumière à d'autres peintres; l'artiste a poussé jusqu'aux derniers prestiges la magie du clair-obscur, magie dont il est en quelque sorte l'inventeur, car, avant lui, la palette ne connaissait pas ces merveilleuses ressources. Mais ces lueurs de l'ombre, ces clartés de l'obscur n'enlèvent rien à la solidité des corps. Elles jouent à leur surface et ne les pénètrent pas. Elles ont même une intensité relative qui laisse toute leur valeur aux parties touchées par le jour. Le ton local des objets s'y poursuit et s'y retrouve, mais sans attirer l'œil. Les blancheurs des chairs ne sont pas côtoyées de ces zones bistrées ou couleur de bois qui trop souvent représentent l'ombre dans des tableaux admirables d'ailleurs et remplis de qualités sublimes. Cette homogénéité parfaite des parties éclairées et des parties sombres donne aux figures de Corrége une rare puissance de relief; elles se détachent d'un bloc du fond étendu derrière elles et viennent à l'œil avec les apparences de la vie comme les objets aperçus dans un miroir. Aux approches du crépuscule, lorsque les toiles des galeries s'éteignent les unes après les autres et ne présentent plus que des taches confuses, les tableaux du Corrége gardent la lumière et semblent s'éclairer eux-mêmes; les personnages prennent une vie intense et mystérieuse ; on dirait qu'ils vont sortir du cadre comme ces figures des tableaux vivants, quand l'effet est produit, et qu'il faut prendre de nouvelles poses pour un autre groupe. Comme sur les hautes montagnes le soleil luit encore lorsque depuis longtemps la nuit baigne la vallée, le jour abandonne avec peine ces hauts sommets de l'art.

On a dit que le Corrége était triste, mélancolique, rongé d'inquiétude et avait le travail pénible. Cette humeur atrabilaire ne semble pas s'accorder avec cette peinture aimable comme un sourire, fraîche comme un bouquet où sont réunies, pour le plaisir des yeux, les grâces de la femme, l'ingénuité de l'enfance se jouant parmi les fleurs et les riches attributs, sur des fonds de paysages ou d'architecture embellis de tout ce que peut rêver une imagination riante. Mais l'œuvre d'un artiste n'est pas toujours le reflet de son âme ; c'en est souvent le *desideratum*. Watteau, le peintre des fêtes galantes, qui conduit avec un frou-frou de soie et un bourdonnement de guitare son éternelle mascarade italienne et qui embarque si joyeusement pour Cythère les pèlerins d'amour aux camails ornés de coquilles, n'était-il pas, dans la vie privée, d'une tristesse funèbre et obsédé par un essaim de papillons noirs ? Cependant nous pensons que le Corrége était heureux. Sa peinture est trop saine, trop bien portante, trop gaie, pour qu'il n'eût pas lui-même la santé morale ; il devait travailler d'une manière tranquille, prompte et libre, comme un maître qui domine ses moyens d'expression, et d'avance a résolu les difficultés. La grâce n'était pour lui qu'un jeu, car il avait la force et la science ; mais qu'il fût triste ou joyeux, c'est là vraiment une question psychologique peu importante.

Corrége alla-t-il ou n'alla-t-il pas à Rome? Problème obscur longtemps, et qui s'est résolu par la négative d'après les recherches de la critique moderne qui, cette fois, donne raison à Vasari. Ce grand maître ne sortit jamais de la Lombardie.

Est-il besoin pour avoir du talent d'abandonner sa patrie, de rompre ces filaments qui vous attachent au sol natal, de quitter cette atmosphère où l'on a bu les premières gorgées de la vie, de rompre cette harmonie de la créature et du milieu, de renoncer à ces aspects familiers dès l'enfance, à ce naïf étonnement des choses, à cet éblouissement de la lumière, à cette sympathie pour des types particuliers, qui sont comme la physionomie et le visage de la mère sacrée, *alma parens?* Ce dépaysement ne trouble-t-il pas les aptitudes naturelles et les originalités profondes fruit du climat, de l'air ambiant, du caractère géologique et de la concentration même de l'intelligence dans un cercle étroit, mais bien connu? Un ciel plus chaud, une clarté plus intense, une coloration diverse, des contours plus arrêtés, un costume différent, des types d'une étrangeté saisissante, un idéal placé ailleurs, des modes de style peuvent faire dévier l'organisation la moins susceptible de s'égarer. Nous pouvons donc regarder comme un bonheur que Corrége n'ait jamais visité Rome. D'ailleurs, à un génie comme le sien il suffit du moindre indice pour deviner tout et s'approprier ce qui est assimilable à sa nature sans en altérer l'essence. Il y avait chez Begarelli des plâtres et des surmoulages qui dispensaient notre artiste sédentaire d'étudier les marbres antiques; il avait pu voir à Mantoue et à Parme des tableaux de Raphaël et dire : « Moi aussi je suis peintre ! » et pour les attitudes grandioses, les musculatures savantes, le style outré et fier, il ne doit rien à Michel-Ange, le *Jugement dernier* de la chapelle Sixtine, n'ayant été peint qu'en 1541, sept ans après la mort de Corrége.

Paris et Dresde possèdent en grande partie l'œuvre du grand maître lombard, du moins ce qui peut se détacher de lui, car lorsqu'on n'a pas vu ses fresques on ne le connaît pas tout entier. On en peut dire autant de presque tous les illustres maîtres italiens dont la peinture murale a gardé le meilleur.

Quand on entre dans ce salon carré qui est comme la Tribune du Louvre, le regard est invinciblement attiré par l'*Antiope*, un de ces chefs-d'œuvre qui semblent un rêve de poésie figé dans un miroir magique, une fugitive postulation de l'âme rendue éternelle par le génie. Devant cette merveille chacun croit que le tableau a été fait pour lui. On s'imagine que personne, hors vous, n'en a compris le vrai sens, la portée intime. Ce beau corps doré de lumière, rafraîchi d'ombres bleuâtres, étendu si mollement sur le gazon de velours où il s'épanouit dans sa blancheur comme un lis humain, avec des souplesses, des lassitudes et des abandons à faire descendre les immortels de l'Olympe, est une des plus miraculeuses créations de l'art. Que Jupiter a bien fait de quitter sa revêche Junon pour venir admirer, sous le déguisement d'un satyre, cette beauté dont Vénus même serait jalouse ! Nous profitons, nous autres pauvres humains, de l'audace du dieu qui soulève le voile et découvre ces blancs trésors, ce torse de marbre souple et chaud, baigné par les moiteurs de la vie, palpitant au souffle régulier du sommeil, attendri d'un rêve voluptueux. Et le satyre, comme il est noble et beau ! comme il conserve, malgré les pieds de bouc, l'aristocratie olympienne ! Comme on sent bien que ce n'est pas là un de ces vulgaires ægipans moitié dieux, moitié bêtes, populace de la mythologie, qui poursuivent les nymphes, à travers les bois, de leur salacité importune ! Auprès d'Antiope, l'Amour dort d'un sommeil hypocrite, prêt à venir en aide au dieu si par hasard la jeune vierge résistait.

Le *Mariage de sainte Catherine* n'est pas moins étonnant. C'est encore un Dieu qui épouse une fille de la terre, mais ici le mariage est tout spirituel. Le petit Jésus, assis sur les genoux de sa divine mère, passe avec un sérieux enfantin l'anneau de fiançailles au doigt que lui tend d'un air de modestie charmant et rougissant de pudeur la belle sainte en habits de noces. Elle sera fidèle à son bambin d'époux cette belle vierge qui pour les filles doit devenir la patronne du célibat ; fidèle jusque dans les supplices et la mort car, près d'elle, on voit la roue aux dents d'acier qui sera son lit nuptial. Le témoin de son mariage est un jeune saint Sébastien, d'une beauté angélique, tenant en main, comme un faisceau de palmes, les flèches retirées de son corps. Au fond, s'ébauchent vaguement des scènes de martyres, des bourreaux se ruant au carnage ! Le type de la sainte est particulier au Corrége ; elle a, dans sa beauté, un air d'enfance, une candeur qui se fait sérieuse et qui sourirait si volontiers ! Ses yeux se baissent virginalement, mais les coins de sa bouche remontent ; elle contient cette joie intime qu'ont toutes les figures du peintre ! La main de la sainte est à baiser sur la toile comme une main de reine un jour de gala. Quelle blancheur, quelle finesse de pulpe, quelle élégance de port et quelle fierté patricienne ! Chaque doigt de cette main est comme une personne, il a sa vie particulière, sa signifiance spéciale, sa physionomie reconnaissable ; séparés de la paume on les reconnaîtrait partout ces merveilleux doigts de sainte Catherine !

C'est à Dresde que se trouve ce prestigieux tableau si improprement appelé *la Nuit du Corrége,* et auquel le nom d'*Aurore* conviendrait mieux. Rien dans cette toile radieuse ne fait venir l'idée des ténèbres ; l'aube se lève derrière les montagnes lointaines qu'on entrevoit à travers la porte de l'étable, construite en charpentes appuyées aux ruines d'un ancien édifice ; et tout ce tableau est éclairé par la lumière surnaturelle qui émane du corps de l'Enfant Jésus. Ce nouveau-né jette un tel éclat dans le giron de Marie, qu'il illumine comme le soleil les objets qui l'entourent. Le visage de la Vierge, amoureusement penché vers lui, en reçoit des reflets argentés d'une transparence et d'une fraîcheur idéales. Un sourire de mère heureuse fait onduler sa ligne rose dans une blancheur de nacre, de lait et d'opale, où les longs cils de ses yeux baissés tracent à peine une ombre légère. Touchée par cette clarté céleste, l'humble paille de la crèche brille comme les fils d'or d'une auréole. La clarté rejaillit sur la jolie bergère qui apporte une couple de tourterelles dans un panier et fait un geste d'admiration naïve devant le nourrisson divin ; elle éclaire le jeune pâtre qui, une main sur le bord de la crèche et l'autre sur le dos d'un grand chien, lève extatiquement la tête et semble d'un œil visionnaire contempler le groupe des anges se balançant dans son nuage au plafond de l'étable ; et enfin, elle arrive jusqu'à ce vieux pasteur de structure herculéenne tenant un bâton pareil à une massue ou à un arbre déraciné et se grattant la tête d'un air embarrassé comme un manant en présence d'un roi. On ne saurait imaginer avec quel art miraculeux cette lumière, partant d'un foyer unique, est conduite, dégradée et fondue du centre jusqu'au bord du tableau. Toutes ces figures y baignent comme dans une atmosphère de paradis. Jamais coloriste ne se joua plus magistralement d'une difficulté si grande, et ce n'est pas un vain tour de force, c'est l'expression réussie d'une idée toute charmante, toute poétique et pleine de tendresse qui ne pouvait venir qu'à l'heureux génie de Corrége. Ce faible, ce petit, ce bambino, vagissant sur la paille et jetant déjà dans l'étable cette lueur dont l'irradiation éclairera le monde! La Vierge ne s'en étonne pas, n'en voit rien peut-être; — tout enfant resplendit pour sa mère! — et d'une caresse passionnée, lui faisant de ses bras un berceau, elle le serre contre son cœur.

Au coin vers le sommet du tableau, les anges allégrement voltigent dans ces poses plafonnées et raccourcies qu'affectionne le Corrége et qui n'ôtent rien à leur grâce céleste. Ils se soutiennent par leur légèreté même et pourraient oublier d'agiter leurs ailes sans craindre pour cela de tomber. Les nuages à flocons bleuâtres ne leur servent nullement de point d'appui, mais leur forment une atmosphère et les séparent des personnages humains.

Au second plan, saint Joseph empoigne l'âne à la crinière pour l'amener vers la crèche. Plus loin, deux jeunes garçons tirent le bœuf par les cornes. Ne faut-il pas que la création muette ait ses deux témoins à la nativité du Sauveur! Bonnes et douces bêtes attendries dans leur âme obscure qui réchaufferont l'enfant de leur souffle. Ce détail familier et tendre, de pur naturalisme, donne à la scène un air de vie réelle sans nuire au côté divin. Rien de tendu, rien de guindé, point de fausse grandeur, partout la grâce la plus aimable.

La Madeleine de Corrége ne ressemble pas à ces spectres hagards, décharnés, livides, n'ayant plus rien de la femme, que les peintres espagnols, farouchement catholiques, logent dans les trous de la pierre et la caverne de la maigreur, pour nous servir d'une expression de la Bible. Son tendre génie répugnerait à ces représentations hideuses de poitrines dévastées, d'épaules osseuses sillonnées à coups de discipline; de masques blafards aux paupières rougies faisant pleuvoir d'intarissables larmes sur l'ivoire d'un crâne. Des barbaries propres à frapper les imaginations grossières lui feraient horreur. La pénitence qu'il impose à la pécheresse repentie n'est pas si rude. D'abord il lui laisse sa beauté, une beauté plus parfaite que celle qu'elle eut jamais sans doute; ensuite il ne la revet pas d'un rude sayon en poil de chèvre ou d'une natte en sparterie. Le désert où il la confine est un bois ou plutôt un bocage plus propice à l'amour qu'à la mortification.

Il n'est personne, même parmi les êtres les moins sensibles à la poésie de l'art, qui ne se soit arrêté tout rêveur devant cette Madeleine et n'en ait gardé un long souvenir, soit qu'il ne l'ait vue qu'en gravure, soit qu'il connaisse l'original du musée de Dresde.

Enveloppée d'une draperie bleue qui laisse à nu son

buste, la Madeleine allonge son beau corps, dont on devine sous l'étoffe les suaves ondulations, sur un épais gazon émaillé de fleurettes. Une main noyée dans ses cheveux blonds, elle s'appuie sur le coude et de l'autre main elle soutient un livre ouvert. Comme elle est couchée à plat ventre, ses beaux seins, d'une ferme rondeur, posent sur les pages du livre comme des fruits de marbre. Sa poitrine, son col, son charmant visage penché sont illuminés de toutes les magies du clair-obscur. Les pages du volume leur envoient un éclair de blancheur qui argente doucement les tons d'ambre de l'ombre et l'or ruisselant des cheveux. Au fond, les verdures assoupies des arbres versent le calme, le silence et la fraîcheur. Jamais lit plus moelleux, retraite plus discrète et plus profonde ne furent préparés à la rêverie. Sans la buire de parfums placée à côté d'elle, cette belle figure serait aussi bien une muse de la solitude, une *pensierosa* qu'une Madeleine. Que lit-elle ainsi? les Écritures? Non; plutôt quelque beau poëme, ou quelque tendre traité mystique où l'amour divin emploie le langage brûlant et passionné de l'amour terrestre.

La suavité d'exécution, la morbidezza de pinceau ne sauraient aller plus loin. Nous doutons que, même au temps de ses plus jolis péchés, la Madeleine ait été si séduisante.

Ce qu'il y a de singulier chez Corrége, c'est la rapidité de l'évolution accomplie dans sa trop courte existence (quarante ans à peine). Il semble qu'il ait traversé une période immense de l'art. Ses premières œuvres ont encore quelque chose de la symétrie et de la sécheresse gothique; elles rappellent un peu frà Bartholomeo, avant que le peintre moine eût assoupli son style par l'étude de Raphaël. On peut voir à la galerie de Dresde un tableau appartenant à cette première période : une Vierge entourée d'anges et bénissant du haut de sa gloire quatre saints en adoration : saint François, saint Antoine de Padoue, saint Jean-Baptiste et sainte Catherine, très-beau sans doute, mais qui semble appartenir à une époque bien antérieure aux ouvrages où Corrége accuse décisivement son originalité. Dans les dernières œuvres, la perfection est atteinte; au delà, il n'y a plus de progrès possible, le maniérisme va paraître, et la décadence commencer ; ce sera le règne de peintres prodigieusement habiles, mais remplaçant l'étude par la pratique et le génie par la facilité.

Un des plus étonnants tableaux de Corrége, et il semble tel à côté de la *Nuit*, c'est le cadre qu'on devrait appeler le *Jour*, tant la lumière y rayonne pure et brillante, et qu'on désigne sous le nom de la *Madone au saint Georges*, parce que ce saint chevalier y occupe une place importante. Cette admirable peinture fut faite, d'après Vasari, pour la confrérie de Saint Pierre martyr. Primitivement elle s'encadrait dans deux colonnes d'ordre ionique, surmontées d'un fronton qui se reliait à l'architecture feinte, servant de fond aux figures, disposition qui devait être plus favorable qu'un vulgaire cadre d'or. Ce tableau est sur bois; sa grande dimension l'a fait traiter dans une manière plus large que les ouvrages de chevalet et qui se rapproche de la fresque, mais en conservant toute la fleur, tout le velouté et tout le charme de l'huile.

La Vierge, assise sur un trône supporté par deux petits

anges d'or, occupe le centre de la composition, qu'elle domine; derrière elle, l'ouverture d'une arcade laisse voir un paysage vague et bleuâtre. Est-ce la terre, est-ce le paradis? on ne sait; mais le lieu où la dame du ciel donne audience à ses fidèles est magnifique; sur la corniche demi-circulaire, des enfants, en ronde-bosse, soutiennent des guirlandes de fruits et de fleurs, des marbres rares pavent le sol.

Jamais l'art n'a produit un type plus élégant, plus fier, plus noble et plus martialement beau que le saint Georges, ce chevalier errant de la Légende dorée, ce Persée chrétien qui délivra la reine de Lydie du monstre dont elle devait être la victime. Il est campé superbement une main sur la hanche, le pied sur la tête du dragon vaincu, dans une attitude de dédaigneux triomphe; son corps nerveux et robuste est revêtu d'une cuirasse qui modèle les formes du torse; des espèces de cnémides antiques moulent ses jambes; quant à la tête, tournée à demi sur l'épaule, car saint Georges se présente presque de dos, elle est désarmée et bouclée de cheveux soyeux et courts. On ne saurait avoir plus grand air et plus haute mine, et il n'est pas surprenant que plusieurs ordres de chevalerie aient pris le saint guerrier pour patron. Divine puérilité, des anges enfants jouent avec les armes du saint; l'un traîne de tout son effort la grande épée trop lourde pour ses petites mains; l'autre soulève à grand'peine le pesant casque; tels les Amours aux pieds de Mars; on s'y tromperait aisément, tant les anges sont beaux, tant le saint est fier! Un peu en arrière de saint Georges, saint Géminien, évêque et patron de Modène, offre à la Vierge le modèle en relief de l'église qu'il lui consacre et qu'un chérubin, d'une grâce céleste, l'aide à soutenir. Le petit Jésus, par un délicieux mouvement de curiosité enfantine, tend les mains vers la mignonne église qu'il prend pour un joujou.

Vis-à-vis du groupe, et lui faisant symétrie, on voit saint Jean-Baptiste et saint Pierre le Dominicain. Saint Jean-Baptiste est représenté sous la figure d'un jeune garçon de seize ou dix-sept ans; il a pour vêtement une sorte de sayon fendu sur le côté, et du doigt il désigne Jésus dont il a été le précurseur. Un sourire à la Corrége, ce sourire sinueux qui retrousse les commissures des lèvres, arrondit les joues et rend les yeux obliques par le déplacement des lignes, donne une expression étrange à son masque. Sous la dévotion du saint il y a comme une malice de faune; il est resté un peu de l'hallucination du désert sur ce visage, riant avec des yeux fous; d'ailleurs, il est beau comme Ganymède, ce jeune saint demi-nu! Derrière lui saint Pierre le Dominicain présente, en joignant ses maigres doigts contractés nerveusement dans un spasme d'extase, une tête macérée, béate, délirante, illuminée par le haschisch du jeûne et l'éblouissement de la vision. La céleste volupté des mortifications rayonne sur sa face blême; aucune figure, même celle des moines de Zurbaran, n'exprime à ce degré l'ardeur, la foi, l'amour, nous dirions presque la sensualité de la pénitence, la volupté mystique du sacrifice.

La tête de la madone est d'une beauté enivrante. Sans cesser d'être virginale elle est pourtant plus féminine qu'aucun artiste ait jamais osé la représenter; elle a toutes les tendresses humaines dans son sourire divin; c'est la mère heureuse dont on adore le fils et qui laisse voir naïvement sa joie. Pour les saints c'est un dieu, mais pour elle c'est toujours un enfant; Jésus n'est pas devenu le Christ.

Comme nous l'avons dit, le ton général du tableau est mat, tenant un peu de la fresque ou de la détrempe; mais dans cette vive lumière pourtant, le clair de lune de Corrége jette ses ombres et ses reflets argentés, baigne les contours et les estompes d'une moelleuse vapeur sans rien ôter au grand style et à l'aspect superbe.

Le *Saint Jérôme* de Parme est encore une bien admirable chose; la force et la grâce de Corrége s'y trouvent dans le même cadre. Le saint déploie dans ses musculatures, mises à nu par la maigreur de l'anachorète, une vigueur toute michelangesque; il est grandiose, étrange et farouche; les ongles de ses pieds se courbent comme les griffes de son lion. Mais que la Madeleine agenouillée de l'autre côté baise avec une humilité amoureuse et charmante le petit pied rose de l'enfant Jésus assis sur les genoux de sa mère et à qui un grand ange, beau comme un éphèbe grec, montre un livre ou un papier de musique!

Nous ne pouvons décrire une à une toutes les variations que le Corrége a brodées sur cet inépuisable thème de la Madone et de l'Enfant Jésus. Nous citerons le tableau désigné sous cette légende : « *Quem genuit adoravit.* » La Vierge, agenouillée dans une attitude de profond ravissement, adore son enfant qu'elle a posé, avec un peu de paille, sur le pli de son manteau; elle a les bras collés au corps par la tension de l'étoffe et ses mains ouvertes sortent de la draperie, faisant un geste d'ineffable béatitude. Il est impossible de peindre d'une façon plus tendre et plus chrétienne l'humilité de celle qui se glorifiait d'être la servante de Dieu, *ancilla Domini*. La mère mortelle s'abîme devant la divinité du fils.

La Madone dite *della Scodella* (la *Vierge à l'Écuelle*) représente un épisode de la fuite en Égypte. La sainte famille a fait halte sous un palmier dont saint Joseph courbe les branches pour cueillir des dattes. Des anges invisibles pour les saints voyageurs l'aident dans cette besogne ; la Vierge, tenant l'enfant Jésus dans son giron, recueille avec une écuelle l'eau d'une source jaillissante. Un peu en arrière, à demi masqué par des broussailles, un enfant couronné de fleurs, qu'on pourrait prendre pour un petit génie tellurique, lève sa tête étonnée et craintive à l'aspect de l'Enfant Jésus. On dirait qu'il devine, dans ce frêle nourrisson, le Dieu qui doit chasser les dieux.

Quelle délicieuse chose encore que cette Vierge endormie sous un palmier ! comme son chaste corps s'abandonne au sommeil avec une gracieuse fatigue, protégeant encore son petit Jésus ! Rassuré par l'immobilité de la mère et de l'enfant, parmi l'herbe, un lapin s'avance, et regarde curieux. Il broche des babines, dresse les oreilles, pressentant le surnaturel avec le sûr et profond instinct de l'animal. Rien de plus charmant que ces naïves familiarités de Corrége, introduisant un détail de nature dans un sujet sacré. Cette gaieté tendre ôte toute froideur.

Dans cette autre Sainte Famille où le petit Jésus, sur les genoux de sa mère, du fond de l'humble atelier de Nazareth, fait le geste de bénir le monde, saint Joseph, courbé sur un établi, rabote une planche en ouvrier laborieux. La réalité se mêle au divin avec une mesure parfaite. Quoi de plus touchant que le futur sauveur des hommes dans cette boutique de menuiserie et de charpente !

Désignons seulement l'*Incoronata* qui nous montre le Christ devenu grand, et posant sur le front de sa mère un diadème d'étoiles. Mais arrêtons-nous plus longtemps devant cette Madone qui de ses doigts blancs presse son beau sein sur les lèvres de l'enfant Jésus avec une maternité si virginale !

Nous n'avons encore esquissé Corrége que sous un aspect ; nous n'avons rien dit de ses tableaux mythologiques, chefs-d'œuvre où l'art antique s'attendrit de toutes les grâces, de toutes les voluptés et de toutes les délicatesses de l'art moderne, où le clair-obscur enveloppe de ses mystères transparents des chairs souples et modelées comme des marbres grecs.

La Vénus ailée qui se penche à demi dans l'*Éducation de l'Amour*, auquel Mercure montre à lire, vaut la Vénus de Cnide ; sa blancheur dorée, se détachant de contours vagues avec le puissant relief de la vie, n'a rien à envier au Paros ni au Pentélique. Bien que sa beauté vous trouble par cette volupté secrète inséparable du Corrége, elle est chaste cependant ; ce n'est pas la Vénus « adorablement épuisée » de Gœthe, mais la Vénus Uranie, celle qui exalte l'esprit par l'amour et l'entraîne vers les hautes sphères comme le font comprendre les ailes palpitant à ses épaules. Le Mercure a toute la beauté fière et svelte d'un jeune dieu hellénique, et l'enfant Amour est bien le fils de sa mère.

La *Léda* avec son triple sujet, où le cygne divin attaque, triomphe et s'envole, exprime l'extase de l'amour d'une façon si tendre, si voluptueuse et si ardente, que le pieux Louis d'Orléans en fit effacer la tête, repeinte depuis très-heureusement par Schlesinger. *Io* pâmée sous l'étreinte de ce nuage qui renferme Jupiter, eut un sort pareil, et Prudhon lui redonna de son plus moelleux pinceau ce profil demi-perdu, cet œil noyé, cette joue colorée d'une vapeur rose, ces cheveux dénoués sur la nuque et cette beauté qu'une main brutale avait fait disparaître, comme si un chef-d'œuvre n'était pas toujours pur !

Prudhon devait bien cela au grand maître de Parme, lui qui est né d'un reflet et d'un sourire du Corrége.

La *Danaé* de la galerie Borghèse, plus heureuse, a conservé son adorable tête si délicieusement enfantine, qui regarde d'un air de curieuse surprise la pluie blonde tomber sur son lit, sans se douter que cet or est un dieu monnayé. Si la tête est d'un enfant, le corps est d'une jeune fille aux contours arrondis et parfaits. Corrége emploie souvent ce piquant contraste : innocence de visage, volupté d'attitude; l'âme ne semble pas avoir conscience des séductions de la forme. Cependant un grand amour, pareil à l'Éros grec, se glisse vers la couche de Danaé comme pour préparer le triomphe du maître des dieux, tandis que de petits Amours, sur une pierre, aiguisent des flèches. Dans cette merveilleuse toile, la grâce, le charme, la couleur, semblent avoir dit leur dernier mot.

Une mondaine abbesse d'un de ces couvents d'Italie, dont la clôture n'était pas si stricte que l'art n'y pût entrer, fit peindre à Corrége une salle appelée la *Chambre de Saint Paul*, où il représenta une suite de sujets mythologiques. Au fond de la salle on voit Diane, grande, svelte, légère, le croissant au front, l'arc à la main, entr'ouvrant un voile, et debout sur un char que traînent des chevaux dont on n'aperçoit que la croupe. Sur les murailles, un treillage feint, où s'enlacent des verdures sombres et des fleurs, se découpe en lunettes et encadre des groupes d'enfants jouant avec des attributs de chasse, chiens, trompes, javelots, d'une variété de pose et d'intention inépuisable. Le soubassement de ce treillage est orné de figures en grisaille telles que les Grâces, les parques, les vestales sacrifiant, un satyre sonnant du cornet à bouquin, Junon, toute nue, suspendue entre le ciel et la terre, une enclume aux pieds, comme Homère la dépeint au quinzième livre de l'*Iliade*, une femme portant un enfant, Minerve casquée, un flambeau à la main, et autres sujets bien profanes pour un cloître. Mais l'abbesse de Saint-Paul, donna Giovanna di Piazenza, qui commanda ces admirables peintures, était abbesse à vie, ne relevait pas de l'évêque, avait juridiction sur des terres et des châteaux, vivait sans clôture et presque séculièrement. Grâces lui soient rendues d'avoir légué aux siècles un tel chef-d'œuvre! Corrége, dit-on, pour le choix des motifs et l'érudition mythologique, fut guidé dans son travail par Giorgio Anselmi, célèbre littérateur, qui avait une fille chez les religieuses.

Arrivons enfin à ces étonnantes coupoles de l'église Saint-Jean et du dôme de Parme, qui font de Corrége le prédécesseur et le rival de Michel-Ange. Dans ces sublimes peintures, la science du raccourci, qu'on peut dire inventée par ce grand maître, a été, du premier coup, poussée aux dernières limites. Avant Corrége, on divisait en compartiments le plafond à décorer, et l'on y peignait des figures semblables à celles des tableaux. Avec sa science profonde d'anatomie et de dessin, son habileté de modeleur qui lui permettait de pétrir des maquettes en terre ou en cire pour se rendre compte des mouvements ascensionnels, Corrége fit hardiment plafonner ses personnages et les représenta de bas en haut, comme doivent apparaître des figures volantes ou soutenues à une plus ou moins grande distance du sol par des membres d'architecture, corniches, arcades, pendentifs, tympans, pénétrations, lunettes. C'était une révolution et une révélation dans l'art qui ouvrait à la forme des horizons infinis et changeait, pour ainsi dire, la face du dessin. La perspective du corps humain était trouvée, et non-seulement la perspective linéaire, mais encore la perspective aérienne avec ses dégradations et ses fuites vaporeuses.

La coupole de l'église Saint-Jean a pour sujet l'ascension de Notre-Seigneur vers son Père. Le Sauveur remonte, à travers une atmosphère d'or, au sein de l'Éternel, dans un mouvement de raccourci d'une hardiesse inconcevable qui semble percer la coupole disparue. Des essaims d'anges voltigent à diverses profondeurs dans l'air lumineux comme des nuages qui flottent par leur légèreté, formant cortége au triomphe du Sauveur. Ces anges, pour la plupart, sont vus par la plante des pieds, et n'occupent, quoiqu'ils paraissent droits et de grandeur naturelle sur la courbe de la voûte, qu'une place fort restreinte. Leur dimension apparente n'est qu'un prestige de perspective. Ces positions étranges, ces raccourcis violents, ces aspects si contraires aux points de vue habituels ne les empêchent pas d'être d'une beauté idéale, céleste, au-dessus du rêve humain.

Dans les pendentifs, le peintre a placé les quatre évangélistes, figures du style le plus grandiose et le plus majestueux, et d'une sublimité que personne n'a dépassée encore. Chaque figure repose, comme sur un socle, sur un nuage que soutient un grand ange d'une beauté incomparable; deux anges plus jeunes s'accoudent sur les nervures des pendentifs avec des poses d'une grâce superbe.

La fresque du dôme de Parme représente l'assomption de la Vierge; un sujet presque identique, sauf la figure principale, et que Corrége a traité avec la nouveauté la plus féconde. Dans le bas de la coupole, près de la corniche, des groupes d'apôtres en adoration regardent s'élever au ciel la mère du Sauveur déjà bien loin de la terre, et des anges thuriféraires raniment la flamme des cassolettes. La Vierge, légère comme une vapeur, s'enlève dans un tourbillon de draperies volantes, parmi des palpitations d'ailes, des pluies de rayons, des nuages d'anges jouant de la harpe, du théorbe et de la viole d'amour, agitant des encensoirs, et s'empressant comme des pages autour de la Reine du paradis. Cette coupole est vraiment le ciel ouvert.

Malheureusement, Parme n'est guère sur la ligne des touristes. Le troupeau admiratif suit l'itinéraire obligé, Florence, Rome et Naples, et les deux sublimes fresques du Corrége s'effacent lentement dans l'abandon et dans l'oubli. La gloire, qui a ses caprices, oubliant que Corrége a égalé Michel-Ange pour la science et la force du dessin, en a fait le type de la grâce tendre — une part assez belle — et de l'irrésistible séduction.

Qui n'aime pas Corrége n'a pas d'âme, prétend Stendhal, passablement sec lui-même cependant. Nous sommes de cet avis. On peut admirer davantage d'autres maîtres, mais comme l'Algarotti devant le *Saint Jérôme,* en pensant au Corrége, nous disons tout bas dans notre cœur « *Tu solo mi piaci!* » Toi seul me plais!

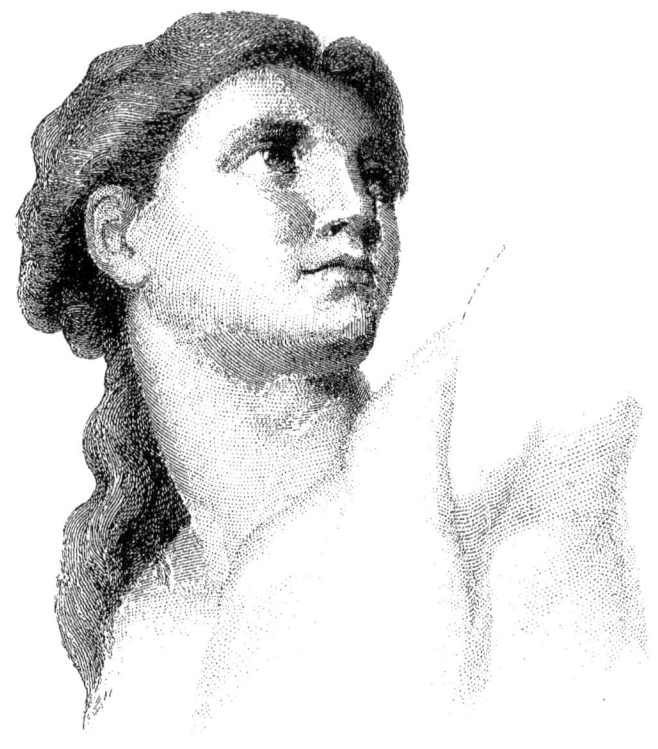

Gravé par Delboete

B.N.

Ève

MICHEL-ANGE

MICHEL-ANGE

La vie de Michel-Ange, c'est l'histoire de ses créations. Ce qui le rend, en effet, presque autant que son multiple et effrayant génie, le vrai modèle, le type souverain du grand artiste, c'est cette absorption complète et continue de sa pensée dans la mise en œuvre du grandiose et du beau. Toutes ses heures, toutes ses forces, tout son amour, toutes les sollicitudes de sa longue existence, tous les rêves, toutes les ambitions de son intelligence, tout en lui vit d'une seule et même âme : l'art seul est pour lui l'instrument, le moyen et le but; mais ce n'est pas l'art dans sa matérialité, l'art sans visée supérieure et sans philosophie : Michel-Ange voit le culte dans le temple, sent Dieu dans la nature; et, comme d'un nimbe céleste, toutes ses créations sont couronnées d'idéal. Sous ce rapport, les recueillements, les aspirations de sa noble pensée, condensés en sonnets et en cantilènes; ces lyriques soupirs, qu'on a souvent dédaignés, au milieu du splendide bagage de sa gloire, ont une valeur d'interprétation que nous nous garderons de négliger. Ses poésies montrent en lui les deux soucis divins, les deux préoccupations éternelles et sublimes : Dieu et l'idéal! Dieu et l'idéal, voilà le secret de son immortalité.

L'antique maison des comtes de Canosse avait longtemps tenu un rang illustre à Reggio, et plus tard en Toscane. Un comte Boniface de Canosse avait été seigneur de Mantoue. Plusieurs de ses descendants, venus à Florence, y occupèrent successivement les grandes charges de l'État. La plupart d'entre eux avaient porté le nom de Buonarroti, et ce nom, de la sorte inscrit honorablement dans les fastes de la république, finit par se substituer entièrement à celui des ancêtres. Or, la fortune de cette famille n'était plus au niveau de son illustration, et Ludovic, fils de Buonarroti de Simoni, ne conservant des grandeurs de sa race qu'un orgueil intraitable et une austère fierté, remplissait les modestes fonctions de podestat de Caprèse et Chinsi, lorsque Francesca di Neri, sa femme, lui donna au château de Caprèse, le 6 mars 1474, l'enfant qui fut Michel-Ange.

Les particularités merveilleuses n'ont pas manqué pour les chroniqueurs dans cette grande naissance. Francesca di Neri, aux derniers temps de sa grossesse voyageant à cheval, avait été violemment jetée sous les pieds de sa monture, sans qu'un accident fâcheux s'en fût suivi. On s'est plu à voir dans ce fait une sollicitude toute spéciale du ciel, comme on trouva plus tard, dans le nom d'archange du nouveau-né, une prédestination pour l'immortalité.

Les fonctions du podestat expirant alors, la famille revint à Florence, et l'enfant fut placé en nourrice à Settignano, bourg voisin de la ville, où se trouvaient les biens des Buonarroti. La nourrice était fille, sœur, femme de tailleurs de pierres; d'où Michel-Ange se plaisait à dire qu'il n'y avait rien d'étonnant à ce qu'il eût tant de goût pour la pierre, ayant sucé cet amour au sein de sa nourrice.

Mais le patricien de race antique ne devait pas voir sans protestation son fils tourner vers les arts toutes les ambitions de sa jeune pensée. Il en voulait faire un lettré, un personnage, un podestat sans doute. L'enfant fut donc envoyé de bonne heure chez François d'Urbino, grammairien renommé. Malheureusement, les dessins, les croquis, les pochades au charbon, au crayon, à la plume, le captivaient bien plus que la grammaire. Il apprenait très-peu, et dessinait déjà d'une façon surprenante. Les deux frères Ghirlandajo, Dominique et David, tenaient alors école de peinture à Florence. Un de leurs plus jeunes élèves, François Granacci, suivait aussi les leçons de François d'Urbino. Michel-Ange eut promptement deviné un ami. Granacci commença par lui procurer en secret des modèles, et le conduisit bientôt dans l'atelier même de ses maîtres. Là, Michel-Ange donna de telles preuves de sa supériorité, que son père dut enfin céder, à contre-cœur toutefois, au courant de cette irrésistible vocation. L'enfant, âgé de quatorze ans, fut placé pour trois ans en apprentissage dans l'atelier où l'entraînait l'instinct de son génie; mais ses maîtres, loin de lui demander aucune rétribution, consentirent, au contraire, à lui accorder d'année en année une rémunération progressive de six, huit et dix florins. Dès lors, en effet, Michel-Ange avait plutôt à donner qu'à recevoir des exemples. On cite quelques faits qui en sont des preuves surabondantes. Tantôt, c'est l'œuvre de ses maîtres eux-mêmes qu'il corrige en leur absence, et les maîtres admirent; tantôt c'est une remarquable estampe d'un Hollandais célèbre, Martin Shœn, un *Saint Antoine flagellé par des démons*, qu'il copie à la plume, qu'il modifie d'une main puissante, qu'il enrichit d'une couleur fantastique, qu'il complète, qu'il rend plus étrange et plus saisissante encore par des inventions magistrales, au point d'en faire un chef-d'œuvre. Un autre jour enfin, c'est une copie qu'il restitue en place du modèle : la copie vaut l'œuvre originale ; une couche de fumée donne à la toile neuve l'aspect et l'harmonie des vieilles peintures, et les maîtres s'y trompent ; et Michel-Ange se dit sans doute qu'il n'a plus rien à apprendre des leçons de ceux-là, qu'il n'étudiera désormais que les immortels chefs-d'œuvre et la sublime nature. — En lui le grand peintre est trouvé. Dominique Ghirlandajo avait, du reste, non sans un dépit jaloux, mais qui n'excluait pas la franchise, fait la juste part de chacun. « L'enfant, s'était-il écrié, en sait plus que nous tous ! »

Laurent de Médicis, dit *le Magnifique*, poëte et homme d'État supérieur, protecteur éclairé des lettres et des arts, gouvernait alors Florence avec un rare génie. Ses grandes manières, son éloquence entraînante, cette cour de nobles esprits qu'il avait su se créer, et la prospérité matérielle assurée par ses habiles efforts à sa patrie glorieuse encore, faisaient presque oublier la liberté perdue. Quelques grands cœurs soupiraient dans l'ombre ; mais Savonarola, l'impétueux apôtre, de sa voix prophétique et superbe, tonnait seul, au nom des antiques mœurs, contre les corruptions du présent asservi ; et, les chaînes cachées sous des fleurs ne blessant trop personne, la cité supportait sans se plaindre un joug que le souverain savait alléger à propos. Florence était grande du moins par l'esprit. Cette grandeur semblait lui suffire.

Or, parmi les établissements de Laurent qui, de son temps, exercèrent une large influence sur le développement des beaux-arts, il faut signaler surtout l'école de peinture et de sculpture qu'il avait fondée dans son propre palais, sous la direction de maître Bertoldi, sculpteur renommé. Les jardins du prince servaient d'ateliers aux statuaires ; des profusions de marbres dégrossis, de merveilleux modèles ou de précieux débris de l'antique, appelaient les jeunes artistes à l'œuvre, ou leur prodiguaient les meilleures leçons. Michel-Ange et son ami Granacci s'étaient aventurés dans ce musée en action. Michel-Ange, pétrissant, dès le premier jour, la glaise au gré de son génie, étonnant bientôt de ses *terres cuites* le professeur lui-même, n'hésita pas davantage à s'attaquer au marbre, et, le ciseau en main, comme il s'était deviné peintre, il se sentit sculpteur. Un jour donc, il lui prit fantaisie de copier une tête de faune, fragment incomplet et mutilé de l'antique. Le jeune audacieux reconstitua l'ensemble en lui donnant une expression étrange et naturelle à la fois. Le vieux faune revit ; son front ridé s'anime, et sa face s'épanouit dans un éclat de rire grimaçant et joyeux. — Au dernier coup de ciseau, un témoin était survenu ; il contemplait l'œuvre improvisée par l'enfant ; il admirait déjà.

« Mais, dit enfin le nouveau venu, c'est bien un vieux faune que vous avez voulu faire ? — Apparemment, reprit l'artiste étonné. — Eh bien ! jeune homme, où donc avez-vous vu des vieillards qui rient et laissent voir une bouche ornée de toutes ses dents ? »

Laurent de Médicis (car c'était lui) s'éloigna alors sans en dire plus long, et Michel-Ange aussitôt de briser deux dents à son faune ; puis, voulant une vérité plus complète encore, il creusa la gencive pour imiter l'alvéole d'où la dent était tombée. — Laurent, revenu sur ses pas, fut alors si frappé de cette ingéniosité rapide et merveilleuse, il trouva d'ailleurs de telles promesses dans ce morceau, où le sentiment de l'antique, traduit plus qu'imité, vivait dans une inspiration toute moderne et dans un mouvement pleinement original, qu'il adopta aussitôt par la pensée tout le glorieux avenir entrevu. Il emmena donc avec lui Michel-Ange, l'établit dans son palais comme un membre de la famille, et l'admit chaque jour à sa table, dans les conditions d'une honorable égalité, sans permettre qu'on fît désormais nulle différence entre l'artiste et ses propres enfants.

A dater de ce jour, le vieux Buonarroti commença à penser que son fils n'infligerait peut-être pas au nom de l'antique race des comtes de Canosse l'indigne déchéance dont il avait cru ce nom menacé. Laurent avait d'ailleurs étendu jusqu'au père la faveur dont il entourait le fils, et, en demandant au rigide patricien qu'il laissât Michel-Ange à la cour, il lui avait accordé pour lui-même une place modeste, il est vrai, mais qui suffisait à ses désirs.

Toutefois, la prospérité avait fait aussi des jaloux au jeune et déjà célèbre artiste. Il avait eu des rivaux qui ne consentaient pas encore à l'accepter pour ce qu'il devait être, à l'accepter pour le suzerain de l'art. Un jour qu'ils étudiaient à plusieurs les admirables peintures que le Masaccio venait d'achever dans la chapelle *del Carmine*, sur un mot vif peut-être du jeune Michel-Ange, un de ses camarades, robuste et brutal compagnon, Torregiano de Torrigiani, lui asséna à poing fermé au milieu du visage un coup si violent, que l'os en fut brisé et les cartilages écrasés. On emporta Michel-Ange sans connaissance au palais. Il devait garder toute sa vie la trace de cette odieuse brutalité, qui ne demeura pas, du reste, impunie : Torregiano fut chassé pour quelque temps de Florence.

La cour du Médicis était, nous l'avons dit, une sorte d'académie élégante, où les lettrés et les poëtes, aussi bien que les artistes, recevaient la plus gracieuse hospitalité. Parmi les plus célèbres, et entre beaucoup d'autres, on remarquait Marsile Ficin, Pic de la Mirandole, bien jeune encore, et surtout Ange Politien, le plus illustre littérateur de son temps, que Laurent avait chargé de l'éducation de ses fils.

Politien avait promptement apprécié les promesses de génie de Michel-Ange. Il lui prodiguait les conseils et les hautes leçons. On peut supposer que, dans l'intimité du poëte savant, le jeune artiste compléta avec bonheur son instruction, mal commencée chez le grammairien François. On ne voit pas, en effet, dans quelle autre période de sa vie il eût étudié à fond les lettres, la mythologie, et surtout les saintes Écritures. l'Ancien et le Nouveau Testament, dont son pinceau devait plus tard si savamment traduire les immortelles pages. Sous la dictée de Politien, pour ainsi dire, il exécuta alors, en demi-relief, le *Rapt de Déjanire* et le *Combat des Centaures*. C'était en se rappelant cette œuvre, qui lui révéla à lui-même toute sa puissance de statuaire, que Michel-Ange se reprochait plus tard d'avoir fait autre chose que de la sculpture. Sa modestie ne voulait pas comprendre qu'il avait trois royaumes à remplir de sa gloire.

L'heureux séjour de Michel-Ange dans la familiarité de Laurent de Médicis et de son glorieux entourage avait duré trois ans. La mort du prince vint tout à coup interrompre cette noble vie d'art et d'étude. Laurent expira, jeune encore, entre les bras de ses amis les plus chers, Politien et Pic de la Mirandole. Il voulut aussi, pour bien mourir, recevoir le sévère adieu de Savonarola lui-même, dont il avait toujours supporté sans colère les foudroyantes censures.

Pierre de Médicis, l'aîné des fils de Laurent, avait succédé à son père. Il se sentait aussi du penchant pour Michel-Ange, mais il subissait les captations du génie sans être digne de le comprendre. Au dire des chroniqueurs, son affection se partageait, avec une égalité peu intelligente, entre l'artiste déjà maître et un certain bretteur espagnol, grand, beau, bien fait, bien découplé, dont les mérites corporels charmaient le jeune prince autant au moins qu'auraient fait des chefs-d'œuvre. Michel-Ange trouvait sans doute les sympathies de son second protecteur, en de telles conditions, peu flatteuses. Pierre d'ailleurs, oublieux des exemples de son illustre père, ne prodiguait plus les blocs nouveaux venus de Carrare ou les antiques débris de Paros : rien à tailler, rien à étudier désormais dans la maison des Médicis. Un jour cependant, le jeune prince s'avisa de songer que la main de Michel-Ange était puissante à pétrir la matière et à mouler des colosses. C'était en décembre ; pendant la nuit, la neige avait couvert d'une couche épaisse les cours du palais. On vient chercher Michel-Ange, et le nouveau souverain de Florence lui ordonne d'ériger à sa gloire une immense statue de neige. L'artiste comprit qu'il fallait chercher ailleurs des encouragements et du travail; il fit donc, à la demande du prieur de Saint-Esprit, temple renommé dans Florence, un christ en bois presque aussi grand que nature. Le prieur fut enthousiasmé de l'œuvre et de l'artiste. Michel-Ange devint le commensal du monastère; il dut peut-être à cette heureuse circonstance une des rares perfections de son talent. Le prieur s'occupait d'anatomie : Michel-Ange s'associa à ses travaux avec une ardeur sans égale. Plein de l'amour de la science et de l'art, il étudia péniblement le cadavre, il chercha passionnément la vérité du dessin dans la réalité même de la nature; et ce fut de ce moment qu'il arriva à cette audace suprême, à cette certitude absolue du trait, qui lui permettait de faire tous les croquis de ses tableaux, non pas au crayon, mais à la plume. Or, le crayon a le droit d'hésiter quelquefois, s'il supporte une correction facile, le trait de plume, on le sait, est définitif, on n'y corrige rien, et ceux-là seuls s'y hasardent qui marchent à coup sûr dans leur art, traçant d'une main résolue la ligne irrévocable.

Cependant Florence se lassait d'un despotisme sans gloire.

Pierre avait continué, exagéré les pouvoirs absolus de son père; il n'imitait rien de sa grandeur. Les signes précurseurs des chutes de princes se manifestaient de toutes parts. Ces pressentiments populaires, ces vagues prophéties, ces prédictions contagieuses qui s'emparent superstitieusement de la pensée publique, et les nobles tout bas, et le peuple à demi-voix, et Savonarola à voix haute, tout murmurait, annonçait, proclamait l'affranchissement futur.

Une élite républicaine s'exaltait aux grands souvenirs; un peuple libre allait renaître aux nobles espérances. Et alors, prévoyant les orages, sentant combien ses études et son art avaient besoin de calme, Michel-Ange jugea prudent de s'éloigner.

Il partit donc pour Venise, où il ne trouva ni accueil ni travail; de là, pour Bologne, que gouvernait assez rudement Jean Bentivoglio. En ce temps, les étrangers ne devaient pas entrer dans la ville sans s'être fait apposer, sur l'ongle du pouce, un cachet de cire rouge. Michel-Ange était en contravention avec cette loi, qu'il ignorait sans doute; il se vit donc traduit devant le juge et condamné à une amende de cinquante livres bolonaises. Or, cette condamnation n'ayant pas consulté les modestes dimensions de son petit pécule, il allait immédiatement subir l'hospitalité forcée de la prison, si un gentilhomme de l'assistance, Jean-François Aldovrandi, qui peut-être avait déjà entendu parler de son précoce talent, n'eût répondu pour lui et fait réformer la peine. Messer Aldovrandi ne s'en tint pas à ce beau procédé : il sut vaincre les premiers refus de l'artiste, et lui fit, avec grâce, accepter sa maison et sa table. Là, Michel-Ange se fit une vie selon ses goûts d'étude : il donnait le jour à l'art ; le soir, il lisait à haute voix, devant son hôte, Pétrarque, Boccace et surtout Dante.

Le digne gentilhomme bolonais trouva même un travail assez important pour son protégé. Michel-Ange eut à exécuter, pour l'église de Saint-Dominique, une statue de saint Pétrone et un ange de demi-grandeur agenouillé devant l'autel. Ces deux marbres furent promptement achevés, puis inaugurés à la satisfaction de tous, en exceptant toutefois un sculpteur bolonais qui avait longtemps espéré être chargé de cette tâche. Celui-ci prétendit qu'on l'avait indignement frustré au profit d'un étranger, et fit même savoir à Michel-Ange qu'il lui préparait un mauvais parti pour le jour où il le rencontrerait à propos.

Michel-Ange ne se sentit pas suffisamment en sûreté dans un pays où, pour une seule protection, il devait trouver toutes sortes de haines, surtout s'il s'efforçait de sculpter ou de peindre ; il songea donc à rentrer dans sa patrie. Là, du reste, les pressentiments populaires n'avaient pas tardé à se réaliser. Florence insurgée, sans lutte et presque sans effort, venait de chasser Pierre de Médicis et ses frères. Savonarola, l'apôtre républicain, régnait par l'enthousiasme et gouvernait par la parole. Un calme austère succédait déjà aux premiers orages. Michel-Ange ne dut pas se déplaire au milieu de cette atmosphère d'indépendance ; mais le gouvernement avait à sauvegarder tout d'abord des intérêts plus pressants que ceux de l'art, et les grands travaux allaient encore se faire attendre. Toutefois l'inactivité était, pour le noble artiste, un insupportable fardeau ; il fut bientôt à la tâche. C'est en ce temps qu'il sculpta un *Amour endormi*, dont on sait l'histoire. La statue, mise d'abord en terre et parée, pour ainsi dire, d'une vétusté artificielle, fut envoyée à Rome, où on la vendit, comme antique, au cardinal de Saint-Georges. La supercherie s'ébruita, et le cardinal, irrité d'avoir été pris pour dupe, envoya un de ses gentilshommes à Florence pour s'assurer de la fraude. Michel-Ange ne s'en défendit pas; et, pour prouver au contraire que lui seul pouvait avoir le droit d'une telle audace, il dessina d'un trait cette main célèbre dont la hardiesse semblait donner à la statue le contre-seing du génie. Le gentilhomme, dominé par cette fière franchise, proposa soudain à l'artiste de l'emmener à Rome, en lui promettant la protection du cardinal. Michel-Ange accepta; mais il n'eut pas beaucoup à se louer de son nouveau patron, et ne fit rien pour lui.

Ce n'est pas cependant à dire que le vaillant artiste dût rester sans ouvrage. Il fit d'abord, pour un gentilhomme distingué, Jacques Galli, ce merveilleux Bacchus qui devait plus tard enrichir le musée de Florence, et qui suffit alors à établir sa renommée dans Rome. Après le Bacchus, il dut exécuter, pour le même, un nouveau Cupidon, et bientôt ensuite il entrait de plain-pied dans sa gloire en livrant à l'admiration générale le magnifique groupe de *Notre-Dame de Pitié*, pour qui l'enthousiasme et l'éloge durent inventer de nouvelles formules. Condivi, le respectueux élève et le biographe passionné de Michel-Ange, nous a transmis quelques paroles du maître qui expliquent sa pensée tout entière sur cette création, et qui témoignent aussi combien la foi, combien l'amour divin, combien les aspirations élevées d'un glorieux spiritualisme sublimifiaient, pour ainsi dire, l'âme des artistes souverains, quand leur main domptait et transfigurait la matière. Condivi demandait après beaucoup d'autres, à son maître, pourquoi, sans souci de l'âge et sans calcul des années, il avait prodigué tant de jeunesse et de fraîcheur au front de la Vierge. « Cette critique est ma gloire, repartait Michel-Ange ; la chasteté fait l'éternel printemps des vierges, et l'inspiration d'en haut est glorieusement visible dans mon œuvre, puisqu'il m'est donné d'y manifester ainsi la pureté virginale de la mère de Dieu. J'ai fait tout autrement pour son fils, parce qu'il a voulu revêtir toute l'infirmité de la nature humaine. Tu ne dois donc pas t'étonner que j'aie donné à Marie l'immortalité d'une virginale jeunesse, tandis que le Christ, volontairement soumis aux lois du temps, porte, comme tout homme, les traces de l'âge. La mère s'élève au-dessus de l'humanité, tandis que le fils s'y confond et s'y plonge. »

Des soins domestiques rappelèrent Michel-Ange à Florence. Sa réputation lui avait préparé, dans sa patrie, un digne et sympathique accueil. On le regardait déjà comme le premier des modernes et le rival des anciens. Il n'avait pas vingt-six ans. On lui donna bientôt un vaste bloc de marbre que nul n'avait osé attaquer depuis Simon de Fiesole, qui, cent ans auparavant, avait en vain essayé d'en tirer une colossale figure. Michel-Ange y trouva, à coups de ciseau, un admirable David, et la gigantesque statue fut placée à la porte du palais de la Seigneurie. Le marbre ne lui suffisant déjà plus, il se familiarisa avec le bronze ; il coula, en ce temps, plusieurs remarquables ouvrages ; il peignit aussi quelques tableaux, parmi lesquels une *Sainte Famille*, qu'on admire à Florence. Mais ce fut surtout le carton de la *Guerre de Pise*, composé pour les peintures à exécuter dans la salle du grand conseil de la Seigneurie, qui écrasa toute rivalité et montra, en Michel-Ange, la puissance du dessin supérieure à tout ce que le monde des arts avait jamais pu ou devait jamais glorifier. Ce dessin fut fait pour une sorte de concours ouvert entre Michel-Ange et Vinci. L'œuvre du grand Léonard, suivant Benvenuto Cellini, était sublime, mais celle du divin Buonarroti fut le dernier mot de l'art, et ni les anciens ni les modernes n'ont jamais rien fait qui pût atteindre à cette hauteur. « Tant que ces cartons existèrent, ajoute le merveilleux ciseleur, ils furent l'étude de tous les jeunes peintres d'avenir et l'école du monde. » C'est là, en effet, que le doux génie de Raphaël but l'audace et la force à la coupe du géant Michel-Ange; et l'enthousiasme de tous les écrivains du temps, acclamant d'une seule voix ce prodige, confirme suffisamment pour nous le dire de Benvenuto.

Malheureusement, l'envie guetta patiemment le chef-d'œuvre. Le jour où les Médicis rentraient à Florence, au milieu du tumulte et de l'émeute, l'envieux, un homme qui n'était pas sans mérite pourtant, mais qui ne voulait et ne savait pas admirer, qui, ne pouvant pas être au premier rang, ne se résignait pas à marcher au second, l'envieux Baccio Bandinelli, un lâche indigne de son propre talent, se glissait furtivement jusqu'au palais de la Seigneurie, rampait sans bruit dans l'ombre jusqu'au dessin sublime, et, d'un couteau impie, larron sacrilége de la gloire d'autrui, hachait en morceaux l'admiration de ses contemporains.

L'impétueux Jules II venait de monter sur le trône pontifical. Il avait connu Michel-Ange à Florence : ces deux fortes, rudes et fières natures devaient se convenir, parce qu'elles pouvaient se comprendre. Les souverains d'une irrésistible volonté aiment surtout qui leur résiste. Cette rareté les étonne; cette audace leur va. Le pape fit venir le sculpteur près de lui. Le génie de l'art mettait à propos en présence deux pensées qui se complaisaient à remuer de grandes choses; ce fut, entre ces deux hommes, un véritable assaut d'immenses projets et de plans gigantesques. D'un souffle ils édifiaient des colosses; d'un mot ils créaient des forêts de statues dans d'impossibles églises. C'était si beau, que ce fut trop beau; il en fallut rabattre. Quelle que fût sa puissance, et bien qu'il eût trois fois du génie, Michel-Ange n'avait que deux bras; son âme eût animé trois mondes, mais sa main trouvait des limites qu'ignorait sa pensée. Enfin, dans le chaos de projets splendides, il fallait commencer par un commencement. Le commencement que voulut le pontife, ce fut son tombeau. « Un tombeau tel qu'aucun souverain de la terre n'ose en rêver un pareil, dit-il à Michel-Ange, un tombeau digne de Jules II et de Buonarroti. — Ce sera cher, fit l'artiste après avoir réfléchi et vu grandir dans son inspiration toute une épopée de marbre pour le panthéon d'un seul homme. — Combien donc? — Cent mille écus au moins. — Deux cent mille, et à l'œuvre! » Et Michel-Ange indique à larges traits comment il comprend le tombeau d'un grand pape. La base du monument, massif isolé, en forme de parallélogramme, aura dix-huit brasses de long et douze de large. Aux quatre faces, quatre esclaves debout et enchaînés. Entre eux, des victoires placées dans des niches foulant du pied des vaincus. Au-dessus d'une corniche qui couronnera cet ordre, huit figures de prophètes et de vertus seront majestueusement assises. Au milieu d'elles, le sarcophage du pontife. Sur le tout enfin, une haute pyramide, et, à son sommet, un ange debout portant le globe dans sa main. En tout, quarante statues, sans compter les emblèmes, les figurines, les bas-reliefs épisodiques et les détails d'ornement. Voilà le rêve dont Michel-Ange peut faire une réalité. « A l'œuvre! à l'œuvre! s'écrie encore le pontife enthousiasmé. Michel-Ange, voilà de l'or, donne-moi du marbre! Aux carrières! épuise Carrare! Souviens-toi de ma gloire. Va! »

Michel-Ange partit, fut aux carrières, s'attaqua aux rochers, éventra la montagne, couvrit le sol de colossales ruines, amoncela les énormes décombres, entassa les superbes débris. Son génie et sa force se jouaient des rébellions de la pierre. Une seule de ses idées suffit à le peindre : un roc géant se penchait en surplomb sur la mer; tailler la montagne en statue, donner au roc une figure et la vie de l'art, cela devait séduire le père des colosses. La lutte était à sa taille; il y songea réellement. Le temps seul lui manqua pour se mesurer ainsi avec la nature. Les envois de marbre le précédaient à Rome; il en embarrassait les places publiques. Jules II, que l'artiste avait fanatisé par les premières indications du projet, Jules II le rappelait en hâte. Les dessins que lui présenta Michel-Ange achevèrent de conquérir le pape : il voulut que l'artiste s'installât près de lui. Un pont fut jeté d'une fenêtre à l'autre, pour qu'à toute heure du jour l'impatience du pontife pût surexciter l'ardeur du statuaire.

Les deux insatiables esprits en vinrent alors à se demander quel serait l'emplacement du vaste mausolée. Sous le pontificat de Nicolas V, il avait été question de rebâtir l'église de Saint-Pierre. Michel-Ange proposa à son hardi patron d'y loger sa tombe. Le pape saisit au vol cette ambitieuse pensée;

il voulut lui-même reprendre par le pied la création de la basilique nouvelle, et le tombeau passa bientôt au second plan, dans les engouements aussi ardents que mobiles du pontife. Or, l'envie épiait la faveur dont Michel-Ange avait eu quelque temps l'heureux monopole. Bramante, l'architecte favori de Jules II, Bramante, depuis quelque temps négligé, saisit avec bonheur cette occasion d'imprimer une diversion aux sympathies de son maître. Il préconisa assidûment l'église à construire, discrédita la pensée du tombeau. Michel-Ange ne vit plus venir l'hôte illustre dans l'atelier encombré. L'argent aussi fut ailleurs, et les ouvriers restés sans salaire, et les marbres qui n'étaient pas payés, commencèrent à peser lourdement au statuaire oublié.

Il voulut s'expliquer et se plaindre. Sans plus se soucier que d'habitude de l'étiquette et des valets, il marcha donc droit au cabinet de travail où Jules II le recevait d'ordinaire ; mais un camérier lui barra le passage. L'orgueilleux artiste s'arrêta en foudroyant du regard les courtisans, qui croyaient pouvoir rire. « Quand votre maître me demandera, dit-il fièrement, à un secrétaire du pontife, vous lui direz que Michel-Ange est absent. »

De retour chez lui, il donna ordre de vendre tout ce qu'il ne pouvait emporter, et partit sur l'heure même pour Florence.

Mais Jules II ne l'entendait pas de la sorte. Toutes les gloires du siècle étaient, selon lui, le fief de sa pensée. Le génie de Michel-Ange lui appartenait comme le plus orgueilleux fleuron de la tiare. Il dépêche donc courrier sur courrier, un d'abord, puis deux, puis trois, jusqu'à six. Il faut qu'on lui ramène son sculpteur soumis et vivant; mais Michel-Ange était aussi de la trempe des Jules II. C'était fierté pour fierté, audace contre audace. Quand les gens du pontife voulurent s'emparer de lui, il leur montra ses armes. Violences ni prières, rien ne put le fléchir. Le pape épuisa trois mois en vaines négociations. Des menaces contre l'artiste il avait passé aux menaces contre la République. Il adressa à la Seigneurie trois brefs comminatoires pour qu'on lui renvoyât son glorieux réfractaire. La Seigneurie avait peur; Soderini, le gonfalonier perpétuel, ami de Michel-Ange, le suppliait à mains jointes de ne pas brouiller son gouvernement avec le véhément et superbe pontife. Les prières de Soderini étaient aussi impuissantes que les violences écrites de Jules II. Rien n'y fit. Buonarroti, poussé à bout, déclara qu'il irait plutôt chez le Turc, où on l'appelait pour jeter quelque chose comme un pont gigantesque de Constantinople à Pera; mais qu'il ne savait pas oublier une insulte, qu'il avait été insulté, et qu'il ne se soumettrait pas. Cependant Soderini finit par trouver un moyen de le rapprocher de Jules II sans que le retour eût l'air d'une soumission.

Il conféra à son intraitable ami le titre d'ambassadeur et l'envoya, au nom de la Seigneurie, porter l'hommage de la République au pape. Le pape était alors à Bologne, où il venait de pénétrer par les armes.

A la vue de Michel-Ange, il s'emporta sans se contraindre. « Ainsi, tu devais venir à nous, s'écria-t-il, et tu as attendu que nous vinssions à toi. »

Le cardinal Soderini voulut excuser Michel-Ange, en rejetant son tort sur le peu de savoir-vivre des artistes. Mais alors ce fut une autre affaire. La colère du pape changea d'objet.

« Tu injuries mon statuaire ; je ne l'aurais pas fait, moi, dit-il au prélat. Mais, ajouta-t-il, c'est toi qui es l'ignorant, et, s'il y a ici un imbécile, ce n'est pas Michel-Ange. Va-t'en ! »

On voit que le pontife et le rebelle n'avaient pas beaucoup à faire pour redevenir les meilleurs amis du monde. Le pape avait d'ailleurs besoin de Michel-Ange, bien plus que Michel-Ange n'avait besoin du pape. Le vainqueur de Bologne avait l'intention d'y laisser sa statue en souvenir de la victoire ; par quel autre eût-il voulu se voir couler en bronze et traduire en géant ? — L'artiste se mit à l'œuvre, et le pontife, avant de retourner à Rome, put voir une première ébauche. « Un livre dans ma main ? dit-il au statuaire. — Non, ce n'est pas cela. Je suis ici par l'épée. » Michel-Ange comprit. Quelques jours après, le pontife revint encore. La statue gigantesque avait une main tendue devant elle ; l'action en était véhémente : « Est-ce que cette main-là donnerait la bénédiction, par hasard ? — Elle dit au peuple de Bologne d'être sage, repartit Michel-Ange. — Bien ! fit le pape, tu m'as compris. » Et il fit promettre au statuaire de le venir rejoindre à Rome, sans retard, dès que la statue serait debout sur son piédestal.

Au bout de seize mois, la statue était faite ; mais elle ne devait pas longtemps menacer la ville conquise ; et le peuple, devant elle, ne se tint pas plus sage. Elle fut brisée quand les Bentivogli, chassés par Jules II, parvinrent à rentrer dans Bologne, — le bronze fut fondu, et on en fit une pièce d'artillerie, qu'en l'honneur du pape on baptisa *la Julienne*.

De retour à Rome, Michel-Ange allait trouver des embûches nouvelles. Il s'attendait à reprendre le grand travail du tombeau ; mais Bramante en décidait autrement dans les conciliabules de l'envie. Bramante enviait, il est vrai, à son ennemi, moins les dons de la gloire que la faveur du pape et les lucratives commandes ; mais, quel que fût son motif, il avait préparé son piége avec beaucoup d'art. Il tenait en réserve Raphaël, son parent, pour en faire à propos un rival dangereux en peinture ; et il chercha longtemps quelle redoutable épreuve il pouvait faire infliger au statuaire tant jalousé! Celui-ci n'avait jamais peint à fresque. Bramante s'efforça de persuader au pontife que rien ne serait plus beau que la grande voûte de la chapelle Sixtine couverte de peintures ; que la fresque seule convenait à ce travail, et qu'il y fallait sans tarder employer Michel-Ange. Jules II croyait qu'on ne peut faire au génie trop de hautains défis. — Notre Corneille, dont l'âme habitait aussi les hauteurs sublimes, a dit depuis, dans un vers magnifique :

Il est beau de tenter des choses inouïes.

Le pape devait souffler quelque chose dans le sens de ce vers à l'oreille de celui qu'il aimait d'un cœur rudement paternel.

Or, Michel-Ange, qui devinait le piége, résista longtemps de tout son pouvoir; mais enfin, accablé par d'impérieuses supplications, il se laissa vaincre, il promit; il osa regarder en face la gigantesque entreprise. Et peut-être, en sondant sa force, put-il encore sourire des projets de Bramante, misérable avorton de la haine.

Il ne perdit pas de longs jours à écouter sa peur. Il fit aussitôt venir de Florence quelques peintres habiles qui pratiquaient la fresque, pour étudier leurs procédés et se faire aider dans sa tâche. Mais, après les avoir vus travailler quelque temps, maître du secret de leur art, et plus confiant en lui désormais qu'en personne, il les congédia tous ensemble, et fit effacer tout ce qu'ils avaient commencé.

Alors c'est le génie humain dans toute la grandeur de son rôle et de sa création. Il s'enferme seul dans la chapelle, il en refuse l'entrée à tout le monde, au pape lui-même, aussi bien qu'à ses humbles élèves. Il gâche le mortier, il enduit la voûte, il prépare ses couches, il broie ses couleurs; il est maçon, chimiste, broyeur, préparateur et peintre. Il est poëte aussi, car il est le géant Michel-Ange, et de sa brosse invincible il écrit sur la fresque le plus vaste poëme de peinture qui saisira jamais le regard, le poëme de l'humanité sanctifiée en Dieu.

Nous n'essayerons pas de décrire cette mise en scène sublime de la Bible, égale en grandeur et en majesté au texte lui-même. — Qui décrirait en quelques pages un monde? La stupeur de l'Italie entière, dans ce grand siècle, le plus grand de l'histoire de l'art, est le seul éloge à la hauteur de l'œuvre. Il faut se borner à dire que l'homme et Dieu se touchent dans cette composition une et puissante, et que l'homme s'élève sans que Dieu descende.

Lorsqu'au bout de vingt mois seulement Jules II, ne pouvant plus y tenir et voulant officier dans la Sixtine le jour de la Toussaint, fit, malgré Michel-Ange, jeter bas tous les échafaudages et livra le chef-d'œuvre à l'admiration haletante de la Rome des arts, ce ne fut qu'une acclamation, un seul cri de surprise. L'envie dut faire silence et mâcher son fiel; l'admiration se tut aussi, ne trouvant plus que dire. L'Italie s'émut, Raphaël lui-même se fit élève et revint à l'école : son siècle l'y suivit; tandis que le grand vieillard Jules II appelait Michel-Ange son fils et le serrait noblement sur son cœur.

A dater de ce jour, Michel-Ange marche sans rival dans sa force et sa gloire. Chez lui, la main, le génie et le cœur sont égaux en puissance. Il est, plus que tout autre, créateur et maître. Plus que le divin Raphaël, plus que le grand Léonard, il a cette grandeur et cette divinité du génie : rien ne lui pèse. La création, c'est pour lui, comme pour Dieu même, un effort sans fatigue, un acte sans effort, et, pour ainsi parler, l'exercice d'une fonction naturelle. Aussi, au gré et quelquefois au caprice des puissants de la terre, sa volonté prend toutes les expressions de l'art. — C'est qu'il ne faut pas voir en lui seulement un penseur qui cherche à fixer, sous une forme plus ou moins précise, son rêve plus ou moins réussi ; ce n'est pas non plus l'artiste prudent qui médite avec une sage lenteur, pour savoir à quelle idée suffisamment mûrie il va prêter son art, son instrument, son faire. Non, ni cela, ni cela. Michel-Ange, c'est une âme grandiose ayant à son service trois idiomes éclatants, tous trois pour elle également familiers, dociles, assouplis. — Le pinceau, le ciseau ou l'équerre, qu'importe? que sa foi vive au front radieux de la statue, dans les formes hardies d'une immense peinture, ou dans les masses majestueuses d'un temple, que lui fait à lui? Sculpteur, il aura du marbre et son ciseau; peintre, son pinceau et sa toile; architecte, de la pierre et l'espace, l'espace large alentour, — illimité dans le ciel, où il peut suspendre à la hauteur qu'il lui plaît la coupole, le dôme et la croix.

Et puis, pour celui-ci, la loi commune du repos n'existe pas. Suivons-le un moment dans l'austère demeure d'où sortent les chefs-d'œuvre.

Il y vit solitaire, sobre et silencieux comme un anachorète. Il a trempé dans un vin robuste le pain qui suffit à son repas. Il est debout; il rêve; il contemple le bloc informe et le fouille du regard pour y chercher quelque chose que lui seul peut voir, pour y chercher, pour y sentir une âme.

Oh! qu'on ne trouble pas ces rares instants d'une inaction qui dompte la matière, qui commande à la vie. Son rêve achevé, l'Hercule du marbre, le Vulcain du bronze, le pétrisseur de dieux, va engendrer à coups de marteau, incruster à coups de ciseau l'immortalité dans la pierre. Voyez-le dans ses colères fougueuses, dans ses fureurs fécondes! il attaque l'auguste Carrare avec un acharnement qui fait peur. Il frappe, il brise, il fait voler au loin les larges éclats. Il a déjà émoussé les angles rebelles, dégrossi, diminué, réduit, pulvérisé la masse brute et superbe. Vous diriez d'un iconoclaste insensé qui s'en prend follement aux pans du roc impassible. Mais le roc est vaincu, le Titan a trouvé son maître, Jupiter a terrassé Briarée. La masse va se fondre, s'annihiler, s'évanouir, plus rien! — Non! tout n'a pas disparu; du nuage de poudre et de débris jaillit déjà une altière figure. La statue se dresse, elle est debout, la voilà! elle a l'étrangeté d'une explosion soudaine, quelque chose de spontané, d'abrupt, d'impérieux, d'irrésistible à l'égal d'un défi : elle a l'audace et la force, — comme son père; elle a le prime-saut et la grandeur, — comme son père! Ainsi venue d'un seul jet, sortie tout armée d'une seule pensée, étonnée d'être, elle est. Elle veut vivre, elle vit, et, comme un reflet de race, à son front qui flamboie elle porte un rayon sacré, — le sceau du génie !

Telle est, tout entière, ensemble ou détail, l'œuvre sculpturale du fier Buonarroti.

Sa peinture, nous l'avons vu, a les mêmes audaces et la même puissance. Et plus tard, quand on voudra faire de lui le maçon des immortelles bâtisses, ses moyens seront aussi hardis que ses idées seront grandes.

Dans l'intervalle enfin, entre deux chefs-d'œuvre, il appelle au fond de sa solitude l'austère poésie. Sur le croquis d'une statue derrière un plan d'église, au coin d'un carton de ses mâles peintures, il écrit, en mâle langage, un sonnet qui se souvient de Dante, une élégie d'amour qui glorifie le cœur, une pieuse stance qui monte jusqu'à Dieu.

Voilà sa vie ; telle est sa tâche auguste sous le ciel. Et chaque jour qui naît ressemble à celui qui s'éteint. Chaque jour, dès l'aube, il entend dans son âme une voix qui murmure : Allons, peintre, à tes fresques ! Allons, statuaire, au marbre ! Allons, architecte vainqueur, au poëme de pierre ! Allons, chrétien, penseur, poëte ! amant chaste et mystique ! voici la nuit venue. Tout se tait ; les plus ardents même entre les plus jeunes, tous tes rivaux d'autrefois, tous tes élèves d'aujourd'hui, ont laissé d'une main fatiguée s'échapper le pinceau. Le marteau fait silence au poing du statuaire. Le maçon dort ; la pierre elle-même se repose ; Rome sommeille.

Michel-Ange avait atteint sa trente-neuvième année. Il s'était remis aux statues du tombeau. Il y travaillait avec passion, lorsque Jules II mourut.

Il semblait que, précisément alors, la grande entreprise dût être pieusement continuée. Mais Léon X, qui allait régner pour la gloire de tant d'autres bien plus que pour celle de Michel-Ange, Léon X en décidait autrement. Le génie de Raphaël répondait d'ailleurs aux aspirations de Léon, comme l'audace de Michel-Ange avait violemment charmé les ambitions fougueuses de Jules. Et si le peintre de la *Sixtine* eût eu encore quelque chose à faire pour s'assurer son rang suprême, il lui eût fallu tristement ajourner sa gloire.

Le nouveau pape, qui devait donner son nom au plus grand siècle des arts, ne voulait cependant point priver son règne d'un si merveilleux concours. Mais il ne maintint pas le grand artiste à son légitime état de maître sans rival. Aussi, songeant à donner à sa patrie un souvenir digne d'elle, lorsqu'il envoya Michel-Ange préparer à Florence les plans de la façade de Saint-Laurent, le pontife ouvrit-il la lice à tous les prétendants. Les projets d'Antoine San Gallo, de Baccio d'Agnolo, des deux Sansovini, de Raphaël lui-même, purent se produire à la fois; et ce ne fut qu'à son écrasante supériorité que le plan de Michel-Ange dut d'être préféré. Sur le terrain des belles choses, il était donc toujours le premier; malheureusement, il n'avait rien de ce qu'il fallait pour lutter aussi, avec quelque avantage, dans la nuit de l'intrigue. Ses vaincus ne se résignaient pas sans peine, et cherchaient toujours à prendre, par les armes honteuses de l'envie, la revanche de leurs défaites dans l'art. Michel-Ange était parti pour Carrare; il y exploitait déjà les marbres nécessaires à la construction projetée, lorsqu'on persuada à Léon X qu'on trouverait à Saravezza, en Toscane, des marbres également beaux et d'extraction plus facile. Prêtant à l'austère et rigide Buonarroti les calculs misérables de leur propre cupidité, les jaloux insinuaient que Carrare n'était par lui préféré qu'en raison précisément des grandes dépenses qu'y nécessitait l'exploitation, et il restait sous-entendu que ces dépenses permettaient à l'architecte de réaliser sans contrôle d'énormes bénéfices. Le noble artiste, sans se douter même de ces machinations honteuses, reçut l'ordre de quitter Carrare, et de se rendre à Saravezza. Il obéit à regret; perdant de la sorte, pour son installation aux nouvelles carrières, un temps que rien ne peut payer, quand il s'agit des travaux d'un tel homme. — Les facilités tant promises ne se réalisèrent pas. Saravezza était encore plus pénible à fouiller que Carrare.

La muse consolait sans doute l'artiste au milieu des ennuis d'une besogne ingrate. Il dut aussi, dans sa solitude, resserrer son intime commerce avec les poëtes de sa prédilection. Il relisait Pétrarque; il retrouvait sans livre, au fond de sa vaste mémoire, toute la *Divine Comédie*, qu'il savait depuis longtemps par cœur tout entière. Et c'est peut-être alors que, demandant à Dante le secret de terreur que devaient révéler plus tard à tous les yeux les peintures du *Jugement dernier*, c'est peut-être alors qu'il traduisit, dans son dessin superbe, presque toutes les pages du poëme sacré. Malheureusement, cette interprétation d'un génie par l'autre ne devait pas arriver jusqu'à nous. L'ouvrage entier périt dans une traversée fatale, avec tous les bagages d'un riche Florentin, Antonio Montanti, à qui Michel-Ange l'avait confié. L'admiration des contemporains pour ces dessins nous dit assez quelle perte c'est là.

En ce temps (1521) mourut Léon X. Huit ans s'étaient passés sans qu'il eût été donné à Michel-Ange de mettre la main à une de ces grandes choses qu'il savait faire. Les fondations de Saint-Laurent de Florence avaient seules été commencées ; l'argent manqua, et la construction resta inachevée.

Un beau projet, qui était aussi une noble réparation, avait pourtant vivement séduit la pensée de Michel-Ange. L'Académie de Florence, pendant le dernier séjour qu'avait fait l'artiste dans sa ville, adressa à Léon X une longue supplique pour que le pontife, intervenant auprès de Ravenne, obtînt que les cendres de Dante Alighieri fussent restituées à sa patrie repentante. Parmi les noms illustres qui figurent sur cette pièce, on distingue entre tous celui de Michel-Ange. La note suivante précède la glorieuse signature ·

« *Moi, Michel-Ange Buonarroti, adressant à Sa Sainteté la même prière, je m'offre à exécuter pour le* DIVIN *poëte Alighieri un tombeau convenable, dans un lieu honoré de notre cité.* »

On aime cette respectueuse et fidèle admiration d'un artiste comme Michel-Ange pour un poëte comme Dante; mais on regrette que Léon X, si digne cependant de comprendre tout ce qu'il y avait de grandeur dans la rencontre de ces deux noms, n'ait pas saisi avec empressement l'occasion d'associer le sien au même souvenir.

Adrien VI, qui succéda à Léon X, était un Allemand rigide, un savant morose, quelque peu iconoclaste dans l'âme. Il fut bien pour quelque chose dans le tribut d'immenses regrets que le monde des arts paya à la mort de Léon X. Une seule de ses fantaisies suffit à le peindre : il eut l'idée farouche de faire gratter les peintures de la Sixtine, parce qu'il y trouvait trop de nudités, et que le plafond, plein de vivantes figures, ressemblait, selon lui, moins à la voûte d'un temple qu'à une salle de bain. Qu'on juge des sublimes fureurs de Michel-Ange. Si sa piété respectait le pontife, son juste orgueil devait avoir grand'peine à ne pas vouer aux gémonies le barbare.

D'autres soucis vinrent encore, en ce temps, l'assaillir. Les héritiers de Jules II exigeaient que le tombeau de leur glorieux oncle s'achevât, mais ils ne voulaient pas donner d'argent, prétendant que, de son vivant, le pontife avait payé bien plus de travail que n'en avait fait Michel-Ange. Ils passaient déjà des injonctions à la menace, et le grand artiste éprouvait encore plus d'indignation que de crainte ; heureusement un nouveau Médicis, le cardinal Jules, allait monter à son tour sur le trône pontifical sous le nom de Clément VII. Clément VII avait hâte de posséder tout à lui le temps et le génie de Michel-Ange. Aussi se fit-il intermédiaire et arbitre entre l'artiste et le duc d'Urbin, le plus intraitable des héritiers de Jules II. Sous de tels auspices, une nouvelle convention fut arrêtée. Le projet primitif du grand tombeau fut amoindri, et, sur le plan nouveau, Michel-Ange dut l'achever dans un délai raisonnable.

Le pape, en attendant, l'envoya immédiatement à Florence pour y construire la bibliothèque de Saint-Laurent et la nouvelle sacristie de l'église du même nom. Michel-Ange se mit à l'œuvre ; il acheva ce monument, qui passe pour une de ses plus belles créations architecturales, et où plus tard il devait se surpasser encore en édifiant les magnifiques tombeaux de Julien et de Laurent de Médicis.

Pour se rappeler au souvenir de Rome, pour donner satisfaction aux impatiences de Clément VII, au milieu de ses travaux d'architecture, il exécuta un *Christ embrassant sa croix*, l'un des plus admirables chefs-d'œuvre de son ciseau. Cet ouvrage, envoyé au pape, fut placé dans l'église de la Minerve, où l'admiration ne se lassa jamais devant lui.

Cependant le jour des grandes calamités était proche.

En 1512, avec l'aide puissante de Jules II, le gonfalonier Soderini, représentant de la forme républicaine, avait été renversé, et l'autorité des Médicis rétablie à Florence. C'était là que la tiare était allée chercher le cardinal Jean, fils de Laurent le Magnifique, pour en faire Léon X, et plus tard le cardinal Jules, fils de Julien Ier, pour en faire Clément VII.

En ce temps, en 1527, le jeune Hippolyte, fils de Julien II, et Alexandre, bâtard d'un Médicis quelconque, on ne sait trop lequel, représentaient le nom des Médicis au pouvoir. Les cardinaux Cibo et de Cortone gouvernaient pour eux Florence. Les vieux républicains supportaient impatiemment le joug ; une explosion était toujours imminente ; aussi, lorsque l'armée du connétable de Bourbon, avide de sang et de dépouilles, se précipita sur la ville éternelle, Florence s'arma contre ses maîtres, tout en préparant contre l'étranger sa défense. A la nouvelle de la prise de Rome, les deux vieux cardinaux et les jeunes Médicis fuyaient en hâte ; le gouvernement républicain se réorganisait presque sans lutte, et le peuple exalté offrait le serment de la mort à la liberté reconquise.

Michel-Ange ne pouvait pas soustraire son grand cœur à la contagion du patriotique enthousiasme. Lorsque Clément VII, plus oublieux de son affront que de sa haine, s'empressa de détourner sur Florence l'avalanche de barbarie qui s'était abattue sur Rome, l'architecte des monuments superbes, transformé en stratégiste, et nommé commissaire général des fortifications, avait déjà fourni au génie militaire des plans de défense, restauré les remparts, entouré *San Miniato* de travaux de guerre, habilement garanti tous les points d'attaque les plus exposés.

Ses travaux furent cependant critiqués; on lui refusa les moyens de les poursuivre en insinuant qu'il s'exagérait le danger. Les choniqueurs remarquent ici que le plus vif de ses agresseurs dans la querelle expia cruellement cette injustice passionnée. Au retour des Médicis, celui-là fut le premier dont on trancha la tête.

Quoi qu'il en fût, Michel-Ange qui sentait venir la trahison et qui avait osé le dire; Michel-Ange, indigné qu'on l'accusât de pusillanimité parce qu'il voyait clair dans les hommes et regardait résolûment dans les choses, sortit une nuit par une des portes que son titre lui pouvait faire ouvrir, et fut cacher à Venise son ressentiment et sa douleur. Mais quand le danger fut devenu visible, même pour les moins clairvoyants, la Seigneurie commença à regretter son ingénieur. Tout le monde comprit et approuva les projets qu'on avait honnis d'abord, et plusieurs envoyés durent aller, de la part du gouvernement, faire amende honorable auprès du boudeur sublime. Il résista longtemps. Il répondit, avec une humilité superbe, qu'il y avait sans doute au pouvoir des hommes bien plus capables que lui de décider toutes ces grandes questions sur lesquelles son avis n'avait pu prévaloir; mais lorsque, cessant de lui parler au nom de tel ou tel magistrat, au nom d'un conseil ou d'un homme, on lui dit que c'était la patrie qui avait besoin de lui, la patrie qui réclamait son génie, il pensa sans doute que la patrie ne doit pas supplier, qu'elle veut être obéie des plus fiers, qu'elle peut commander aux plus grands : il revint à Florence.

Alors on s'efforça de lui faire oublier les premières entraves qu'on avait imposées d'abord à sa direction suprême; on accepta toute sa volonté; on l'honora lui-même des titres les plus élevés. On le nomma prieur honorifique.

Il fut chargé d'achever promptement la chapelle sépulcrale de Saint-Laurent et les tombeaux des Médicis.

Ces tombeaux sont encore des plus grands parmi les chefs-d'œuvre du maître. La figure de Laurent, c'est la vie dans la pensée; celle de Julien, c'est la vie dans l'action. L'un a été nommé le *pensieroso* : l'âme est visible dans le marbre; l'autre n'a pas de nom : elle va agir. Les deux figures de l'Aurore et de la Nuit complètent le contraste. La Vierge et son fils, groupe inachevé, reste néanmoins digne de l'ensemble et vit aussi dans les régions sublimes.

Michel-Ange savait, avant tous et plus que tous, combien la statuaire, si essentiellement tangible et saisissable, a besoin de s'élever par l'idéal; combien le marbre glacé, si semblable à la mort dans sa pâleur rigide, a besoin de s'animer par le sentiment, de puiser la vie dans la pensée. Aussi, jamais sculpture n'atteindra à un plus haut degré l'idéal et la vie, le style et l'originalité, — toute grandeur!

De retour à Rome, il se remit avec ardeur à travailler au mausolée de Jules II; se conformant, comme nous l'avons dit, à un plan nouveau, moins vaste que le premier, et où d'autres statuaires devaient l'aider pour partie, il acheva, dans l'espace d'une année, le tombeau tel qu'on le voit aujourd'hui dans l'église de Saint-Pierre-aux-Liens. Nul n'ignore que c'est là qu'on admire la puissance sculpturale de Michel-Ange, splendidement visible et comme personifiée dans la statue de Moïse. L'étrangeté superbe, la majesté fulgurante de cette figure, — pose sublime et comme inébranlable, attitude olympienne, geste de demi-dieu, front inspiré, baigné de génie, inondé de grandeur et, pour ainsi parler, resplendissant de victoire. Tout, et ce regard qui semble commander à la terre, et jusqu'à ces deux cornes naissantes, ces deux cornes de bouc, qui traduisent littéralement l'Apocalypse; tout, et même l'excès dans la force, l'exubérance dans le relief, dans l'accent, dans l'énergie, dans l'audace, tout ce qui même a été signalé comme imperfection ou défaut, tout est, partout, signé Michel-Ange; tout écrase les œuvres du passé et défie l'avenir.

Cependant Clément VII était mort, après avoir montré au peintre, comme un repos pour le statuaire, les deux parois latérales de la chapelle Sixtine à couvrir encore de gigantesques peintures. On a judicieusement remarqué que, durant cette grande vie d'un artiste sans égal, chaque règne de pontife recevait de lui sa date sublime par un chef-d'œuvre nouveau. La marche toujours ascendante de sa gloire arrivait cette fois à un apogée que nul n'attëindra désormais, et que lui-même ne pouvait dépasser, puisque Dieu n'a pas abdiqué pour l'homme. — Paul III, succédant à Clément VII, livra pour l'œuvre projetée la Sixtine à l'artiste. Michel-Ange aborde enfin cette page du *Jugement dernier*, qui eût demandé à tout autre une vie entière, où lui, le géant au vol d'aigle, il mit neuf pleines années de la sienne.

Ce serait certainement folie à nous d'essayer de décrire ici ce rêve de Titan, ce chaos sublime, ce poëme de la forme et de la force, cette *Divine Comédie* en action, où Michel-Ange épouse avec un filial amour, avec un respectueux orgueil, la pensée de son grand aïeul Dante. — Étonnements, stupeurs, peurs, frissons et terreurs, toutes les émotions écrasantes tombent pour ainsi dire, par avalanche, de ces grandes images. L'âme qui regarde commence par la surprise pour aller s'abîmer dans l'épouvante. Aussi, cela se sent et ne se raconte pas. D'ailleurs, comme nous l'avons dit, Dante n'a-t-il pas d'avance expliqué Michel-Ange?

On pense bien qu'au milieu de l'admiration générale la critique ne consentit pas encore à se taire. L'envie ne se dessaisit jamais de la dernière poignée de boue qu'elle destine au triomphateur. Michel-Ange écouta, impassible, tout ce bruit d'en bas et sourit. Cependant, quand l'injustice lui parut trop criante, il pensa qu'un châtiment lui était dû, et, par un procédé familier au poëte de l'*Enfer*, il donnait à quelque damné bien affreux la figure de l'imprudent qui l'avait outragé. Or, c'était là un arrêt irrévocable comme la mort; et Paul III, un jour invoqué comme arbitre, déclara lui-même qu'il n'y pouvait rien, tant il connaissait Michel-Ange.

Ce pontife, du reste, n'avait pas laissé les conseils de l'envie pénétrer et altérer ses sympathies pour l'artiste. La Sixtine achevée, il avait voulu, lui aussi, créer sa chapelle; il avait donc encore livré à Michel-Ange les voûtes de la *Pauline*. Ces peintures, où Michel-Ange vivait pourtant encore tout entier, s'éclipsèrent dans l'événement triomphal, dans l'effet croissant toujours qu'avait produit le *Jugement dernier*.

Une autre immense tâche appelait d'ailleurs Michel-Ange, et les peintures de la chapelle Pauline furent le dernier effort de son pinceau. Après le *Moïse*, après le *Jugement*, prêt à compléter sa gloire et son immortel défi à toute renommée passée ou future, il allait mettre la main de son génie à la basilique de Saint-Pierre, pour qu'à peu près au même temps, peintre, statuaire et architecte, il eût réalisé trois prodiges. — Il avait alors soixante-dix ans; mais pour ce type de force c'était encore l'âge de la maturité féconde. Comme dans ses œuvres, il avait dans sa robuste nature ce que l'homme a le moins, le droit de la durée.

Depuis la mort de Bramante, la direction des constructions de Saint-Pierre avait été livrée à toutes sortes d'incertitudes. Nous ne ferons pas, après tant d'autres, l'historique de ces travaux, où le nom de Raphaël se rencontre après celui de Bramante, et avant celui de Michel-Ange. Le dernier des architectes alors célèbres, San Gallo, venait à son tour de mourir : le pape exigea impérieusement que Michel-Ange portât la lumière dans le chaos de projets et de détails où la pensée de Bramante s'était déjà perdue. Le vieux et austère génie pratiquait la justice pour tous. Il rendait hommage à la conception primitive de Bramante; mais il constatait que la puissance de réalisation avait manqué plusieurs fois à lui comme à ses successeurs. Or, sentant bien sa force, et sûr d'exécuter toujours le plan qu'aurait adopté sa pensée, il ne mit pas, comme d'autres, son orgueil à étouffer la trace de la première inspiration. Dans le projet auquel il s'arrêta, il se rapprocha au contraire des conditions de grandeur et de simplicité qu'on avait trop oubliées depuis longtemps.

Alors, avec une ardeur juvénile, on le voit en peu de jours exécuter en bois tous les modèles de détail ou d'ensemble. Tout s'anime de son zèle, il ravive à la fois tous les travaux, il appuie et consolide les bases qui n'eussent jamais supporté leur fardeau; et l'édifice grandit dans sa force et dans sa majesté, sous le regard du glorieux octogénaire. — Pendant dix-sept ans, en effet, Michel-Ange donna toute sa vie de chaque jour, la pensée de toute son âme à la création sans rivale; et Rome vit enfin la vaste coupole dominer, comme un diadème éternel, vingt siècles, représentés dans son sein par cent générations de chefs-d'œuvre.

Pendant ces dix-sept ans, Michel-Ange n'avait voulu recevoir aucun traitement. C'était pour lui-même, pensait-il sans doute, c'était pour son nom qu'il travaillait. C'était à sa propre gloire qu'il édifiait le plus grandiose des monuments où l'homme ait fait habiter Dieu.

Certes, il avait enfin cette fois acquis le droit d'un saint et majestueux repos : il ne se reposa pourtant pas.

Beaucoup de ses œuvres d'architecture sont de la même époque. Il avait donné les plans du Capitole; une aile entière du palais fut exécutée sous sa direction même. Et non-seulement Jules III, successeur de Paul III, malgré les intrigues, malgré les insinuations des jaloux, avait confirmé au grand vieillard les pouvoirs suprêmes dans les travaux de Saint-Pierre ; mais, pour sa propre maison de campagne, le nouveau pontife avait exigé que tous les plans fussent faits par Michel-Ange. Les dessins du palais Farnèse lui furent aussi demandés alors; au même temps, le roi de France et le grand-duc de Florence le disputaient, par leurs pressantes sollicitations, aux sympathies jalouses du pape et de Rome entière.

Venise le réclamait aussi, non pour lui demander des ouvrages, mais seulement pour s'honorer elle-même, en lui offrant une hospitalité digne de son nom.

Michel-Ange s'excusa sur son âge, sur ses infirmités, sur la nécessité de sa présence à Saint-Pierre, et refusa modestement toutes ces honorables avances. Sa patrie tenait pourtant toujours une grande place dans son cœur : Florence, ayant formé le projet d'élever une église somptueuse à saint Jean, patron des Florentins, n'en appela pas en vain à son patriotisme et à son génie. Il se mit à l'œuvre avec cette vivacité superbe qui ne l'abandonna jamais, et en peu de jours il eut exécuté cinq projets différents, gradués suivant les dépenses qu'ils pouvaient exiger. Les Florentins, appelés à choisir, se décidèrent pour le plus magnifique ; et Michel-Ange, reconnaissant, leur assura, avec un juste orgueil pour lui-même, qu'en réalisant son plan Florence posséderait un temple tel que les Grecs et les Romains n'auraient jamais eu rien d'égal. Les malheurs de Florence nous ont privés de ce dernier et glorieux spécimen du génie de Michel-Ange. L'argent manqua dès les premières constructions, et les travaux furent à jamais arrêtés.

Cette vie pleine de jours et de gloire approchait pourtant de sa fin ; depuis longues années déjà le vieillard sublime avait senti planer sur son âme toutes les tristesses de cette solitude infinie qui se fait autour de ce qui dure. Se rappelant peut-être et s'appliquant à lui-même ce vers de Dante :

> Désert et désolé comme chose éternelle,

il attendait maintenant, d'un front rasséréné, le baiser maternel de la mort ; il souriait aux mélancolies de la tombe ; et sa grande joie, c'était de travailler avec piété, avec ferveur, au marbre sous lequel il voulait dormir.

Il avait, dans sa belle vieillesse, conservé toujours une vigueur rare. Cette vigueur baissa tout à coup ; il fut atteint d'une fièvre irrégulière qui dégénéra bientôt en langueur. Sentant sa fin prochaine, il fit venir son neveu Léonard Buonarroti, et lui dicta, en quelques lignes, sa volonté dernière. Il abandonnait, disait-il, son âme à Dieu, son corps à la terre, son bien à ses proches ; puis, laissant enfin retomber sans vie cette large main qui avait créé tant de choses, le 17 février 1564, à l'âge de quatre-vingt-dix ans accomplis, il rendit à Dieu son âme pleine de foi, d'espérance et d'amour.

Michel-Ange repose au milieu des funèbres grandeurs de l'église de Santa-Croce, panthéon de Florence, où manque seul le grand Alighieri.

La vie de Michel-Ange est écrite, date par date, dans l'historique de ses travaux. On voit, en le suivant pas à pas dans ses créations successives, combien l'art fut, pour lui, toute une destinée bien remplie ; pas un moment de tiédeur en son culte passionné ; sa vie, ce sont ses œuvres. Disons pourtant ici un mot de l'homme même.

Il avait la tête vaste, ronde, puissamment conformée. Le front spacieux et carré. Les tempes et l'arcade de l'œil en saillie. Le sourcil peu touffu, les yeux moyens, d'un ton brun, moucheté de jaune et de bleu ; le nez large, et gardant, dans son écrasement, l'empreinte du coup de poing brutal de Torregiani ; la lèvre mince et le menton délicat. — Le bas du visage n'avait aucune de ces vultuosités épaisses, aucun de ces reliefs charnus qui, dans les fortes natures, accusent les appétits terrestres ; toute la puissance de cette tête énergique et rare vivait dans les sommets, dans le front, dans le crâne, dans la solide voûte qu'habite le cerveau. — Il avait de larges épaules ; le corps robuste, bien fait, sec, musclé, nerveux ; le tempérament vigoureux et sain, une complexion à toute épreuve. On peut dire qu'il ne fut jamais malade ; un accident grave, une chute qu'il fit en visitant un échafaud dans les travaux de Saint-Pierre, et sur ses vieux jours, les douleurs de la gravelle, le forcèrent seuls à interrompre deux fois les rudes besognes de l'art.

Il avait vécu toujours comme un sage, parfois même, dans le fort de ses travaux, comme un anachorète, se nourrissant, le plus souvent alors, de pain et d'un peu de vin généreux. Quand la fortune lui eut prodigué ses faveurs, il fut bon, secourable, attentionné aux autres, rude ou insouciant pour lui-même. « Ascanio mio, disait-il à Candivi, son élève, quoique riche, j'ai, ma foi, vécu comme un pauvre ! » et à peine s'en était-il aperçu.

Il dormait peu ; souvent il ne se déshabillait même pas. Le travail de nuit n'était qu'un jeu pour cette organisation prodigieuse. Cette austérité, cette simplicité, cette philosophie stoïque, qui lui faisait accomplir son œuvre et mépriser sa gloire, il l'avait trouvée dans l'amour de l'art, dans un penchant sans effort, dans sa nature même ; mais il l'avait aussi complétée dans sa vertu. Il ne fit jamais une action mauvaise. Le vice, la lâcheté, la bassesse, et aussi le stupide orgueil de l'ignorance, purent seuls susciter ses généreuses colères. Il n'eut pas, il est vrai, grand mérite à n'envier personne ; qui pouvait-il envier? Mais il fut loyal pour tous, impartial pour ses rivaux, juste pour ses ennemis. Les jaloux du second rang, plus, certes, que Raphaël lui-même, voulurent, dans la gloire de ce dernier, faire oublier un moment celle de Michel-Ange : Michel-Ange n'en rendit pas moins témoignage au génie de Raphaël. Bramante employa sa vie et son crédit à gêner l'essor du jeune rival que lui envoyait Florence. Michel-Ange se plut toujours à reconnaître la beauté du plan primitif que Bramante avait conçu pour Saint-Pierre. Rien de plus touchant que son attachement fidèle et ses inconsolables regrets pour son vieux serviteur Urbin ; on sait comme il le pleura, comme il se désespérait de ne l'avoir pas précédé dans la tombe. La mort d'un frère bien-aimé avait été aussi quelque temps auparavant pour lui une amère douleur. — Ses actes de générosité pour les petits, de dévouement aux plus humbles, égalent seuls sa hautaine roideur vis-à-vis des puissants de la terre. De ces derniers, beaucoup auraient pu dire, et avaient durement appris, s'il avait l'âme d'un courtisan, s'il savait humblement courber le front, ou supporter un outrage. Il se sentait grand ; il avait lui-même le respect de sa grandeur, et eut ainsi toujours le secret, comme le droit, d'imposer ce respect aux autres. Sa repartie, suivant l'occasion, sortait du fond de son cœur, ou tombait du haut de son orgueil. On aime à le voir se révéler lui-même dans ces deux mots de dialogue :

« Quand je serai mort, disait-il à son vieil Urbin, que deviendras-tu, mon pauvre ami? — Il me faudra bien chercher un autre maître .. — Et tu crois que je le souffrirai?

tiens ! voilà deux mille écus... » — Voici le contraste : Le pape Paul IV se plaignait des nudités du *Jugement dernier*, et fit demander à Michel-Ange de les voiler. « Allez dire au pape, répondit le rude maître, qu'il s'occupe un peu moins de réformer mes peintures, chose facile, et que je ferai quand je voudrai ; mais qu'il songe un peu plus à réformer les hommes, ce qui est sa tâche, et n'est pas aisé. »

Ses idées sur l'art étaient aussi élevées, aussi fières que son exécution était puissante. Il aimait, de passion, le beau en toutes choses : un beau cheval, un beau chien, une belle fleur, un arbre majestueux, une montagne grandiose ; tout ce qui est beau dans l'art et beau dans la nature le charmait, le saisissait, l'inspirait. Il cherchait la beauté à travers la création, comme la mouche cherche son doux nectar en volant du calice de la rose aux grappes du marronnier en fleur, du bouton du lis au chaton du cèdre.

Il prisait par-dessus tout l'originalité ; il eût sans doute conseillé à tout artiste de faire moins bien suivant sa propre nature que mieux dans l'ornière d'un autre. « Celui qui s'habitue à suivre, disait-il, n'ira jamais devant. » — Il avait du trait dans l'épigramme, et y eût certainement excellé si son cœur ne l'eût arrêté à propos. La vanité des médiocres l'irritait bien quelquefois, mais il finissait par en rire, et, en tout cas, il lui réservait pour châtiment une raillerie innocente. Un peintre ignorant, Bugiardini, lui demandait son avis sur un portrait : « Ah ! très-bien, fit Michel-Ange, mais vous lui avez placé l'œil au milieu de la tempe, c'est du nouveau. » Le peintre résiste et prétend que son portrait est l'image exacte du modèle : « C'est possible, reprend alors négligemment Michel-Ange, ce sera la faute de la nature. »

Il rencontre un jour un enfant au visage idéalement beau, et lui demande son nom. C'était le fils du peintre bolonais Francia, qui n'avait jamais eu le don de charmer le peintre de la Sixtine. « Ah! ma foi, mon garçon, dit le maître à l'enfant, ton père fait décidément bien mieux en réalité qu'en peinture. »

— On regrettait enfin devant lui qu'il ne se fût pas marié et qu'il dût mourir sans postérité. « J'ai eu l'art pour épouse, répondit-il, et c'est encore trop d'avoir eu celle-là dans ma vie. Ma postérité, c'est mon œuvre; elle me suffit bien. Ghiberti a laissé un vaste patrimoine et de nombreux enfants. Qui saurait aujourd'hui son nom s'il n'eût pas fait les portes de bronze du baptistère de Saint-Jean de Florence? Le patrimoine est dissipé, les enfants sont morts ; le monument est debout! »

Une seule passion, nous l'avons indiqué, vint illuminer son âme, et la remplit, jusqu'à la mort, du douloureux bonheur d'aimer. Ses poésies sont la chaste et mélancolique confidence de durables ardeurs pour un objet digne d'un tel homme.

On connaît le nom et l'histoire de Vittoria Colonna, fille de Fabricio Colonna, le plus grand capitaine de son temps, mariée très-jeune à Fernand d'Avaloz, marquis de Pescaire, qui devait se faire aussi un nom fameux par une vie courte, mais bien remplie. Vittoria, rayonnante de beauté et de poésie, avait trouvé dans cette union toutes les joies du cœur et tout le prestige des belles renommées. Ivresses fugitives! Le marquis de Pescaire succomba tout à coup, au milieu même de ces rares félicités : de nombreuses blessures et les fatigues de la guerre avaient rapidement mûri, pour la mort, son héroïque jeunesse.

Vittoria était alors aussi célèbre par son esprit que par sa beauté. Tout ce qu'il y avait de plus illustre sollicita bientôt sa main ; mais elle repoussa toutes les adorations, s'enferma dans la solitude, et voua son génie tout entier à la gloire de son époux, au souvenir de leur amour brisé. Ses poésies, pleines de charme et de cœur, douloureux soupirs d'un regret sans fin, vastes aspirations d'une immortelle espérance, se répandirent bientôt pour consoler et ravir toutes les âmes tendres, tous les cœurs éprouvés. C'est par ces poésies que Michel-Ange sentit l'amour envahir sa vie ; c'est Vittoria Colonna que sa grande âme trouva seule à la hauteur de l'idéal sublime et du fantôme adoré de ses rêves. La pudique fidélité de Vittoria pour son mort bien-aimé ne put s'effaroucher de cette flamme, si pure que les anges en eussent été volontiers complices. Et, à mesure que l'austère douleur de la noble veuve gagna en profondeur ce qu'elle perdait en cuisante amertume, un doux commerce de poésie, une fière intimité de génie, l'hymen éthéré de deux âmes, rapprocha le grand archange de la peinture et la muse séraphique dont il vivait épris. L'inspiration de Vittoria se retrouve dans les plus poétiques des œuvres religieuses de Michel-Ange. Ce souffle de femme a passé comme une brise bienfaisante sur la pensée austère du rude Toscan pour l'attendrir et la sanctifier.

La mort de Vittoria, son illustre *dame*, sa Béatrix, son doux génie visible, fut pour lui l'inconsolable désespoir. Ses larmes ne furent pas perdues pour la postérité : un soupir de la muse les cristallisa en beaux vers.

Il nous reste ici à dire encore quelque chose de Michel-Ange poëte. Mais, par ce qu'on connaît déjà de son âme, on sait, dès à présent, vers quelles régions du spiritualisme, de l'amour et de la piété, l'aile de l'aigle dut diriger son essor. Michel-Ange adorait Dante et savait par cœur la *Divine Comédie;* il s'était enivré des magnificences des saintes Écritures; il savourait Pétrarque aux heures de tendresse, et souvent aussi l'éloquence indomptée de Savonarola avait répondu à toutes les secrètes révoltes de son noble cœur. Il avait connu, il avait aimé le prophète de Florence; et de ce qu'il aimait, Michel-Ange gardait long souvenir.

C'est donc en ce milieu de poésie et d'élévation contemplative qu'il nourrit d'une moelle sacrée, qu'il abreuva d'enivrements suprêmes la sublime faim, la divine soif de sa muse.

Nous n'essayerons pas de rendre, dans la pâleur et dans la faiblesse de la traduction, quelques-unes de ces belles et si nobles pensées qui méritèrent à Michel-Ange la quatrième couronne dont Condivi, son biographe, voulait qu'on décorât son front. On trouve dans ses sonnets, dans ses épigrammes ou stances et dans ses canzone quatre inspirations également très-remarquables, quatre amours, quatre cultes : celui de l'art, celui de Vittoria Colonna, celui de Dante et celui de Dieu.

GIORGIONE

Le pinceau de Léonard de Vinci et la palette de Giorgione, disait un maître; mais ne sont-ils pas, l'un comme l'autre, le miracle de l'art?

Giorgione voulait être à Venise ce que Léonard de Vinci avait été à Florence et à Milan. Comme Léonard de Vinci, il était né chevaleresque, doué de l'intelligence souveraine. Il avait la beauté et le charme, la force et la grâce, l'autorité et la magnificence. Lui aussi, il proclama l'art affranchi; les écoles gothiques furent fermées; il décréta que le seul maître étant la nature, la seule inspiration était le beau.

La foi en l'Art élevait son Église à côté de la foi en Dieu.

A force de travail, les peintres primitifs éteignaient dans leurs œuvres ce rayon du génie qui, chez les maîtres, donne aux figures peintes je ne sais quelle âme qui est déjà la vie. L'œuvre de Bellini et de son école nous émerveille par la patience ; l'œuvre de Giorgione et de son école nous transporte par ses miracles. Là-bas, ce n'est qu'une œuvre d'art ; ici, c'est une œuvre de vie ; là-bas, nous nous étonnons devant le labeur de l'atelier ; ici, nous sommes surpris par ce don inouï de création : le labeur se cache sous des prodiges de puissance. Giorgione et ses disciples, tout en contenant leurs forces, ont répandu toutes les fortunes de l'art comme des enfants prodigues. Quelquefois même le fleuve envahit ses rives ; mais avant l'arrivée de Véronèse et de Tintoret il ne débordera pas.

Les trois Italiens, les trois inspirateurs qui furent le mieux doués, sont Léonard de Vinci, Raphaël et Giorgione ; il y a du Dieu dans ces trois hommes. Voyez-les à leur soleil levant, ils se dépensent en fêtes et en amours ; on ne sait pas où ils étudient, tant la vie les appelle à toutes ses aspirations. L'atelier est bruyant, on y fait des armes, on y joue du violon, on y dit des vers. Les maîtresses viennent, les Violantes et les Fornarines ; elles aussi vont donner la vie au pinceau, car elles ne poseront pas pour l'amour de Dieu, mais pour l'amour de l'Amour.

Et combien d'ateliers voisins où on ne s'amuse pas, où on travaille gravement, et où on ne trouve ni la ligne éloquente ni la couleur divine ! C'est qu'il y a dans l'art les initiés, ceux-là qui savent tout sans avoir rien appris, je me trompe, s'ils savent tout, c'est qu'ils ont eu le don de lire, à livre ouvert, le livre de la vie, là où les autres s'épuisent à l'A, B, C.

Giorgione, cet autre Arioste, qui écrivait ses poëmes avec un pinceau d'or, tout en vivant à cœur ouvert, tout en jetant sa jeunesse aux aventures et sa vie aux femmes, garda toujours dans son œuvre, comme dans un tabernacle, cette fleur d'intimité qu'il avait cueillie dans le jardin des vieux maîtres, et qui répand un si chaste et si sympathique parfum dans l'âme du spectateur. Cette fleur-là, Titien la cueillit aussi, mais elle s'est fanée dans ses mains. Véronèse, qui fut à Titien ce que Titien fut à Giorgione, était trop à la surface pour s'inquiéter des voix intérieures, des poésies cachées, des poëmes invisibles.

On ne connaît pas Giorgione si on n'a pas un peu couru le monde. On ne le retrouve guère à Venise, où Titien vous éblouit à chaque pas; mais quand on s'est enivré du soleil de Titien, on cherche Giorgione, cette aurore déjà dorée, mais gardant ces belles teintes roses qui se fondent si harmonieusement sur la palette du ciel quand le soleil les caresse.

Giorgione voyait de plus loin et de plus haut que Titien. Il regardait, par-dessus les exemples de Bellini, les exemples de Léonard de Vinci et du Corrége.

Il ne voulut imiter ni l'un, ni l'autre; mais tout en gardant sa forte originalité, il étudia le merveilleux clair-obscur de Léonard de Vinci. Il ne rechercha pas comme ce grand maître la poésie des ombres, mais c'est souvent par le même travail qu'il arriva à la poésie de la lumière. Là où Vinci songe, Giorgione parle. Le maître de Milan se réfugie dans les solitudes mystérieuses de l'art : le maître de Venise aime les fêtes bruyantes du pinceau, mais des deux côtés le cœur bat au même sentiment, devant la poésie de la Nature.

Pareillement il y a un monde et un trait d'union entre Corrége et Giorgione. Si Corrége enseigne la grâce fondante et le charme pénétrant, Giorgione montre ces beaux airs humains que ne comprime plus la peur du péché, ces libres expressions, ces épanouissements de l'âme sur la figure, qui sont aussi la marque de la beauté dans l'art.

Giorgione vivait comme il peignait : il jetait l'or à pleines mains, — les jours où il en avait, — sur les pas de sa maîtresse. Les jours où il n'avait pas d'argent, il ne se croyait pas plus pauvre pour cela. Il n'eût jamais, dans sa fierté, signé les épîtres de Titien à Charles-Quint. Il disait qu'un peintre était roi chez lui. Le duc de Parme lui dépêcha un gentilhomme pour l'amener à sa cour, où toutes les dames voulaient être peintes par lui. L'ambassadeur trouva le peintre de Castel-Franco le pinceau à la main devant une de ces fêtes giorgionesques qui sont comme la première épreuve, plus ferme et plus chaude, des fêtes galantes de Watteau. — Vous allez partir avec moi, dit le gentilhomme. — Demain, dit Giorgione. L'ambassadeur attendit. Le lendemain il fallut attendre encore, puis le surlendemain, puis toute une semaine. Et comme le gentilhomme se fâcha : « Comment voulez-vous, lui dit Giorgione, que je quitte ma cour pour aller à celle d'un autre ? »

Giorgione, comme Léonard de Vinci, ne se disait jamais vaincu. Pour lui la peinture était l'art par excellence. Il disait : « Je bâtis des palais, je sculpte, j'écris des poëmes et je chante comme un musicien. » Selon Vasari, dans le temps où le

Verruchio exécutait son cheval de bronze, « Giorgione se rencontra avec plusieurs artistes qui prétendaient que la sculpture avait sur la peinture l'avantage de montrer une figure de tous les côtés, pourvu qu'en tournant autour d'elle on changeât le point de vue. Giorgione, au contraire, soutenait que la peinture pouvait offrir tous les aspects d'un corps et les faire embrasser d'un seul coup d'œil sans qu'on eût besoin de changer de place. Il s'engagea même à représenter une figure que l'on verrait des quatre côtés à la fois. Les pauvres sculpteurs se mirent la cervelle à l'envers pour comprendre comment Giorgione se tirerait d'une semblable entreprise. Il peignit un homme nu, dont les épaules sont tournées vers les spectateurs. Une fontaine limpide réfléchit son visage, tandis qu'un miroir et une brillante armure reproduisent ses deux profils : œuvre charmante et capricieuse qui justifia les prétentions du grand artiste. »

Comme Léonard de Vinci, Giorgione a tout tenté.

Selon la tradition, Giorgione a aimé Violante aussi; mais c'est une autre femme, une patricienne, devenue sa maîtresse, qui lui donna « l'amour et la mort. » Elle se passionna sous ses yeux pour un de ses disciples, Pietro Luzzo, de Feltre, un beau garçon qu'il avait admis à ses fêtes de tous les jours. Sa maîtresse partit avec le disciple; elle revint une fois comme pour mieux asservir ce pauvre cœur déjà dans l'enfer. Elle repartit et ne revint plus. Tout à ses colères jalouses, Giorgione voulut jouer le dédain; mais cette femme était son âme, il mourut.

Qui donc a écrit ce beau sonnet sur la vie de *Giorgione* et sur *l'ombre aimée* qui errait avec lui?

> J'ai peint dans le monde, et il fut si grand le bruit
> De ma renommée dans cette contrée et dans cette autre,
> Que ma gloire égale celle de Zeuxis et d'Apelles,
> Et que tout rivage éloigné retentit de mon nom.
>
> Dans mon jeune âge, je quittai ailes déployées
> Le nid paternel pour aller acquérir des grâces nouvelles ;
> De là, je m'envolai au ciel, parmi les étoiles d'or,
> Où j'ai une chambre meilleure et une demeure sûre.
>
> Ici, entre les âmes éternelles et divines.
> Je prend, pour les imiter, des idées plus belles,
> Ornées de grâces et ardentes de lumières.
>
> Et je continue le travail de mon pinceau,
> Et je vais errer avec l'ombre aimée parmi les vivants,
> Tandis que je prends des formes divines dans le ciel.

Giorgione et Titien, nés à la même heure, eurent le même ciel, le même maître, presque le même pinceau et peut-être la même maîtresse. Mais Giorgione, qui menaçait d'enterrer toute sa génération par sa force herculéenne, mourut comme un enfant d'une trahison de femme, tandis que Titien, svelte et pâle en sa jeunesse, traversa les passions sans y laisser sa force. Giorgione avait un cœur vaillant et tendre, un cœur d'or; Titien avait un cœur de bronze. Chamfort disait : « Il faut que le cœur se brise ou se bronze. » Giorgione eut le cœur brisé là où Titien eut le cœur bronzé, si l'on me permet ce jeu de mots qui peint si juste.

L'art et l'amour ont été toute la vie de Giorgione. Dès sa jeunesse il a représenté, dans son paysage de Castelfranco, avec le château sur le second plan et ses belles montagnes bleues à l'horizon, il a représenté trois jeunes filles qu'il aimait, comme on aime à l'aube avec les rêveries embrumées encore,

— comme on aime avant la passion, ce soleil qui dévore les dernières visions du matin. — Ces trois belles filles, qui ont tout à la fois le type des Trévisanes et des Vénitiennes, cheveux onduleux et dorés, ovale mollement arrondi, regards naïvement amoureux, sont peintes toutes nues sous les frais rideaux de la ramée. Et ainsi elles sont métamorphosées en ces trois Grâces qui se soumettent au jugement de Pâris. Pâris, c'est un peu Giorgione. Il les regarde si longtemps qu'il ne songe plus à donner sa pomme. Ce curieux tableau, de la première manière du peintre, indique encore l'atelier de Bellini par quelques timidités de contour; mais quelle merveille déjà par les horizons, le ciel, les arbres! Le maître se révèle partout. Les figures même, toutes discrètes encore et comme enchaînées dans leur pudeur, ont un charme tout giorgionesque. Le beau Pâris est beau : il a raison de garder la pomme.

Giorgione s'est peint plus d'une fois. On peut étudier à Venise et à Munich sa tête énergique et douce, forte et tendre. L'intelligence a élargi ce front superbe, l'amour a tempéré par un sourire cette lèvre fière. C'est la beauté, mais la beauté impérieuse qui n'est pas comprise par les femmes. Ce n'est pas le miroir à coquette qui, comme le miroir, n'a qu'une surface polie. Giorgione, par son aspect rude et méditatif, ferait peur à une petite-maîtresse; mais une vraie femme s'y prendrait par le cœur et par l'âme.

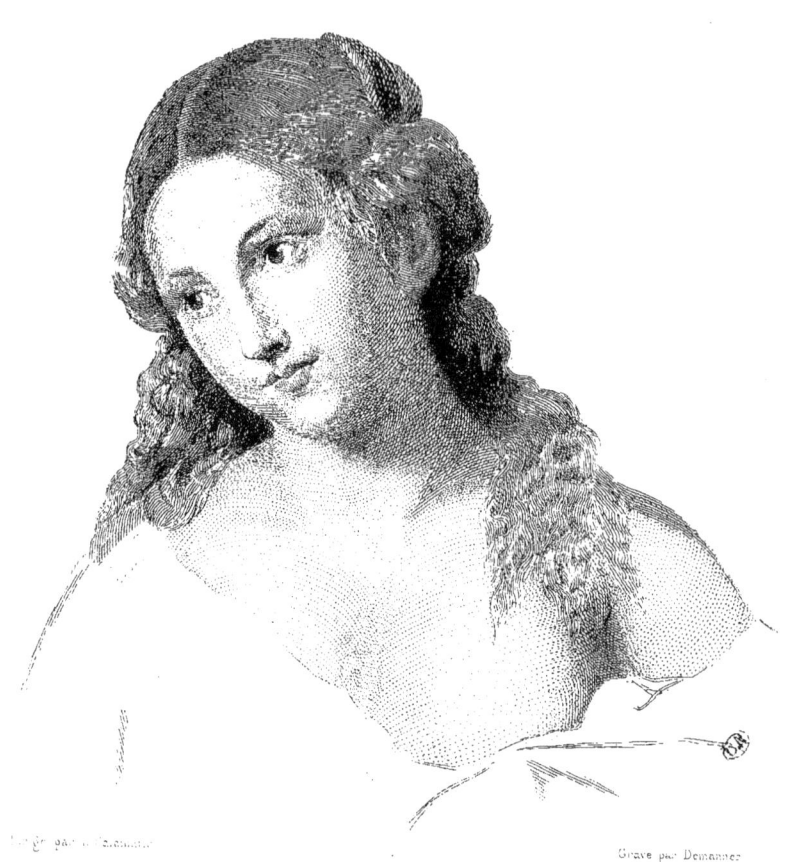

Flore
d'après le Titien.

TITIEN

> E Tizian che onora
> Non men Candor, che quei Venezia e Urbino.
> ARIOSTO.
>
> Il designo di Michel Angelo,
> El coloristo di Titiano.
> LE TINTORET.

Titien détrôna Giorgione, mais ce ne fut qu'après lui avoir pris ses armes.

Il avait d'abord traduit mot à mot la nature comme son maître Bellini, mais, en voyant un portrait de Giorgione, ses yeux s'ouvrirent à la vraie lumière, comme lorsque le soleil répand la vie là où l'aube pâle encore ne donne pas l'accent souverain.

Vasari constate que le premier portrait de Titien, si Titien ne l'eût pas signé, eût été infailliblement attribué au Giorgione.

Non-seulement il prit la manière de Giorgione pour les portraits, mais il la prit aussi pour les fresques. Giorgione avait peint à Venise la façade de l'entrepôt des Allemands, sur le Grand Canal; Titien, par la protection de Barbigo, fut appelé à peindre la façade sur la Merceria. Quand son travail fut découvert, des patriciens, de ceux-là qui avaient salué le règne de Giorgione, lui dirent, à la première rencontre, qu'il venait de se surpasser dans la façade de la Merceria; ce à quoi répondit Giorgione : « Ce n'est pas moi qui ai peint cette façade, c'est un jeune homme de Cador. — Vous voulez nous tromper, reprirent les amis de Giorgione, il n'y a que vous à Venise pour peindre avec cette belle liberté de touche et cet éclat de coloris. — Ce Cadorin, poursuivit Giorgione, a pris mes pinceaux et ma couleur, aussi vais-je me croiser les bras. » Et Giorgione rentra chez lui, blessé au vif.

Il fut quelque temps sans vouloir peindre, disant qu'il voulait bien que Titien lui ressemblât, mais qu'il ne voulait pas ressembler à Titien.

Je ne chercherai pas avec l'abbé Lanzi si Titien choisissait ses couleurs ailleurs que chez les marchands de Venise, qui étaient des fripons. Passeri a beau me dire que beaucoup de peintures de son temps étaient rapidement altérées, parce que les marchands de Venise vendaient de mauvaises couleurs; j'aime mieux reconnaître qu'avec leur sentiment et leur science du coloris, les peintres de Venise avaient raison de prendre le fond blanc pour point de départ (car ils avaient coutume d'emplâtrer leurs panneaux.) Sur ce fond blanc, les teintes répandues pendant la composition avaient une fleur de vie, une transparence idéale, un éclat magique que les empâtements les plus savants ne produisent jamais sur un fond neutre. Rubens reconnaissait cette loi, seulement il peignait sur fond rouge.

Ce n'est jamais d'ailleurs par le même chemin que deux coloristes se rencontrent; que de fois, pour arriver au but, on est parti d'un point opposé! C'était à force de marier ses couleurs que Titien était coloriste, tandis que Rubens avait l'amour des couleurs vierges; aussi les copistes patients ont-ils plus heureusement pastiché le peintre de Venise que le peintre d'Anvers. Je dirai toujours au premier regard si tel tableau appartient à l'œuvre de Rubens; il m'arrivera comme à tout le monde, comme aux Vénitiens eux-mêmes, de me tromper devant une copie de Titien. Et pourtant, comme Zanetti, j'ai longtemps médité devant les chefs-d'œuvre éblouissants de ce pinceau d'or.

On a dit que Titien était un naturaliste, on dit aujourd'hui un réaliste. Aujourd'hui comme autrefois, on se trompe. Il était trop artiste, trop doué, trop créateur, trop giorgonesque pour tomber dans l'imitation servile. Comme tous les maîtres, il adorait la nature, mais il y répandait le rayonnement de l'art. Par exemple, il esquiva les teintes heurtées, les ombres fortes, les reliefs accusés[1]. Pour donner plus de fraîcheur et plus de volupté à ses carnations, il répandait la

---

[1] Selon Mengs, qui parle un peu dans la Babel allemande, Titien eut le génie de donner la même grâce, la même clarté de ton et la même dignité de couleur à l'ombre et aux demi-teintes qu'aux clairs. « Aussi, sait-il admirablement bien distinguer la transparence d'une peau fine et diaphane par la variété des demi-teintes, l'humidité sanguine par un œil bleuâtre, une peau grossière par un mélange de jaune et de noir, et une peau grasse par le jaune et le rouge mêlés ensemble. Il reconnut que ce qui est transparent

vie à pleine main; mais c'était surtout aux yeux et à la bouche qu'il donnait l'âme de sa palette. En voyant un de ses chefs-d'œuvre, on sent que la vérité l'inspirait; mais pourtant si on étudie le jeu des lumières et des ombres, on s'aperçoit qu'il peignait sous le jeu des lumières et des ombres de son esprit. La vérité doit être accentuée; c'est le triomphe de l'art de répandre sur elle l'artifice et l'illusion pour lui donner plus de force et plus de relief. Titien ne veut pas, d'ailleurs, surprendre par les effets violents : il est harmonieux et souriant; ses miracles sont des miracles de lumière; il a pris un rayon au soleil et il le répand sur ses tableaux avec la magie du prisme. Il a horreur des tours de force; il ne veut pas, comme les matamores de la peinture, marier les couleurs ennemies, ou plutôt violer les teintes pudiques par les teintes écarlates. Sa maxime, c'est la passion et non la violence; il ne veut pas que l'artiste éteigne son beau feu dans les détails, mais il recommande au pinceau le plus emporté les caresses nonchalantes, surtout quand le peintre donne la fleur de vie, le duvet de pêche, le marbre, l'or et la pourpre au corps de la femme.

Il y a beaucoup de légendes sur la *Violante,* qui, au musée du Louvre, répand ses cheveux rayonnants, ces beaux cheveux que la nuit n'éteint pas. Selon quelques historiens, c'est *Lavinia,* la fille de Titien. « Nous sommes amoureux fou de Violante, la fille du Titien, et nous avons déjà fait deux fois le voyage d'Espagne pour mettre un baiser sur sa belle

est d'une couleur plus indécise que ce qui est opaque, et que la lumière s'arrête et se repose sur ce qui n'est pas transparent. »

bouche entr'ouverte comme une grenade mûre. Malheureusement elle a les bras trop occupés à soutenir sur un plat d'argent la tête de saint Jean-Baptiste, et n'a pu se jeter à notre cou comme elle en avait envie, on le voyait à ses yeux. »
C'est charmant; mais pourquoi M. Théophile Gautier, qui sait si bien son histoire de l'art, dit-il de Violante « la fille du Titien? » Quand Violante posait cheveux épars et seins nus dans l'atelier du Titien, roi de Venise, Titien avait trente ans. Selon quelques autres historiens, c'est la maîtresse de Titien; selon la tradition vénitienne, Violante fut aussi la maîtresse du Giorgione.

La plus vraie tradition, c'est quelque belle fille qui perpétue Violante, comme si le Maître des maîtres se complaisait toujours à ce masque radieux. A Venise avant de voir les tableaux peints on les voit déjà par les tableaux vivants. Pourquoi ne parlerais-je pas de cette Violante après la lettre (comme si Dieu n'était qu'un disciple de Titien) que j'ai rencontrée un matin sur la Giudecca, en revenant de San Giorgio Maggiore? Oui, dans une gondole rafalée, je vis apparaître une belle fille de vingt ans, d'un éclat inouï, d'une jeunesse exubérante. La santé a aussi sa poésie. Je reconnus du premier regard la Flora de Titien, la fille de Palme le Vieux; elle avait un bouquet à la main, bien moins éclatant, bien moins épanoui que ses vingt ans. Elle se penchait nonchalamment sur la Giudecca pour voir sa beauté, tout en secouant sur ses lèvres les fleurs déjà flétries de son bouquet. Le gondolier qui la conduisait à la place Saint-Marc la regardait avec passion : il chantait à demi-voix les notes bizarres des bacchanales du Lido. C'était un beau gondolier, vêtu de haillons, mais dans le style vénitien. On ne saurait avoir une idée de sa grâce à ramer sans l'avoir vu à l'œuvre. La belle l'écoutait avec le charme d'un vague souvenir d'amour.

Après avoir vu le portrait vivant de Violante, je voulus revoir son portrait peint. Est-elle moins vivante dans l'œuvre de Titien, sous sa couleur de vie? On y reconnaît la touche du maître, mais le plus souvent, il n'y donnait que le dernier coup de pinceau, — le plus difficile, celui qui révèle le génie. — Voici, selon Lanzi, la raison de toutes ces Violantes attribuées à Titien : « Son atelier était un sanctuaire impénétrable. Lorsque ce grand maître sortait, il laissait ouverte la porte de son atelier, afin que ses élèves pussent copier furtivement les tableaux qu'il y laissait. Au bout de quelque temps il trouvait plusieurs de ces copies à vendre, il les achetait et les retouchait; de sorte que ces copies devenaient les originaux. Il lui arrivait même de les signer. » Après cette affirmation de Lanzi, historien digne de foi, on peut dire avec Théophile Gautier : « Hormis les sept ou huit musées royaux ou princiers où la généalogie des tableaux se conserve depuis qu'il sont sortis de la main du peintre, toutes les toiles que l'on attribue aux grands peintres italiens ne sont que d'anciennes copies. » Cependant tous les grands peintres italiens ont été si fertiles, surtout les Vénitiens! Les deux Bellini peignaient encore à quatre-vingt-dix ans; Mantegna, Palma et Tintoretto étaient vaillamment à l'œuvre à quatre-vingts ans. Pour Titien, tout le monde sait qu'il mourut à quatre-vingt-dix-neuf ans. Et il mourut de la peste!

Pour connaître Lavinia, je traduis à peu près mot à mot

l'abbé Giuseppe Cadorin qui a étudié cette grave question dans son in-quarto : *dell' Amore dei Veneziani per il Tiziano*[1]. « Lavinia naquit à Venise, après ses frères, sans doute vers 1530. On n'a aucun renseignement sur son éducation, mais certainement elle devait être sérieuse, car un jeune homme illustre et bien élevé avait mis sur elle la pensée de l'obtenir en mariage. Son père l'aimait tendrement et tellement qu'il croyait revoir peut-être en elle la jeune fille regrettée qui lui fut enlevée par la mort, à la fleur de ses ans, et qui avait été tenue sur les fonts baptismaux par Francesco Zuccati, le célèbre mosaïste. Lavinia était belle de forme et gracieuse en ses manières. Titien peignit plusieurs fois en diverses attitudes cette aimable figure. Tantôt de face et en vêtement noir, avec un collier de perles précieuses au cou, ceinte aux flancs d'une ceinture d'or et dans la main un éventail de plumes, peinture qui illustre la galerie royale de Dresde ; tantôt il l'a représentée soulevant une élégante cassette, comme on la voit dans la royale galerie de Paris. Plein d'âme est le caractère de la tête, à laquelle donne du *brio* le coloris le plus parfait et le plus naturel, la grâce et l'élégance des mouvements, la vivacité de l'expression et la correction du dessin[2]. »

---

[1] Les précieux documents sur Titien qui se trouvaient dans la famille de Lavinia ont été dispersés çà et là. On les retrouve par fragments ou par lambeaux chez les docteurs Carnieluti, Taddeo Jacobi, Alessandro Vecelli, colonel Soldati, chevalier Koner, et l'abbé Luigi Celotti. Par la mort des descendants de Lavinia s'est éteinte la race de Titien, et les autres Vecelli proviennent ou d'une autre souche ou d'une ligne collatérale des aïeux de Titien.

[2] « Ce tableau fut digne de la passion des plus fameux inciseurs, et l'on en connaît les admirables reproductions. Les nombreuses répétitions en peinture, ou originaux ou copies, en ont accru encore la célébrité. Finalement, il plut à Vecellio de la représenter

Nous allons voir comment Titien « colloqua » sa fille à un mari : « Le peintre ayant dans ces travaux donné l'essor à son sentiment paternel, voulut, en excellent père qu'il était, *colloquer* sa fille en un honorable mariage. Le 20 mars 1555, par les actes de Giovanni Alessandrino, notaire de Cadore, fut fait le contrat avec Comelio, fils de Marco Sarcinelli et de Colliope, nobles de Serravale. Titien assigna à Lavinia une dot considérable pour ce temps, de deux mille quatre cents ducats, et ce devoir fut en tout point rempli par le peintre. Le mariage fut fécond puisqu'il donna la lumière à six enfants. Mais le ciel voulut, après l'accouchement du dernier de ceux-ci, appeler Lavinia au repos éternel, laissant plongés dans la douleur, le mari, le père et les enfants; ce malheur arriva environ vers 1561. Si le bon Titien avait d'abord, dans ses peintures, montré sa joie pour cette fille, plus tard, dans un autre travail, il exprime l'amertume de sa douleur. On voit, dans ce tableau, le peintre déjà vieux se tenant tout affligé aux pieds de sa fille enceinte. Il lui touche la ceinture comme s'il voulait dire : *Voilà la cause de ton fatal destin!* Elle, occupée des plus graves pensées, des douleurs qui la tiennent en travail, comme affaissée et manquant d'haleine, elle appuie un bras sur une cassette qui montre, caché dans l'intérieur, un crâne humain décharné. La peinture est vraiment émouvante. »

sous la figure de Siringe enlevée par Pan, pensée, à la vérité, capricieuse, et autour de laquelle on pourrait philosopher, mais je ne sais avec quel fruit. Vecellio aura eu sa raison. Malicieux est l'esprit de ce satyre, et l'infortunée jeune fille montre cet effroi qui est l'indice de la pudeur et de la surprise, mais qui la rend plus belle et plus intéressante. Cette peinture existe dans la galerie Barbarigo, et c'est une de celles qui, après la *Madeleine*, la *Vénus*, la *Notre-Dame au Bambino*, attire à soi l'attention. » L'abbé GIUSEPPE CADORIN.

Mais cet étrange symbole exprime trop étrangement le malheur familial.

Pour payer la dot de sa fille [1], Titien écrivit à Charles-Quint, se recommandant à sa libéralité pour obtenir la pension de deux cents scudi concédée sur la Chambre de Milan et la pension de cinq cents scudi pour la naturalisation en Espagne de son fils Orazio. « Si cette grâce lui fut accordée, on l'ignore; ce qui est hors de doute, c'est que Titien fit honneur au contrat nuptial. Le 19 juin 1555, il compta à Sarcinelli une part de la dot en scudi d'or. En 1556 il donna le surplus en un collier de perles et d'or et en deniers. Le contrat de dot comme le reçu existent en originaux ès mains du docteur Pietro Carnieluti de Serravalle. »

L'abbé Cadorin se trompe et va se contredire tout à l'heure, quand il affirmera l'existence de la maîtresse de Titien. Si Violante est la maîtresse de Titien, ce n'est pas Lavinia que nous admirons, ce n'est pas Lavinia qui nous passionne au Musée du Louvre, à Florence et partout. D'ailleurs, il est prouvé que Titien peignait ses Violante et ses Flora avant l'épanouissement de la beauté de Lavinia. Il les peignait, il est vrai, jusqu'en ses dernières années, mais dans la poésie du souvenir et comme pour ressaisir sa jeunesse. Et aussi parce que cette adorable figure — symbole des

---

[1] Les fils de Lavinia survécurent et eurent en don de Pomponio, leur oncle, tous les biens qui, sur les territoires de Serravalle et de Conegliano étaient possédés par Titien, excepté en cette dernière cité une petite maison dans le bourg de Saint-Antoine. Par la suite du temps, cette descendance devint moindre. La noble famille Filomena hérita des biens de celle de Sarcinelli, mais la race des Filomena s'étant éteinte aussi, par la mort d'une dame, arrivée il n'y a pas beaucoup d'années, le palais de Lavinia vint en la possession de la famille Carnieluti, par laquelle il est habité.

voluptés vénitiennes — lui était toujours payée à pleines mains.

Mais étudions mot à mot les révélations de notre curieux historien.

« Je n'affirmerai pas que Titien n'a pas aimé, car *l'amour*, a dit le poëte, *prend possession de toutes les âmes nobles*. Titien fut très-noble, mais il ne me paraît pas qu'il fût capable d'être dépravé dans ses affections, comme le dit méchamment le Carpani dans les LETTRES MAJERIANES. A-t-il donc eu entre les mains toutes les preuves pour le juger ainsi? L'assertion est chose aisée, la soutenir est plus difficile. Lorsque les écrivains contemporains de Vecellio et même la langue licencieuse et médisante de l'Arétin en font silence et le louent plutôt de sa réserve dans ses transports avec les femmes (Lettre de 1553), ce sont des songes de malade que de l'imaginer livré aux plaisirs jusqu'à l'égarement[1]. C'était la coutume de ce siècle fortuné qu'on eût une *amie* ou réelle ou imaginaire. Les vers insipides des pédants pétrarquesques en sont la preuve. Ils honoraient leur amie *avec des noms moins dévots qu'ils ne sont à présent, mais plus héroïques, tels que ceux de Violante, de Cornélie, de Délie, de Lavinie*[2],

---

[1] Boccherim en a éternisé la mémoire, la belle Violante, en louant le portrait qui se trouve dans la galerie Serra, à Venise, avec les vers suivants — mot à mot — en idiome vénitien :

> Ici est cette Viola ou Violante
> Que aussi Titien lui voulut donner du nez
> A la bonne odeur. Du reste je m'en tais,
> Car il ne fut pas un voluptueux amant.

[2] Selon l'inscription de la gravure de Hollar : *Joannina Vecellia, Pictressa, filai prima Titiani*, il semblerait que Titien aurait eu une autre fille peintre ; mais cette in-

à la manière des poëtes qui substituent aux noms véritables ceux de *Lesbie* et d'*Irène*. Je hasarde cette opinion que sous le nom de *Violante* il faut voir celui de la femme de Titien, l'époque de son mariage n'étant pas éloignée de celle où il l'a peinte dans les Bacchanales pour le duc Alphonse de Ferrare. Mon idée paraîtra bizarre, mais cependant elle est plus vraisemblable que toutes les raisons spécieuses qui soutiennent qu'elle était fille de Palma le Vieux[1]. »

L'illogique abbé, après avoir reconnu la *présence réelle* de Violante, essaye de prouver qu'elle n'est pas fille de Palma le Vieux. Après beaucoup de preuves stériles, il revient à cette tradition, mais à une condition, c'est que Violante fut à la fois la femme et la maîtresse de Titien; c'est-à-dire qu'il aurait aimé Violante, fille de Palma, et comme amante et comme épouse. Il ne faudrait voir dans Violante maîtresse et femme qu'une seule et même personne. Tel est le sens de la phrase ambiguë : *E che doppio fosse l'affetto.*

Et après beaucoup d'autres contradictions, l'abbé Giuseppe, qui trouve le terrain glissant, finit par cette opinion téméraire et orthodoxe : « Si la Violante enflamma notre artiste après la mort de sa femme, je dirai que cet amour me paraît avoir été plutôt platonique qu'amoureux. » Pourquoi, monsieur l'abbé ?

Le portrait de Violante n'est pas un portrait de fantaisie,

---

scription est un mensonge, car, en étudiant la figure de l'estampe et la confrontant avec celle des autres graveurs, ce n'est point une autre que Lavinia qui soulève des fruits sur un bassin.

[1] V. St di Milano, di Pietro Verri, t. V, page 209, à la note. Edition de Milan, in-16, 1830.

donc Violante a existé. Alexandre Dumas, qui a très-bien mis en scène Titien, s'est trompé, lui aussi, quand il a dit de Violante : *La fille de Titien.* Certes, l'amour qui a inspiré le peintre dans ce portrait n'est pas l'amour paternel, c'est la volupté qui a guidé sa main comme pour l'apothéose de la beauté corporelle.

Par l'esprit, Giorgione dépassait Titien d'une belle coudée. Je parle ici de cet esprit du cœur[1] qui accentue le caractère et donne à l'artiste je ne sais quoi de divin : Léonard de Vinci, — Raphaël, — Michel-Ange. — Titien, si fier devant lui-même, croyait aux grands de la terre, et s'humiliait devant eux jusqu'à se prosterner dans la poussière de leurs pieds[2]. Je lisais ses lettres, à Venise, avec un vrai chagrin[3].

Si Charles-Quint ramassait le pinceau du Titien, Titien n'en était pas plus fier pour cela. Voyez :

---

[1] Titien était renommé par ses saillies toutes vénitiennes. On citait ses mots jusqu'en ses derniers jours. On lui rapporta que Pâris Bordone trouvait dans le *saint Pierre martyr* ses chairs trop rouges : « Ils ne sont si rouges que par sa colère de voir tant de peintres qui n'ont pas de sang dans les veines critiquer les chefs-d'œuvre. »

[2] Titien s'inclinait même devant Arétin. Il le peignait pour être proclamé grand artiste. Tintoret n'eut pas les mêmes ménagements : un jour il alla chez le poëte et lui prit mesure avec un pistolet : « Pierre Arétin, vous avez trois de mes pistolets de haut, » lui dit-il. Le peintre était bien nommé *Robusti.*

[3] Ces lettres curieuses, trouvaille rarissime, sont des pages trop vivantes de l'histoire de l'art pour ne pas les imprimer ici.

TITIEN VECELLI, PEINTRE, A L'INVINCIBLE EMPEREUR CHARLES-QUINT

1551.

Prince invincible ! si la fausse nouvelle de ma mort a causé du chagrin à Votre Majesté, j'en ai reçu la consolation d'avoir encore une plus grande certitude que Votre Grandeur se rappelle mon dévouement pour son service ; ce qui me rend la vie doublement chère. J'adresse à Dieu mes humbles prières, afin qu'il me conserve la vie, sinon longtemps, du moins assez pour me donner le temps d'achever l'ouvrage que j'ai commencé pour Votre Majesté : il est assez avancé pour pouvoir paraître devant Votre Grandeur dans le mois de septembre prochain : je m'incline, en attendant, en toute humilité, en me recommandant avec révérence à ses bonnes grâces.

Cette seconde lettre dépasse la première ; on dirait le Renard qui parle au Corbeau :

AU PRINCE D'ESPAGNE ROI D'ANGLETERRE

1551.

Prince sérénissime, j'ai reçu de votre ambassadeur d'Autriche un don plus digne de votre grandeur que de mes petits mérites ; il m'a été bien cher, mais il me l'a été d'autant plus que c'est une grande richesse pour un débiteur d'être l'obligé d'un aussi grand souverain.

Je voudrais, par reconnaissance, pouvoir faire l'image de mon cœur, déjà dévoué depuis longtemps à Votre Altesse, afin qu'elle pût voir, dans la partie la plus parfaite de moi-même, sa ressemblance et sa valeur. Mais, cela m'étant impossible, je mets tous mes soins à terminer la fable de Vénus et Adonis dans un tableau d'une forme semblable à celui de *Danaé* que possède déjà Votre Majesté ; j'espère envoyer bientôt celui-ci

11

à Votre Altesse, puisqu'il est très-avancé. Je me prépare à travailler aux autres, afin de les lui consacrer, en regrettant que mon terrain stérile ne puisse pas produire des fruits plus nobles et plus dignes d'elle. Je finirai en priant Dieu d'accorder une longue félicité à Votre Altesse, et de me faire encore une fois la grâce de la voir et de lui baiser humblement les pieds.

Après avoir fait pinceau de velours aux majestés, Titien s'occupe des seigneurs et des courtisans :

AU TRÈS-ILLUSTRE SEIGNEUR D. JEAN BÉNÉVIDES

10 septembre 1552.

Je ne sais si monseigneur D. Jean Bénévides sera devenu si fier, à cause du nouveau royaume qui augmente la grandeur de son roi, qu'il ne veuille plus reconnaître les lettres, ni la peinture du *Titien*, qu'il honorait de son amitié depuis si longtemps. Je crois au contraire qu'il verra celle-ci avec plaisir, ainsi que celles que je lui écrirai, et qu'il s'en réjouira, parce qu'un seigneur naturellement noble et très-humain par croyance, comme l'est Votre Seigneurie, n'en est que plus digne et aime ses serviteurs avec d'autant plus de raison que son autorité et sa faveur s'accroissent avec le pouvoir d'être utile aux autres. J'espère donc que ma personne et mes affaires l'éprouveront plus que jamais. Enfin, je mets ma plus grande espérance dans le grand roi d'Angleterre par le moyen de mon bon seigneur et aimable *Bénévides*, parce que je sais qu'il me veut du bien et peut m'être utile.

Je fais partir, dans le moment, la poésie de *Vénus et Adonis*, dans laquelle Votre Seigneurie verra quelle expression et quel amour je sais mettre dans les ouvrages que je fais pour Sa Majesté. Sous peu de temps j'enverrai encore deux autres tableaux, qui ne plairont pas moins que celui-ci ; ils seraient déjà terminés, si je n'en avais été empêché par la peinture de *la Trinité* que j'ai faite pour Sa Majesté l'Empereur. J'aurai bientôt terminé aussi, comme c'est mon devoir, un sujet de dévotion pour Sa Majesté la reine, à laquelle je l'enverrai bientôt. N'ayant plus rien à vous marquer, je me recommande à vos bonnes grâces, en vous baisant les mains, d'où je suis.

Mais Titien aime mieux s'adresser au bon Dieu qu'à ses saints :

AU ROI D'ANGLETERRE

Majesté sacrée! mon génie, accompagné du tableau de *Vénus et Adonis*, lequel, je l'espère, sera vu par Votre Grandeur avec la même satisfaction qu'elle avait coutume de témoigner à son serviteur *Titien*, qui vient se réjouir avec Votre Majesté du nouveau royaume que Dieu lui a accordé. J'ai mis les figures de manière qu'elles soient opposées à celles de la *Danaé*, afin que l'appartement dans lequel elles seront placées en soit plus agréable.

J'aurai bientôt l'honneur d'envoyer à Votre Majesté la fable de *Persée et Andromède*, qui aura une manière d'être vue différente des deux autres. Il en sera ainsi de *Médée et Jason*, que j'espère faire partir avec l'aide de Dieu. J'y joindrai un tableau de dévotion auquel je travaille depuis dix ans, dans lequel j'espère que Votre Sérénité verra toute la force de l'art dont est capable votre serviteur *Titien*. Cependant il prie le nouveau grand roi d'Angleterre de daigner se rappeler que son peintre indigne vit dans l'espoir d'être le serviteur d'un si grand et si bon maître, espérant avoir acquis de la même manière les bonnes grâces de la reine très-chrétienne, son auguste épouse. Que Dieu conserve la reine avec Votre Majesté pendant plusieurs siècles, afin que les peuples, gouvernés et régis par vos saintes et pieuses volontés, se conservent heureux!

Et maintenant Titien trouve que son encre n'a pas assez de vertu : on lui doit de l'argent et on ne le paye pas. C'est une vieille habitude de roi d'être magnifique et de ne pas payer :

A SA MAJESTÉ PHILIPPE II, A MADRID

« Venise, 5 août 1554.

La *Cène de Notre-Seigneur*, promise depuis longtemps à Votre Sacrée Majesté, est terminée, par la grâce de Dieu, après un travail de sept ans. J'y ai presque travaillé continuellement, avec le désir de laisser à Votre Majesté, dans mes dernières années, le plus grand témoignage que puisse jamais produire mon très-ancien dévouement pour elle. Plaise à Dieu que cet ouvrage paraisse tel à votre jugement exquis, afin que l'on voie que j'ai fait du moins tous mes efforts pour le satisfaire ! Je consignerai, un de ces jours, ce tableau pour Votre Majesté, dans les mains de son secrétaire Garzia Ernando, ainsi que vous l'avez ordonné.

Je supplie en attendant votre clémence infinie, afin que, si mes longs services ont pu jamais lui être agréables en quelque chose, elle daigne me faire la grâce d'ordonner que je ne sois plus aussi longtemps fatigué par vos agents pour retirer mes appointements soit d'Espagne ou de la chambre de Milan, et passer désormais plus tranquillement ce peu de jours qui me reste à consacrer à votre service. Alors, libre de mille soins continuels pour me procurer le peu d'aliments que j'en retire, je pourrais employer tout mon temps à travailler pour Votre Majesté, sans en perdre la plus grande partie, comme je suis obligé de le faire, à écrire çà et là à vos divers chargés d'affaire ; ce qui m'occasionne beaucoup de dépenses souvent vaines, pour avoir ce peu d'argent que je puis à peine retirer depuis tant de temps.

Je puis assurer à votre clémence que, si Votre Majesté connaissait ma peine, votre pitié infinie aurait compassion de moi, et qu'elle voudrait m'en donner quelques marques. Quoique, par une bonté particulière,

Votre Majesté donne les ordres de me payer, jamais on ne le fait selon ses intentions et selon la forme usitée.

Voilà la cause pour laquelle je suis obligé de recourir humblement aux pieds de mon catholique souverain, en suppliant sa piété de pourvoir à mon infortune ; et, ne voulant pas le fatiguer plus longtemps de mes plaintes, je lui baise les mains.

Titien.

Pauvre Titien ! Après tout, peut-être cette lettre n'est-elle pas si mensongère que nous le croyons ; qui sait si les richesses que Vasari et les vieux historiens accordent au roi des coloristes étaient de vraies richesses ?

Il payait avec un collier de perles la dot de sa fille et habitait une petite maison sur une des rives les plus abandonnées de Venise, une maison qu'il voulut toujours acquérir et dont il ne fut jamais que le locataire.

Je crois que Titien a traversé toutes les fortunes, même les mauvaises.

Quand il peignit le fameux tableau de *Saint Pierre le Martyr*, il était célèbre et n'était pas riche. » Se plaignant souvent avec Pietro Aretino, dont les écrits sont si renommés, ce fidèle ami, tâchant de le servir, employait sa plume à publier son savoir et à le faire connaître dans les cours des plus grands princes. » En 1530, quand Charles-Quint alla à Bologne pour être couronné par les mains du pape Clément VII. l'Arétin — il était payé pour cela — « sut si bien faire valoir le mérite du Titien par ses livres et par ses discours, que l'empereur le fit venir à la cour. Il n'y fut pas plutôt arrivé, qu'il commença à faire le portrait de l'empereur, qui en fut tellement satisfait, qu'il combla le Titien de biens et d'honneurs. »

Et le vieil historien ajoute : « Lorsque le pape Paul III alla à Ferrare en l'an 1543, le Titien fit son portrait, et dès ce temps-là il aurait été à Rome, comme le pape le souhaitait, mais étant engagé avec François de la Rovère, duc d'Urbin, il différa le voyage pour aller à Urbin. Enfin, ayant été appelé à Rome en 1548, il fit, pour la seconde fois, le portrait de Paul III, et le représenta assis et s'entretenant avec le duc Octave et le cardinal Farnèse. »

Ce fut alors qu'il peignit cette belle *Danaé* que Michel-Ange admira si fort, avouant que, pour la beauté des couleurs, la peinture ne pouvait aller plus loin. Et Michel-Ange eut tort de s'écrier : *Ah! s'il savait dessiner!* Titien avait le dessin de son coloris, comme Michel-Ange avait le coloris de son dessin.

« Le pape l'honora de plusieurs présents, et donna à son fils Pomponio un bénéfice considérable, et même lui offrit l'évêché de Ceneda. Le pape voulut aussi donner au Titien l'office de Fratel del Piombo, vacant par la mort de fra Sebastien, pour l'engager à demeurer à Rome ; mais il remercia le pape, désirant retourner en son pays pour y finir ses jours dans le repos et dans la compagnie de ses amis, dont le Sansovino était des premiers. »

C'est ici que se joue la fameuse scène du pinceau ramassé par Charles-Quint. « Sur la fin de la même année, il ne put se dispenser d'aller à la cour de l'empereur, auquel il porta quelques-uns de ses ouvrages, et le peignit pour la troisième fois. Ce fut alors qu'en travaillant, on dit qu'il lui tomba un pinceau de la main, et que l'empereur l'ayant ramassé, le Titien se prosterna aussitôt pour le recevoir en disant ces mêmes paroles : « Sire, non merita cotante honore un servo suo. » Ce à quoi l'empereur repartit : « E degno Titiano essere servito da Cesare. »

Ce ne fut pas tout : « l'empereur lui ayant ordonné de faire plusieurs portraits des hommes illustres de la maison d'Autriche, pour en composer une espèce de frise autour d'une chambre, il voulut que le Titien y fût aussi représenté. Pour obéir à ce prince, il se peignit lui-même, et par modestie plaça son portrait dans un endroit le moins en vue. Charles-Quint, pour récompenser avec plus d'honneur le mérite de Titien et laisser à la postérité des marques de l'estime particulière qu'il en faisait, l'ennoblit avec toute sa famille et ses descendants; il lui donna le titre de comte palatin, et n'oublia rien de toutes les grâces et faveurs qu'il pouvait lui faire. Il donna à son fils Pomponio un canonicat dans l'église de Milan, et à Horace, son autre fils, une pension considérable. »

Mais c'était la période suprême. Le soleil va descendre et éteindre ses rayons. La vieillesse arrive avec sa neige sur les cheveux d'or, avec sa mélancolie douce encore, avec ses horizons nocturnes. Les fils de Titien vont manger leur blé en herbe. Charles-Quint ne reviendra plus et oubliera de payer les pensions. Les élèves de Titien, Paris Bordone entre autres, disputent déjà la gloire du maître. On sait qu'il signe des tableaux qu'il ne peint pas et qu'il peint des tableaux qu'il ne signe pas. L'heure du déclin a sonné son glas funèbre. C'est alors, j'imagine, que Titien quitte son palais où il recevait le roi de France, pour habiter cette petite maison — la maison de Titien — qu'on montre aujourd'hui aux étrangers.

A son dernier jour, il avait conservé toute la verdeur de ses vingt ans. J'ai vu à l'Académie des Beaux-Arts son premier et son dernier tableau, qui sont placés dans la même salle comme deux pages curieuses de son histoire. Le croira-t-on? le tableau le plus hardi, le plus vivant, le plus lumineux, c'est le dernier; je dirai même que pour moi c'est le plus beau tableau de ce peintre séculaire. Ainsi du génie de Rembrandt, qui commença avec la sagesse et la patience, qui finit par les libertés et les hardiesses de la vraie *furia*.

Le miracle de la couleur, c'est moins encore Titien que Giorgione. Mais tout Titien n'est pas dans Giorgione. En étudiant avec sollicitude l'œuvre des Vénitiens, on reconnaîtra bientôt que Titien a presque dévoré trois maîtres : Zucati, Bellini et Giorgione. S'il a effacé Zucati, a-t-il atteint à la suavité de Bellini, à la poésie de Giorgione? La *Madeleine* de Titien égale-t-elle la *Madone* de Bellini? La célèbre *Assomption*, qui est trop humaine pour être divine, vaut-elle cette forte page de la Bible, le *Moïse enfant*? La passion pour la palette ne domina point Giorgione au point de l'éblouir sur l'horizon, comme il arriva pour Titien. Sa symphonie est moins bruyante, mais plus élevée. Dans le *Moïse enfant*, dans ses fresques grandioses et charmantes, dans ses merveilleux tableaux, il n'a mis en opposition qu'un petit nombre de couleurs toujours admirablement rompues par les ombres; aussi son harmonie est-elle plus sévère dans son éclat que celle de Titien.

C'est Giorgione qui reconnut le premier que l'arc-en-ciel du peintre est composé de rouge, de jaune et de bleu; le rouge qui donne du relief aux objets, le jaune, qui prend les rayons de la lumière, et le bleu, si favorable aux grandes nappes d'ombre. Titien joua de ces trois couleurs franches sur toute la gamme de l'harmonie, avec un art miraculeux. Mais il substitua souvent le noir au jaune avec la même magie. Rubens lui-même, Rubens, qui avait étudié les secrets de Titien et les secrets de l'arc-en-ciel, ne s'éleva pas à cette musique des yeux, parce qu'il sacrifia presque toujours une des trois couleurs maîtresses sans croire qu'ainsi il détruisait l'équilibre des tons; Rubens éblouit comme Titien, mais il ne marie jamais ses couleurs avec cette profonde et voluptueuse intimité qui est comme le Cantique des cantiques de la palette.

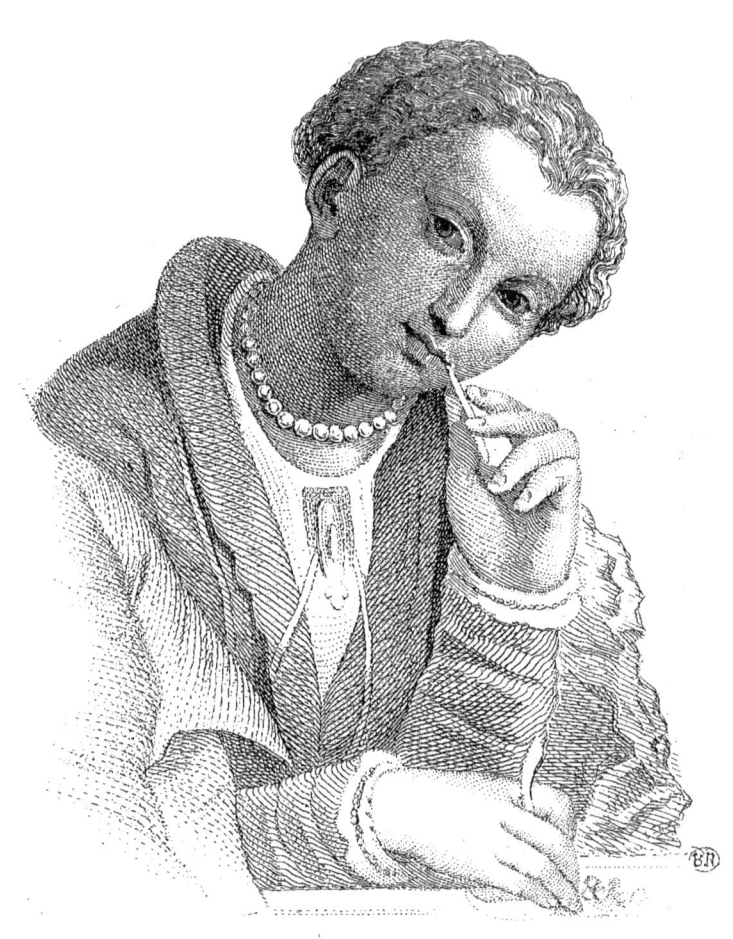

Portrait
d'après Paul Véronèse

PAUL VÉRONÈSE

PAUL VÉRONÈSE

La peinture de l'âme avait fait son temps. La peinture de Paul Véronèse, c'est la peinture des yeux : c'est la première page du carnaval de Venise.

Paul Véronèse fut le plus merveilleux des improvisateurs; il y a de lui des tableaux dans tous les musées et dans tous les palais. Combien les étrangers ont-ils acheté de ses toiles à Venise? et combien la ville des doges en possède-t-elle encore? C'est l'infini. Si Dieu lui eût ordonné de créer un monde, il ne l'eût pas fait en donnant la vie à Adam et Ève, il eût, dans sa journée, mis au jour — et dans quel jour lumineux! — d'innombrables créatures; mais c'eût toujours été le même homme et la même femme, un Vénitien et une Vénitienne ; princes ou pâtres, grandes dames ou paysannes, il eût toujours accentué le même type et donné le même ton.

Il y a des artistes que l'espace effraye, Paul Véronèse trouvait toujours sa toile trop petite ; il y avait en lui une telle efflorescence que la place manquait à ses créations : les hommes, les femmes, les enfants, les festins, les palais, tout tombait de son pinceau comme par magie. Et quelle magnificence dans les étoffes, dans l'architecture, dans les ornements !

Paul Véronèse ouvre la troisième période de l'art vénitien.

Si j'avais à peindre le tableau des peintres radieux de ce beau pays, je choisirais un triptyque, comme ceux des peintres primitifs. Sur le panneau central j'inscrirais en lettres de feu : *siècle d'or;* le premier volet, je le consacrerais au *siècle d'argent,* et le dernier au *siècle d'alliage.*

Dans le premier volet, au-dessous des maîtres mosaïstes, qui sont l'enfance lumineuse de l'art, dans les horizons perdus j'indiquerais les peintres primitifs dominés par Giotto, Jean de Venise, Martinello, Pierano, Semitecolo ; je grouperais autour de Giovanni Bellini, le peintre ineffable, Schiavoni, qui dérobait les anges à Dieu et les emparadisait dans son œuvre ; Carlo Crivelli, le mâle pinceau ; Gentile Bellini, touche virginale ; Montegna, un amoureux de la nature, qui, le premier, ouvrit les yeux aux peintres vénitiens sur les pompeux paysages de la Brenta ; le Squarcione, qui peignit de beaux tableaux par la main de ses élèves ; Vittore Carpaccio, qui répandait son âme sur ses figures ; Benedetto Diana et Girolamo de Santa Croce, aubes déjà lumineuses de Giorgione ; Giam-Battista Cima, de Conegliano, qui révèle la nature par la vérité des airs de tête ; Pellegrino, main divine ; Montagnana, pinceau harmonieux ; le correct et savant Francesca da Ponti ; Bartolomeo, qui composait ses tableaux avec des feuilles d'or autant qu'avec des couleurs ; Andrea di Murano, qui cache sa sécheresse par certains airs de style antique ; les Vivarini, les éclatants coloristes, les peintres pieux et savants ; Carlo Crivelli, le Pérugin exagéré de Venise ; le svelte et élégant Marco Basaïti ; enfin quelques figures moins dignes de l'histoire et que l'oubli a voilées dans les demi-teintes.

Sur le panneau central nous voyons apparaître quatre groupes tout rayonnants. C'est d'abord Giorgione à la touche hardie et dorée ; Pietro Luzino, son élève et son rival, qui de la peinture cavalière était tombé dans l'art des grotesques, qui enleva la maîtresse de son maître et le tua par le chagrin ; Sébastien del Piombo, autre disciple de Giorgione, qui, à la mort de Raphaël, fut salué, en face de Jules Romain, le premier peintre de l'Italie ; Giovanni d'Udine, qui eut un instant la palette de Giorgione et le pinceau de Raphaël ; Francesco il Moro, qui avait la main pour exécuter quand Jules Romain ou tout autre voulait bien penser pour lui ; Lorenzo Lotto, qui tempérait son pinceau véhément par le jeu des demi-teintes, qui mourait les mains jointes devant une image de la Vierge de sa création, digne des figures de Léonard de Vinci ; Palma le Vieux, le père de Violante, le maître de Bonifacio, Palma, qui avait l'air de cacher son pinceau dans ses adorables têtes de Vierges inspirées par la beauté de sa fille, avant qu'elle eût rencontré Tiziano ; le rude et doux Rocco Marconi; Brusasorci, le poëte épique, qui avait pris une palette au lieu d'une plume ; Pâris Bordone, plein de grâces et de sourires ; le robuste, le charmant, le passionné Pordenone, qui rivalisa avec Tiziano le pinceau à la main et l'épée au côté.

C'est ensuite le groupe de Tiziano, le grand maître; Nicolo di Stefano, Francesco, Orazio, Fabrizio, Cesare, Tommaso et Marco Vicelli ; Tizianello et Girolamo di Tiziano, tous de la famille du roi des coloristes, font cercle autour de lui, ainsi que Bonifacio, *l'ombre de son corps;* Campagnola l'érudit ; Calisto Piazza, qui signait ses tableaux Tiziano sans offenser personne, pas même Tiziano.

Au troisième groupe, on voit rayonner sur un fond d'outre-mer un peu cendré la figure aux teintes vineuses du véhément et délicat Tintoretto, qui, chassé de l'atelier du jaloux Tiziano, avait écrit sur le mur de sa pauvre chambre : *Le dessin de Michel-Ange et le coloris de Titien;* Tintoretto, qui eût été un des plus grands peintres, « si, dans beaucoup de ses tableaux, il ne se fût trouvé indigne de Tintoretto. » Près de lui apparaît Domenico Tintoretto, qui suivit les traces de son père, « comme Ascagne suivit celles d'Énée; » Maria Tintoretto, l'ange de la maison, qui fut belle par le cœur, par la figure et par le génie, la joie et la douleur de son père, qui avait souri à son berceau et qui pleura toutes ses larmes sur son cercueil.

Tout près de Tintoretto, saluez, dans cette clarté douteuse, mais d'un effet magique, cette arche de Noé où ce génie instinctif, qui se nomme Bassano, s'amuse comme un enfant avec tous les animaux antédiluviens. Il est entouré de ses quatre fils, tous marqués du même air de tête, de Jacopo Apollonio et de Jacquo Guadagnini, qui le rappellent de loin; d'Antonio Luzzarini, ce noble Vénitien qui le reproduisit jusqu'à l'illusion.

Voici le quatrième groupe, qui se détache sur un fond transparent devant un palais à sveltes colonnes, à portiques majestueux, où l'on célèbre quelque pieux festin avec une magnificence toute païenne. Reconnaissez-vous ce grand seigneur de la peinture à son riant air de tête, à l'élégance de ses mouvements, à la splendeur théâtrale de son costume? C'est Paolo Véronèse; il s'appuie nonchalamment sur son frère Benedetto, le peintre des ornements et de la perspective, il entraîne à sa suite ses deux fils : Carlo et Gabriele, qui ne furent que des enfants de grand homme; Parasio et del Friso, qui ont eu aussi une part d'héritage; enfin tous les imitateurs serviles.

Nous sommes au deuxième volet; nos yeux, éblouis par tant d'éclat, tant de magie, tant de rayonnement, ne distinguent pas d'abord ces teintes grises étouffées par l'ombre. Cependant nous voyons apparaître Jacopo Palma, le maître des maniéristes, celui-là qui fut le dernier du siècle d'or et le premier du siècle d'alliage, ce pinceau magique, cette palette de fée, ce génie indécis qui allait de Raphaël à Véronèse, de Michel-Ange à Tintoret, grand maître, si les tableaux de ces quatre maîtres n'existaient plus. On voit aussi dans l'ombre se dessiner vaguement Boschini, qui peignait comme un matamore se bat; Corona le grandiose; Vincentio, le peintre historien de la république; Peranda, le poëte; Malombra, le portraitiste; le doux et gracieux Pilotto. Plus loin encore, on aperçoit la secte des ténébreux qui vinrent, au dix-septième siècle, apporter à Venise le style de Caravaggio, comme Triva, Saracini, Strozza, Berevensi, Ricchi. L'œil est attiré par un groupe qui rappelle au premier aspect le beau règne de la peinture vénitienne. C'est Contarino, Tiberio Tinelli, le lumineux et délicat Farabosco, Belleti, Carlo Ridolfi, Vecchia. Mais voilà que l'ombre se déchire comme la brume au soleil levant; quelle est cette figure radieuse? N'est-ce pas encore Titien ou Véronèse? C'est Varotari le Padouan. Quelle grâce et quelle énergie! quel amour du beau romanesque! Car, le beau absolu n'est plus là. Comme l'Arioste battrait des mains! Les femmes de Titien et de Véronèse n'ont pas cette désinvolture héroïque et cette fraîcheur saisissante. Mais où est le dessin? Le Padouan est entouré de ses élèves Scaliger, Rossi et Carpioni; il laisse un peu de place à Liberi dans le gai cortége de ses amoureuses couronnées de roses; au farouche et puissant Piazetta, qui étincelle dans l'ombre; à Canaletti, le paysagiste de ce pays où il n'y a pas un coin de terre; à l'impétueux et souriant Tiepolo, qui fut le dernier Vénitien, parce que Rosalba était une femme.

Que de figures dignes de mémoire j'ai noyées dans le lointain nuageux de ce tableau! Et pourtant, j'ai entassé Pélion sur Ossa, confusion sur confusion. La renommée est une paresseuse qui se contente de prononcer çà et là un beau nom et qui redit toujours le même. Que de poëtes et d'artistes qui ont eu le génie et qui n'ont pas eu la gloire!

Dès mon arrivée à Venise j'ai pensé que l'idéal était une invention du Nord; le Midi n'est jamais vaincu par l'art. A Venise, ni Bellini, ni Giorgione, ni Titien, ni Véronèse n'ont surpassé dans leurs madones ou leurs courtisanes la beauté des filles de l'Adriatique.

Les maîtres vénitiens, comme les maîtres flamands, ont reproduit avec tant de vivante vérité l'œuvre de Dieu, qu'à chaque pas, à Anvers ou à Venise, on croit rencontrer un tableau ou un portrait. On s'arrête tout émerveillé, on croit d'abord saluer le peintre — Rubens ou Véronèse — c'est Dieu qu'on salue.

Mais Venise semble être encore aujourd'hui l'atelier de Paul Véronèse. Le premier tableau qui frappa mes yeux, quand je débarquai dans la ville des Doges, fut un tableau vivant du peintre des *Noces de Cana*.

C'étaient quatre jeunes filles blondes, — brunes à reflets dorés, — des filles du peuple vives et paresseuses, à la fois cherchant le soleil et le gondolier. Chaque fille du peuple, à Venise, a deux amants pareillement aimés : le soleil et le gondolier; le règne de l'un commence quand l'autre finit le sien.

En voyant passer dans leur nonchalance de reine et leur désinvolture de courtisane ces belles filles nées pour être belles et non pour le travail, j'admirais tour à tour Dieu dans son œuvre et Paul Véronèse par le souvenir. Elles allaient à peine vêtues de l'air du temps. Elles n'ont ni bonnet, ni chapeau, ni aucune de ces horribles inventions des femmes du Nord qui ont peur de s'enrhumer. Leurs cheveux abondants sont à peine retenus par un peigne doré. Il y a toujours quelque touffe rebelle qui s'échappe bruyamment comme une gerbe d'or. Leur robe est à peine agrafée; leur corsage orgueilleux rappelle celui de la maîtresse du Titien au musée du Louvre; il n'est pas beaucoup plus voilé. Elles se drapent en chlamyde avec une majesté orientale dans un châle de cent sous. Quelquefois elles se drapent sur la tête comme les Espagnoles. Elles traînent avec beaucoup de grâce des mules de bois ou de maroquin d'une jolie coupe, à haut talon [1]. Elles sont toutes coloristes; elles cherchent les couleurs amies ou les oppositions harmonieuses. Il semble qu'elles aient été à l'atelier des peintres vénitiens du siècle d'or. C'est bien le même effet violent, le même amour des teintes ardentes, le même style étoffé, n'atteignant que çà et là au sublime, mais éclatant toujours en magnificences théâtrales; le style de Véronèse à Venise, de Rubens à Anvers, de Giordono à Naples et de Delacroix à Paris. Cicéron n'eût pas aimé les femmes de Venise, mais Pline les eût adorées.

Titien, le roi des coloristes même en face de Rubens, même en face de Véronèse, ne reconnaissait que trois couleurs, le blanc, le rouge et le noir; il y trouvait ses ciels, ses Violantes, ses doges, ses arbres et ses rayons.

Les femmes du peuple, à Venise, n'aiment que ces trois couleurs; elles y trouvent toute la palette de leur coquetterie. Elles jouent de ces trois couleurs comme le paon joue de sa queue et comme la Parisienne joue de son éventail. Le soleil achève et signe le tableau.

Comme a si bien dit le président de Brosses, « on pourrait appeler Saint-Sébastien l'école de Paul Véronèse. On y voit la gradation de son génie, de ses divers ouvrages et de toutes

---

[1] Elles sont d'assez belle taille cependant pour ne pas rappeler les vers de Juvénal :

Virgine Pygmaea nullis adjuta cothurnis,
Breviorque videtur

ses manières. Le plafond de la sacristie, représentant le *Couronnement de la Vierge*, par où il a commencé n'est qu'un commencement. Les plus belles peintures qu'il ait faites à Saint-Sébastien sont le plafond de l'église, représentant l'*Histoire d'Esther*; les portes de l'orgue, représentant au dehors la *Purification* et la *Guérison du paralytique*; le tableau représentant *Saint-Sébastien devant le tyran*, celui de *Saint-Sébastien lié à un tronc d'arbre;* dans le réfectoire : le *Grand Festin de Jésus-Christ chez Simon le lépreux*, et surtout le *Martyre de saint Marc et de saint Marcellian*, ouvrage très-bien composé, où tout se rapporte au sujet, chose rare dans les ordonnances de Paul, qui n'a pas mieux connu l'unité d'action que le costume. Quant à ses quatre grands festins, le premier de tous, sans contredit, est celui des *Noces de Cana*, peint dans le réfectoire de Saint-Georges; celui chez le pharisien, qui était ci-devant aux Servites, et qui est à présent à Versailles, dans le grand salon d'Hercule; puis celui chez le lévite, peint à l'église des Saints-Jean-et-Paul; et enfin celui que l'on voit ici à Saint-Sébastien, qui est le moindre des quatre. Paul Véronèse s'est beaucoup copié lui-même dans tous ses ouvrages, mais surtout dans ses quatre festins. Enfin à San Giorgio, dans le fond du réfectoire, les *Noces de Cana* de Paul Véronèse, tableau non-seulement de la première classe, mais des premiers de cette classe. On peut le mettre en comparaison avec la *bataille de Constantin* contre le tyran Maxence, peinte au Vatican, par Raphaël et par Jules Romain, soit pour la grandeur de la composition, soit pour le nombre infini des personnages, soit pour l'extrême beauté de l'exécution. Il y a bien plus de feu, plus de dessin, plus de science, plus de fidélité de costume que dans la *bataille de Constantin;* mais dans celui-ci, quelle richesse! quel coloris, quelle harmonie dans les couleurs! quelle vérité dans les étoffes! quelle ordonnance et quelle machine étonnante dans toute la composition! L'un de ces tableaux est une action vive, et l'autre est un spectacle. Il semble dans celui-ci qu'on aille passer tout au travers des portiques, et que la foule des gens qui y sont assemblés vous fassent compagnie[1]. »

Pourquoi tous les peintres vénitiens sont-ils coloristes? C'est que tous ont eu en naissant le spectacle de la couleur dans ses oppositions les plus vives. Ni Rome, ni Florence ne produisent de pareils effets; les teintes y sont plus fondues, les aspects moins saisissants. A Venise, rien n'est tranquille; la cité semble flotter doucement sur les vagues, le ciel prend les tons les plus divers, le mouvement du port, les gondoles qui vont et viennent, les silhouettes moresques et byzantines, les marbres et les peintures des palais, les jupes rouges des femmes du peuple, les châles brodés d'or des patriciennes, les costumes variés de toutes les nations, qui, au seizième siècle, se donnaient rendez-vous à Venise, comme à un steeple-chase du luxe, formaient le tableau le plus éclatant qui fût au monde. Et je ne parle pas de l'éblouissant carnaval de Venise!

---

[1] « Paul Véronèse a représenté au naturel les plus fameux peintres vénitiens exécutant un concert. Au-devant du tableau, dans le vide de l'intérieur du triclinium, le Titien joue de la basse; pour lui, il joue de la viole: le Tintoret du violon, et le Bassan de la flûte. Véronèse a voulu faire allusion au feu brillant de son pinceau, à la profonde science et à l'exécution lente et sage du Titien, à la rapidité du Tintoret et à la suavité du Bassan. Remarquez l'attention que donne Paul Véronèse à un homme qui vient lui parler, et la suspension de son archet. Une grande figure debout tenant une coupe à la main, vêtue d'une étoffe à l'orientale, blanche et verte, est celle de Benedetto, son frère. »

Les peintres vénitiens sont tous coloristes par une autre raison : ils n'ont pas regardé dans la vie avec les yeux de l'âme; ils n'ont pas ouvert les portes d'or de l'invisible et de l'infini; ils se sont contentés de sourire au monde périssable sans pressentir le monde immortel. Ils ont cueilli la fleur de la vie sans s'apercevoir que dans le calice il y avait une larme du ciel. C'est la faute de la bruyante et folle Venise où la méditation n'avait pas un refuge. Qu'il y a loin des rêveries amoureuses du Corrége aux nymphes charnelles de Titien qui peignait au milieu de ses amis, de ses disciples, de ses maîtresses. Avec Corrége qui vivait seul, la volupté est toute en flammes, mais elle a des ailes; avec Titien, c'est une femme couchée qui entr'ouvre un rideau.

Venise n'a jamais ressenti les inquiétudes de la pensée; elle a aimé Dieu sans s'élever jusqu'à lui; elle s'est enivrée de la beauté rayonnante de ses femmes et des grappes dorées de la Lombardie. La mer, qui lui apportait, comme une esclave à jamais docile, tous les trésors de l'Asie, tout le luxe et tout l'esprit de l'Europe, la mer, aux heures de tempête ou de calme, ne lui a jamais apporté les solennelles méditations qui font les rêveurs et les poëtes. Venise n'a lu, pour ainsi dire, que le roman de la vie; elle écoutait les folles chansons du banquet quand la philosophie lui voulait enseigner ses âpres vérités, ou bien elle attirait la philosophie au banquet, et lui versait, par la main d'une belle fille aux seins nus, le meilleur vin de Chypre qui eût voyagé sur la mer.

L'abbé Lanzi, ce beau rhétoricien des arts plastiques, convient que dans toute la république de Venise, terre et mer, bois et vagues, palais et chaumières, jusqu'aux pigeons de la place

Saint-Marc, tout a un accent plus vif qu'ailleurs : le soleil plus amoureux, a dit un poëte, y colorant mieux la nature que dans les autres pays. Mais l'abbé Lanzi décide du premier coup que le climat ne crée pas les coloristes. « Les Flamands et les Hollandais, qui vivent sous un ciel si froid, sont d'aussi beaux coloristes que les Vénitiens. »

Si l'abbé Lanzi eût voyagé en Flandre et en Hollande, il n'aurait pas résolu si légèrement cette question toujours à juger. Comme à Venise, et par d'autres effets, la Flandre et la Hollande ont un accent plus vif au regard que les autres pays; le ciel y est noir ou blanc, ou la lumière éclate ou l'ombre accentue les objets; la terre est rouge ou brune, quand elle n'est pas revêtue de cette admirable robe verte tout emperlée de rosée. Les maisons de briques, les toits d'ardoises, les arbres luxuriants découpent à vif leur silhouette sur les prairies, sur les étangs, sur les canaux; les paysans, des coloristes sans le savoir, s'habillent de laine rouge; les troupeaux de bœufs et de vaches se détachent en vigueur sur l'herbe claire par leurs poils roux tachetés ou zébrés de blanc et de noir.

D'ailleurs, Amsterdam et Anvers, comme Venise, étaient, au siècle des peintres, des ports de mer où passaient les quatre parties du monde, tableau toujours éclatant de l'imprévu. Les yeux des artistes n'avaient pas le temps de s'habituer aux teintes effacées de l'habitude; les aspects nouveaux réveillaient les regards des artistes et passionnaient leur pinceau; les ports de mer sont tous coloristes : — Rembrandt, Rubens et Véronèse, — Amsterdam, Anvers et Venise.

Cet enchanteur, dont le pinceau était la baguette des fées, ne se reposait jamais. Il ne se reposa que dans la mort.

On sait comment il peignit sa *Famille de Darius*. Ses amis, effrayés de son labeur surhumain, le conduisirent en partie de campagne dans une des belles villas qui se mirent sur la Brenta. Là au moins, disaient-ils, il se croisera les bras, et vivra de la vie des arbres et des fleurs. « Êtes-vous contents de moi? demanda Véronèse à ses amis après huit jours de *far niente*. — Oui, nous sommes contents, car te voilà revenu à toi. Tu serais mort à la peine si nous ne t'avions arraché à ton atelier. »

Or, tout en jouant avec ses amis, tour à tour gai convive, bon musicien, intrépide chasseur, il avait peint, dans ses matinées, pendant que tout le monde dormait, ce beau tableau de la *Famille de Darius*, qu'il laissa comme souvenir à ses hôtes.

Venise, toute pleine de ses chefs-d'œuvre, a-t-elle religieusement gardé le souvenir de Paul Véronèse?

Aujourd'hui enfin on a taillé le marbre du tombeau de Titien, mais on oublie Paul Véronèse dans Saint-Sébastien, où l'araignée file silencieusement sa toile sur les œuvres du grand coloriste. J'ai passé tout seul une après-midi devant ces peintures radieuses. Il m'a pris peu à peu une profonde tristesse à la pensée qu'il était là, seul, dans la double nuit de la tombe, celui qui avait vécu en si bruyante et si joyeuse compagnie, celui qui avait si longtemps dérobé au soleil ses rayons et sa gaieté.

Mais l'âme de Paul Véronèse est toute dans son œuvre. Étudiez ses festins; c'est là qu'il a vécu, c'est là qu'il vit toujours. Comme ces palais, son atelier était peuplé de patriciens, de poëtes, d'artistes et de femmes romanesques tour à tour madones et courtisanes, Vierges et déesses. Ces beaux chiens, ces riches étoffes, ces négrillons, ces coupes, ces fruits, ces fleurs, tout ce qui est le luxe des yeux, c'était son luxe.

Je me trompe, il avait un autre luxe : le luxe des enfants. Sa femme était belle et il l'adorait avec l'âme de l'artiste et de l'amant. Aussi, quand il mourut avant l'heure, on prononça cette oraison funèbre : « Pourquoi est-il mort : tout le monde l'aimait et il était heureux ! »

Ce jour-là on aurait pu inscrire sur son tombeau : *Ci-gît le grand art vénitien*.

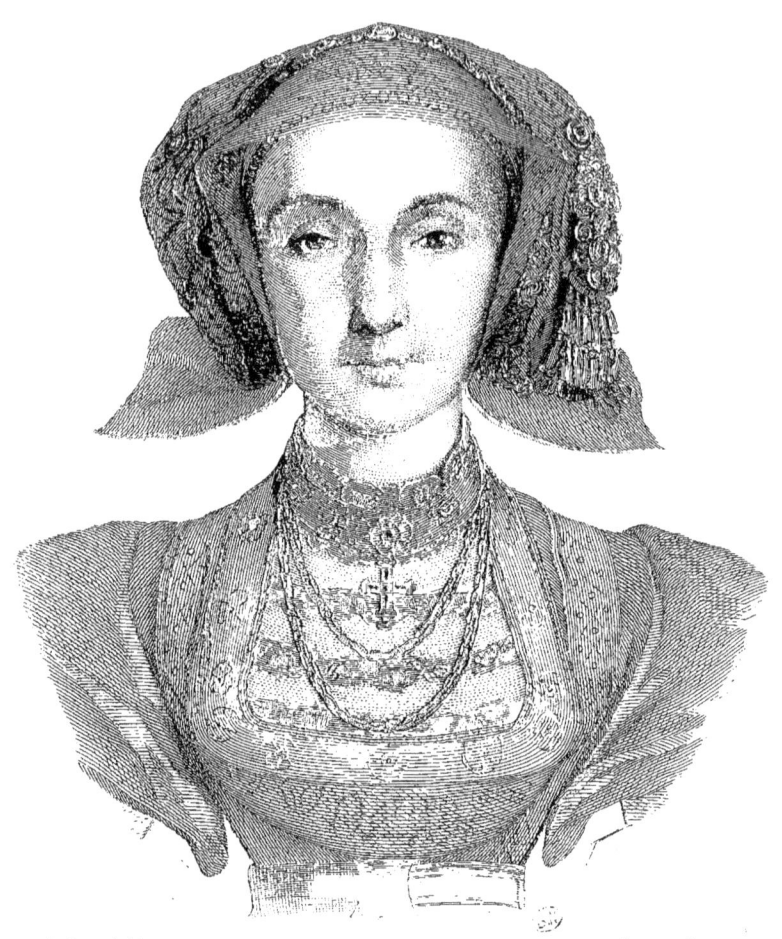

Dessiné par L. Colomotte.   Gravé par Dezaunes.

Anne de Boleyn
d'après Holbein

HOLBEIN

Rubens, qui jugeait en maître, disait de Holbein : « C'est le peintre de la vérité qui parle et qui pense. » En effet, Holbein prenait la nature face à face et ne déposait son pinceau qu'après l'avoir vaincue; car ce n'était pas seulement la nature visible qu'il jetait vaillamment sur la toile ou le panneau, c'était l'âme de la nature.

Quand on passe devant un portrait d'Holbein, sous l'écorce souvent rude des hommes de son temps on voit transparaître, comme le ciel à travers les nues, les idées et les passions du seizième siècle. Chez ce grand peintre l'art n'est pas le beau mensonge de la vérité, c'est la vérité à brûle-pourpoint. Chez

Rembrandt le réalisme a des mirages de poésie jusque dans ses brutalités ; le maître de Leyde, enivré par sa palette, touche d'une main triomphante la gamme des tons ; il joue de la lumière avec tant d'amour, qu'il dépasse les jeux de la lumière ; il arrive à l'idéal, à force de vérité, comme d'autres y vont en fuyant la vérité. Holbein a moins de génie que Rembrandt ; il ne se passionne pas ; la raison le met en garde contre tous les écueils ; son soleil ne brûle pas ; mais il n'y a pas de taches à son soleil.

Si j'ai parlé de la raison d'Holbein, ce n'est pas pour lui nier la poésie ; il était l'ami de ce railleur philosophe qui écrivait l'éloge de la folie, et il traduisait lui-même ce chef-d'œuvre avec la pointe vive et lumineuse d'un graveur familier au miracle de l'esprit. Quand il peignit ses fameuses fresques : la *Danse de la Vie*, et la *Danse de la Mort* sur les murs de la Poissonnerie, et sur les murs du cimetière à Bâle il était emporté par ces belles inspirations qu'ont fécondé les poëtes du moyen âge en France et les poëtes modernes en Allemagne.

Si on cherche la filiation ou les analogies, on trouve qu'il n'y a pas loin de Holbein à Matsys, comme il n'y avait pas loin de Matsys à Van Eyck. C'est le même principe chez ces trois peintres : ils sacrifient tout à la figure humaine, comme plus tard les peintres bruyants sacrifieront la figure humaine aux accessoires [1].

Holbein est né à Augsbourg en 1478 ; il tenait à ce mer-

---

[1] Je ne doute pas qu'Holbein n'ait vu à ses débuts des tableaux de Matsys. J'en ai la preuve dans sa peinture d'abord, mais surtout dans la visite qu'il lui fit à Anvers à son premier voyage en Angleterre.

veilleux quinzième siècle, qui a créé presque tous les grands peintres, Léonard de Vinci, Raphaël, Michel-Ange, Giorgione, Titien, Corrége, Albert Dürer.

Le père d'Holbein était peintre lui-même; il eut deux frères qui peignirent aussi; mais il est seul de sa race, puisqu'il est le seul Holbein qui eût du génie.

Quand Érasme vit Holbein à Bâle, il jugea du premier coup d'œil que ce grand artiste n'était pas sur un théâtre digne de lui; en effet, Holbein avait conquis, par ses premières œuvres, les plus curieuses sinon les plus capitales, toute la renommée que peut donner un pareil pays. Mais ce ne fut pas la seule raison qui porta Érasme à conseiller l'Angleterre à Holbein; Érasme était entré familièrement de génie à génie dans l'intérieur du peintre de Bâle : s'il avait trouvé la sagesse de Socrate en son ami, il avait trouvé en sa femme la méchanceté de Xanthippe. L'orage grondait toujours de la cuisine jusqu'à l'atelier; la femme reprochait au mari ce pauvre métier de peintre, qui ne lui donnait ni bijoux, ni dentelle, à elle, qui aurait pu épouser un marchand d'or.

Un des frères de Holbein, le clair de lune de ce soleil un peu tiède, habitait Bâle. Il se nommait Sigismond, un nom à peine écrit dans l'histoire de l'art. Holbein le pria de veiller sur sa femme, disant : « Je lui laisse tout ce que j'ai aujourd'hui, mais je prends pour moi demain. » Demain c'était le meilleur lot, c'était la vraie fortune; mais quand il eut les mains pleines d'or, il les ouvrit pour sa femme.

Il arriva à Londres avec une lettre de recommandation à Thomas Morus; cette lettre de recommandation, c'était tout simplement le portrait d'Érasme que le peintre présenta au chancelier. « C'est mon ami! s'écria Thomas Morus en voyant le portrait. » Et, ne pouvant embrasser la peinture, il embrassa le peintre. « Puisque c'est vous qui avez fait un pareil chef-d'œuvre, vous êtes vous-même mon ami : ma maison est la vôtre, mes gens sont vos gens, vous aurez toujours une place à ma table, mais avec la liberté d'aller dîner où il vous plaira, ma bourse à la main. »

Holbein prit pied à l'hôtel du chancelier ; un des salons tout peuplé de chefs-d'œuvre fut son atelier : il y recevait ses nouveaux amis, il y recevait les amis du chancelier ; mais comme il gardait ses vives allures et qu'il avait ses heures de misanthropie, il fermait sa porte à tout le monde, même à Thomas Morus, tantôt aimant le bruit, tantôt aimant le silence. Il était de toutes les fêtes du chancelier qui lui avait donné les habits les plus magnifiques. Les blanches ladies, qui se hasardaient jusque devant son chevalet, ou qu'il courtisait au milieu des fêtes, le consolaient sans doute un peu de l'absence de sa femme.

Ce beau train de vie dura trois années ; Holbein avait peint pour le chancelier un certain nombre de portraits et une petite répétition de la *Danse de la Vie*. Thomas Morus invita le roi d'Angleterre à un grand festin, où Holbein ne fut pas oublié. Au sortir de table, le chancelier conduisit Henri VIII dans sa galerie, où l'œuvre d'Holbein était mieux éclairée que les autres peintures. Le roi, frappé de la vérité des figures d'Holbein, qui représentaient toutes des hommes de sa cour, demanda qui avait pu faire de si belles choses; le chancelier lui indiqua le portrait d'Holbein, et comme le roi avait déjà remarqué le peintre pendant le dîner, il le chercha des yeux, alla droit à lui et le complimenta. Après quoi il dit à Thomas Morus que son peintre ordinaire était le peintre d'un roi. « Sire, lui dit le chancelier, tous ces portraits, je voulais vous les offrir. — Non, dit Henri VIII, gardez les portraits et donnez-moi le peintre. »

Ce fut dans cette royale période qu'Holbein peignit le beau portrait en pied du roi, celui du prince Édouard, celui des princesses Marie et Élisabeth, celui des ministres, et, entre autres, Cromwell, Thomas Morus et l'archevêque de Cantorbéry.

Il reproduisit plusieurs fois le portrait du chancelier, tantôt seul, tantôt avec sa femme et ses enfants. L'or tombait de son pinceau, et comme plus tard Van Dyck à la cour de Charles Ier, il vivait en grand seigneur, aimant mieux être riche au jour le jour que de thésauriser.

Sa fierté naturelle prit encore un caractère plus absolu. Un jour qu'il s'était enfermé dans son atelier, il lui arriva une aventure que je veux laisser conter naïvement par un de ses rares historiens : « Un des premiers comtes d'Angleterre voulut le voir travailler. Holbein s'excusa poliment; mais le seigneur, croyant qu'on devait tout à son rang, persista et voulut forcer la porte. L'artiste, irrité, jeta le comte du haut de l'escalier en bas, et se renferma d'abord dans son appartement; mais, pour échapper à la fureur du seigneur et de sa suite, il se sauva par une fenêtre dans une petite cour, et fut se jeter aux pieds du roi, en lui demandant sa grâce sans dire son crime. Il l'obtint du monarque, qui lui marqua sa surprise. Lorsque Holbein lui eut raconté ce qui s'était passé, il lui dit de ne pas paraître que cette affaire ne fut terminée.

On apporta bientôt le seigneur anglais tout meurtri et ensanglanté : il fit plainte au roi, qui chercha à le calmer, en excusant la vivacité de son peintre. Le comte, piqué alors, ne ménagea point ses termes ; et le roi, peu accoutumé à se voir manquer de respect, lui dit : « Monsieur, je vous défends « sur votre vie d'attenter à celle de mon peintre. La différence « qu'il y a entre vous deux est si grande, que de sept paysans, « je peux faire sept comtes comme vous, mais de sept comtes « je ne pourrais jamais faire un Holbein. » La fermeté du roi et quelques autres menaces firent peur au seigneur anglais, qui demanda pardon au roi et promit sur sa tête de ne tirer aucune vengeance de l'outrage que lui avait fait Holbein. »

A ceux qui aiment les curiosités historiques je rappellerai qu'un autre grand peintre allemand, Albert Dürer, qui mourut à l'âge où mourut Holbein, et qui, comme Holbein, fut marié à une Xanthippe qui l'obligea, plus d'une fois, à courir le monde, avait fait avec l'empereur Maximilien la première édition de cette légende. On sait, en effet, qu'un jour, dessinant sur une muraille, il avait toutes les peines du monde à se tenir sur la pointe des pieds. Maximilien dit à un gentilhomme de lui servir d'échelle pour un instant. Le gentilhomme représenta humblement qu'il était prêt à obéir, mais qu'il trouvait cette position trop humiliante, et que c'était avilir la noblesse que de la faire servir de marchepied. — *Albert Dürer*, répondit l'Empereur, *est plus noble que vous par ses talents; d'un paysan je puis faire un noble, mais d'un noble je ne pourrai jamais faire un tel artiste.* Et, sur-le-champ, Maximilien ennoblit Albert Dürer.

Holbein mourut de la peste comme Titien. Il mourut à Londres, à peine âgé de cinquante-six ans, « mais comblé de gloire et de biens, » dit le naïf Descamps. Comblé de gloire, voilà qui est beau; mais à quoi bon tous ces biens après lui, puisqu'il ne lui restait pas même un enfant pour les recueillir.

Sandrard raconte une conversation entre Rubens et plusieurs peintres sur le génie de Holbein : « Rubens étant venu voir Honstrorst à Utrecht et poursuivant son chemin jusqu'à Amsterdam, il fut accompagné de plusieurs artistes hollandais. Comme on parlait en chemin des ouvrages des habiles gens, Holbein entre autres, Rubens en fit l'éloge et conseilla de bien regarder la *Danse des Morts* de ce peintre, soit devant la fresque même, soit par les gravures de Stimers. Le grand peintre d'Anvers confessa qu'il avait, dans sa jeunesse, dessiné toutes les figures de la *Danse des Morts.* »

Rubens avait raison ; chaque maître est une école ; chaque maître répand un rayon sur les routes nocturnes où s'égarent les esprits médiocres, où, seules, les intelligences douées se retrouvent.

Le génie de Holbein fut reconnu par les Italiens comme par les Flamands. Quand Zuccaro, qui était venu à l'appel du roi d'Angleterre, vit les portraits d'Holbein, il fit éclater sa surprise et s'écria que toutes ces figures du peintre de Bâle ne pâliraient pas devant Raphaël ni devant Titien. — Éloge trop italien. —

Holbein était plus varié qu'il ne semble au premier abord. Quoiqu'il peignît de la main gauche, il était libre et vif; tout était triomphant dans sa main, le pinceau, le crayon et la plume. Il peignait à fresque, à la gouache, à l'huile. Dans ses jours de patience, c'était un merveilleux miniaturiste de l'école d'Hemling. Il aimait les symboles, il aimait les contrastes. Après avoir peint la *Danse des Vivants* et la *Danse des Morts*, il créa ces deux belles pages qui sont presque aussi célèbres : les *Triomphes de la Richesse* et les *Misères de la Pauvreté*, où il y a des rehauts d'or travaillés avec l'art de l'orfévrerie.

Son génie était familier avec tous les genres. La peinture religieuse lui doit huit pages éloquentes de la *Passion de Jésus-Christ*. Toutefois, il n'avait pas le style de l'histoire ni dans la composition ni dans les draperies ; il mettait son orgueil à garder son caractère tudesque. Quand on lui parlait de l'antiquité, cette fenêtre ouverte sur le beau, il se rejetait sur la nature, disant qu'il ne fallait pas aller si loin pour voir les modèles. C'était l'opinion de Rembrandt.

Sans doute ils avaient raison tous les deux, puisqu'ils ont bien fait ce qu'ils ont fait, puisqu'ils ont créé leur monde et qu'ils vivent après plusieurs siècles par des créations qu'ils ont animées de leur âme. Allez au Louvre ou dans tout autre grand musée, arrêtez-vous devant les figures de Rembrandt ou d'Holbein, voyez du même regard celles des curieux qui s'y arrêtent, et, après avoir étudié les unes et les autres, dites-moi quelles sont les plus vivantes pour votre esprit, tant il est vrai que les grands artistes, commentaires humains des merveilles de la création, continuent l'œuvre de Dieu.

Chez Holbein, quoiqu'il soit toujours coloriste, le dessin domine la couleur. Dans sa première manière il est sec et dur comme s'il gravait avec son pinceau ; il a peur de la ligne ondoyante, qui est le génie de ses contemporains, Corrége et Titien. Il est trop correct, il est trop exact pour tenter les mirages de l'art, aussi reste-t-il le plus souvent froid dans la vérité; il ne voit pas que la nature est moins précise que lui, parce qu'elle est plus libre. Mais dans sa seconde manière, un sang plus généreux court en lui, un vif rayon tombe sur sa palette jusque-là tiède et morne. Ses portraits sont plus vivants. Il avait peur de la pâte, il y égare son pinceau et y trouve plus de transparence et plus d'éclat. Il avait, comme par miracle, donné des reliefs en pleine lumière, il s'aventure dans les demi-teintes et accuse les ombres. Il y a tout un monde entre Holbein, du musée du Louvre, et Holbein, de la galerie de Hampton-Court.

Au musée du Louvre, c'est la même note grave et froide; à Hampton-Court, il varie sa gamme; s'il ne se passionne pas tout à fait, son rhythme a plus de mouvement et de chaleur. Voyez plutôt sa *Madeleine au tombeau du Christ*, le *Bouffon d'Henri VIII*, *Bataille de Pavie*, la *Revue de François Ier et d'Henri VIII*.

C'est donc à Londres et à Bâle qu'il faut étudier Holbein. A Londres, pour les portraits et les tableaux, à Bâle, pour les fresques. A Bâle, la *Danse des Morts* et la *Danse des Vivants* montrent le peintre du passé, le peintre légendaire dans le cortége des visions du moyen âge. A Londres, c'est l'historien du seizième siècle, historien exact et sévère, qui dit la vérité même aux rois, puisqu'il les peint comme ils sont et non comme ils voudraient être.

Comme tous les grands maîtres, Holbein a cela de beau qu'il a signé sa page dans l'histoire. Un historien qui écrirait les événements du seizième siècle sans consulter Holbein, se priverait de précieux documents. L'homme d'Holbein est bien l'homme de ce temps-là.

Holbein est le plus savant des peintres naïfs; au premier aspect on croit qu'il n'a que le secret du passé; mais si on l'étudie de près, on reconnaît que l'art n'a pas de secret pour lui; il sait tout à fond; il a médité sur la peinture comme son ami Érasme sur la folie humaine, — j'allais dire la philosophie.

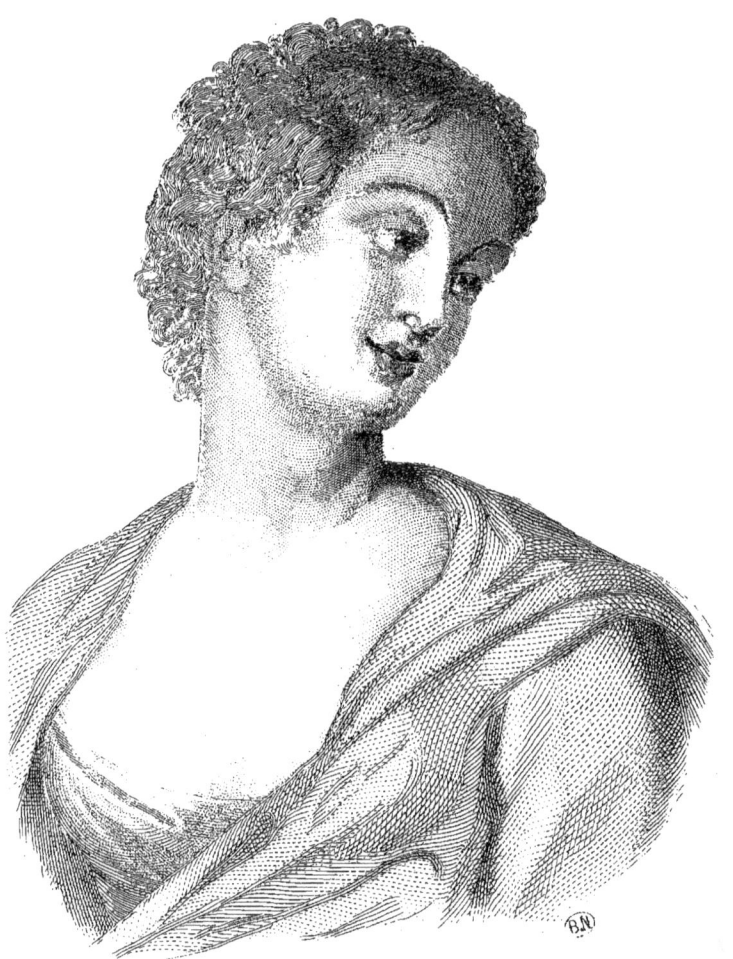

Dirigé par L. Calamatta.   Gravé par Demannez.

La fille de Rubens.

Peint par Rubens.

QUDENS

RUBENS

I

Rubens est un génie épique comme Homère et Zeuxis, comme Dante et Michel-Ange. Ce qu'a dit Cicéron d'Homère, ce qu'a dit Aristote de Zeuxis peut quelquefois s'appliquer au souverain artiste des Flandres. Oui, celui-là aussi avait les yeux et les ailes de l'aigle; il préférait le surhumain vraisemblable au vrai cloué sur le sol; avec les hommes il faisait des dieux, parce qu'il savait voir la nature à travers les splendeurs du monde idéal [1].

[1] Cependant Rubens, tout imprégné de naturalisme, peut-être à son insu, car la nature était chez lui plus forte encore que la science, a trop chargé ses figures de chair. Zeuxis, d'après l'exemple d'Homère, donnait à ses femmes une certaine forme héroïque; mais il possédait au même degré la force et la grâce. Aussi, tout héroïques qu'elles fussent, ses femmes étaient toujours des femmes, et même, selon les témoignages de l'antiquité, les plus belles de la Grèce. Théocrite a créé son Hélène d'après ces majestueux modèles.

L'art est l'image du monde : il a ses luttes et ses sommeils, ses aspirations et ses désespoirs. « Il est pétrifié quand il ne change pas, » a dit madame de Staël. L'art se renouvelle par les conquêtes modernes ou par les découvertes anciennes, deux vastes horizons qui l'appellent toujours. Mais le plus souvent le génie, n'est-ce pas le don de répandre la vie et la jeunesse sur des idées et des formes déjà connues? Quiconque est né fort, quiconque est l'inspiré des Dieux vient ramener le printemps dans le monde de l'art. Rubens est apparu à l'heure de la décadence pour la peinture. L'Italie n'avait plus que des maîtres secondaires; les Carrache croyaient succéder à Michel-Ange, l'Albane s'imaginait continuer l'œuvre du Vinci, le Guide prononçait devant ses tableaux le divin nom de Raphaël. Une dernière et glorieuse période allait pourtant s'annoncer comme la séve d'août. Rubens, Murillo, Poussin, Rembrandt, Claude Lorrain, devaient faire la gloire du dix-septième siècle; mais Rubens domine tous ces maîtres par le caractère grandiose de ses créations, par les formes magistrales de son génie.

D'où venait-il, ce génie ardent et aventureux qui semait la vie à pleines mains? Est-il l'héritier suprême des Flamands, ou, comme tant d'autres, Rubens est-il le fils de ses œuvres?

Qu'il nous soit permis de jeter un regard rapide sur les siècles déjà parcourus.

Dans la première période de la peinture gothique, le sentiment du beau idéal se révèle çà et là, mais à travers de sombres nuages. L'école de Van Eyck ennoblit la réalité par l'éclat du coloris, par le sentiment de l'art, qui, à lui seul, est déjà quelquefois le beau; d'ailleurs, avant la science parfaite, les peintres primitifs avaient l'expression naïve, la simplicité pittoresque et souvent sublime, la sévérité adoucie par le calme; mais ce n'était pas l'Idéal trouvé par Raphaël comme par Phidias. En vain, dans le siècle qui suivit, les lèvres tourmentées de cette soif ardente du Beau qui dévore tant de nobles cœurs, les peintres des Pays-Bas allèrent demander à Rome, à Florence et à Venise le secret des œuvres monumentales, le secret de ce rayon qui tombe de si haut pour illuminer d'une lumière toute divine la page immortelle d'un artiste; ils réussirent à imiter les lignes et les nuances, mais songèrent-ils que c'est dans l'âme que le peintre, s'il est doué, doit puiser la vie intérieure de son œuvre?

Il faut bien avouer qu'il y eut dégénérescence dans l'école flamande et hollandaise après Hemling et Lucas de Leyde. On vit s'épanouir plus d'œuvres remarquables, on ne signa presque plus de pages immortelles. Le génie avait soutenu ces deux maîtres dans les hauteurs inaccessibles; ils ne s'étaient pas contentés de peindre, ils avaient pensé. Ainsi Hemling était un poëte et un historien. Quelle savante naïveté! quelle poésie sublime en ces tableaux où il représente dans les lointains les événements qui ont précédé ou qui vont suivre l'action principale! Lucas de Leyde était un poëte et un philosophe. Il traduisait la Bible avec un profond sentiment biblique et l'interprétait librement comme un penseur. Comme les maîtres de Cologne, comme les Van Eyck, comme Matsys, Hemling et Lucas de Leyde peignaient d'après leur imagination et non d'après celle des peintres étrangers. Van Orley, Cocxie, Mabuse, Schoorel, Hemskerke, Franc Floris, Otto Venius sont de grands artistes préoccupés de la ligne italienne, mais non du sentiment de Raphaël ni de la grandiosité de Michel-Ange, ni de la poésie robuste du Titien. Ils se contentaient de leur dérober un certain air de famille qui frappait les yeux ; mais le cœur, mais la pensée ne les voulaient pas reconnaître pour des frères ou des fils de ces grands maîtres.

Rubens apparut, qui secoua d'une main libre et fière les mauvaises traditions qui allaient ruiner l'art des Pays-Bas.

Ce grand peintre recueillit l'héritage de ses devanciers, mais il l'agrandit encore par des conquêtes hardies et inespérées. Rubens était emporté par une ardente et orageuse imagination jusqu'aux débauches de la pensée et de la palette. Avait-il compris que les Flandres, déjà trop bercées par les voluptés matérielles, les Flandres depuis longtemps endurcies par la religion de l'or, ne seraient désormais émues que par les pages à grand fracas, les drames chrétiens où ruisselle le sang, les sauvages ripailles de la kermesse, les altiers tourbillons de la fête de village, les allégories éclatantes, le faste bruyants des grands seigneurs et la beauté luxuriante des grandes dames? Ou bien, en créant ce pompeux poëme de la chair, du mouvement et du bruit, où la nature s'élève si haut qu'elle parvient jusqu'à voiler le ciel, Rubens obéissait-il à sa nature toute païenne?

Au seul nom de Rubens, une vie éclatante se déroule fastueusement sous les yeux. On voit apparaître le palais à colonnes et à cariatides. La sculpture déploie sur la façade toutes ses merveilles épanouies, ses pampres ruisselants, ses grappes d'Amours lascifs, ses chimères audacieuses. Le regard va de la surprise à l'éblouissement. Dans les cours de ce palais, devant ce perron couvert de statues, les chevaux piaffent et hennissent d'impatience; sont-ce des équipages de princes et d'archiducs? c'est l'équipage de Rubens lui-même, qui va descendre de son atelier pour aller à la cour. Mais la vraie cour n'est-elle pas chez lui? N'est-ce pas dans son atelier que se rencontrent tous les grands seigneurs et tous les grands artistes? N'est-ce pas dans son atelier que sont répandues d'une main prodigue toutes les saintes et folles richesses créées pour les yeux : les belles femmes qui posent en Madeleines, en courtisanes, en naïades; les étoffes de velours et de soie, d'or et d'argent; les tapisseries féeriques, les tableaux de maîtres, les armes ciselées, les miroirs de Venise, les girandoles de Murano, les livres à images?

La Grèce a hésité entre les douze patries d'Homère, la Belgique et l'Allemagne revendiquent Rubens parmi leurs illustres enfants. Rubens est né à Cologne, mais Rubens est flamand par l'origine comme par le génie. En effet, il était le fils d'un échevin d'Anvers que les proscriptions religieuses avaient chassé de son pays. D'ailleurs, il n'avait pas huit ans, il n'était pas encore né pour l'art quand il suivit à Anvers sa famille, qui revint habiter son ancienne maison, dès que le duc de Parme eut remis la ville d'Anvers sous la domination espagnole. Pierre-Paul Rubens naquit donc à Cologne[1].

---

[1] « Il naquit à Cologne et mourut à Anvers, comme pour toucher à la fois au berceau et à la tombe de l'art flamand. » H. FORTOUL.

le 29 juin 1577, dans la même maison où soixante-cinq ans plus tard, par un de ces hauts caprices de la destinée, Marie de Médicis, à jamais immortelle par la palette de Rubens, mourait abandonnée, presque sans pain. Qui ne s'est arrêté tout ému et tout pensif devant cette maison à jamais célèbre dans la comédie humaine! Rubens était fils de Jean Rubens, professeur en droit, et de Marie Pipelings. Son aïeul était originaire de la Styrie. Son père, qui le destinait aux belles-lettres, lui fit aimer la langue latine. A peine était-il entré sérieusement dans l'étude, que Marguerite de Ligne, comtesse de Lelaing, le prit chez elle en qualité de page. La dame aimait les beaux adolescents; Rubens avait une figure charmante, douce, pensive et spirituelle. Le génie tumultueux qui enflamma sa vie ne rayonnait pas encore sur son front. Il paraît même que les soupers licencieux de la comtesse de Lelaing ne furent pas longtemps du goût de Rubens, car il vint un jour tout rougissant appuyer son front sur le sein de sa mère en lui confiant qu'il ne voulait plus retourner dans un hôtel où l'on vivait comme dans un cabaret. « Mon pauvre enfant, ton père est mort; où iras-tu sans appui? — Chez Tobie Verhaegt. — Tobie Verhaegt? — Oui. C'est un paysagiste que j'ai vu chez la comtesse. » Rubens ne fut pas peintre en naissant, comme tant d'autres qui apprennent à dessiner avant d'apprendre à écrire; quand il prit un pinceau, il s'imagina qu'il était né paysagiste. Les fortes natures se mettent presque toujours en route sans connaître encore leur chemin.

Tobie Verhaegt était un artiste original, qui reproduisait la nature avec un certain caractère de grandeur, sans toutefois abandonner le sentiment naïf des paysagistes du Brabant; Rubens n'eut pas lieu de se repentir des études qu'il avait faites avec cet excellent artiste. Ce fut surtout avec lui qu'il apprit la science des tons aériens; il reconnut bientôt que ce n'étaient pas seulement des ciels et des rivières, des prairies et des montagnes, des fleurs et des forêts qui devaient tomber du chaos de sa palette, mais des hommes et des femmes, des pensées et des sentiments. Il entra à l'atelier d'Adam Van Oort, génie aventureux dont la hardiesse séduisit de prime abord le jeune homme.

Adam Van Oort était né à Anvers. Son père, peintre et architecte, fut son maître. Il puisa tout son génie dans les traditions nationales; il voulut être franchement de son pays, comme Abraham Janssens, que nous allons voir apparaître. La bonne ville d'Anvers n'avait plus de mœurs depuis que la guerre avait profané ses églises, depuis que les grands seigneurs avaient banni l'humble vertu du foyer, depuis que les grandes dames enseignaient l'amour à leurs pages. Adam Van Oort, trop tôt aveuglé par son génie, n'étudia bientôt que dans les tavernes enfumées, au milieu des filles de joie et des pots de vin.

Rubens avait été attiré à son atelier par un instinct secret pour ces débauches de chair et de pampre, mais surtout parce que tous les talents en germe étaient disciples d'Adam Van Oort, témoin Jordaens, Sébastien Franck et Van Balen.

Au temps où éclata le génie de Rubens, les Pays-Bas comptaient encore, sans parler des Franck, des Breughel et d'Adam Van Oort, plus d'un grand artiste, comme Gaspard de Crayer, Jacques Jordaens, Otto Venius.

II

Otto Venius, qui après Coexie et Floris fut le Raphaël flamand, venait d'arriver à Anvers avec une grande renommée. C'était un savant historien, un fervent artiste, un peintre épris du style : Rubens alla à lui.

On admire l'art dans les tableaux d'Otto Venius, mais on n'y trouve pas l'expression intime de la nature. Tout en quittant les régions du simple et du vrai, il ne s'élève pas à l'idéal. Il a plus d'ampleur, plus d'éclat, plus de variété que ses devanciers ; c'est bien la préface de Rubens, mais on cherche encore quand on a longtemps étudié son œuvre. Sainte simplicité flamande, où es-tu? C'en est fait de toi, nous ne te retrouverons plus dans les grandes pages. Sneyders lui-même donnera à ses bêtes le caractère épique [1].

---

[1] Bien que Sneyders ait étudié comme Van Dyck sous Van Balen, on peut dire qu'il fut son maître à lui-même, car Van Balen lui enseignait la peinture historique, lorsqu'un jour il reconnut qu'il n'était pas né pour peindre des hommes, mais pour peindre des bêtes. Il débuta par une chasse au cerf qui fit sa fortune. Jusque-là on n'avait jamais représenté avec tant d'éclat et tant de vie les meutes ardentes et les chevaux éperdus. Philippe III ayant vu ce tableau voulut avoir vingt chasses de Sneyders ; l'archiduc Albert le nomma son premier peintre, et Rubens, l'empereur de la peinture, l'appela pour peindre les animaux et les fruits de ses tableaux, déclarant qu'il saurait bien le payer en monnaie d'artiste. En effet, Rubens peignit presque toutes les figures des tableaux de Sneyders. Ces œuvres faites à deux semblent, par leur admirable harmonie, appartenir au même maître ; c'est que Rubens et Sneyders avaient la même touche libre et fière, riche et variée, la même couleur ferme, chaude et dorée. Sneyders vivait sans doute familièrement avec les animaux ; il les a présentés dans leurs passions, dans leurs fureurs, dans leurs larmes. Quelle vérité naïve et saisissante ! Ses combats de chiens et de sangliers, ses duels de lions et de tigres, respirent une énergie sauvage qui vous monte à la tête. Ses forêts répandent je ne sais quelle amère et verte odeur qui révèle un paysagiste vivement épris de la nature. Il a laissé quelques figures, entre autres son por-

A l'atelier d'Otto Venius, Rubens eut d'abord un rival sérieux dans Nicolas de Liemacker, surnommé Roose, qui avait l'instinct des grandes compositions. Rubens admira sans jalousie son talent à grouper les figures, le goût savant de son dessin, la hardiesse de son coloris. Plus tard, Rubens, déjà reconnu le plus grand peintre de son siècle, demeura fidèle à cette admiration pour Roose. Il fut appelé à Gand, où s'était établi son condisciple, pour peindre au retable d'un autel la chute des anges rebelles. « Messieurs, dit-il aux membres de la confrérie, quand on possède une *rose* si belle, on peut bien se passer de fleurs étrangères. » Le peintre de Gand se montra digne de ces paroles ; sa *Chute des Anges rebelles* pourrait sans affront porter la signature de Rubens.

Tout en reconnaissant la science et le style d'Otto Venius, Rubens, déjà pénétré du naturalisme flamand, eut le bon esprit de ne pas sacrifier à ce nouveau maître les œuvres robustes et originales d'Adam Van Oort. Otto Venius, même dans ses hardiesses, avait des timidités aux yeux de Rubens, même dans son ampleur il avait de la sécheresse, même dans son éclat il était brumeux. Et puis Otto Venius avait le tort de tous les érudits, dans les arts comme dans les lettres : il

trait, qui témoignent que sans Rubens il aurait pu faire un tableau complet. Il avait accepté la collaboration de Jordaens et de quelques autres aux conditions faites par Rubens. Mais pourtant ses plus beaux sont ceux dont Rubens a peint les figures, témoin celui de l'ancien archevêché de Bruges, où une femme enceinte touche des fruits avec plus d'avidité encore qu'Ève, sa première mère. On ne saurait dire où est le chef-d'œuvre. Les fruits sont admirables : la rosée la plus fraîche a roulé sur eux ses perles embaumées, le soleil le plus doux les a dorés et empourprés ; mais cette femme qui les touche est si vivante, que déjà on voit jaillir le lait de ses mamelles fécondes.

Sneyders ne quitta point Anvers. Il y était né en 1579, il y mourut en 1657. Dans ses portraits gravés on le représente entre un chien qui le regarde avec intelligence et une hure de sanglier. Sneyders porte un beau front et une barbe inculte.

peignait trop de par tel peintre vénitien ou tel peintre bolonais, comme un savant qui indique ses auteurs à chaque page. Rubens sentait en lui-même trop de sources vives jaillissantes déjà pour aller puiser d'une main timide aux sources étrangères.

Rubens quitta son dernier maître à peine âgé de vingt-trois ans, soit qu'il craignît de trop subir l'influence d'Otto Venius, soit que celui-ci lui conseillât de voyager. Rubens eut encore un maître, maître souverain dont il faut parler ici. Ce grand maître, ce fut son temps, ce seizième siècle tout plein des fougues, des colères, des orages de la guerre civile et de la fureur religieuse. Dieu sème le génie dans le sang des révolutions; après les grandes actions viennent les grands artistes. Dieu dispose le tableau, le peintre n'a plus qu'à le fixer sur la toile. Les uns ont la nature pour souverain maître, ils vivent dans son silence éloquent et dans ses joies agrestes, dans la poésie de ses métamorphoses et de ses horizons : c'est Claude Lorrain, c'est Ruysdaël. Les autres, comme Ostade ou Metzu, ont pour souverain maître le génie du foyer, parce qu'ils ont vécu les pieds dans l'âtre, l'œil distrait par le roman familier de l'intérieur. Ceux-ci, Raphaël ou Lesueur, ont pour les guider le Dieu qui parle en eux-mêmes, le divin sentiment qui fleurit dans leur âme. Ceux-là, Michel-Ange ou Rubens, ont emprunté la fougue, le bruit, la fureur et l'éclat de leurs compositions aux révolutions qui les ont bercés.

Après avoir quitté Otto Venius et avant de partir pour l'Italie, Rubens, peut-être incertain encore sur son génie, passa quelque temps à courir le monde. Il ébaucha les portraits de ses amis, tous gentilshommes flamands ou espagnols.

Albert et Isabelle accueillirent à la cour ce jeune peintre, déjà gentilhomme par le talent comme par la naissance. Selon Sandrart, Rubens n'alla en Italie que chargé d'une mission par l'archiduc d'Autriche pour le duc de Mantoue, Vincent de Gonzague. Ce qui est hors de doute, c'est que Rubens demeura près de huit ans à la cour du duc de Mantoue. Mais, beaucoup plus artiste que courtisan. A toute heure et en tout lieu il ne cessait d'étudier tantôt les anciens poëtes, tantôt la nature qui passait devant ses yeux, tantôt l'œuvre des grands maîtres. Il peignait d'ailleurs une galerie pour le duc de Mantoue. Un jour qu'il représentait le combat de Turnus et d'Énée, il récitait à haute voix, pour animer son génie, ces vers de Virgile : « *Ille etiam patriis agmen ciet...* » Le duc, qui l'avait écouté, entra en riant et lui parla latin, croyant qu'il n'entendait pas cette langue. Mais quelle fut sa surprise, lorsque le peintre lui répondit, en style digne du siècle d'or ! Il comprit surtout alors qu'il avait dans son palais un gentilhomme accompli qui pouvait le servir par son esprit comme par son talent. Il lui donna bientôt une mission pour Philippe III, roi d'Espagne. La mission du peintre fut sans doute de faire des portraits, car il peignit à Madrid le roi et toute sa cour ; seulement les cent mille piastres qu'il y gagna furent bien pour lui et non pour son seigneur et maître. Rubens fut si hautement renommé à Madrid, que le duc de Bragance, qui allait devenir roi de Portugal, écrivant à un seigneur de la cour, le supplia d'amener avec lui l'ambassadeur du duc de Mantoue à Villaviciosa, où le duc faisait sa résidence et méritait déjà le surnom de protecteur des sciences et des arts. Rubens, né pour la pompe des rois, né pour le luxe et le fracas, prit la route de Villaviciosa avec un train considérable, qui mit en rumeur toute la province. La reine de Saba allant visiter Salomon n'étala guère plus de faste et de splendeur. « Le duc de Bragance, dit Descamps, effrayé de la dépense qu'un tel hôte pourrait occasionner, dépêcha un gentilhomme au-devant de l'artiste, qui n'était plus qu'à une journée de sa cour, *pour le prier de remettre sa visite à un autre temps*. Ce compliment était accompagné d'une bourse de cinquante pistoles, pour dédommager Rubens de sa dépense et des heures qu'il avait perdues. Rubens répondit qu'il ne recevrait pas ce présent et qu'il visiterait le duc de Bragance. Je ne suis point venu peindre, mais pour m'amuser pendant une semaine à Villaviciosa. Que voulez-vous que je fasse de cinquante pistoles? J'en ai apporté mille pour les dépenser pendant mon séjour. »

A peine de retour à Mantoue, le duc, qui voulait avoir une immense galerie due à Rubens, l'envoya copier à Rome les tableaux des grands maîtres. Jusque-là cependant Rubens, qui avait quitté les Flandres pour aller s'enivrer de lumière devant l'école de Venise, n'avait pu étudier les maîtres de la couleur italienne. De Rome il alla à Venise. Quand il se vit en face des Titien, des Tintoret et des Véronèse, il sentit plus que jamais qu'il était né peintre et jura de ne plus éparpiller son génie dans les plaisirs frivoles des cours. Il quitta peu à peu son royal protecteur pour étudier en toute liberté les anciennes écoles d'Italie. Il n'avait pas pris le temps de vivre seul dans les rayonnantes extases de la pensée. Il vécut désormais seul, traversant comme un vieux pèlerin Venise, Rome, Gênes, Florence. L'art était devenu son dieu; il ne l'avait aimé d'abord que par caprice; son culte devenait plus grave. Ce qui acheva surtout de mûrir son esprit, ce qui vint à l'heure décisive donner à son génie un caractère plus solennel, ce fut la mort de sa mère. A la première nouvelle de la maladie, il était parti en toute hâte, mais il n'arriva que pour pleurer sur un tombeau. Sa douleur fut si profonde, qu'il se retira dans l'abbaye de Saint-Michel d'Anvers, presque décidé à n'en jamais sortir.

L'amour bâtit sur la mort : l'année même où il s'agenouilla tant de fois sur une tombe aimée, il devint follement épris de cette belle Isabelle Brandt dont il a laissé tant de portraits. Tout amoureux qu'il fût cependant, il voulait d'abord retourner à Mantoue. En vain l'archiduc Albert lui fit dire « qu'il ne souffrirait qu'avec peine que Mantoue enlevât à la Flandre espagnole son précieux ornement. » Mais quand Isabelle Brandt lui dit ces simples paroles en le regardant avec une naïve tendresse : « Vous partirez? » il demeura. En épousant Isabelle, il réalisa un des mille rêves de sa jeunesse. Sa femme était belle, il en fit une reine : il ne la mit point dans une maison, mais dans un palais : il lui donna des chevaux et des laquais, les plus riches étoffes, les plus rares parures. Si la chambre d'Isabelle semblait l'œuvre des fées, l'atelier de Rubens était l'œuvre d'un artiste achevé : c'était un cabinet en rotonde éclairé par en haut, orné de vases de porphyre et d'agate les plus merveilleusement sculptés, de bustes antiques et modernes du plus haut style. Toutes les écoles de peinture avaient là leur représentant dans quelque œuvre précieuse. Cette collection enviée par tous les princes, Rubens la céda plus tard, bien à regret, au duc de Buckingham, qui, en lui comptant soixante mille florins, croyait bien qu'il ne la payait pas; mais le duc lui donna son amitié, qui fut inépuisable. Quoiqu'il vécût comme un prince, Rubens vivait heureux. Il avait le luxe, mais il avait la liberté. Et puis, s'il travaillait, c'était avec la religion de l'art; ses loisirs étaient ceux d'un esprit intelligent qui s'en va butiner comme l'abeille gourmande sur toutes les fleurs de la science. En un mot, son temps était à lui, voilà tout le secret. L'or tombait de sa palette comme par enchantement : ses moindres ébauches étaient recherchées dans les quatre royaumes de l'art. Il comprenait si bien que le temps est une richesse qui passe, qu'il ne voulait pas perdre une heure. Il dormait peu ; il courait beaucoup à pied ou à cheval, tantôt le monde, tantôt les bois. Il avait son lecteur ordinaire : il ne saisissait jamais sa palette sans que celui-ci vînt avec deux ou trois auteurs, tantôt sacrés, tantôt profanes. Il n'avait pas besoin d'ailleurs de la science des autres ; tous les poëtes lui étaient familiers ; il parlait sept langues et connaissait à fond toutes les théologies et toutes les histoires[1]. Cependant peu à peu la paresse vint saisir cet esprit éclatant. Comme l'amour de l'or et du luxe ne s'altérait pas chez lui, il choisit sept à huit de ses élèves et les mit à l'œuvre, non pour eux, mais pour lui. Il devint pour ainsi dire un très-intelligent chef d'orchestre. Il avait une estrade dans son atelier, il y montait avec des livres, il traçait quelques lignes et commandait à haute voix. Comme il avait choisi les talents les plus variés, les sept ou huit élèves pouvaient

[1] Il a commencé plus d'un livre, il a écrit un ouvrage sur *la Peinture et les couleurs*, qui n'est point imprimé, quoi qu'en disent l'abbé Ponce de Léon et le *Dictionnaire* de Moréri, qui ont confondu avec le manuscrit de Rubens un livre intitulé : *Rubenius, de Re Vestiaria* (de l'Art de peindre les draperies), *Conversations* de de Piles, page 216, et *Abrégé des vies des Peintres*, page 391. Il a aussi paru dans les journaux une lettre sur ce sujet, écrite d'Anvers le 15 septembre 1769.

travailler au même tableau ; l'un traitait le nu, l'autre la draperie, celui-ci le paysage, celui-là les animaux, enfin le maître venait à son tour parachever l'œuvre. En quelques coups de palette il avait l'art de répandre la vie et d'imprimer son style. Il pouvait signer en toute conscience, c'était bien l'œuvre de Rubens ; il avait donné l'inspiration, il avait tracé le dernier mot.

Cependant quelques-uns des élèves se confièrent un jour que Rubens avait tout l'argent et toute la gloire. De là révolte ouverte. Ils répandirent le bruit que sans le secours de ses disciples Rubens serait un pauvre paysagiste, un mauvais peintre de kermesse et un plus mauvais peintre d'animaux. Rubens répondit à la critique, comme tous les grands artistes, par de nouveaux chefs-d'œuvre. En quelques semaines il peignit une kermesse éclatante, des animaux et des paysages d'une grande manière et d'un grand effet. Ceux qui s'étaient le plus acharnés contre sa gloire ne se tinrent pas pour battus ; Abraham Jeanssens entre autres, téméraire dans sa fureur de combattre, osa proposer à Rubens un défi de peinture. Rubens se contenta de lui répondre : « Quand vous serez à ma taille, j'accepterai le défi. »

III

La reine Marie de Médicis avait appris de bonne heure, par tradition de famille, que les beaux-arts autant que les belles actions immortalisent un nom royal. Le génie de la statuaire, de la peinture et de la poésie n'a-t-il pas répandu plus d'éclat sur les grandes figures de l'histoire que l'histoire elle-même ? En 1620, Rubens était seul le grand artiste qui parut digne à Marie de Médicis d'imprimer sur la toile l'éternité de sa gloire. Rubens fut donc choisi par elle pour peindre le célèbre poëme épique du Luxembourg, poëme en vingt-quatre chants, comme ceux d'Homère. Rubens, pourquoi ne pas le dire? s'est montré dans cette œuvre moins grand artiste que profond courtisan ; car on peut contester le goût de ses allégories, roman historique, histoire romanesque, où le sacré coudoie le profane dans un petit cercle, qui prend des airs de grandeur par la seule magie du pinceau. Il faut dire aussi que l'inspiration n'était pas favorable au génie. La vie de Marie de Médicis n'a offert qu'une page poétique à l'histoire : cette page, Rubens ne l'a pas vue ; c'est celle où, par l'ingratitude de Richelieu, la reine-mère alla mourir de misère à Cologne, dans la maison même où était né Rubens. S'est-elle rappelé à son lit de mort le poëme menteur du grand peintre, qui avait entouré son berceau de destins et de génies prédisant pour elle un avenir splendide.

Winckelmann admire beaucoup trop les allégories de Rubens. « Rubens a cherché à représenter Henri IV comme un vainqueur humain et pacifique, qui témoigna de l'indulgence et de la bonté même envers ceux qui s'étaient rendus coupables de rébellion et de lèse-majesté. Il représenta son héros sous la figure de Jupiter, qui ordonne aux dieux de punir les vices et de les plonger dans l'abîme. Apollon et Minerve décochent leurs flèches sur ces vices, représentés par les figures allégoriques de monstres qui tombent tumultueusement par terre. Mars en fureur veut tout détruire ; mais Vénus, comme emblème de l'Amour, retient doucement le bras du dieu de la guerre. L'expression de Vénus est si grande qu'on croit entendre cette déesse adresser ces paroles à Mars : Que la colère ne vous emporte pas contre les vices ; ils sont assez punis. » Et Winckelmann s'évertue à pénétrer des intentions profondes là où Rubens n'a songé qu'à des effets de palette.

Je reconnais avec Winckelmann que la peinture étend son empire sur les idées, sur le monde de l'âme comme sur le monde qui frappe les yeux. Nous sommes gouvernés par des allégories; la religion et la philosophie ne sont peuplées que de symboles. Les arts surtout vivent par le symbole, mais je n'aime pas les énigmes dans l'art. Je ne puis admettre avec Platon que la poésie soit énigmatique. Homère, le grand maître, ne répand jamais d'ombres sur ses idées; il est clair comme le ciel du matin. Dans ses tableaux immortels, l'allégorie apparaît sans nuages, fière et belle comme la vérité. N'est-ce pas un tableau tout fait que cette allégorie des Prières : « Apprenez, ô Achille! que les Prières sont filles de Jupiter ; elles sont devenues courbées à force de se prosterner ; l'inquiétude et les rides profondes sont gravées sur leur visage; elles forment le cortège de la déesse Até. Cette déesse passe d'un air fier et dédaigneux, et, parcourant d'un pied léger tout l'univers, elle afflige et tourmente les humains; elle tâche d'éviter les Prières qui la poursuivent sans cesse, et qui s'occupent à guérir les plaies qu'elle a faites. Ces filles de Jupiter, ô Achille! versent leurs bienfaits sur celui qui les honore. » Il y a, dans toutes les allégories antiques, une grandeur et une simplicité qui fait leur lumière; les allégories modernes, plus ingénieuses que grandes, sont souvent confuses, presque jamais simples. Si les anciens avaient à peindre la mort d'une jeune fille, ils la représentaient enlevée dans les bras de l'Aurore, symbole d'une grâce adorable qu'ils devaient à leur poésie panthéiste, et non pas, comme a dit Winckelmann, plus savant que poëte, à la coutume d'inhumer les enfants à la pointe du jour. Or, demandez un symbole aux peintres modernes sur la mort d'une jeune fille !

Rubens a été forcé de ne prendre aux anciens, lui qui était un génie de premier ordre, que des allégories surannées ; ce qu'il fallait à ce fier pinceau, à ce poëte épique, à ce savant artiste, c'était l'allégorie renfermant dans sa figure sublime le sens mystérieux de la fable, et non le symbole des vertus et des vices. La galerie du Luxembourg de Rubens est un poëme qui ne vaut guère mieux que *la Henriade*, exécution à part, car Voltaire poëte épique n'a ni verve ni couleur. Mais, si Rubens n'a cherché que des prétextes pour déployer toutes les hardiesses de son pinceau et tout le luxe de sa palette, applaudissons à ce chef-d'œuvre éclatant, sinon profond.

Rubens vint achever ce chef-d'œuvre à Paris, où la reine l'avait plus d'une fois appelé. Marie de Médicis prit un vrai plaisir à le voir peindre, car il couvrait une grande toile comme par magie. Il fut retenu en France par toute la cour qui voulait poser devant lui. Sa carrière diplomatique commença à son retour en Flandre. Il connaissait les hommes de longue date par l'étude des passions ; il était grand physionomiste ; il jugeait vite et jugeait bien. Son grand œil pénétrant, quoique enivré de lumière, allait au fond des cœurs. L'infante Isabelle eut de graves entretiens avec lui sur la situation des Pays-Bas. Elle comprit que c'était le seul homme de haute intelligence qui fût à sa cour ; elle ne le nomma point ambassadeur, mais elle lui confia la mission d'aller en Espagne conférer avec le roi sur les dangers d'une guerre plus longue en Brabant. Il fut accueilli à la cour d'Espagne par le roi, par le duc d'Olivarès et le marquis de Spinola, comme un ambassadeur en titre. Il fit mieux que de peindre l'état des Flandres, il donna d'excellents conseils pour l'avenir. Le roi d'Espagne lui donna comme preuve de son contentement six chevaux andalous, un diamant de prix et la charge de secrétaire du conseil privé avec la survivance de cette charge pour son fils. A peine de retour en Flandre, Isabelle l'envoya en Hollande, toujours avec la mission d'arriver à la paix. La négociation allait arriver à bonne fin, quand mourut le prince de Nassau. Ce fut alors que le roi d'Espagne confia à Rubens la mission d'aller en Angleterre, toujours dans le même but. Le peintre passa en Grande-Bretagne comme un simple voyageur ; il visita son ancien ami le duc de Buckingham, et demanda à être présenté au roi. Il fut accueilli à la cour avec toute sorte de bonne grâce. Il déplora la guerre entre l'Espagne et l'Angleterre. « Qui sait ? dit-il avec un sourire, peut-être le roi d'Espagne et le roi d'Angleterre ne seraient pas fâchés de consentir à la paix ? — Qui sait ? » dit le roi devenu pensif. Rubens comprit que le moment était favorable ; il déplia ses lettres de créance et demanda la paix au nom du roi son maître. Charles Ier, pour donner à cet ambassadeur extraordinaire une preuve de haute estime, lui passa au cou à l'instant même le cordon de son ordre. Peu de jours après il le créa chevalier en plein parlement et lui remit l'épée qui venait de lui servir pour la cérémonie.

Rubens n'était pas aux termes de ses missions diplomatiques; nous ne le suivrons pas plus longtemps dans cette région fatale au génie, car le génie aime la solitude qui inspire. Il regretta bientôt lui-même de s'être un peu trop attardé dans ces vanités de cour qui dévoraient le meilleur de son temps, mais qui du moins l'avaient détourné peu à peu de sa douleur à la mort de sa femme. Il prit à la fin la ferme résolution de vivre désormais pour l'art et pour lui-même. Il se renferma à Anvers dans cette royale maison peuplée de souvenirs où il avait passé ses plus belles heures; mais il n'y retrouva ni sa jeunesse ni l'amie de sa jeunesse. Il n'eut pas la force de vivre seul. Il y avait à Anvers une jeune fille d'une rare beauté, Hélène Formann, qui comptait seize ans à peine; il l'épousa, tout en reconnaissant la folie d'un pareil hyménée. C'était d'ailleurs une belle folie qui eût entraîné les plus raisonnables. Rubens a immortalisé Hélène Formann comme Isabelle Brandt. Depuis son second mariage jusqu'à sa mort, il peignit toutes ses vierges sur le modèle de sa jeune femme.

Il y a au musée de Munich deux portraits de Rubens peints par lui-même. Dans le premier, il s'est représenté dans tout l'éclat de sa luxuriante jeunesse, donnant la main à Isabelle Brandt; dans le second, c'est un homme déjà mûr, qui se promène avec une femme et un enfant; cette autre femme, c'est Hélène Formann. Dans la fameuse *Descente de Croix*, la Vierge et la Madeleine ne rappellent-elles pas la nature et l'expression de ces deux femmes de Rubens?

Rubens, frappé de la goutte, mourut à l'âge de soixante-deux ans et onze mois, le 30 mai 1640, laissant à ses deux fils et à sa fille un nom glorieux et une grande fortune. Il mourut vaillamment, le pinceau à la main. Son génie lui était demeuré fidèle compagnon; jamais grand artiste n'avait créé tant d'œuvres immortelles. Il fut enterré dans l'église Saint-Jacques d'Anvers, derrière le chœur. Ses funérailles furent celles d'un prince. On porta devant son cercueil une couronne d'or sur un carreau de velours noir. La noblesse, le clergé, les artistes, les gens du peuple, vinrent en foule saluer cette couronne et s'agenouiller devant son cercueil [1]; mais c'était au

---

[1] Entre autres épitaphes, on a remarqué celle du chevalier Bullart :

> Ipsa suos Iris, dedit ipsa Aurora colores,
>   Nox umbras, Titan lumina clara tibi.
> Das te Rubenius vitam, mentemque figuris.
>   Et per te vivit lumen, et umbra, color;
> Quid te, Rubeni, nigro mors funere volvit?
>   Vivit, victa tuo, picta colore rubet.

« C'est surtout à la modeste église Saint-Jacques que doivent se rendre en pieux pèlerinage les admirateurs du grand peintre d'Anvers. Là se trouvent son tombeau, son portrait et l'un de ses chefs-d'œuvre. Le tombeau, dessiné d'après Rubens lui-même, remplit une petite chapelle derrière le chœur de l'église. Son corps repose au centre de cette chapelle, sous une vaste pierre tumulaire que foulent aux pieds les dévôts et les touristes, et qu'on a surchargée d'une longue inscription latine où sont rappelés en style lapidaire tous les noms, titres et mérites du défunt, tandis qu'il suffisait d'inscrire ce seul mot : RUBENS. Le tableau qui orne l'autel présente, sous prétexte d'*une Sainte Famille*, toute la famille du peintre. Saint George le guerrier est Rubens lui-même, saint Jérôme son père, le Temps son grand-père, un ange son fils, Marthe et Madeleine ses deux femmes. Quant à la Vierge, on croit que c'est une demoiselle Lunden, qui lui servit de modèle en plusieurs occasions, et qu'on appelait communément *le chapeau de paille*, depuis que Rubens l'avait peinte avec la coiffure qu'indique ce surnom. Cette prétendue *Sainte Famille*, qui, par le nombre des personnages, sort beaucoup des dimensions ordinaires, est un tableau magnifique, d'une composition ingénieuse et facile, d'une couleur incomparable, d'un effet ravissant et d'une conservation parfaite. De toutes les œuvres de Rubens que j'ai vues dans les Flandres, en France, en Angleterre, en Italie, en Espagne, je n'en connais pas de supérieure à cette simple réunion de portraits. Cependant Rubens ne mit que dix-sept jours à la peindre. C'était quinze ans avant sa mort, arrivée en 1640. » L. VIARDOT.

dix-neuvième siècle qu'il était réservé d'élever une statue à Rubens en pleine place d'Anvers, comme pour un roi. Quel roi oserait lui disputer la place[1]?

V

Rubens peignait comme Homère et Théocrite chantaient; il avait la grandiosité dans le génie. Les luxuriantes et naïves Flamandes lui rappelaient les formes héroïques des femmes de Sparte, de Lacédémone et de Syracuse. Il est d'un grand aspect comme la mer, les tempêtes et les montagnes. Il passe rapide comme la foudre, sans s'arrêter aux ciselures ni aux mosaïques. Sous son pinceau la mer jaillit tout entière et non vague par vague, les montagnes s'élèvent par grandes lignes et non par rochers et par touffes d'herbes.

Rubens, quelque tableau qu'il fît, conservait, même à son insu, ce style d'apparat qu'il avait emprunté à l'école de Venise, mais surtout à Paul Véronèse. Il faut bien avouer qu'il y a un peu de mouvement théâtral dans son talent; il n'est pas jusqu'au paysage qu'il n'ait trop animé par la mise en scène. Ainsi, chez lui, la nature est toujours aux prises avec

---

[1] Au musée d'Anvers on montre sa chaise, — un trône — conservée sous verre « vieux meuble que son souvenir a rendu sacré. Elle est garnie en cuir et piquée de clous dorés, avec des dorures en relief, comme sur les reliures. Elle annonce un grand état. On a mis sur le siége une couronne d'immortelles flétries, symbole d'immortalité moins solide que la sienne. C'est sur cette chaise que le merveilleux coloriste s'est assis. Pourquoi n'y fait-on pas asseoir tous les jeunes peintres lauréats, comme à Montpellier on fait endosser à tous les docteurs en médecine la prétendue robe de Rabelais? Le contact de la vieille relique leur donnerait peut-être, sinon le génie de Rubens, du moins le respect de l'art, qui est déjà du talent. » D. Nisard.

l'orage ou la tempête; il parvient sans cesse à altérer cette naïve et sublime simplicité dont Dieu l'a revêtue. Dans les nues, il jette un arc-en-ciel; sur la prairie, il précipite une cascade; dans la forêt, il chasse un coup de vent.

Comme l'a remarqué Reynolds, tout est en harmonie chez Rubens. « S'il eût été plus parfait, ses ouvrages n'auraient pas eu cette perfection d'ensemble qu'on y trouve. Par exemple, s'il avait mis plus de pureté et de correction dans le dessin, son manque de simplicité dans la composition, dans la couleur et dans le jet des draperies, nous frapperait davantage; » mais la richesse de sa composition et l'harmonie de sa palette éblouissent à tel point la vue, qu'on s'incline devant ses défauts comme devant ses beautés.

Il y a trois espèces d'harmonie : la première a pour exemple *la Transfiguration;* c'est la manière romaine; les couleurs en sont fortes et fières. La seconde est la manière milanaise; elle est produite par la rupture des couleurs[1]. Avant les Hollandais, Léonard de Vinci a enseigné l'art de *cacher sa palette,* semblable au grand écrivain qui ne détourne jamais l'attention du sujet pour l'attirer sur lui-même. La troisième manière a pour exemple les Vénitiens et les Anversois. C'est l'alliance des couleurs fières et tendres dans un ensemble éclatant. Rubens est le vrai représentant de cette manière.

Il peignait d'un seul coup, en traits de feu; de là le charme tout virginal de son coloris. Il savait trop bien qu'il perdrait cette magie en fatiguant ses couleurs.

Quoique le génie de Rubens fût surtout dans sa palette, il

---

[1] Expression des anciens. « On les rompt jusqu'à ce qu'il y ait une harmonie générale dans les tons, sans qu'on y remarque rien qui rappelle la palette du peintre. » REYNOLDS.

avait aussi l'art de *cacher sa palette*, comme Léonard de Vinci. Quelle fraîcheur de ton! quel éclat! quelle énergie! C'est le rayon qui joue sur la rosée. Rubens est toujours harmonieux comme un bouquet de fleurs dans ses bouquets de chairs[1]; il allie merveilleusement les couleurs fières aux couleurs tendres. Il a l'art de les distribuer, de les fondre et de les rendre amies.

Rubens est une des plus puissantes individualités qui aient marqué dans les arts. Sa grande figure est empreinte du caractère olympien. Non-seulement il a régné souverainement dans les Flandres, mais il a partagé la couronne des plus radieux artistes. Il a quelquefois saisi la grâce adorable de Raphaël et la grandiosité terrible de Michel-Ange, l'énergie robuste de Titien et la suavité voluptueuse du Corrége. Il a lutté avec la nature et n'a pas été vaincu par elle. Rien n'arrêtait ce fier et vaillant pinceau, qui passait, victorieux toujours, de l'allégorie au bouquet de fleurs, de l'histoire sacrée à la kermesse, du portrait au paysage[2].

C'est surtout dans la *Montée au Calvaire*, dans les grandes pages allégoriques, dans l'*Adoration des Mages*[3], que le génie

---

[1] Ses chairs, on l'a dit, ressemblent à la couleur vermeille des doigts de la main quand on les tient vers le soleil.

[2] Il existe de fort beaux paysages de Rubens : j'en ai vu un tout couvert de vaches que Sneyders seul aurait oser signé avec Rubens. Le grand peintre se faisant paysagiste cherchait toujours à animer la nature par quelque idylle flamande, comme une fenaison troublée par l'orage, une forêt pendant la chasse, des pêcheurs sur le lac. Les deux grands paysages du palais Pitti sont des chefs-d'œuvre où il a imprimé l'art et la vie.

[3] Quelques critiques préfèrent l'*Adoration des Mages*, même à l'*Assomption de la Vierge* et à la *Descente de croix*. « La Vierge est à droite, tournée vers la gauche, où se tiennent les mages. Il y a un de ces mages qui dépasse toute imagination, et je n'ai jamais vu dans aucun tableau une figure si étrange et si majestueuse. Il est debout, le corps de profil, la tête presque de face et un peu inclinée. Il est enveloppé d'un manteau

de Rubens éclate jusqu'à la fureur. Quelle force orgueilleuse! quelle sublimité! quelle splendeur et quelle magnificence! La *Descente de croix*, ce miracle de la cathédrale d'Anvers où l'on va comme à un pèlerinage d'art de tous les coins du globe, est la page où Rubens a fondu le plus harmonieusement toutes les richesses de sa palette, toute la fierté de sa main, tout le sentiment de son âme. Jamais on n'a été plus expressif et plus douloureux, jamais cette page sublime du poëme de la Passion n'a été traduite par un art plus divin; la Vierge n'est plus une femme, c'est la mère de Dieu; Jésus n'est plus un homme, c'est le Fils de Dieu. Quoique la couleur éclate sur cette toile comme dans toutes les œuvres de Rubens, elle n'y étouffe pas la ligne et le sentiment. Rubens est là tout entier. Et là du moins on sent bien

---

écarlate, couleur de fournaise, avec quelques étoiles d'or. L'étoffe de cette draperie est épaisse et lourde, et fait quelques grands plis sévères. Un des pans traîne sur le sol, mais on voit cependant les jambes nues du colosse et les pieds aux vigoureuses articulations, chaussés de sandales nouées à la cheville par des cothurnes. La tête est effrayante, un crâne nu et ferme comme le roc; sous la caverne des sourcils, qui s'avancent comme des broussailles au bord d'un précipice, un regard perçant et inflexible; un nez d'aigle et une cascade de barbe blanche qui bouillonne jusque sur sa poitrine. Oh! le beau Jupiter Olympien pour ébranler le monde à la seule ride de son front! Le Moïse de Michel-Ange n'est pas si terrible que le mage de Rubens. » T. Thoré.

Au palais Pitti, un des tableaux qui m'ont le plus frappé est la célèbre allégorie, Mars partant pour la guerre. Rubens donne ainsi l'explication de son œuvre dans une de ses lettres : « Le principal personnage est Mars, qui sort du temple de Janus. Le dieu des combats, armé de l'épée sanglante et du bouclier, menace les peuples des plus grands désastres; il résiste aux instances de Vénus qui, accompagnée des Amours, s'efforce de le retenir par de tendres caresses. La furie Alecto, le flambeau à la main, entraîne Mars aux combats; elle est précédée de deux monstres, qui désignent la peste et la famine, compagnes inséparables de la guerre, » etc. Mais la prose du peintre n'a pas l'éloquence de sa palette; Homère seul était digne d'expliquer ce tableau qui vous attire et vous épouvante, où l'on entend les bruits de la guerre, où l'on voit les palpitations du beau sein de Vénus. C'est l'art, c'est la vie.

que la main profane d'un élève n'est pas venue refroidir l'inspiration du maître.

Ce grand génie, qui voulait être le dernier mot de l'Italie et de la Flandre, a un peu abusé de ses forces; il a pris quelquefois la fureur pour l'inspiration ou la verve. Dans sa fougueuse énergie, il a çà et là dépassé le but, car tout ce tumulte, tout ce fracas, toutes ces splendeurs, frappent souvent plus les yeux que la pensée. Ne s'adressent-elles pas aussi à quelques-unes des œuvres de Rubens, ces paroles de Shakspeare : « Une fable contée par un fou, pleine de redondances et de grands mots [1]? » Avec un peu moins d'éclat et un peu plus de poétique grandeur, qu'eût-il manqué à Rubens? Au lieu d'adorer à Venise le style un peu théâtral des coloristes, que n'a-t-il adoré à Rome la ligne éloquente des dessinateurs?

Comme Michel-Ange, Rubens fut le peintre du mouvement; il aimait le mouvement jusqu'au désordre : aussi ses attitudes sont-elles un peu outrées dans leur énergie. La chaleur et l'enthousiasme l'entraînaient trop loin, même dans la peinture héroïque, hormis pourtant dans ces admirables chefs-d'œuvre, la *Chute des Anges rebelles* et le *Combat des Amazones*. Ses hommes sont toujours des hommes par la force et par la grandeur; mais, dans sa manière trop large et trop puissante, les femmes qu'il crée ne sont plus assez des femmes.

Rubens a dignement lutté avec Michel-Ange dans son *Jugement dernier;* il n'atteint pas à la sauvage mélancolie ni à la science de dessin du peintre de la chapelle Sixtine; mais Rubens, avec la poésie du symbole, avec la magie du clair-obscur

---

[1] A tale told by an idiat, full of sound and fury, signisyind nothing.

et toutes les pompes du coloris, s'élève à la hauteur de Michel-Ange.

Les critiques, qui ne veulent jamais de taches au soleil, reprochent à Rubens de n'avoir rien compris à cette ligne sévère, idéal du sculpteur antique reconquis par Raphaël, de ne pas s'être passionné pour le contour pur, si correct et si expressif d'Euphranor, — Euphranor, qui représentait à la fois dans Pâris le juge des déesses, l'amant d'Hélène et le vainqueur d'Achille, sans les ressources d'un beau coloris, avec la ligne seule, qui est une langue complète. Rubens a tout compris, mais il a dit que la couleur aussi était une langue complète. Quand donc acceptera-t-on le génie avec ses dons divins et ses imperfections humaines? Nos défauts sont les ombres de nos vertus.

Ce qui a surtout frappé Rubens, c'est l'éclat et la grandiosité. Comme Michel-Ange, il a oublié que les Grâces ne sont pas des Amazones. Mais qu'importe, s'il est arrivé victorieusement jusqu'au sommet de l'art? Tout en négligeant trop les leçons des maîtres de l'antiquité, il a saisi à la nature des beautés qu'eux-mêmes, peut-être, n'avaient pas découvertes. Le génie n'est-il pas souvent le don de voir l'œuvre de Dieu sous un aspect nouveau?

Le caractère du génie humain est d'étonner par des beautés et non pas d'être sans défaut. Saluons sans critique celui qui, comme Dieu, créait son monde en six jours. Il avait la rapidité de la foudre, non pour détruire, mais pour répandre la vie dans ses tableaux[1]. Saluons Rubens, inclinons-nous devant

---

[1] C'était la vie qui faisait battre son cœur plutôt que sa vie qui entraînait son imagina-

son sceptre, car celui-là fut un roi, le roi glorieux des Flandres. Quel est celui qui, en s'élevant sur son trône, pourrait atteindre à sa taille?

tion; aussi ses hyperboles habitaient toujours la terre. « Un certain accent humain semble être nécessaire pour donner l'apparence de la vie. La représentation de nos pareils dans le *Jugement dernier* de Michel-Ange, ou dans la *Chute des Damnés* de Rubens, nous inspire plus d'horreur que si ces êtres étaient peints sous les formes imaginaires que Milton leur prête. Dans les régions de la fiction et de l'allégorie, cette vérité de représentation est d'autant plus essentielle, qu'elle porte les images à l'esprit avec plus de force; par exemple, les satyres, les Silènes et les faunes de Rubens semblent avoir existé en effet, tellement ils paraissent être vrais en tout ce qui constitue les passions sensuelles, effrénées et mauvaises de la nature humaine quand elle est privée d'intelligence. » VAN GEEL.

VAN DYCK

Ce qui forme le caractère de l'école de Rubens, c'est la santé, c'est la force, c'est l'exubérance. Dans son atelier, les disciples sont taillés en Hercule; ils secouent leurs cheveux dorés comme un lion secoue sa crinière; un sang généreux coule dans leurs veines et les colore comme le vin qui va jaillir de la grappe empourprée.

Reynolds rapporte ces paroles sur Rubens : « On a dit qu'il était envoyé du ciel pour apprendre aux hommes l'art de peindre. » Comme Raphaël, Rubens éveilla le génie de ses disciples par la hardiesse. Quand il les faisait peindre dans ses tableaux : « Allez, disait-il, n'oubliez pas que le disciple qui peint mal accuse son maître. »

Quelle belle, féconde et glorieuse époque pour Anvers, que le règne de Rubens ! Cette ville, comme une mère heureuse, suspendait à son sein des enfants sublimes, non-seulement dans la peinture, mais encore dans la statuaire et dans la gravure. Lucas Vorsterman naissait à temps pour graver sous les yeux de Rubens la *Descente de Croix*, la *Chute des Anges rebelles* et le *Combat des Amazones*.

L'école flamande s'était condamnée, par son principe, à descendre toujours de l'idéal au réel, de la poésie à la vérité. Si cette tendance fut fatale aux grandes pages produites à Bruges, à Anvers et à Bruxelles, ne peut-on pas affirmer qu'elle fut favorable à l'œuvre de Van Dyck? En effet, si le naturalisme doit régner en toute force et en toute liberté, n'est-ce pas dans le portrait, pourvu que le peintre sache, comme Van Dyck, y répandre la lumière du soleil et la lumière de l'intelligence?

Les portraits sont la plus sûre page de l'histoire ; pour étudier les caractères et les passions d'une époque, je conseillerais plutôt une galerie de portraits qu'une bibliothèque ; depuis quatre siècles, il s'est créé peu à peu une galerie de portraits où l'on retrouve toutes les grandes physionomies qui ont dominé le monde nouveau. Le peintre a pu se tromper, mais il est plus fidèle encore que le plus fidèle historien. Si cette tête qu'il vous montre est celle d'un roi quelconque, roi par l'héroïsme, le génie, la naissance, vous verrez peu à peu briller sur son front ou dans son regard l'auréole de cette royauté. L'âme de tout homme fort passe sans cesse sur sa figure ; il a beau faire pour la masquer, elle se fait jour çà et là à son insu. Mais, pour saisir cette âme au passage, pour la fixer sur la toile par la magie de la couleur, il ne faut rien moins qu'un maître souverain de premier ordre, Titien, Van Dyck, Velasquez, Rembrandt, Raphaël, qui ait le don de la création. Pour un pareil créateur de l'école de Dieu, que de portraitistes inintelligents qui copient l'enveloppe matérielle sans souci de la pensée qui habite le front!

Le temps, qui dévore tout, n'a pas atteint l'œuvre de Van Dyck ; ses portraits ont conservé toute leur lumière et toute leur fraîcheur ; peut-être même le temps a-t-il répandu sur ces toiles immortelles cette harmonieuse poussière, cette magique trame qui donne aux vieilles peintures l'aspect mystérieux d'œuvres consacrées où l'on ne reconnaîtrait pas la main des hommes.

Antoine Van Dyck, originaire de Bois-le-Duc, naquit à Anvers en la dernière année du seizième siècle. Selon Houbraeken, son père était peintre sur verre et sa mère excellait à broder au petit point. Déjà la peinture sur verre était en pleine décadence, on n'élevait plus de cathédrales, le protestantisme ruinait la sculpture et la peinture gothique ; sans doute l'art de broder au petit point contribua plus à élever Van Dyck que l'art déjà perdu du peintre-verrier. Van Dyck eut d'abord son père pour maître ; mais celui-ci, reconnaissant bientôt qu'on ne pouvait faire un peintre sur toile avec les principes de la peinture sur verre, conduisit son fils chez Van Balen, qui était son ami.

Van Balen avait fait le voyage de Rome et de Venise ; il avait étudié toutes les traditions ; il était savant artiste autant que bon peintre. Un disciple intelligent comme Van Dyck pouvait sortir de son atelier avec un talent achevé. Mais Van Dyck avait vu des tableaux de Rubens ; à ses yeux, Van Balen était un peintre digne de renommée, mais Rubens était le roi de la peinture. Il alla frapper à sa porte : « Qui va là ? — Un enfant. » Rubens reconnut le même jour que c'était un enfant de génie. Il ne tarda pas à le faire peindre dans ses tableaux. Il arriva même que Van Dyck peignit de grandes pages signées Rubens, quoique le maître y eût à peine donné quelques touches. Dans l'illustre *Descente de croix*, la joue et le menton de la Vierge sont de la main de Van Dyck; mais ici Rubens n'avait pas songé à se servir du talent de son élève. Voici l'anecdote, qui appartient à l'histoire de l'art. Rubens sortait tous les jours vers quatre heures pour se promener à pied ou à cheval. Son domestique le trahissait, comme cela arrive toujours, c'est-à-dire que, moyennant un tribut annuel, il ouvrait la porte du cabinet de Rubens à tous ses disciples, qui étudiaient dans un atelier du voisinage. Ils allaient ainsi prendre une bonne leçon, car ils voyaient, par les ébauches, comment ce fier génie se mettait à l'œuvre. Depuis longtemps ils n'avaient pas pénétré dans le cabinet; cependant ils savaient que Rubens avait promis un chef-d'œuvre pour Notre-Dame d'Anvers. Un soir, la curiosité fut plus vive et plus bruyante que de coutume. Jordaens et Diepenbecke se précipitèrent en avant, poussés par les autres, dès que la porte du cabinet fut ouverte. On voit par là que les écoles de peinture renfermaient, comme aujourd'hui, toutes les folies de la jeunesse. Diepenbecke ne put s'arrêter à temps; il tomba sur la Vierge, lui enlevant le bras, la joue et le menton. Tout le monde se regarda avec terreur. On voulait fuir, car Rubens avait la colère d'un Jupiter Olympien. Van Hoeck prit la parole : « Mes chers camarades, il faut, sans perdre de temps, risquer le tout pour le tout ; nous avons encore environ trois heures de jour, que le plus digne d'entre nous (ce n'est pas moi) prenne la palette et essaye de réparer ce qui est effacé. Je donne ma voix à Van Dyck. » Ainsi parla Van Hoeck. Van Dyck eut toutes les voix, moins la sienne.

Cependant, soit pour obéir à ses amis, soit par pressentiment du triomphe, il se mit héroïquement à l'œuvre. Le lendemain, Rubens convia tout l'atelier au spectacle de sa *Descente de croix*. Pas un de ses élèves ne le suivit sans pâlir ; Van Dyck était tout défaillant. Rubens parlait de son génie avec un naïf orgueil ; il expliqua à ses disciples toutes les beautés de l'œuvre nouvelle. Arrivé à la Vierge : « Voilà, dit-il tout à coup, un bras et une tête qui ne sont pas ce que j'ai fait hier de moins bien. » Rubens apprit, on ne dit pas comment, ce qui s'était passé. Il y a ici deux versions : selon les uns, il effaça tout et ordonna à Van Dyck de voyager ; selon les autres, il respecta les coups de pinceau de Van Dyck et lui dit qu'il était le vice-roi de la peinture flamande. On peut bien admettre, pour l'amour de la vérité, que Rubens fut jaloux de Van Dyck ; tous les dominateurs dans les arts ont été jaloux ; mais on n'admettra jamais qu'un homme d'esprit comme Rubens, un diplomate achevé, ait laissé percer sa jalousie par la vengeance.

S'il faut en croire les conteurs d'anecdotes, Rubens était jaloux de Van Dyck pour une autre raison. Ils assurent que le jeune peintre était aimé d'Isabelle Brandt. Van Dyck, sans avoir la beauté adorée par les Grecs, avait peut-être, avec sa physionomie fière et tendre, chevaleresque et amoureuse, la beauté idéale de son pays et de son siècle ; car, il faut le dire, la beauté change de caractère selon les siècles et les pays[1]. Comme ces passions-là ne sont écrites que sur le vent ou peintes sur les flots, on ne peut rien affirmer ici, mais on ne peut pas nier non plus. Ce qui est hors de doute, c'est que Van Dyck quitta son maître vers ce temps-là; mais leurs adieux furent ceux de deux frères d'armes, et non de deux ennemis. Van Dyck offrit à Rubens, comme marque de haute et profonde reconnaissance, ses tableaux qu'il aimait le plus, un *Ecce Homo*, un *Christ au jardin des Oliviers* et un portrait d'Isabelle Brandt. Peut-être ce portrait fut-il fait avec passion; mais ce qui donna peu de créance au bruit déjà répandu que Van Dyck adorait cette femme, c'est que Rubens plaça lui-même ce portrait dans son salon et le montra comme un chef-d'œuvre à tous les visiteurs comme à tous ses amis. « Si vous n'alliez pas voyager, dit Rubens à Van Dyck, je vous conduirais dans mon cabinet et je vous dirais : Choisissez. Mais à quoi bon vous donner des tableaux, puisque vous allez en Italie, le pays des chefs-d'œuvre ; j'aime mieux vous offrir le meilleur cheval de mon écurie. » Van Dyck partit; son père, sa mère et cent amis le conduisirent sur la route. Quoique son cheval fût impatient de dévorer l'espace, il se retournait à toute seconde pour voir les derniers signes d'adieu de sa mère, qui avait voulu aller plus loin que ses amis. Enfin il ne vit plus que la flèche de la cathédrale

---

[1] En France, le beau idéal des raffinés ne ressemblait guère au beau idéal de la cour de Louis XIV. Quelle distance entre Rotrou et Racine, qui tous deux ont été jugés beaux! Quel rapport existe-t-il entre les jolis coureurs de ruelles de 1740 et les pâles rêveurs de 1840? Le masque se modifie selon les passions d'une époque ; aussi, au xviiie siècle, on avait Vanloo et La Tour; cent ans après nous avions Delacroix et Scheffer.

d'Anvers. « Moi aussi, dit-il avec un saint enthousiasme, je ferai un jour ma *Descente de croix.* »

A peine eut-il fait deux lieues que, voyant un village, il y fit halte pour boire une pinte de bière. Il remonta à cheval, mais la destinée l'attendait là. Une jeune fille, une paysanne, plus fraîche, plus blanche et plus rose que toutes ses visions de vingt ans, apparaît sur le seuil du cabaret et lui dit, avec un sourire qui montrait des dents blanches comme celles d'un jeune loup : « Et le coup de l'étrier, monseigneur? » Van Dyck retient la bride de son fougueux compagnon de voyage. « Le coup de l'étrier? dit-il; je ne partirai pas. » Il mit pied à terre pour admirer de plus près cette naïve beauté, si éclatante et si inattendue, qui devait être son troisième maître. Elle était presque vêtue de l'air du temps; elle allait pieds nus, jupe courte, brassière mal agrafée, cheveux au vent, gorge au soleil. Van Dyck rentra au cabaret. « Où alliez-vous, monseigneur? — En Italie ; mais si vous voulez je n'irai pas si loin. » En effet, qu'allait-il faire en Italie? Voir les femmes de Raphaël et de Titien. Sont-elles donc plus belles que ne l'était cette meunière de Saventhem? Dans la vie et dans le talent de Van Dyck, le cœur devait jouer un plus grand rôle que la tête. Toute paysanne qu'elle fût, cette meunière de Saventhem réalisait l'idéal de Van Dyck. Puisqu'il avait trouvé son idéal, il ne voulait pas quitter le pays. Il s'installa bravement dans la famille de sa maîtresse. Ainsi Van Dyck, déjà célèbre, habitué aux belles manières, né avec l'instinct des grandeurs, se contenta pour atelier de quelque hangar rustique à l'ombre d'un moulin, comme plus tard Rembrandt.

Sa maîtresse, voulant se faire pardonner là-haut leurs joies amoureuses, le pria de peindre pour l'église paroissiale deux tableaux religieux. Sans doute la passion de Van Dyck était sérieuse, puisqu'il obéit à sa maîtresse. Tout autre, à sa place, se fût contenté de peindre deux fois la belle meunière, une fois pour elle et une fois pour lui, après quoi il eût continué sa route en riant de l'aventure; mais Van Dyck était aussi fervent amoureux que fervent artiste. Il peignit les deux tableaux pour l'église de Saventhem. Le premier représentait *Saint Martin donnant la moitié de son manteau au pauvre*. Le saint Martin était Van Dyck. Comme il s'était représenté à cheval, il avait peint son compagnon de voyage, qui, quoique pâturant comme un vrai cheval de meunier, n'avait rien perdu de ses allures héroïques. Dans le second tableau, *la Famille de la Vierge*, il représenta le vieux meunier, la vieille meunière et leur fille. « Tous ceux qui ont vu ce tableau assurent que la paysanne y justifie assez, par sa beauté, les attentions du jeune peintre. » C'est Descamps qui parle ainsi[1].

Cependant le bruit s'était répandu de Saventhem jusqu'à Bruxelles, de Bruxelles jusqu'à Anvers, qu'un jeune peintre partant pour Rome s'était arrêté en route pour les beaux yeux d'une meunière de vingt ans qui lui inspirait des chefs-d'œuvre. Rubens crut reconnaître Van Dyck; il se mit en route pour Saventhem. A son arrivée, il entendit hennir le cheval qu'il avait donné à son disciple. Il surprit Van Dyck

---

[1] La *Famille de la Vierge* a disparu depuis plus d'un siècle de l'église de Saventhem; le *Saint Martin* avait disparu aussi en faveur du Louvre; mais, en 1815, Saventhem a revu son chef-d'œuvre.

sur les marches du moulin, nonchalamment couché aux pieds de sa maîtresse. « Je croyais, lui dit-il en souriant, que vous vous seriez désormais passé de maître? » Van Dyck s'était déjà jeté au cou de Rubens. « Et Rome et Florence, et Venise, et Raphaël, et Michel-Ange, et Titien ? — Je partirai demain, » répondit Van Dyck avec un soudain enthousiasme. Il partit. Ce roman de sa vie se dénoue à cette page. Ses historiens ne disent pas s'il se consola bientôt. Que devint la jolie meunière, sa plus fraîche inspiration? Un autre vint-il essuyer ses larmes? Elle était faite pour aimer : elle se consola.

Van Dyck alla droit à Venise; il étudia avec passion les tons dorés, les airs de tête et les draperies de Titien, mais sans perdre de vue la nature; il corrigeait la vérité par l'art, sans jamais étouffer la vérité sous les ornements. De Venise il alla à Gênes, où il s'arrêta longtemps. De Gênes il alla à Rome, où le cardinal de Bentivoglio l'avait appelé pour son portrait. Il y avait alors à Rome une colonie de peintres flamands qui avaient abdiqué leur génie primitif, c'est-à-dire la séve, l'éclat et l'exubérance, pour copier servilement les maîtres italiens. Van Dyck croyait d'abord trouver des amis parmi ses compatriotes; mais tous le décrièrent avec violence, quand ils reconnurent dans ses portraits la touche hardie et lumineuse de Rubens. Ils ne voulaient pas admettre, ces Flamands italianisés qui avaient renié le génie national pour l'imitation servile, qu'un peintre flamand nourri aux principes robustes de l'école flamande arrivât à Rome avec un talent qui pût faire ombre au leur. Peut-être Van-Dyck se fût-il fait pardonner, s'il eût consenti à mener en leur compagnie la vie folle et désordonnée des cabarets et des lupanars; mais il avait pris à l'école de Rubens de plus nobles habitudes. La colonie flamande organisa contre lui une cabale si puissante, qu'il abandonna, presque à son arrivée, la cité éternelle. Il passa en Sicile où il fit, entre autres portraits, celui de Philibert de Savoie; de Palerme il retourna à Gênes; enfin, de Gênes il revint à Anvers, où il retrouva des Flamands plus Flamands que ceux de Rome. Seul, après Rubens, il vit inscrire son nom en majestueux caractères sur les tables de la corporation de Saint-Luc.

Cependant, malgré les témoignages de Rubens, il lui fallut longtemps encore lutter avec passion pour faire connaître son génie. Selon Descamps les chanoines de Courtray lui demandèrent un tableau d'autel. Van Dyck peignit un *Christ en croix* d'un beau caractère. Il appela les chanoines quand son tableau fut dans l'église, comptant sur leur admiration; mais le chapitre tout entier, regarda le tableau et le peintre avec mépris. « Quel barbouillage! quel barbouilleur! » Van Dyck voulut défendre son tableau; mais les chanoines prirent tous en même temps la parole. Il résulta de toute leur éloquence que le *Christ en croix* n'était qu'une ignoble mascarade. « Van Dyck resta seul avec un menuisier et quelques sacristains; ces hommes crurent le consoler, en lui conseillant d'emporter son tableau et en l'assurant que tout ne serait pas perdu, que sa toile pouvait être employée à faire des paravents. » Mais Van Dyck connaissait sa force; il ordonna fièrement au menuisier de placer son tableau. Le lendemain, il retourna chez les chanoines et leur dit qu'ils avaient mal vu son Christ.

Tous lui répondirent qu'ils ne voulaient pas le voir une seconde fois; ils le payèrent pour éviter le scandale, mais ce fut avec tant de mauvaise grâce, que l'artiste en fut profondément indigné. Cependant quelques connaisseurs, passant par Courtray, dirent hautement que le *Christ en croix* de Van Dyck était un chef-d'œuvre. Le bruit s'en répandit de proche en proche; on vint en foule l'admirer : alors Van Dyck publia l'aventure. On traita d'ignorants les chanoines, « épithète trop modérée, » dit le naïf Descamps entre parenthèse. Les chanoines convoquèrent un chapitre, dans le dessein de réparer leur tort. Séance tenante, ils écrivirent à Van Dyck pour le prier de leur peindre d'autres tableaux. Van Dyck leur répondit : « Vous avez assez de barbouilleurs dans Courtray et aux environs; pour moi, j'ai pris la résolution de ne peindre désormais que pour des hommes et non pour des ânes. » On prétend, ajoute Descamps, que ce dernier mot « formalisa un peu le chapitre[1]. »

Selon Houbracken, Rubens offrit alors sa fille aînée à Van Dyck. Van Dyck refusa la fille, parce qu'il aimait encore passionnément la mère. L'imagination des conteurs d'anecdotes est sans doute pour beaucoup dans cette histoire. Van Dyck ne fit guère qu'une halte à Anvers : Rubens y prenait trop de place au soleil des autres. Il partit pour La

---

[1] Van Dyck n'eut jamais à se louer des communautés religieuses. Il avait peint un *Saint Augustin* pour les Augustins d'Anvers; quand il s'agit de le payer, ils lui déclarèrent qu'il avait mal habillé leur saint, qu'ils le voulaient vêtu de noir et non vêtu de blanc. Van Dyck, dans l'espoir d'être payé, changea l'habit du saint; mais les religieux lui dirent alors qu'ils n'avaient pas d'argent. « Cependant, hasarda timidement l'un d'eux, si vous nous donniez un Christ de votre main, nous trouverions de quoi vous payer le *Saint Augustin*. » Van Dyck leur donna le Christ pour être payé du saint.

Haye, où le prince d'Orange, Frédéric de Nassau, ne le paya pas en monnaie de religieux. Il fut logé à la cour et y peignit plus de vingt portraits de princes, de ducs, d'ambassadeurs. De La Haye il passa en Angleterre et d'Angleterre en France, plus tourmenté alors par l'amour du gain que par l'amour de l'art. Mais il était écrit que mille obstacles se jetteraient sous la roue de sa fortune ; à Londres et à Paris, il passa comme un inconnu, sans rencontrer personne qui se souciât de son talent. Il fut forcé, le croira-t-on? de revenir à Anvers peindre encore pour les religieux. Heureusement que l'ordre des Capucins lui fut plus hospitalier que l'ordre des Augustins.

Les mauvais jours allaient cependant finir pour lui. A peine avait-il quitté l'Angleterre que plusieurs des portraits qu'il avait peints à la cour du prince d'Orange passèrent à la cour de Londres. Charles Ier s'enthousiasma du beau caractère des portraits de Van Dyck ; il lui envoya un ambassadeur. Mais Van Dyck n'oubliant pas qu'à son premier voyage la Grande-Bretagne lui avait été inhospitalière, jura d'abord de n'y jamais retourner. Cependant le chevalier Digby l'emmena à Londres et le présenta au roi. Charles Ier l'accueillit avec autant de bonne grâce et de déférence que si c'eût été Rubens. Il lui donna son portrait garni de diamants, suspendu à une chaîne d'or ; il le créa ensuite chevalier du Bain, et, voulant que l'Angleterre fût sa seconde patrie, il lui assura une pension considérable et lui donna deux logements, un d'hiver et un d'été. Il lui dit que toute sa cour se ferait peindre par lui et taxa lui-même le prix des portraits : cent livres sterling pour les portraits en pied et cinquante livres sterling pour les portraits à mi-corps.

Ce fut le bon temps de sa vie. Comme Rubens, il eut une royauté, la plus haute et la plus douce, celle de perpétuer l'œuvre de Dieu. Les plus belles femmes de la Grande-Bretagne venaient, comme à une fête, poser devant sa palette, toute chargée pour elles de roses immortelles. Les blondes chevelures se répandaient pour lui en gerbes ruisselantes; les fraîches épaules plus blanches que la cime des Alpes, se découvraient devant son pinceau. Comme le maréchal de Richelieu, il pouvait se dire un peu le mari de toutes les femmes. Quand la belle princesse de Brignolles, à moitié nue, posait si complaisamment dans son atelier, quand Dyck peignait d'une main toute agitée cette gorge éblouissante, qui était le chef-d'œuvre de la nature, ne pensait-il pas que le grand maître avait créé cette gorge pour lui?

Van Dyck vécut en familiarité intime avec Charles Ier. Il était insatiable; il coûtait au roi plus cher qu'un premier ministre. Un jour que Charles Ier posait devant le peintre (peut-être pour cet admirable portrait que la gravure a immortalisé), le roi, qui venait de parler au duc de Norfolk du mauvais état de ses finances, se tourna vers Van Dyck et lui dit en riant : « Et vous, chevalier, savez-vous ce que c'est que d'avoir besoin de cinq ou six mille guinées? — Oui, oui, sire; un artiste qui tient table ouverte à ses amis et bourse ouverte à ses maîtresses ne sent que trop souvent le vide de son coffre-fort[1]. » Van Dyck s'était jeté dans d'effroyables dépen-

---

[1] La reine Marguerite de Bourbon, fille de Henri IV, posait un jour devant lui. Comme il s'arrêtait longtemps aux mains de la princesse (il excellait à peindre les extrémités), elle lui demanda d'un air enjoué pourquoi il caressait plus ses mains que sa tête :

ses; il enrichissait ses maîtresses et ses domestiques, mais il ruinait peu à peu son talent et sa santé. Dans ses fureurs de luxe, il ne fit point bâtir un palais comme Rubens, il fit bâtir un laboratoire, car il était tombé dans le prestige des alchimistes : tout l'or qu'il avait créé comme par magie avec son pinceau, il le vit bientôt s'évaporer par le creuset.

C'était son ami, le duc de Buckingham, qui l'avait entraîné à la folie du grand-œuvre. L'orgueilleux favori de Charles Ier, voyant qu'il avait presque ruiné Van Dyck, voulut réparer ses torts, d'ailleurs involontaires. Il l'arracha à ses maîtresses et le maria à la fille de lord Ruthven, seigneur écossais. C'était une des plus belles femmes de l'Angleterre, mais elle ne lui apporta en dot que son nom illustre et sa beauté déjà célèbre. Van Dyck, à peine marié, ramassa les débris de sa fortune et partit pour Anvers, espérant enfin y être accueilli avec enthousiasme. Mais décidément sa gloire n'était pas là. Une seconde fois il fit le voyage de Paris; on lui avait dit qu'il y rétablirait sa fortune en peignant la galerie du Louvre, mais le Poussin était arrivé avant lui. Une seconde fois il quitta la France inhospitalière; il retourna en Angleterre, mais c'en était fait de lui; il avait abusé de ses forces : jeune encore, il n'avait plus ni séve ni courage. Il tomba malade et ne se releva point. Sa femme lui avait donné une fille; cette fille étant morte à deux ou trois ans, ce fut un dernier coup pour

« Madame, c'est que j'espère de ces belles mains une récompense digne de celle qui les porte. » Descamps cite cette réponse comme une réponse heureuse. Nous espérons, pour l'honneur de Van Dyck, que c'est encore là une anecdote bâtie sur le vent. Un autre mot de Van Dyck prouverait un peu de sans-façon dans son caractère. On lui reprochait de peindre à quarante ans plus négligemment qu'à vingt : « Autrefois, répondit-il, j'ai travaillé pour ma renommée; aujourd'hui je travaille pour ma fortune. »

son cœur. Il mourut, sans trop de regrets, à quarante-deux ans, avec la funèbre et sainte espérance d'aller reposer où déjà reposait sa fille, dans l'église Saint-Paul. Marie Ruthven se remaria, mais ne lui survécut guère [1].

Van Dyck n'a été que le Virgile de Rubens : moins de génie et plus de charme, moins de grandiosité et plus de noblesse, moins enthousiaste et plus parfait. Il faut dire qu'il est mort jeune et qu'il a jeté sa vie à l'aventure, toujours amoureux, partant toujours fou. Du reste, n'était le parti pris de toujours mettre l'élève à l'ombre du maître, on aurait souvent pour Van Dyck, devant ses grandes compositions, la même ferveur que pour Rubens. A ceux qui lui refusent le génie on peut répondre par son fameux tableau de *Saint Martin*, exécuté à vingt ans dans le pauvre village de Saventhem, où il était seul, sans maître et sans tradition. Il a laissé en Italie des pages admirables qui ne pâlissent pas devant celles de Titien.

Il avait, comme Rubens, la poésie de la couleur ; son accent est moins vif, mais il est plus harmonieux encore ; son clair-obscur est le triomphe de l'art, puisque l'art ne s'y montre pas. Ce qu'il faut surtout admirer en Van Dyck, c'est sa touche ferme, large et fondue, qui n'exclut pas un fini merveilleux. On comprend d'autant moins cette perfection, qu'il peignait une tête du premier coup et de la même palette. La plupart du temps, il commençait un portrait le matin, il retenait le modèle à dîner et terminait dans la soirée. On voit que ceux qui posaient ne s'ennuyaient pas chez lui. En effet, Van Dyck

---

[1] Le roi l'avait toujours beaucoup aimé, malgré sa soif de l'or et ses prodigalités ; pendant la maladie du peintre, il promit trois cents guinées à son médecin s'il guérissait Van Dyck.

avait à sa disposition des comédiens, des jongleurs, des musiciens, des danseuses, tout ce qui fait du bruit, tout ce qui jette de l'éclat[1]. En exagérant les ombres et les lumières avec la hardiesse du maître, Van Dyck arrivait toujours à un effet grand et simple. Il ne prenait à la nature que ce que demande la vérité ; il y ajoutait la pompe de l'art. Ses têtes ont un tel relief, un tel degré de vie, qu'on oublie presque, en les voyant, que ce sont des portraits.

Van Dyck, comme portraitiste, est à la hauteur de Raphaël, d'Holbein, de Vélasquez et de Rembrandt. La vie éclate dans tous ses portraits ; il saisissait la vérité au moment où l'âme rayonne sur la figure ; de là cette fleur d'idéal, même dans la précision. Du reste, quand l'âme ne parlait pas sur la figure, Van Dyck faisait courir la sienne au bout de son pinceau ; aussi retrouve-t-on quelquefois son air de tête dans sa galerie pourtant si vantée.

Van Dyck est peut-être le peintre qui a le plus naïvement compris le beau idéal de son siècle ; ses portraits lumineux, frappés du reflet de cette aube nouvelle qui se levait sur le monde, ont tous, avec leur fierté intelligente, un accent de poésie espagnole et romanesque. On peut dire aussi qu'ils rappellent les héros du Tasse, qui sont plus amoureux que sanguinaires ; tous sont marqués d'un certain accent chevaleresque. On sent que le roman de leur vie a traversé leur cœur.

---

[1] « Le peintre Van Dyck, fameux par la réputation bien méritée qu'il s'est acquise dans son art, était parvenu par la libéralité de plusieurs princes, et par les sommes considérables qu'il tirait de ses tableaux, à un degré d'opulence que ceux qui cultivent la peinture, même avec le plus grand succès, n'ont pas connu : il avait une troupe de comédiens, de musiciens, et un équipage de chasse à lui. Il vivait en grand seigneur et se faisait payer de même. » L'Année littéraire.

Aussi les portraits de Van Dyck, outre qu'ils sont des chefs-d'œuvre, sont encore animés par leur air de tête. Ceux-là ont toujours une famille. Que de fois même un portrait d'aïeul a été décroché de la place d'honneur pour un portrait peint par Van Dyck!

Titien seul est peut-être supérieur à Van Dyck comme portraitiste; il est plus sévère et plus magistral. Il faut dire que Van Dyck ne peignait que des Flamands et des Anglais, tandis que Titien peignait des Italiens : si le peintre d'Anvers trouvait plus de motifs pour sa palette, le peintre de Venise trouvait naturellement plus de vigueur et plus de caractère[1].

Si Van Dyck a eu beaucoup d'imitateurs, il a eu peu d'élèves. On ne cite guère, parmi ceux qui ont étudié dans son atelier, que Fouchier, de Berg-op-Zoom, qui imita tour à tour Van Dyck, Tintoret et Brauwer; Hanneman, de La Haye, qui avait saisi la touche de son maître après quatre ou cinq leçons seulement; Reyn, de Dunkerque, qui aidait le grand portraitiste dans les ajustements; Boek, de Delft, qui fut recherché dans toutes les cours d'Europe. Il avait une telle rapidité de pinceau, que Charles Ier, se faisant peindre par lui, s'écria : « Parbleu, Boek, je crois que vous peindriez à cheval et en courant la poste. »

Quoique Gonzalez Coques fût élève de David Rikaert, on peut dire que son vrai maître fut Van Dyck. Dans quelques-uns de ses portraits, c'est la même fierté, le même goût et presque la même touche.

Mais le vrai disciple de Van Dyck fut Lely qui lui succéda

---

[1] Joshué Reynolds, le grand portraitiste anglais, le salue comme le premier peintre de portraits. Le marquis d'Argens le salue comme le premier peindre du monde.

dans les bonnes grâces de la cour d'Angleterre. Il avait comme Van Dyck une table de douze couverts et un concert de douze musiciens pendant ses repas. Mais il ne se ruina pas comme Van Dyck, « parce qu'il eut moins de maîtresses et qu'il ne donna pas dans les folies de l'alchimie. » Il est beaucoup moins riche dans la postérité; cependant Lely est un vrai portraitiste, plein de tournure et d'éclat. Il a été tour à tour peintre ordinaire de Charles Ier, de Cromwell et de Charles II. Il mourut subitement, empoisonné, dit un de ses historiens, par les succès de Kneller à la cour de Londres; empoisonné, dit un autre, avec plus de raison, par une méprise de son médecin.

Van Dyck ferme le cycle des grands peintres de son pays. La nature des Flandres s'est épuisée en enfants sublimes. Le génie du Nord va s'exiler plus loin dans les brumes; il va fleurir à Leyde, à Harlem, à Amsterdam. L'école de Rubens se disperse et s'éteint peu à peu. Après cette moisson splendide, nous retrouvons çà et là quelques vertes pousses; après cette lumière éclatante, nous apercevons, sous la nuit qui tombe, les traces du soleil qui disparaît : le couchant conserve quelque temps encore ses teintes de pourpre et de flamme, peu à peu on ne voit plus que des étoiles au ciel de l'art. Mais demain le soleil va se lever en Hollande et s'appellera Rembrandt.

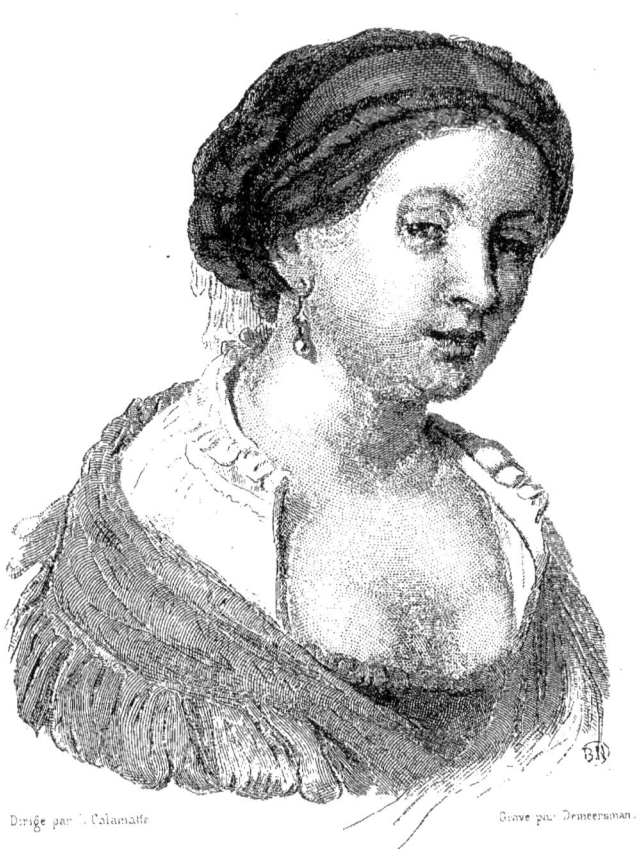

Dirigé par Calamatta.   Gravé par Demeersman.

Vénus
Peint par Rembrant

Imp. Ch. Chardon ainé, Paris.

REMBRANDT

I

La vie et la couleur éclatent dans Rubens; dans Rembrandt, ce qui éclate, c'est la pensée et la lumière. Rubens est un plus éblouissant artiste, ses poëmes sont des merveilles qui enivrent les yeux; Rembrandt est plus méditatif; il veut surprendre l'esprit tout en étonnant le regard.

On peut dire que, comme nation, la Hollande naquit de la Réforme. En vain Philippe II voulut étouffer sous son pied les semences prospères. Quand la raison a pénétré dans l'esprit d'un peuple, les forces brutales ne font que la répandre et la semer encore. En vain Philippe II mit en œuvre l'inquisition;

non-seulement avec l'inquisition il perdit la foi catholique, mais encore la Hollande. Après quinze années de luttes et de supplices, l'héroïsme et la raison triomphèrent, les Bataves se déclarèrent affranchis du joug. Leur république ne tarda pas à s'élever au rang des premiers royaumes. On ne saurait trop admirer ce peuple perdu sur la mer, luttant sans cesse contre l'Espagne et contre la mer elle-même. La liberté enfante des prodiges, quand elle est fécondée par l'amour de la patrie.

L'histoire de la philosophie ira consulter l'œuvre de Rembrandt comme l'un de ses documents les plus précieux. Un rayon de liberté couronne les têtes de ce grand maître. Ces hommes-là respirent fièrement sur la terre comme dans un royaume qui leur appartient; ils ont tous leur part de royauté; ils ont perdu, il est vrai, les visions extatiques qui entraînent l'âme aux pieds de Dieu, mais ils sont délivrés des chaînes de la papauté et des craintes de l'inquisition.

La Hollande n'a jamais été rigoureusement papiste; la Réforme l'a trouvée toute réformée. C'est vers le nord que l'aube s'est levée. La scolastique seule, la scolastique, ce désert inhabitable pour la raison fécondante, mais parsemé de loin en loin de vertes oasis, avait lutté çà et là contre l'envahissement des papistes.

Ce que Dante et Pétrarque furent pour la poésie, Léonard de Vinci, Michel-Ange et Raphaël pour les arts, Bacon et Descartes pour la philosophie, Copernic et Galilée pour l'astronomie, Colomb et Gama pour la science du globe, Luther le fut pour la religion. Or si Rembrandt a eu un maître, ce fut Luther.

Rembrandt avait très-sérieusement foi en Luther. C'était

pour lui un réformateur comme Mahomet, Jésus-Christ et Moïse. Il pensait que le catholicisme, par ses pompes et ses voluptés, n'était plus qu'une autre mythologie. Dieu, l'image invisible, était caché par les images des saints. Rembrandt rendait grâce à Luther, qui avait indiqué aux Hollandais les premiers rayons du jour nouveau, qui leur avait inspiré l'esprit de révolte, qui avait fait de ses frères des hommes libres et forts. Dieu est avec eux, mais ils osent respirer et s'épanouir sous le ciel qui leur sourit. L'esclave s'est fait homme. Quel merveilleux temps pour la raison, pour les penseurs, pour les philosophes ! C'est une période exubérante de génie : Agrippa, Bacon, Cherbury, Descartes, Spinosa, Gassendi, Pascal, Locke, Leibnitz, Wolf. Mais la philosophie passait par le martyre pour arriver à la gloire. On brûlait vifs, Bruno à Rome en 1600, Vanini à Toulouse en 1619 ; on allait bientôt brûler Kuhlmann à Moscou ; les autres mouraient de faim ou d'ennui dans l'exil.

Rembrandt fut un peintre philosophe qui étudia l'art et la vie dans la nature et dans la création, peu ou point dans les livres et dans les musées. Il ne devint pas, comme on le pense trop, un grand peintre sans le savoir ; il disait très-bien que celui qui imite Homère n'imite pas l'Iliade. Il dédaignait de devenir illustre dans le chemin de ses devanciers : il voulait monter sur l'âpre montagne par un point inconnu. Il étudia les principes et la philosophie des arts : chez les Italiens, c'est l'imagination et le sentiment qui les emportent jusqu'au génie ; chez Rembrandt, c'est la pensée et l'analyse. Les Italiens sont plus éloquents, Rembrandt est plus profond[1].

[1] Les Flandres ont autant servi l'art que l'Italie ; Raphaël n'a pas créé un peintre et

Rembrandt[1] naquit le 15 juin ou le 15 juillet 1606, trente ans après Rubens, entre les villages de Leyerdorp et de Koukerck, près de la ville de Leyde, de Hermann Gerretz et de Cornélie Van Zuitbroeck. Tout le monde sait que son père était meunier[2] sur les bords du Rhin : de là le surnom de Van Rhin. Comme le père de Breughel le Drôle (ces exemples sont trop rares pour ne pas s'y arrêter), le meunier de Leyde voulut que son fils fût un savant ou un artiste. Il l'envoya étudier le latin à Leyde. Après quelques années d'études presque stériles, le jeune homme, qui n'aimait ni l'école ni les pédants, obtint de son père qu'il serait peintre et non point savant.

Déjà il avait prouvé par ses dessins charbonnés sur tous les murs de la maison paternelle, crayonnés sur tous ses livres, qu'il était né pour l'art. Le meunier plaça son fils chez un peintre sans génie, Jakob Van Zwaanenburg, qui lui enseigna du moins l'alphabet de la peinture ; après trois ans passés à l'atelier de Jakob Van Zwaanenburg, Rembrandt alla à Amsterdam demander des leçons à Lastman d'abord, à Pinas ensuite. Dans la *Description de la ville de Leyde*, Simon

en a désespéré mille : chez lui, c'est le monde connu, c'est le dernier mot, c'est le couronnement de l'œuvre ; chez Rembrandt, l'intrépide et magique coloriste, c'est encore le commencement du monde.

[1] A ce prénom Rembrandt si l'on ajoute, selon la coutume hollandaise, le nom paternel Hermans-zoon (Hermansz par abréviation) et le nom topographique van Rijn, on a le nom complet, consigné, sauf les variantes d'orthographe, dans les actes et les écrits du temps : REMBRANDT HERMANSZ VAN RIJN. — W. BURGER.

[2] Cette famille de meuniers du Rhin était fort à l'aise et très-honorable. Meuniers, bateliers, boulangers, sont, en ce pays-là, de bons bourgeois, ayant pignon sur rue, voiles au vent sur les canaux, et « du pain sur la planche ; » riches souvent, et quelquefois intéressés dans les opérations des pays d'outre-équateur ; mêlés, comme tout le monde en Hollande, aux administrations municipales et aux affaires publiques : donnant de l'éducation à leurs enfants et les tenant à la hauteur des classes les plus élevées. — W. BURGER.

Leeven veut que George Van Schooten ait été le vrai maître de Rembrandt. Ce n'est pas trop la peine de discuter sur ce point : Rembrandt n'a eu qu'un maître, ce fut Rembrandt.

En effet, bientôt fatigué de toutes ces leçons contradictoires qu'il avait subies sans trop se plaindre à Leyde et à Amsterdam, il revint au moulin de son père, déclarant qu'il n'aurait plus d'autre atelier. Il aimait cette tour élégante aux ailes rapides ou paresseuses ; il comprenait que pour les hommes d'une forte trempe la nature est seule éloquente. Ce fut donc dans cet atelier qu'il commença à dérober au ciel cette lumière magique qui est l'âme de sa peinture. Celui qui devint avare jusqu'au ridicule fut d'abord un artiste amoureux de son art, sans songer à l'or qui tomberait bientôt de sa palette. Il peignait pour peindre, sans autre passion. A l'âge où tant d'autres se hâtent d'attirer les yeux sur leur talent, il trouvait de la volupté à vivre seul loin de tous, adonné aux lois austères de l'art. Mais un homme de génie est-il seul en face de l'œuvre de Dieu? N'est-ce pas plutôt les hommes qui lui font la solitude?

Pendant qu'il étudiait par les yeux et par la pensée, tantôt errant sur les rives embrumées du Rhin en contemplation devant les trames invisibles du drame éternel, tantôt dans l'intérieur du meunier, s'amusant des jeux de la lumière sur les rudes et franches figures de sa famille, tantôt, la palette en main, répandant la vie avec éclat, les peintres de Leyde et d'Amsterdam, qui avaient deviné son génie, le proclamaient d'avance comme une nouvelle étoile au ciel de l'art. Rembrandt ne croyait pas encore à lui-même, pareil aux maîtres sérieux, qui considèrent le génie avec respect et avec effroi.

Un peintre, on ne dit pas son nom, voyant un de ses tableaux[1], lui conseilla d'aller le vendre à la Haye, pour lui prouver que son talent serait apprécié. Rembrandt alla à la Haye à pied, son tableau sous le bras, doutant encore de ses forces. Il se présenta chez un amateur, qui lui offrit à première vue cent florins. Rembrandt prit avec surprise les cent florins et retourna en toute hâte au moulin raconter sa fortune.

Dès ce jour, il faut bien le dire, l'amour de l'argent vint passer dans ses rêves d'artiste. Sa famille était pauvre. Sans doute il enviait un peu le sort des beaux gentilshommes de Leyde, qui venaient se promener sous son moulin en pourpoint de velours, coiffés d'un feutre à plumes, portant des armes d'or et d'argent. Peut-être songea-t-il à secourir son père et sa mère, à donner à l'un le repos, à l'autre quelque dentelle ou étoffe de prix, peut-être aussi aima-t-il d'abord l'argent pour l'argent. Pourtant il était déjà riche par les tableaux qu'il allait faire quand il épousa une jeune paysanne de Rarep ou de Ransdorp, qui n'avait rien que sa beauté, sa fraîcheur et sa gaieté. Ce n'est point là le mariage d'un avare.

Après avoir peint trois portraits pour laisser au moulin, — son portrait, celui de sa mère et celui de sa femme, — il alla s'établir à Amsterdam ; il y ouvrit bientôt un atelier silencieux où chaque élève avait un cabinet. Sa manière d'enseigner était nouvelle à Amsterdam : devant l'écolier qui n'avait pas encore dessiné, il plaçait un modèle vivant et lui disait : « Voilà ton maître, tire-toi de là comme tu pourras. » Il conserva toujours ses allures et son langage rustiques.

---

[1] On croit qu'il représentait la *Femme adultère*. Vers le même temps, il peignit une *Fuite en Égypte* dans un admirable paysage, d'un grand effet jusque-là inconnu.

En vain il se couvrait d'armures et de chapeaux à plumes, l'altier paysan des bords du Rhin ne se masquait jamais ou se trahissait toujours.

Il faut qu'ici-bas chacun ait sa folie; c'est une loi divine qui frappe éternellement l'humanité. Rembrandt eut donc la folie de l'argent. Cette folie, qui n'eut d'abord que des airs de caprice et de bizarrerie, devint peu à peu sombre et sérieuse. On a tenté de révoquer en doute l'avarice de Rembrandt; par amour du paradoxe, on a même voulu prouver qu'il était prodigue comme le sont presque tous les artistes. On s'est appuyé sur l'autorité de Houbraeken, qui affirme n'avoir jamais entendu dire que Rembrandt eût laissé un grand bien. Mais Houbraeken lui-même, parlant des repas de Rembrandt et du prix de ses tableaux, ne montre que trop ses contradictions. En effet, selon lui, le grand peintre de Leyde dînait assis sur un escabeau, tantôt avec un hareng salé, tantôt avec un fromage. On peut juger, d'après les portraits et les tableaux qu'il a laissés de sa femme et de son intérieur, qu'il n'avait de luxe que dans son talent. Il fuyait le monde avec effroi; en vain le bourgmestre Six cherchait à lui prouver qu'il était né pour les honneurs, qu'une gloire telle que la sienne perdait à se tenir cachée dans l'ombre de l'intérieur; il amassait l'or avec volupté, il persistait à ne s'amuser qu'en la compagnie des gens du peuple, plus émerveillé d'un trait naïf ou spirituel, parti du cœur ou du cabaret, que des discours éloquents appris dans les livres. Il était du peuple, il ne respirait la liberté qu'avec le peuple. On lui a fait un reproche de sa façon de vivre. Si son talent était à tous, sa vie était à lui-même; il ne devait compte que de son talent. On lui a reproché de n'avoir pas voulu sortir de son pays. Tous ses contemporains regrettaient de ne pas le voir faire un pèlerinage en Italie. Ce reproche n'est pas injuste comme l'autre, il est ridicule[1]. Est-ce qu'en saluant le génie de Rembrandt on a le droit de le vouloir plus parfait, quand Léonard de Vinci, Michel-Ange, Raphaël, Corrége et Titien avaient pour ainsi dire fermé tout espoir aux peintres futurs?

Rembrandt avait voulu arriver au génie sans s'appuyer sur le génie des autres. Il avait réuni sur les murs de son atelier des armures, des turbans, des étoffes persanes, des armes de prix, des pierres précieuses : « Ce sont là mes antiques, » disait-il.

Esprit bizarre et libre, il n'était esclave de qui que ce fût, pas même de sa passion pour l'or. Un jour qu'il peignait une famille noble dans un seul tableau, on vint lui annoncer la mort d'un singe qu'il aimait beaucoup. Il ne peut contenir sa douleur; il s'irrite contre le sort, il dit que c'en est fait de lui. Tout en sanglotant, il trace à grands traits la figure du singe sur le tableau de famille. On lui fait des remontrances, on lui dit que son singe est déplacé au milieu de graves personnages; toute la famille s'indigne et lui ordonne d'effacer l'animal. Il continue à pleurer et à peindre son singe. Le chef de la famille lui demande d'un ton sévère si c'est le portrait des siens ou d'un singe qu'il pré-

---

[1] « Rembrandt aurait été un plus grand peintre si Rome avait été sa patrie ou s'il en avait fait le voyage; il n'a dû son talent qu'à la nature et à son instinct, et il aurait appris à trouver, sans se méprendre, le beau dont il s'est toujours écarté. S'il en a quelquefois approché, ç'a été moins par réflexion que par hasard. » DESCAMPS.

tend faire. « C'est le portrait du singe, répond Rembrandt. — Eh bien donc! vous garderez le tableau. — J'y compte bien, » réplique le peintre[1].

Il riait lui-même de sa folie pour l'argent. Il ne se fâchait pas quand d'autres en riaient. Ainsi, on raconte que ses élèves ont peint des pièces de monnaie sur des cartes répandues, comme par mégarde, dans l'atelier. Rembrandt s'y laissait prendre, et tendait la main avec une avidité comique et furieuse. Cependant, pour assouvir sa passion, il perdait toute noblesse; il avait un fils; il l'obligeait à vendre ses estampes, comme s'il les lui eût dérobées; il le condamnait à aller dans les ventes publiques surenchérir sur ses tableaux : singulière et triste éducation du fils d'un homme de génie ! Il jouait comme Téniers, comme beaucoup d'autres, la comédie de la mort pour ranimer le zèle des amateurs, ou bien il simulait un long voyage : il parlait de s'exiler aux Grandes-Indes, ou bien encore il changeait quelques traits à une gravure pour la vendre à ceux qui déjà l'avaient achetée. Ainsi vivait cet homme si original et si fort, le vrai roi de la Hollande, comme Rubens est le vrai roi de la Flandre.

On a quelque peine à se représenter un pareil génie, perdu, pour ainsi dire, dans une mine d'or, vivant dans son intérieur et étranger aux joies de l'intérieur. Van Dyck

---

[1] La vie de Rembrandt est semée de pages pittoresques.
« Il avait une servante extrêmement babillarde : après avoir peint son portrait, il l'exposa à une fenêtre où elle faisait souvent de longues conversations. Les voisins prirent le tableau pour la servante même, et vinrent aussitôt dans le dessein de discourir avec elle; mais étonnés de lui parler pendant plusieurs heures, sans qu'elle répondît un seul mot, ils trouvèrent ce silence fort singulier et s'aperçurent enfin de leur erreur. »
C'est toujours l'histoire des oiseaux qui allaient becqueter les raisins du peintre grec.

demandait la fortune à l'alchimie, Rembrandt demandait l'or à l'or lui-même. Ironie de l'esprit souverain qui avait laissé tomber sur eux un rayon de sa gloire! Dans la vie de chaque grand artiste, on pourrait trouver l'amour de l'or. Zeuxis ne faisait-il pas payer tous les curieux qui venaient voir la fameuse Hélène[1]?

II

Rembrandt travailla jusqu'à son dernier jour, en 1674; il mourut, comme on voit, âgé de soixante-huit ans, laissant un fils, Titus Rembrandt, qui n'hérita point de son génie.

Du moulin de son père au tombeau, la vie de Rembrandt ne fut guère variée. Il vivait enfermé en lui-même, ébloui de ses œuvres, parcourant le monde inconnu qu'il avait découvert dans l'art. Sans doute, enivré de gloire et d'or, il ne retrouva pas à Amsterdam un seul des beaux jours que Dieu lui avait donnés à vingt ans dans le poétique moulin aux ailes légères qui était sa salle d'orchestre au grand drame de la création; mais, dans sa simplicité naïve, sa femme lui fut toujours aimable. Il respirait autour d'elle le parfum doucement agreste des prairies de la maison natale.

Chez Rembrandt, le style c'est l'homme. La pensée de Buffon s'appliquerait plus volontiers aux peintres qu'aux poëtes. Il y a dans la tête de Rembrandt quelque chose de sombre et de lumineux, d'abrupt et de fier, de naïf et de

[1] On sait qu'elle fut surnommée la courtisane, parce que tout le monde la voyait pour de l'argent.

dédaigneux, une ligne douteuse, mais une couleur splendide. Il est étoffé comme son talent; il aime les chaînes d'or, les pendants d'oreilles, les pierres précieuses, les dentelles et les guipures, le velours et la soie, tout ce qui séduit les yeux. Il est le plus souvent coiffé d'une toque de velours qui répand l'ombre sur son front : cette ombre, c'est la pensée. Il portait ses moustaches un peu sauvages et ses cheveux bouclés[1], laissant à la nature tous ses droits comme dans ses tableaux.

Rembrandt est l'une des plus robustes individualités qui aient passé dans le monde des arts. On peut dire qu'il n'est pas même de son pays. Il est grand à côté de Rubens et ne le rappelle jamais. Théophile Thoré, qui a étudié sur le vif ces deux maîtres souverains, les oppose avec beaucoup de vérité :

« Il n'y a pas dans toutes les écoles deux peintres qui diffèrent plus l'un de l'autre que Rembrandt et Rubens; ce sont précisément les contraires : l'un est peintre concentré, l'autre est un peintre étalé; l'un cherche la simplicité caractéristique, l'autre une somptuosité ambitieuse; l'un ménage ses effets, l'autre les prodigue aux quatre coins de ses toiles; l'un est tout en dedans, l'autre tout en dehors; l'un est mystérieux, profond, insaisissable, et vous fait replier sur vous-même : toute peinture de Rembrandt, même connue d'avance par des descriptions ou des estampes, cause toujours, quand on la voit pour la première fois, une indé-

---

[1] Dans la gravure d'Eisen, il est encadré entre un portrait d'ami et un philosophe qui médite dans le demi-jour. On voit d'un côté sa palette, de l'autre sa pointe sur une eau-forte ébauchée. Qui n'a vu l'eau-forte où il s'est gaiement représenté lui-même avec sa femme ?

finissable surprise; ce n'est jamais ce à quoi on s'attendait; on ne sait que dire; on se tait et on réfléchit; — l'autre est expansif, entraînant, irrésistible, et vous fait épanouir : toute peinture de Rubens communique la joie, la santé, une exubérance extérieure de la vie. Devant Rembrandt on se recueille, devant Rubens on s'exalte. Grands magiciens tous les deux, mais par des procédés absolument inverses, ils sont l'un à l'autre ce que sont chez les Italiens le Vinci et le Véronèse. Pour qui connaît à fond Rembrandt, ce n'est point un paradoxe de dire qu'il a certaines qualités du Vinci; que son tourment, comme celui de Léonard, est l'expression de la physionomie intime; que ce caractère significatif il l'a cherché, trouvé et gravé sur les types du Nord, comme Léonard sur les beaux types de l'Italie. Par ce côté-là, incontestablement, il a quelque chose du peintre de la *Joconde*. Ses analogues dans l'école italienne, on en peut convenir volontiers, sont cependant plutôt Corrége, Giorgione et Titien, que Léonard, de même que, dans l'école espagnole, celui qui se rapproche le plus de lui, c'est Velasquez. Quant à Rubens, il est le frère de Paul Véronèse, sauf aussi la différence des types. Leurs instincts, leurs méthodes, leurs résultats, — leurs génies, — sont les mêmes.

« On n'a jamais remarqué que Rembrandt et Rubens n'ont eu aucune relation ensemble, quoique contemporains; car, s'il y avait trente ans de distance entre leurs âges, Rembrant cependant conquit la célébrité presque dès son arrivée à Amsterdam en 1630, ou du moins dès 1632, après la *Leçon d'anatomie*, et Rubens ne mourut qu'en 1640. Les deux maîtres qui n'étaient pas bien loin l'un de l'autre, d'Amsterdam à Anvers, auraient pu se connaître. Il y avait une circulation assez fréquente de l'école d'Anvers à celle d'Amsterdam et réciproquement. Jean Lyvensz entre autres, le condisciple, l'ami et le sectateur de Rembrandt, a aussi étudié sous l'influence de Rubens. Il ne paraît pas toutefois que le maître flamand et le maître hollandais aient échangé aucun témoignage de sympathie. Rembrandt, il est vrai, dans sa précieuse collection, avait un carton d'esquisses de Rubens et un choix de gravures d'après Rubens, parmi ses œuvres de Raphaël, de Michel-Ange et des autres grands artistes; mais Rubens qui possédait pourtant quelques Hollandais à côté de ses Véronèse et de ses Titien, n'avait pas le moindre croquis de Rembrandt. Peut-être le Flamand semi-italianisé n'estimait-il pas à sa juste valeur son naïf et sauvage compère des Provinces affranchies. »

Si la peinture n'eût été découverte, Rembrandt l'aurait inventée. Venu après la période des chefs-d'œuvre italiens et flamands, un homme moins fort se fût contenté d'expliquer, pour ainsi dire, quelque maître connu. Il voulut à son tour posséder la clef d'or du génie. La vérité fut sa religion, la lumière sa poésie. Il fut vrai et rayonnant.

Hardi dans son art jusqu'à l'insolence, il avait banni les règles consacrées par l'exemple des maîtres, il peignit à sa fantaisie, tantôt commençant par où les autres finissent, tantôt finissant par où les autres commencent. Ses portraits magiques ont un si grand relief parce qu'il semblait plutôt modeler que peindre. On cite de lui une tête où le nez était presque aussi saillant que celui du modèle. Cette façon de faire n'était pas du goût de tout le monde; Rembrandt s'en embarrasse fort peu; il dit un jour à quelqu'un qui approcha de très-près pour voir ce qu'il peignait : « Un tableau n'est pas fait pour être flairé; l'odeur de la couleur est malsaine. » Il disait aussi à ceux qui lui reprochaient de faire de la peinture raboteuse : « Je suis peintre et non teinturier. » Ces deux mots sont deux leçons immortelles. Par son admirable science du clair-obscur, il a produit dans chacun de ses tableaux quelque effet éclatant. Il était si sûr de son pinceau et de sa palette, qu'il plaçait chaque ton à sa vraie place, d'un seul coup, sans être obligé d'y revenir et de le fondre avec d'autres. De là cette fleur si fraîche de coloris. Il se contentait, pour adoucir les teintes et lier les lumières aux ombres, de quelques glacis légers qui faisaient l'harmonie sans altérer la virginité des couleurs.

Tout penseur qu'il fût, il était souvent sans élévation. Quelques-uns de ses tableaux d'histoire ne sont que de suprêmes mascarades : c'était Véronèse et Basan en Hollande. Cependant il ne faudrait pas ici prononcer un jugement absolu : ainsi la *Descente de Croix*, *Tobie prosterné devant l'ange*, la *Résurrection de Lazare*, le *Triomphe de Mardochée*, l'*Adoration des Mages*, *Jésus à Emmaüs*, sont de sérieux chefs-d'œuvre animés de lueurs exquises, éclairés çà et là d'un rayon divin. A force de vérité, Rembrandt devient sublime comme d'autres à force d'élévation et d'idéal. J'ai vu à Venise[1] une *Madeleine* de ce maître qui est un chef-d'œuvre d'expression et qui contraste singulièrement avec toutes les Madeleines des maîtres italiens. C'est une belle et simple

[1] Couvent de Sainte-Marie du Salut.

Hollandaise; mais pour ce sublime poëte n'y a-t-il pas des modèles dans tous les pays? Si elle n'est pas belle par la grandeur des lignes, elle est belle par la douleur et par le repentir (douleur et repentir de la première fille venue; mais pourquoi faire toujours de Madeleine une femme trop illuminée des splendeurs du Christ, un poëte par le cœur, une Sapho chrétienne chantant ses péchés plutôt qu'elle ne les pleure?) Cette Madeleine de Rembrandt, on voit bien qu'avant de lever les yeux au ciel elle a aimé les hommes de la terre; on voit bien qu'elle a pleuré de joie avant de répandre ces belles larmes que le génie a cristallisées. Elle n'est pas nue comme ses sœurs; on la voit à mi-corps et de face, habillée en Hollandaise; elle montre une main admirable comme les faisait Rembrandt en ses jours de bonne volonté[1]. Elle vit encore de la vie humaine par le cœur qui est l'orage de la créature; toutes les passions qui l'ont agitée sur la mer des dangers sont à peine assoupies dans son sein.

La Vénus du musée du Louvre pourrait servir de pendant à cette Madeleine. C'est toujours une Hollandaise habillée des pieds à la tête (Rembrandt habillait même les anges). Elle est belle par l'éclat de la vie, par la séve et par la force; elle est même belle, si on peut parler ainsi, par

---

[1] « Il sentait si bien son incapacité à dessiner les mains, qu'il les cachait le plus qu'il pouvait. » Ainsi parle Descamps. C'est d'une grande injustice. Quand Rembrandt faisait un portrait, c'était le plus souvent en toute l'âte. Pourquoi se fût-il attardé en peignant des mains inutiles? S'il cachait les mains, c'était par paresse et non par impuissance. Du reste, Descamps se contredit, selon sa coutume : « J'ai vu de ses tableaux où quelques traces de brosse qu'on ne distingue pas trop de près représentent, à une certaine distance, des mains peu décidées, mais qui font autant d'effet que si le peintre y eût mis plus de sollicitude. »

la beauté. Dieu n'en a pas créé de plus victorieuses dans toute la Hollande. Elle a un Amour auprès d'elle; on lui en donnerait vingt sans épuiser ses lèvres ardentes et savoureuses.

Dans la recherche du beau, il n'y a pas seulement la sévérité de la ligne et la grâce du contour. Le vase d'or le mieux sculpté n'est-il pas celui de l'autel d'où s'échappe un jet des flammes divines? L'histoire de Prométhée dérobant le feu du ciel n'est encore qu'une sublime allégorie. La beauté se forme de divers éléments, parce qu'elle est la beauté plastique, la beauté morale et la beauté intellectuelle, parce que l'artiste a dû tour à tour caresser avec la même ferveur les muscles d'Hercule, les lèvres savoureuses de Vénus ou de Madeleine, la tristesse poétique de Psyché et le front pensif de Minerve. Rembrandt caressait tour à tour le front de Minerve et les lèvres savoureuses de Madeleine ou de Vénus. Sa beauté idéale, c'était la pensée et le rayonnement : l'homme qui pense, la femme qui s'épanouit.

Ce grand peintre aimait trop éperdument les jeux de la lumière dans l'obscurité. A Munich, il a un *Crucifiement* par un temps orageux, une *Mise au tombeau* sous une sombre voûte, une *Résurrection* au milieu de la nuit, une *Nativité* devant une lampe, une *Ascension* qu'illuminent les rayonnements du Christ; mais ces effets de clair-obscur, ces magiques oppositions de jour et de nuit, ne font pas tout le génie du peintre. Ceux qui nient son expression et son style, s'ils étaient demeurés contemplatifs devant ces œuvres étranges, auraient

---

[1] Cette Vénus n'est pas le portrait de sa femme, mais la rappelle. Du reste, sa femme posait habituellement pour ses Vénus et ses Madeleine.

senti que son génie ne triomphait pas seulement par la magie de l'exécution. Son âme n'est-elle pas visible dans sa couleur? Il y a toujours sous un masque brutal, un profond sentiment humain. Il est loin de l'idéal chrétien, des figures détachées des fonds d'or du Giotto ou des paysages austères du Pérugin; mais il a sa foi comme les artistes les plus pieux du moyen âge et de la Renaissance. Il aime la nature sous quelque face qu'elle se présente. Elle est horrible; qu'importe! c'est la nature, une chose sainte et sacrée. S'il a perdu la poésie de l'esprit, n'a-t-il pas celle du cœur? Il proteste par l'éclat et l'exubérance contre la tombe entr'ouverte où les chrétiens nous enterrent même dans la vie.

Le panthéisme doit reconnaître Rembrandt pour son peintre souverain. Après l'idéal antique, après l'idéal chrétien, il trouva l'idéal terrestre, l'idéal de la raison qui voit par l'œil simple. Dans l'œuvre de Rembrandt on dirait qu'il a voulu supprimer le ciel; il a pris du limon à ses pieds, et, comme un autre créateur, il a sculpté la personnalité humaine avec respect et avec amour[1]. Oui, il y a loin de là aux fonds d'or des Byzantins qui fuyaient la terre et craignaient d'y mettre le pied! C'est un nouveau monde, un monde dans les ténèbres : la lumière de Rembrandt n'est-elle pas celle qui jaillit des ténèbres? C'est l'aube encore douteuse d'un jour nouveau qui sera éclairé par les orages du doute. Quel poëme plein de terreur et de mystère! La

---

[1] Les cinquante portraits qu'il a laissés de lui-même ne prouvent-ils pas tout son zèle à proclamer l'œuvre du Créateur, la royauté de l'homme? C'était là sa religion. Du reste, quand il met en scène la sublime tragédie du christianisme, n'a-t-il pas une éloquence toute biblique?

pensée humaine qui se reconnaît libre et va se briser aux tempêtes futures ! Les sombres philosophes de Rembrandt, ceux qu'il a animés de ses rêves et de ceux de Luther, sont plus tristes que les martyrs de Ribeira. Ils ont l'avenir, ils y vont librement, ils sont maîtres du monde; mais que trouveront-ils dans l'avenir et que leur réserve le monde? Ils ont brisé leurs chaînes; mais c'étaient des chaînes d'amour, des chaînes de lis et de roses tombées du rivage sacré. Les philosophes de Rembrandt, tous nés du protestantisme, semblent se dire tristement : « Je suis libre, mais je ne suis qu'un homme. Je puis aller, mais où vais-je? »

Rembrandt trouva presque en même temps son génie de portraitiste, de graveur et de paysagiste. A vingt-cinq ans, il avait toute sa force; depuis cet âge jusqu'à sa mort, il changea çà et là sa manière, mais tout en conservant sa chaude et vigoureuse empreinte. Soit que son travail fût très-étudié, soit qu'il peignît avec la rapidité de la foudre, soit qu'il créât un philosophe ou une paysanne, un intérieur hollandais ou un tableau biblique, c'était toujours le même génie viril, solide, éclatant.

Rembrandt fut aussi grand coloriste dans la gravure que dans la peinture. Sa pointe, c'était encore son pinceau tout baigné d'ombre et de lumière. On reconnaît la même touche et le même esprit. Il n'a pas plus imité les graveurs ses devanciers qu'il n'avait fait des peintres; aussi est-il plus vigoureux et plus chaud[1]. On peut hardiment parler des

---

[1] « Rembrandt n'a jamais voulu graver devant personne; son secret était un trésor et il était avare. On n'a jamais deviné de quelle manière il commençait et finissait ses planches; tout ce qu'on a su, c'est qu'à peine avait-il fait le trait et donné quelques om-

teintes de sa pointe. Ses descentes de croix, ses portraits, ses sujets religieux et profanes, ses paysages, sont d'un effet magique par l'expression, l'énergie et la couleur.

On peut admirer Rembrandt dans tous les musées d'Europe, mais c'est à la Haye et à Amsterdam qu'il faut aller saluer son génie. La *Leçon d'anatomie*[1] et la *Ronde de nuit* (qui est une ronde de jour), sont l'expression la plus vive et la plus éloquente de ses deux manières. A vingt-cinq ans, il peignit la *Leçon d'anatomie* avec la science, la sobriété, la précision, la touche cachée d'un maître qui n'a plus rien à apprendre de l'art. C'est un chef-d'œuvre dont nul détail ne trahit une main de vingt-cinq ans. Plus de douze ans après, le jeune homme s'était fait homme, il peignit la *Ronde de nuit*. Alors il déploya toute la fougue, toute la témérité, toute l'exubérance de la jeunesse. Il rebroussa chemin à l'âge où tant d'autres continuent à marcher devant

---

bres qu'il faisait tirer un nombre d'épreuves. Il mettait de nouveau le vernis sur sa planche et en augmentait le travail ; cela se faisait jusqu'à trois ou quatre fois. Lorsque la planche était usée, il ébarbait les fonds et changeait les effets, en sorte que la partie qui avait été ombrée devenait claire : cette dernière transposition n'a pas toujours réussi ; les épreuves de quelques-unes en sont grises, approchant de la manière noire. Il ne calquait guère ses dessins, de peur d'en refroidir l'esprit. » DESCAMPS.

[1] La *Leçon d'anatomie* représente le docteur Tulp devant un cadavre baigné d'ombre et de lumière, entouré de sept personnages distingués qui l'écoutent avec une attention suprême. Rien n'est plus simple, rien n'est plus saisissant. Ce corps blanc comme le marbre des tombeaux, ces hommes vêtus de noir, à barbe blonde, à figure intelligente, se gravent pour jamais dans l'esprit. La *Ronde de nuit* est une simple convocation de la garde civique pour recevoir le prince d'Orange. Le tambour surprend ces bons Hollandais. Pour animer cette scène, Rembrandt a choisi l'instant où ils s'élancent à demi habillés, l'un boutonnant son pourpoint, celui-ci mettant ses gants. C'est le triomphe du mouvement et du désordre.

Parmi les chefs-d'œuvre de Rembrandt il faut citer aussi sa *Descente de croix*, la *Résurrection de Lazare*, les *Vendeurs chassés du temple*, l'*Adoration des Mages*, la *Mort de la Vierge*.

eux. Il ressaisit sa jeunesse et la jeta tout étincelante, pleine de vie féconde, audacieuse, comme un lion qui secoue sa crinière. Corrége et Velasquez eussent été éblouis devant ce chef-d'œuvre tout rayonnant.

Rembrandt est un poëte sombre, étrange, hardi, bizarre, romanesque. Il joue ses drames sur un fond noir; il aime le mystérieux jusqu'à la fantasmagorie. C'est un poëte né de son temps, comme Shakspeare[1]. Il aime mieux les hardiesses insensées que les beautés connues. La vie tombait de sa palette comme le blé sous la faux, comme l'eau jaillit du rocher, comme la lumière ruisselle du soleil. Il prenait la nature corps à corps et luttait avec elle en intrépide. Il osait être trivial, presque monstrueux. La poésie est partout pour le poëte. Il ne reculait devant aucune laideur vivante; mais sous sa main féconde tout prenait une expression fantasque et grandiose. Oui, celui-là a son idéal et son style dans le monde de l'art. Il est vrai de point en point, mais avec un accent éloquent. Oui, il a son idéal familier, visible

---

[1] « Un génie pénétrant, le sorcier hollandais Rembrandt, qui sut tout deviner, dans son tableau lugubre, date de la grande joie du traité de Westphalie (1648), a parlé mieux que tous les politiques, tous les historiens (le *Christ à Emmaüs* que nous avons au Louvre). On oublie la peinture. On entend un soupir. Soupir profond, et tiré de si loin! Les pleurs de dix millions de veuves y sont entrés, et cette mélodie funèbre flotte et pleure dans l'œil du pauvre homme, qui rompt le pain du peuple. — Il est bien entendu que la tradition du moyen âge est finie et oubliée, déjà à cent lieues de ce tableau. Une autre chose déjà est à la place, un océan dans la petite toile. Et quoi?... — L'âme moderne. — La merveille, dans cette œuvre profonde d'attendrissement et de pitié, c'est qu'il n'y a rien pour l'espérance. « Seigneur, dit-il, multipliez ce pain!.. Ils si sont affamés! » Mais il ne l'attend guère, et tout indique ici que la faim durera. — Ce misérable poisson sec qu'apporte le fiévreux hôtelier n'y fera pas grand'chose. C'est la maison du jeûne, et la table de la famine. Dessous rit, grince et gronde un affreux dogue, le diable, si l'on veut, une bête robuste, aussi forte, aussi grasse que ces pauvres gens-là sont maigres. Il a sujet de rire, car le monde lui appartient. » — MICHELET.

dans le caractère formidable de sa peinture, dans la profondeur pensive de ses têtes, dans la bizarrerie de ses ajustements, qui ne sont d'aucun temps ni d'aucun pays, dans ses effets de clair-obscur, dans sa touche magistrale couronnée de chaudes vapeurs d'or et d'argent, dans sa manière hardie de distribuer l'ombre et la lumière. Winckelmann, qui pleurait d'admiration devant l'Apollon du Belvédère, demeurait rêveur tout un jour devant un tableau de Rembrandt.

Le génie de ce grand artiste est presque inexplicable; il est à la fois brutal et délicat, heurté et harmonieux, farouche et tendre. Quel chaos, mais quelle lumière! quel tumulte, mais quelle gravité! quelle crinière flamboyante de lion, mais quels sourires de paix! Quel amour voluptueux des ténèbres et des rayons! quelle audace aveugle et quelle sagesse raisonnée! quelle modération dans la force! Il est fougueux jusqu'à la furie, original jusqu'à l'extravagance; mais comme au milieu de toutes ces fantaisies et de toutes ces témérités il demeure en pleine vérité, le pied cloué sur la terre, dans sa fierté dédaigneuse et sauvage!

Rembrandt a égalé la puissance de la nature; comme elle, il a répandu d'une main large et féconde la vie sur ses œuvres. Il n'a pas imité par l'imitation, mais par la création; il s'est élevé jusqu'au prodige.

Ne pourrait-on pas comparer Rembrandt à un comédien qui arrive à l'improviste sur le théâtre, affublé d'un costume invraisemblable, comme pour jouer la comédie? On le trouve si original, si franc, si bizarre, qu'on sourit et qu'on se promet de rire beaucoup de sa comédie. Mais peu à peu sa figure s'éclaire d'un rayon magique, on l'écoute, on ne rit plus : ce n'est pas la comédie, c'est le drame qu'il joue, un drame sombre et gai, le drame humain, comme Shakspeare. Il est si éloquent dans ses haillons, si trivial sous sa toque de velours, si poétique et si pittoresque dans son franc parler tout semé d'images bibliques et plébéiennes, qu'il vous étonne, vous transporte et vous donne le vertige.

L'inspiration, c'est le rayon sacré qui part du sein de Dieu et qui va frapper le cœur ou l'esprit des poëtes et des artistes. Ce rayon a traversé les brumes du pays de Leyde pour illuminer Rembrandt et son œuvre. Comme Michel-Ange, Rembrandt, le Michel-Ange de la Hollande, a pénétré dans le monde des penseurs; mais, au lieu de lever ses yeux éblouis vers les cimes inaccessibles, il est demeuré religieusement attaché à la terre, sa vraie patrie.

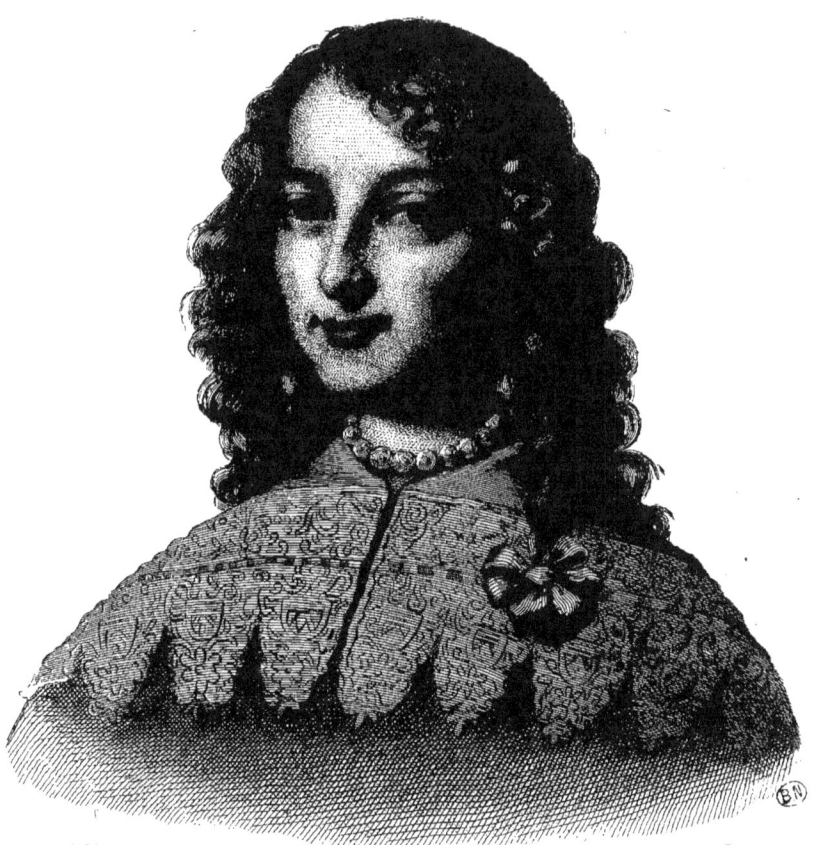

Dessiné par I. Calamatta. Gravé par Demeeremann.

Portrait
Peint par Velasquez

Imp. Ch. Chardon. Paris.

DON DIEGO VELASQUEZ DE SILVA

De tous les grands maîtres, don Diego Velasquez de Silva est peut-être le moins réellement connu, quoique sa réputation soit universelle et incontestée. L'Espagne jalouse a gardé l'œuvre presque tout entier de son peintre favori, et les autres musées n'en possèdent que des fragments d'une importance médiocre et souvent d'une authenticité douteuse.

Ses tableaux sont restés au palais de Madrid, à l'Escurial, au Pardo et autres résidences royales, accrochés au clou même où on les avait suspendus d'abord, pour venir, longues années après, prendre place immuablement au Musée royal.

Autrefois, un voyage en Espagne était chose difficile et périlleuse; la chaîne des Pyrénées de sa haute arête séparait bien véritablement la France de la Péninsule. Le mot de Louis XIV n'était pas devenu encore une vérité. Il fallait faire une route longue et mal tracée, à dos de mulet, en galère ou dans quelque lourd coche aux durs coussins, entre une double haie de croix sinistres indiquant des meurtres ou des accidents, n'ayant pour gîte que des ventas, coupe-gorges nullement perfectionnés depuis don Quichotte, et plus hospitalières aux bêtes qu'aux personnes. Rares étaient les voyageurs qui franchissaient les monts, à moins qu'ils n'y fussent forcés par de sérieux motifs de position, d'intrigue ou de diplomatie. Parmi ceux-là on comptait peu d'amateurs de peinture. A peine jetaient-ils sur les toiles du maître, trop profondément espagnol pour être goûté à première vue des étrangers, ce regard vague, distrait, banalement admiratif de l'homme qui n'y entend rien et a bien d'autres choses en tête. Cependant Velasquez, pour ainsi dire ignoré de l'Europe, n'en voyait pas moins son nom cité à côté de Titien, de Véronèse, de Rubens, de Rembrandt et de tous les rois de la couleur. Il rayonnait tranquillement dans sa gloire lointaine, révéré sur parole comme ces monarques invisibles à leurs sujets et dont la majesté est faite de mystère.

On peut maintenant admirer Velasquez sur place. Il est plus facile aujourd'hui d'aller à Madrid qu'autrefois à Corinthe, et ce n'est pas par vain amour-propre de touriste que nous nous prévaudrons, pour parler du grand maître, de deux voyages faits en Espagne à une époque où une telle entreprise offrait encore quelque danger. Sans imiter sir David Wilkie qui, dans son fanatisme, analysait chaque jour un pouce carré du tableau des *Borrachos*, nous avons soigneusement étudié le grand don Diego Velasquez de Silva au *Museo real*, où se trouvent réunies ses œuvres les plus célèbres ; les *Menines*, les *Forges de Vulcain*, la *Reddition de Bréda* ou tableau *des lances*, les *Fileuses*, les *Buveurs*, les portraits équestres de Philippe III, de Philippe IV, de doña Isabelle de Bourbon, de Marguerite d'Autriche, de l'infant d'Espagne, du comte-duc d'Olivarès et autres toiles de la plus riche couleur et du caractère le plus original.

Avant de commencer la description et la critique de ces chefs-d'œuvre, il serait bon, pour n'y plus revenir, d'esquisser en quelques traits la physionomie biographique de ce maître souverain. L'exact Cean-Bermudez nous servira de guide.

Don Diego Velasquez de Silva, qu'il vaudrait mieux appeler D. Diego Rodriguez de Silva y Velasquez, puisque son père se nommait Juan Rodriguez et sa mère doña Geronima Velasquez, naquit à Séville, en 1599, et non en 1594, comme le dit Palomino. Il fut baptisé le 6 juin à l'église Saint-Pierre, ainsi que les registres de la paroisse en font foi. Ses ancêtres paternels, venus de Portugal, s'étaient établis dans cette ville, et ses parents le destinèrent à l'étude du latin et de la philosophie ; mais, remarquant chez l'enfant, qui couvrait de *bonshommes* les marges de ses livres et de ses cahiers, une inclination décidée pour le dessin, ils le mirent à l'atelier d'Herrera le Vieux.

C'était un terrible homme que cet Herrera ! Homme de génie après tout, mais d'un génie violent, bizarre et féroce. Une fougue effrénée d'exécution suffisait à peine aux emportements de sa pensée. Il dessinait avec des morceaux de charbon attachés au bout d'un appui-main et faisait lancer par une vieille servante des baquets de couleur contre une toile. De ce chaos il tirait son œuvre, peignant avec des balais, des éponges, des dos de cuillers, la lame du couteau à palette, tout ce qui lui tombait sous la main; souvent avec le pouce, comme s'il modelait dans l'argile. Cette façon sauvage était nouvelle à Séville, dont les peintres cherchaient la grâce et le fini, mais elle s'imposait par sa truculence magistrale. Il existe à la galerie du Louvre un superbe échantillon d'Herrera : c'est un *saint Basile présidant un concile d'évêques et de moines;* on dirait Satan haranguant le Pandæmonium, tant les figures sont farouches, sinistres, et diaboliques. Une méchanceté infernale crispe ces têtes convulsées et le Saint-Esprit qui secoue ses ailes effarées au-dessus du saint a l'air du corbeau d'Odin ou d'un oiseau de proie qui veut lui manger la cervelle; tout cela est enlevé avec une rage de brosse inimaginable et semble comme flamboyant d'un reflet d'auto-da-fé. A côté de ce frénétique, le Caravage, l'Espagnolet et Salvator sont des peintres à l'eau de rose.

Le caractère répondait au génie. Le paroxysme de la fureur était l'état habituel d'Herrera. Les élèves épouvantés fuyaient, quelque désir qu'ils eussent de ses savantes leçons; d'autres leur succédaient qui bientôt n'y pouvaient tenir. L'atelier restait désert et ne contenait plus que l'artiste démoniaque s'escrimant contre ses tableaux comme s'il eût eu affaire à des ennemis mortels. Son fils se sauva emportant l'épargne paternelle, et ne se crut en sûreté qu'à Rome. Sa fille se fit religieuse. On pense bien que Velasquez ne put se plaire bien longtemps sous une tyrannie pareille, et quoique le maître fût grand dessinateur, savant anatomiste, comme il le fit bien voir dans son *Jugement dernier* de l'église Saint-Bernard à Séville, plein d'invention, de génie et de feu, il passa sous la direction de Pacheco, moins grand artiste sans doute, mais dont l'humeur aimable convenait mieux à son tempérament paisible et doux.

Pacheco, qui était littérateur autant que peintre, et qui a écrit un livre estimé sur « l'art de la peinture, » lui apprit les préceptes et les règles et tout ce que peut enseigner un bon professeur. Cependant, le jeune Velasquez, tout en profitant des leçons de son nouveau maître, se disait que le meilleur enseignement est encore celui que donne la nature, et, dès lors, il fit vœu de ne jamais rien dessiner ou peindre qu'il n'eût l'objet devant les yeux, c'est-à-dire de travailler toujours d'après le vif, *ad vivum*. Aussi avait-il sans cesse près de lui un jeune garçon apprenti, qui lui servait de modèle en diverses actions et postures, soit riant, soit pleurant, dans les attitudes les plus difficiles, et il fit, d'après lui, beaucoup de têtes au crayon noir avec rehauts de crayon blanc sur papier bleu, ainsi que d'après d'autres personnes. Par cette étude persistante, il arriva à exceller si bien dans les têtes que peu d'Italiens l'égalèrent. Ses rivaux mêmes en convenaient et disaient que là se bornait son mérite. A quoi il répondait avec une noble fierté : « Ils me font beaucoup d'honneur, car moi je ne connais personne qui sache bien peindre une tête. »

En ce temps-là, les artistes ne cherchaient plus l'idéal poétique ou religieux. C'était le règne des *naturalistes* (nous dirions aujourd'hui *réalistes*). Caravage, le Guerchin, le

Calabrèse se contentaient de rendre avec une énergie intense le modèle qu'ils avaient devant les yeux; mais comme c'étaient, après tout, de grands peintres, par la force du rendu, la violence de l'effet, la singularité du type, ils arrivaient malgré eux à une sorte d'idéal, car la nature prise au hasard ne présente pas cet aspect éclatant et sombre. Elle n'offre pas, à moins qu'on ne la mette sous un jour particulier, ces vives lumières, ces intenses ténèbres. Il y a dans les tableaux les plus vrais de ces maîtres le choix de l'effet, l'angle d'incidence, l'outrance du rendu qui font monter la réalité jusqu'à l'art.

Velasquez partageait ces principes. Son génie exact, lucide et mathématique avait besoin de certitude, et quelle meilleure pierre de touche que la nature toujours consultée et copiée? Avec elle, point d'erreurs, point de fausse route. Si elle ne possède pas le beau absolu, elle contient le vrai, et c'est assez. Aussi le jeune artiste, qui devait devenir un si grand maître, ne donne-t-il jamais un coup de crayon sans l'aide et le contrôle de cette infaillible institutrice.

Quelquefois il arrive aux jeunes élèves qui se sont attardés dans l'étude du dessin de ne pouvoir se rendre maîtres du pinceau et de la palette. Cet art du coloris leur reste longtemps de difficile accès. Quelques-uns y échouent entièrement et font dire de leurs tableaux qu'on préférerait des cartons ou des grisailles.

Aussi, pour s'exercer, Velasquez peignait-il des fruits, des légumes, des citrouilles, du poisson, du gibier et autres sujets de nature morte, groupés de manière à former ce que les Espagnols appellent un *bodegon*. Ces études ne semblaient pas au-dessous de lui au jeune maître; il y apportait déjà cette simplicité souveraine et cette largeur grandiose qui forment le fond de sa manière dédaigneuse de tout détail inutile. Ainsi traités, ces fruits auraient pu être posés dans un plat d'or, sur une crédence royale; ces victuailles, d'un sérieux historique, figurer aux noces de Cana et remplacer les mets que Paul Véronèse a oublié de servir à ses convives. Ces modèles, d'une immobilité complaisante, se prêtaient plus à ce genre d'études ayant pour but de s'assimiler la couleur et de s'assurer le libre maniement de la brosse, que le corps humain avec sa structure compliquée et profonde, ses trépidations de vie et ses reflets de passions intérieures, ce qui ne veut pas dire que Velasquez négligeât le nu, cette base de tout art plastique. Son *Christ en croix*, passé du couvent de Saint-Placide au Musée royal, ses *Forges de Vulcain* et sa *Tunique de Joseph*, montrent assez qu'il savait faire autre chose que des têtes et des étoffes. S'il ne cherche pas la beauté comme les grands artistes d'Italie, Velasquez ne poursuit pas la laideur idéale comme les réalistes de nos jours : il accepte franchement la nature telle qu'elle est, et il la rend dans sa vérité absolue avec une vie, une illusion et une puissance magiques, belle, triviale ou laide, mais toujours relevée par le caractère et l'effet. Comme le soleil qui éclaire indifféremment tous les objets de ses rayons, faisant d'un tas de paille un monceau d'or, d'une goutte d'eau un diamant, d'un haillon une pourpre, Velasquez épanche sa radieuse couleur sur toutes choses et, sans les changer, leur donne une valeur inestimable. Touché par ce pinceau, vraie baguette de fée, la laideur elle-même devient belle; un nain difforme, au nez camard, à la face écrasée et vieillotte, vous fait autant de plaisir à regarder qu'une Vénus ou qu'un Apollon. Lorsque Velasquez rencontre la beauté, comme il sait l'exprimer sans fade galanterie, mais en lui conservant sa fleur, son velouté, sa grâce, son charme et en l'augmentant d'un attrait mystérieux, d'une force délicate et suprême ! Faites poser devant lui la Perfection, il la peindra avec une aisance de gentilhomme et ne sera pas vaincu par elle. Rien de ce qui existe ne saurait désormais mettre sa brosse en défaut.

Grâce à ces fortes études il fera les rois, les reines, les infants galopant sur les genets d'Espagne en costume de chasse ou de gala, aussi bien que les nains, les philosophes et les ivrognes ; la tête pâle et délicate, dont la blancheur blafarde se colore à peine du sang d'azur (sangre azul) des races royales dégénérées, ne lui coûtera pas plus de peine que la trogne hâlée et vineuse du soudard, ou le teint sordide du mendiant ; sa brosse rendra l'orfroi des brocarts constellés de pierreries, comme les rugosités du haillon de toile. Ce luxe ne lui coûtera pas plus que cette misère ; il ne s'étonnera pas de l'un, il ne méprisera pas l'autre ; à son aise dans le palais comme dans la chaumière ; fidèle à la nature, il sera partout chez lui.

Pour se rompre la main, il fit ensuite des figures vêtues, des sujets familiers et domestiques à la manière de David Téniers, des *bambochades* dans le goût des peintres flamands et hollandais. Ces tableaux, malgré leur mérite par l'imitation trop exacte, trop littérale et trop minutieuse de la nature, avaient un peu de sécheresse et de dureté. A cette période, qui forme la première manière de Velasquez, peuvent se rapporter l'*Aguador de Séville* qui est au musée de Madrid, une *Nativité*, appartenant jadis au comte d'Aguila, et quelques autres toiles dont on a perdu la trace.

Tout en travaillant, il profitait de la conversation des lettrés et des poëtes qui fréquentaient alors son maître Pacheco; il entendait leurs discours enthousiastes, leurs raisonnements philosophiques, leurs dissertations érudites sur les beaux-arts, et il apprenait, dans cette académie du bon goût, ce qu'un peintre doit savoir pour être autre chose qu'un praticien vulgaire. Il lisait aussi les bons livres dont était composée la bibliothèque de l'artiste-littérateur, et il se préparait à sa fortune future.

Velasquez passa cinq ans dans cette école, qu'on pouvait vraiment appeler une académie des beaux-arts, et Pacheco fut si content de la douceur de caractère, de la régularité de mœurs et des brillantes dispositions que montrait son élève, qu'il lui donna en mariage sa fille doña Juana. Il venait en ce temps-là à Séville beaucoup de peintures de Flandre, d'Italie et de Madrid, dont le jeune artiste se fit un sujet d'étude, mais aucunes ne lui firent autant d'impression que celles de don Luis de Tristan. Il trouvait chez ce maître un coloris analogue à sa propre manière de voir, une grande vivacité de conception et une façon de dégrader les teintes qui le satisfaisait complétement; dès lors il se déclara l'admirateur de Tristan, copia ses toiles et quitta, pour un faire gras, large et souple, le style un peu sec qu'il avait suivi jusque-là et qu'il tenait de Pacheco. A dater de cette époque, il était entré en possession de son originalité, il possédait la plénitude de son talent; c'était déjà le Velasquez que la postérité devait regarder à bon droit comme un des souverains de la peinture. Arrivé à ce point, il eut le désir de voir Madrid, et, au printemps de l'année 1622, il partit de Séville. Il trouva dans la capitale un accueil cordial et une protection efficace chez ses compatriotes, don Luis et don Melchor de Alcazar, et surtout chez don Juan de Fonseca y Figueroa, amateur distingué qui peignait pour son agrément et lui facilita les moyens d'étudier les chefs-d'œuvre des collections de Madrid, du Pardo et de l'Escurial. Fonseca voulait procurer à son protégé les portraits des personnes royales; mais, quelque mal qu'il se donnât, quoique bien en cour, où il avait une charge, et frère du marquis d'Orellana, il n'y put, cette fois, parvenir. Cependant Velasquez peignit le portrait du célèbre poëte don Luis de Gongora, que Pacheco l'avait chargé de faire, et regagna Séville, laissant à Madrid un protecteur qui remuait pour lui ciel et terre.

L'année suivante, il revint à Madrid en vertu d'une lettre du comte-duc d'Olivarès, ministre d'État et favori de Philippe IV, qui lui accordait cinquante ducats pour frais de route. Son beau-père l'accompagna pour être témoin d'une gloire qu'il pressentait. Ils reçurent l'hospitalité dans la maison de Fonseca, dont Velasquez fit aussitôt le portrait; — ce portrait, un chef-d'œuvre qui décida la fortune du peintre, fut porté au palais et, en une heure, vu du roi, de la famille royale, des grands de service, et loué de tous, mais particulièrement de Sa Majesté, qui prit Velasquez à son service en qualité de peintre, avec vingt ducats d'appointements par mois.

Notre artiste, entré en fonctions, fit, sur l'ordre du roi,

le portrait du cardinal infant, bien qu'il eût préféré peindre le roi lui-même, retenu alors par de graves occupations. Malgré la difficulté d'obtenir des séances, il acheva, le 30 août de la même année, le portrait du monarque dont il devait tant de fois retracer la face pâle. Le succès de cette admirable peinture fut tel que le comte-duc d'Olivarès déclara publiquement que personne n'avait jamais si bien réussi le roi, encore que Bartholomé et Vincent Carducho, Caxes et Nardi s'y fussent essayés. Comme Alexandre, qui ne voulut plus être peint par d'autres qu'Apelles, Philippe IV donna le privilége de reproduire son effigie royale au seul Velasquez. Dans ce portrait le roi est représenté à cheval, armé, le bâton de commandement à la main, avec une fierté d'attitude et une majesté d'expression incomparables. On permit à l'artiste d'exposer son tableau dans la calle Mayor, en face de Saint-Philippe du Roi, un jour de fête, de sorte qu'il fût vu et admiré de tout le peuple. Les peintres faillirent crever d'envie, mais personne n'écouta leurs critiques intéressées, et les poëtes composèrent une multitude de sonnets en l'honneur de Velasquez. On a conservé celui que rima Pacheco, son beau-père. De plus en plus charmé, le roi lui ordonna de s'établir à Madrid, d'y faire venir sa famille, et lui accorda pour le voyage une indemnité de trois cents ducats; il lui fit, en outre de ses appointements mensuels, une pension de trois cents ducats, ses ouvrages payés à part et lui accorda l'usage gratuit du médecin et du chirurgien de la cour.

Accaparé tout jeune par ce fin connaisseur, Velasquez ne travailla presque que pour son royal Mécène, dans le palais même où il avait un atelier, dont le monarque possédait une clef double afin de venir visiter, quand cela lui plaisait, son peintre bien-aimé. Cette longue faveur se maintint jusqu'à la mort de l'artiste, sans caprice, intermittence, ingratitude ou fatigue. Velasquez avait alors de vingt-trois à vingt-quatre ans, et il en vécut soixante et un. Il fut peintre du roi, huissier de chambre, maréchal des logis, chevalier de Santiago; mais ces charges et ces honneurs ne nuisirent en rien à son talent. Son pinceau conserva toute sa franchise et sa puissance. L'artiste, sous les yeux du roi, sut se préserver de la froideur officielle et manifester librement son génie. Jamais la cour ne lui fit oublier la nature.

Cet amour de la nature ne l'empêchait pas d'étudier les chefs-d'œuvre de l'art et d'en discuter la théorie. Il était en correspondance réglée avec Rubens, et quand le grand peintre d'Anvers vint à Madrid ce fut Velasquez qui lui en fit les honneurs : les deux maîtres visitèrent ensemble les tableaux des résidences royales et les discours de Rubens ne firent que renouveler le désir qu'avait le pensionnaire de Philippe IV, de visiter l'Italie, ce rêve de sa jeunesse. Bien approvisionné d'argent, de lettres de recommandation, accrédité comme un ambassadeur, Velasquez partit de Barcelone le 10 août 1629, et aborda à Venise où les peintures de Titien, de Tintoret, de Véronèse, lui firent une vive impression. Tout le temps de son séjour il ne cessa de dessiner et de copier d'après ces maîtres, particulièrement d'après le *Crucifiement*, de Tintoret, dont il reproduisit un tableau qu'il donna au roi, à son retour. A Rome, le pape Urbain VIII lui accorda un logement au Vatican et lui fit offrir la clef de certaines pièces réservées pour qu'il pût travailler en toute liberté. Avec toute l'ardeur d'un élève, Velasquez copia au crayon et au pinceau une grande partie du *Jugement universel*, des *Prophètes* et des *Sibylles*, de Michel-Ange, dans la chapelle Sixtine, et différentes figures et groupes de la *Théologie*, de l'*École d'Athènes*, du *Parnasse* et de l'*Incendie du Borgo* et autres fresques de Raphaël.

Pendant son séjour à Rome, Velasquez, outre ces utiles études, peignit son propre portrait qu'il envoya à son beau-père, la *Forge de Vulcain* et la *Tunique de Joseph*. Il eût bien voulu rester encore, mais Philippe IV ne pouvait pas se passer plus longtemps de son peintre et le rappelait, et il retourna en Espagne vers le commencement de 1631, après avoir embrassé Joseph Ribera en passant à Naples où il fit le portrait de la reine de Hongrie.

Ce voyage ne changea en rien sa manière; il sut admirer les grands maîtres, profiter de leurs leçons muettes sans leur sacrifier son originalité.

Chose singulière pour un artiste espagnol et bon catholique, comme il l'était sans doute, Velasquez ne s'est pas adonné à la peinture religieuse; on ne connaît de lui qu'un très-petit nombre de tableaux de sainteté. Le mysticisme n'allait pas à cette nature robuste et positive : la terre lui suffisait; peut-être se fût-elle égarée dans le ciel où Murillo se jouait d'un essor si libre et si facile à travers les gloires, les auréoles et les guirlandes de petits séraphins. Velasquez n'aimait pas à peindre de pratique; et comme les anges ne posèrent pas devant lui, il ne put faire leur portrait. Il s'en dédommagea en faisant vivre à jamais dans ses cadres les hommes et les femmes de son temps.

Mais c'était là une préférence et non une impuissance. Pour s'en convaincre, il suffit de regarder le magnifique *Christ en croix* passé du couvent de Saint-Placide au musée de Madrid : une figure pâle à la chevelure pendante projetant sur son masque l'ombre de la couronne d'épines, et se détachant, rayée de pourpre, d'un fond d'épaisses ténèbres. Rien de plus émouvant et de plus sinistre que ce corps exsangue, d'une beauté douloureuse, étendant ses bras morts sur ces nuées sombres, comme un christ d'ivoire jauni sur son fond de velours noir. Par cette simplicité terrible, Velasquez, dans ce tableau, s'est élevé au plus haut pathétique.

Le *Couronnement de la Vierge*, sans être d'un profond sentiment religieux, a toute la noblesse et la gravité que réclame le sujet. A demi agenouillés sur des nuages, le Père Éternel et Jésus-Christ tiennent une couronne suspendue au-dessus de la Vierge qui monte vers eux sur une nuée soutenue par des têtes de chérubins. Dominant tout le groupe, le Saint-Esprit souffle son effluve lumineuse et complète la Trinité. La tête de la Vierge est d'une beauté humaine, il est vrai, mais si rare et si parfaite qu'elle peut bien passer pour céleste. Le Christ et Jéhovah sont peints d'une façon si magistrale, dans une attitude si digne et si sérieuse et d'une si splendide couleur, qu'on oublie qu'ils ressemblent peut-être un peu trop à des hommes.

Dans la *Visite de saint Antoine à saint Paul l'Ermite*, Velasquez, d'après une liberté encore permise alors, a représenté son sujet sous trois aspects divers. A la droite du tableau on voit saint Antoine qui frappe à la porte de l'ermitage que le saint s'est creusé dans le roc. Au milieu, les deux vénérables personnages, après s'être édifiés dans une pieuse conversation, attendent la ration quotidienne, que le corbeau apporte double cette fois, puisque le saint a un hôte à héberger. A gauche, saint Antoine enterre saint Paul avec l'aide de deux lions, étranges et miraculeux fossoyeurs qui creusent le sable de leurs ongles. Le paysage a l'âpreté sévère et grandiose d'un paysage historique du Poussin, et les figures s'y dessinent avec une singulière puissance de relief.

Par son tempérament réaliste Velasquez ne comprenait guère l'antiquité ni la mythologie ; il l'évita comme la peinture religieuse. Il n'avait pas vu les dieux de l'Olympe et n'avait pas le secret de les faire descendre à son atelier.

La *Forge de Vulcain*, malgré la mythologie de son titre, n'a rien qui rappelle l'idéalité antique. Apollon vient trouver Vulcain à sa forge et l'avertir de sa mésaventure conjugale. Cette dénonciation de mouchard olympien et solaire à qui rien n'échappe ne fait pas grand honneur au frère de Diane, et le pauvre dieu forgeron, tout noir de limaille, dessine en l'écoutant une assez laide grimace. Les cyclopes dressent l'oreille, suspendant leur travail, tout réjouis d'ailleurs de l'infortune de leur maître. Rien n'est moins grec et moins homérique assurément. Mais quelles chairs jeunes, souples et vivantes que celles de l'Apollon à demi drapé de son manteau de pourpre ! quelle vérité dans l'attitude de Vulcain et le geste des cyclopes ! quelle pittoresque rencontre de la lumière blanche du jour et du reflet rouge de la forge ! quelle science de modelé et de couleur ! quelle inimitable force de rendu, quels torses et quels dos ! et comme ceux qui prétendaient que Velasquez ne savait pas peindre le nu devaient rester confus devant cette merveilleuse toile !

Argus et Mercure est un tableau composé, sans être beaucoup plus grec, avec beaucoup de sentiment pittoresque et d'effet. Argus, vaincu par les sons de la flûte de Mercure, s'est endormi enfin. Son corps, adossé à un tertre, flotte dans le sommeil, ses bras ballants pendent à terre et son attitude affaissée indique une somnolence surnaturelle. Ne croyez pas que Velasquez lui ait donné les cent yeux et la forme héroïque du prince argien qu'on nommait *Panoptès* parce qu'il voyait tout. Il en fait tout bonnement un jeune berger espagnol vêtu d'une souquenille ; mais comme il dort et que le mouvement de Mercure, se soulevant à demi et s'approchant avec précaution pour lui couper la tête est admirablement saisi ! Quel accent féroce prennent sur le ciel orageux les deux ailes du pétase dont est coiffé Mercure et qui semblent les ailes d'un oiseau de proie s'abattant sur sa victime ! Io, sous la forme de génisse où Jupiter l'a cachée, attend que Mercure l'emmène avec une impassibilité bovine. Oubliez les noms mythologiques et ne voyez là qu'un vol de bétail, et vous aurez un chef-d'œuvre de l'art.

Le tableau connu sous le nom de *las Hilanderas* (les Fileuses) est une toile de genre grandie aux proportions historiques. Des dames de la cour visitent une fabrique de tapisserie comme on le ferait maintenant de la manufacture des Gobelins. Ce sujet, si simple qu'il ne semble pas même offrir matière à peinture, est disposé par Velasquez de la manière la plus ingénieuse. Les premiers plans, baignés d'une ombre légère et transparente, montrent une sorte d'atelier où travaillent des ouvrières qui, pour être plus à l'aise, n'ont gardé que leur jupon et leur chemise, comme en usent encore les *cigarreras* à la manutention des tabacs, à Séville. Dans l'angle, à gauche, une jeune fille relève avec un geste plein de naturel le pan d'un rideau rouge; au milieu, une vieille fait mouvoir du pied un rouet; à droite, une jeune ouvrière, tournant vers le spectateur une épaule que laisse à découvert la chemise glissée, dévide distraitement un écheveau de laine, car son attention est occupée par la présence de ces personnes de haut parage. Il est impossible de peindre des chairs plus souples, plus fraîches et plus vivantes que ce dos et cette nuque où se tordent des cheveux bruns. On y devine jusqu'à la moiteur perlée produite par la chaleur d'Espagne. Au fond, l'atelier s'ouvre sur une galerie que garnissent les hautes et basses lisses exposées. Une tapisserie, représentant un sujet allégorique, occupe les regards des visiteurs; tout le jour ménagé au reste du tableau illumine d'une vive lumière cette partie de la toile et produit un effet vraiment magique. On entrerait dans le cadre comme dans une chambre réelle, tant la perspective aérienne est bien observée, tant l'air circule autour des personnages, les séparant les uns des autres et les mettant à leur plan réciproque. C'est là un des mérites de Velasquez; il n'oublie jamais l'atmosphère ambiante, et personne mieux que lui n'a peint l'air, cet élément insaisissable.

Nulle part cette qualité n'est plus visible que dans le célèbre tableau des *Ménines*, que Luca Giordano appelait « la théologie de la peinture, » pour marquer que là étaient la vérité, le dogme, l'orthodoxie, et que s'en éloigner c'était devenir un hérésiarque de l'art. En effet, devant ce cadre, l'illusion est complète, toute trace de travail a disparu; il semble qu'on voie la scène même reproduite par une glace; les *Ménines* représentent, comme on sait, Velasquez en train de faire le portrait de l'infante doña Marguerite. Il est à son chevalet, dont la toile ne montre au spectateur que son envers; pour distraire la petite infante, immobile sous sa raide parure, les *Ménines* lui font la conversation, et l'une d'elles lui offre à boire dans un *bucaro* ou vase des Indes, qui a la propriété de tenir l'eau fraîche. La dame qui offre le bucaro est doña Maria Agustina, menine de la reine et fille de don Diego Sarmiento; celle qui parle, doña Isabel de Velasco, fille du comte de Fuensalida. Au premier plan, Nicolasito Pertusano et Mari Borbola, nains de cour, lutinent un grand chien qui se laisse faire; un peu en arrière du groupe principal, plus vers le fond de l'appartement, on voit doña Maria d'Ulloa, dame d'honneur, et un garde, et tout au bout, une porte ouverte sur un escalier laisse apercevoir, dans une vive lumière Josef Nieto, *aposentador* de la reine. Tout dans ce cadre est peint d'après nature, jusqu'aux tableaux qui ornent les parois de la galerie et au miroir qui réflète le roi et la reine assis en face, contre la paroi de la chambre, que le peintre a dû abattre pour en montrer l'intérieur. Ainsi leur image, sinon leur personne, assiste à la scène. La chambre noire, dont Velasquez d'ailleurs se servait beaucoup, ne donnerait pas une perspective plus exacte, une dégradation de teintes mieux suivie, une lumière aussi douce et aussi fondue, une impression plus forte de nature. En face des *Ménines*, on est tenté de dire : « Où donc est le tableau? »

En examinant ce chef-d'œuvre en détail, vous apercevrez

sur le pourpoint noir de Velasquez une croix rouge de forme particulière; c'est celle de chevalier de Saint-Jacques. Il existe sur cette croix une petite légende qui n'est peut-être pas plus vraie que l'historiette de Charles-Quint ramassant le pinceau du Titien, et de François Ier recevant le dernier soupir de Léonard de Vinci, mais elle est la forme synthétique de l'admiration générale, et, à ce juste titre, elle a sa valeur. Quand Velasquez eut achevé sa toile, le roi lui dit « qu'il y manquait une chose essentielle, » et passant au pouce la palette, et prenant un pinceau, comme pour donner la touche suprême, il traça sur la poitrine du peintre, représenté dans le tableau, cette croix de cinabre qu'on y voit encore aujourd'hui. Certes, c'était une gracieuse et noble façon de récompenser le talent, et le roi se montrait ainsi digne de l'artiste.

Par malheur, sans infirmer tout à fait la légende, des recherches savantes présentent les choses sous un autre jour. Philippe IV, en effet, par cédule royale datée du Buen-Retiro, le 12 juin 1658, accorda l'habit de chevalier à Velasquez, qui se présenta au conseil de l'ordre avec sa généalogie, pour faire ses preuves, dont l'insuffisance nécessita une dispense que le roi obtint du pape Alexandre VII, après quoi Velasquez fut reçu et prit l'habit dans l'église des religieuses de la Carbonera.

Les *Buveurs*, plus connus sous le nom de *los Borrachos* (les ivrognes), sont une des merveilles de la peinture. C'est une sorte de bacchanale, sans mythologie et entendue à la façon réaliste. Un jeune drôle, nu jusqu'à la ceinture, couronné de pampres, ayant un tonneau pour trône, coiffé d'une guirlande en feuilles de vignes comme s'il lui conférait un ordre de chevalerie bachique, un soudard dévotement agenouillé devant lui; à ses pieds s'arrondit une cruche à large panse et roule une coupe vide. Un gaillard demi-nu aussi et tenant un verre à la main s'accoude nonchalamment sur un tertre derrière le *præses* de la cérémonie. Au coin, à gauche, un autre personnage assis à terre enveloppe amoureusement de ses bras une jarre qui n'est pas pleine d'eau, à coup sûr; ces deux confrères ont tous deux la couronne de pampres; ils sont reçus comme biberons émérites dans l'ordre de la dive bouteille. Derrière le soudard se tiennent trois postulants qu'il serait bien injuste de ne pas admettre; car ils ont l'air de francs ivrognes et de parfaites canailles; armés d'écuelles et de gobelets ils sont tout prêts à officier. Plus loin, un gueux déguenillé et dont la souquenille laisse voir une poitrine sans linge, contemple la scène avec extase et la main sur son cœur; il est un peu délabré pour se mêler à ces nobles seigneurs, mais il a tant de zèle, une soif si inextinguible! Au fond, un mendiant, voyant des gens rassemblés, profite de l'occasion et, soulevant son feutre avachi, tend la main pour quêter une aumône.

Ce n'est pas là, comme on pourrait se l'imaginer, un simple tableau de chevalet à la manière flamande, les figures sont de grandeur naturelle et ont la proportion qu'on nomme historique. Ce sujet vulgaire a semblé à Velasquez aussi important que le triomphe de Bacchus, l'ivresse de Silène, la danse des Ménades, ou toute autre fiction prise de l'antiquité; il avait même pour lui l'avantage d'être *vrai*. Il y a donc mis, avec un sérieux profond, tout son art, toute sa science et tout son génie. Le torse du jeune garçon, dont la blancheur contraste avec la teinte bistrée des visages qui l'entourent, forme à la composition le plus heureux centre de lumière; aucun pinceau ne fit chairs plus souples, mieux modelées et si vivantes; l'œil a la molle hébétude et la bouche le vague sourire de l'ivresse. Quant aux têtes des autres compagnons hâlées, tannées, fauves, comme du cuir de Cordoue, montrant de longues dents d'un appétit féroce, faisant luire dans des pattes d'oie de rides le regard mouillé des convoitises bachiques, elles rappellent les types caractérisés de la *Tuna*, cette bohème espagnole si amusante, si pittoresque et si ardemment colorée.

L'Espagne, malgré son amour du faste, son étiquette et son orgueil, n'a jamais eu le mépris du haillon; dans son art souvent d'un spiritualisme si éthéré les gueux ont toujours été les bienvenus. Il y a toute une littérature picaresque consacrée à retracer les exploits et les aventures des pauvres diables à la recherche d'un dîner problématique; *Rinconete et Cortadillo* des nouvelles exemplaires de Cervantes, *Guzman d'Alfarache*, *Lazarille de Tormes*, *El gran Tacaño* représentent tout un monde famélique, déguenillé et hasardeux, d'une amusante misère. Dans ce pays si fier, nul dédain pour la pauvreté. Après tout, ce compagnon au feutre roussi tombant sur les yeux, au manteau d'amadou déchiqueté, qui de sa main cachée gratte sa poitrine est peut-être un gentilhomme, un descendant de Pélage, un chrétien de la vieille roche. Son galion a échoué; il a été captif en Alger, blessé dans les Flandres, sa requête a été repoussée par la cour. Qui n'a pas ses malheurs! Murillo lui-même le suave, le vaporeux, l'angélique, ne dédaigne pas les loques du petit pouilleux et de cet enfant cherchant sa vermine au soleil, il fait un chef-d'œuvre! Velasquez bien qu'il eût son atelier au palais parcourait les quartiers perdus et s'il trouvait au Rastro ou ailleurs un gredin farouchement déguenillé, un mendiant superbement crasseux, à souquenille effilochée, à barbe inculte, il le peignait avec le même amour, la même *maëstria* que s'il eût eu pour modèle un roi ou un infant, sauf à écrire dans le coin du cadre pour donner un air philosophique à la chose, *Ésope* ou *Ménippe*. Les nains avec leurs difforme laideur, ne le rebutaient pas; il leur prêtait la beauté de l'art et les revêtait de sa puissante couleur comme d'un manteau royal; il acceptait même les phénomènes de la nature, les monstruosités à montrer en foire. *El niño de Ballecas* (l'enfant de Vallecas) est un de ces tours de force auxquels se plaisait Velasquez. C'était un enfant prodige, d'une grandeur étonnante pour son âge et né avec toutes ses dents; aussi Velasquez, dans son tableau, l'a-t-il représenté la bouche ouverte pour laisser voir cette denture prématurée, objet de la curiosité publique. Eh bien! ce phénomène est un merveille de vie, de couleur et de relief; ces bizarreries plaisaient aux peintres naturalistes; Ribera ne fit-il pas le portrait d'une femme à barbe?

Cependant ce n'était pas la clientèle illustre qui manquait à Velasquez. Il suffisait à peine aux rois, aux reines, aux infants et aux infantes, aux papes, aux princes, aux ministres et aux grands désireux d'avoir un portrait de sa main.

La *Reddition de Bréda*, plus connue sous le nom de tableau des lances, mêle dans la proportion la plus exacte la réalité à la grandeur. La vérité poussée jusqu'au portrait, n'y diminue en rien la fierté du style historique.

Un vaste ciel aéré de lumière et de vapeur, richement peint en pleine pâte d'outremer, fond son azur avec les lointains bleuâtres d'une immense campagne où luisent des nappes d'eau traînées par des luisants argentés. Çà et là des fumées d'incendie montent du sol et vont rejoindre les nuages du ciel en tourbillons fantasques. Au premier plan, de chaque côté, se masse un groupe nombreux : ici les troupes flamandes ; là, les troupes espagnoles laissant libre pour l'entrevue du général vaincu et du général vainqueur un espace dont Velasquez a fait une trouée lumineuse, une fuite vers les profondeurs où brillent les régiments et les enseignes indiqués en quelques touches savantes.

Le marquis de Spinola, tête nue, le chapeau et le bâton de commandement à la main, revêtu de son armure noire damasquinée d'or, accueille avec une courtoisie chevaleresque, affable et presque caressante, comme cela se pratique entre ennemis généreux et faits pour s'estimer, le gouverneur de Bréda, qui s'incline et lui offre les clefs de la ville dans une attitude noblement humiliée.

Des drapeaux écartelés de blanc et d'azur dont le vent tourmente les plis rompent heureusement les lignes droites des lances tenues hautes par les Espagnols. Le cheval du marquis se présentant presque en raccourci du côté de la croupe en retournant la tête, est d'une habile invention pour dissimuler la symétrie militaire, si peu favorable à la peinture.

On ne saurait rendre par des paroles la fierté chevaleresque et la grandeur espagnole qui distinguent les têtes des officiers formant l'état-major du général. Elles expriment la joie calme du triomphe, le tranquille orgueil de race, l'habitude des grands événements. Ces personnages n'auraient pas besoin de faire leurs preuves pour être admis dans les ordres de Santiago et de Calatrava. Ils seraient reçus sur la mine, tant ils sont naturellement hidalgos. Leurs longs cheveux, leurs moustaches retroussées, leur royale taillée en pointe, leurs gorgerins d'acier, leurs corselets ou leurs justes de buffle en font d'avance des portraits d'ancêtres à suspendre, blasonnés d'armoiries au coin de la toile, dans la galerie des châteaux. Personne n'a su, comme Velasquez, peindre le gentilhomme avec une familiarité superbe et pour ainsi dire d'égal à égal. Ce n'est point un pauvre artiste embarrassé qui ne voit ses modèles qu'au moment de la pose et n'a jamais vécu avec eux. Il les suit dans les intimités des appartements royaux, aux grandes chasses, aux cérémonies d'apparat. Il connaît leur port, leur geste, leur attitude, leur physionomie; lui-même est un des favoris du roi (*privados del rey*). Comme eux et même plus qu'eux, il a les grandes et les petites entrées. La noblesse d'Espagne ayant Velasquez pour portraitiste, ne pouvait pas dire comme le lion de la fable : « Ah ! si les lions savaient peindre. »

Velasquez se place naturellement entre Titien et Van Dyck comme peintre de portraits. Sa couleur est d'une harmonie profonde et solide, d'une richesse sans faux luxe et qui n'a pas besoin d'éblouir. Sa magnificence est celle des vieilles fortunes héréditaires. Elle est tranquille, égale, intime. Point de grands tapages de rouges, de verts et de bleus, point de scintillement neuf, point de fanfreluches brillantes. Tout est rompu, amorti, mais d'un ton chaud comme de l'or ancien ou d'un ton gris comme l'argent mat d'une vaisselle de famille.

Les choses voyantes et criardes sont bonnes pour les parvenus et don Diego Velasquez de Silva est trop bon gentilhomme pour se faire remarquer de la sorte, et aussi, disons-le, trop excellent peintre. Quoique naturaliste, il apporte dans son art une largeur hautaine, un dédain du détail inutile, une entente du sacrifice qui montrent bien le maître souverain. Ces sacrifices n'étaient pas toujours ceux qu'un autre peintre aurait faits. Velasquez choisit pour le mettre en évidence ce qui parfois semblait devoir être laissé dans l'ombre. Il éteint et il allume avec un caprice apparent, mais l'effet lui donne toujours raison.

Sa justesse de coup d'œil était telle, qu'en prétendant ne faire que copier, il amenait l'âme à la peau et peignait en même temps l'homme intérieur et l'homme extérieur. Ses portraits racontent mieux que tous les chroniqueurs les Mémoires secrets de la cour d'Espagne. Qu'il les représente en habit de gala, chevauchant des genets, en costume de chasse, une arquebuse à la main, un lévrier aux pieds, on reconnaît dans ces figures blafardes de rois, de reines et d'infants à la face pâle, à la lèvre rouge, au menton massif, la dégénérescence de Charles-Quint et l'abâtardissement des dynasties épuisées. Quoique peintre de cour, il ne les a pas flattés ses royaux modèles ! Cependant, malgré l'hébétation du type, la qualité de ces hauts personnages ne saurait être douteuse. Ce n'est pas qu'il ne sût peindre le génie; le portrait du comte-duc d'Olivarès, si noble, si impérieux et si plein d'autorité le prouve d'une façon irrécusable. Ne pouvant prêter de la flamme à ces tristes sires, il leur donnait la majesté froide, la dignité ennuyée, le geste et la pose d'étiquette, et il enveloppait le tout dans sa couleur magnifique; c'était bien payer la protection de son ami couronné. M. Paul de Saint-Victor a nommé quelque part Victor Hugo le grand d'Espagne de la poésie; qu'il nous permette, en détournant un peu son mot, d'appeler Velasquez « le grand d'Espagne de la peinture. » Nulle qualification ne saurait mieux lui convenir.

Comme nous l'avons dit, Velasquez était maréchal des logis de la cour, et ce fut lui qui fut chargé de préparer les logements du roi dans le voyage que Philippe IV fit à Irun, pour remettre l'infante doña Maria Teresa au roi de France, Louis XIV, qui la devait épouser. Ce fut encore lui qui fit dresser et orner, dans l'île des Faisans, le pavillon où l'entrevue des deux rois eut lieu. Velasquez se distingua parmi la foule des courtisans par la dignité de sa personne, l'élégance, la richesse et le bon goût de ses costumes, sur lesquels il plaçait avec art les diamants et les joyaux, présents des souverains; mais, à son retour à Madrid, il tomba malade de fatigue et mourut le 7 août 1660. Sa veuve doña Juana Pacheco ne lui survécut que de sept jours et fut enterrée près de lui, dans la paroisse de Saint-Jean. Les funérailles de Velasquez avaient été splendides; de grands personnages, les chevaliers des ordres militaires, la maison du roi, les artistes y assistaient tristes et soucieux, comme s'ils sentaient qu'avec Velasquez ils enterraient l'art espagnol.

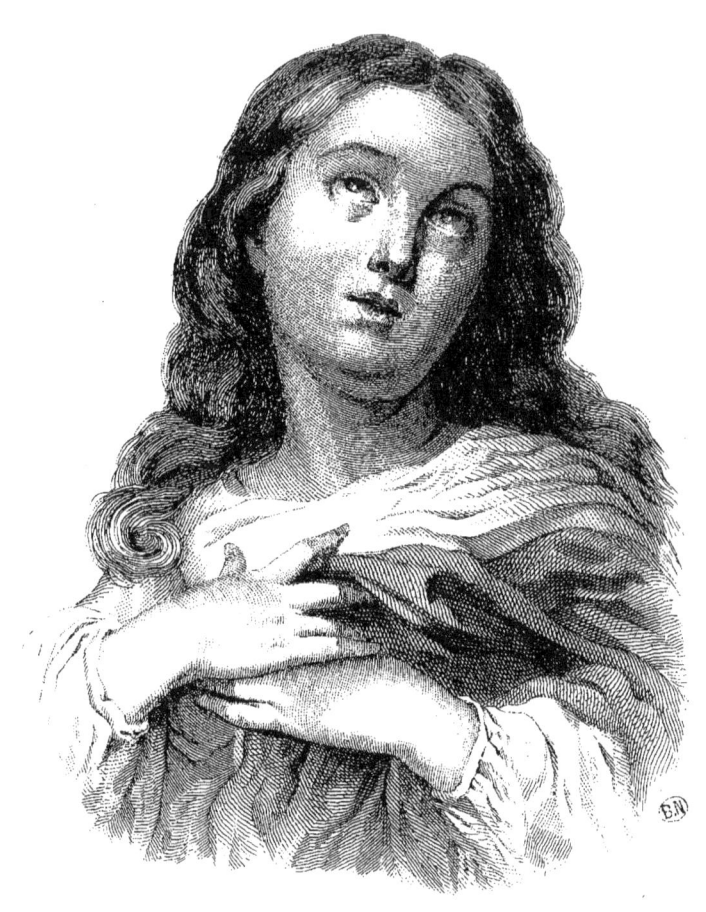

L'Assomption
d'après Murillo

ESTEBAN ECHEVERRÍA Y EL CRIOLLO

ESTEBAN BARTOLOME MURILLO

Murillo est avec Velasquez l'expression complète de l'art espagnol à la fois réaliste et mystique : Velasquez ne représenta que les hommes, Murillo peignit les anges. A l'un la terre, à l'autre le ciel. Chacun prit son empire et y régna en souverain. La réputation de Murillo est plus répandue que celle du peintre de Philippe IV; cela vient de ce que son œuvre ne fut pas absorbé tout entier par un royal patron qui le garda jalousement; il n'avait pas d'atelier au palais, ne possédait aucune charge de cour et n'était décoré d'aucun ordre de chevalerie. Sa position moins élevée, mais aussi moins circonscrite, le mettait en rapport direct avec le public, dont il acceptait les commandes, et qu'il avait peine à satisfaire avec un travail acharné qui absorba sa vie. Sans doute, il laissa souvent courir trop vite sa brosse expéditive et ne put apporter le même soin à tous ses tableaux; mais la nécessité, qui a ses inconvénients, a aussi ses avantages : elle force l'artiste à mettre tout son talent dehors, et développe chez lui des ressources inconnues. Pour le peintre, elle multiplie les chances d'avenir et de célébrité par le nombre de toiles qui vont, se répandant à travers l'Europe, dans les musées et les galeries. Si l'admiration est due au maître dont l'œuvre se compose de quelques morceaux rares, exquis, achevés, marqués du sceau de la perfection, il y a cependant lieu d'admirer plus encore l'artiste fécond qui, avec la profusion du génie, sème d'une main facile les belles choses comme si elles ne lui coûtaient rien. C'est là le cas de Murillo. Dresser le catalogue de ses œuvres serait une tâche difficile, sinon impossible. La liste seule de ses chefs-d'œuvre est encore bien longue.

L'histoire de la vie de Murillo n'offre pas d'incidents dramatiques et se peut raconter en quelques lignes. Il naquit à Séville où il fut baptisé en la paroisse de Sainte-Marie-Magdeleine, le 1er janvier 1618, et non dans la ville de Pilas, comme le croyait Palomino, dont l'erreur venait sans doute de ce que la femme de Murillo était de cette ville et y possédait quelque bien. Son père s'appelait Gaspar Esteban Murillo, et sa mère Maria Perez. Comme tous les ascendants de cette famille avaient porté le nom d'Esteban, on pense que c'était là le nom générique de la race.

L'instinct de la peinture se manifesta de bonne heure chez

Esteban. L'artiste perçait sous l'enfant, et quand il eut l'âge convenable, son père le mit à l'atelier de Juan del Castillo pour qu'il y apprît son art. Comme ce Castillo était bon dessinateur, il lui fit faire de ce côté de fortes études et ensuite il lui transmit son coloris sec qui tenait un peu de l'école florentine, introduite à Séville par Luis de Vargas, Pedro de Villegas, et autres professeurs. Tels furent les commencements de Murillo, dont les progrès rapides étonnèrent son maître, car il était merveilleusement doué et prédestiné pour la peinture.

Comme Juan de Castillo s'était établi à Cadix, Murillo commença à peindre seul, pour la foire, tout ce dont le chargeaient les marchands de tableaux. Il acquit dans ce travail une grande pratique et un coloris plus agréable quoique maniéré. On conservait à Séville trois de ses tableaux faits à cette époque : le premier dans un angle du cloître du collége de Regina, l'autre dans un coin du grand cloître du couvent de Saint-François, et le troisième sur l'autel de la chapelle de Notre-Dame du Rosaire, au collége de Saint-Thomas.

Il n'avait que vingt-quatre ans quand passa par Séville le peintre Pedro de Moya, allant de Londres à Grenade avec le grand goût et le beau coloris qu'il avait appris de Van Dyck. Esteban admira fort cette largeur de style et cette suavité de manière qu'il se proposa d'imiter. Mais Pedro de Moya ne fit pas long séjour à Séville, et le jeune artiste retomba dans ses incertitudes, hésitant sur la voie qu'il devait suivre pour devenir un grand maître. Il voulait aller à Londres, mais il apprit que Van Dyck venait de mourir. L'Italie s'offrait à son imagination avec toutes les richesses d'art et l'enseignement de ses chefs-d'œuvre, mais c'étaient là des voyages longs et coûteux qu'il ne pouvait rêver d'entreprendre, manquant de protecteurs et de ressources pécuniaires.

A la fin il trouva un moyen terme que son courage et sa résolution lui donnèrent la force d'exécuter. Il acheta une pièce de toile, la coupa en morceaux qu'il imprima lui-même et peignit dessus des sujets de sainteté qu'il vendit aux pacotilleurs en assez grand nombre à Séville, qui faisaient ce commerce avec les Indes. — Si parfois dans quelque église d'Amérique le voyageur surpris s'arrête devant un tableau d'autel, devant une madone dont la tête sublime se détache d'une composition hâtée, parmi des personnages peints d'une brosse sommaire, c'est, sans doute, un Murillo inconnu, un des morceaux de la pièce de toile illuminé d'un éclair de génie.

Arrivé à Madrid, il alla voir son compatriote Velasquez et lui dit les motifs qui l'avaient fait partir de Séville et son désir de se perfectionner dans l'étude de la peinture. Velasquez, que sa haute position ne rendait ni orgueilleux ni inaccessible, accueillit Murillo à merveille, lui ouvrit les collections du roi et lui procura la permission de copier à l'Escurial les tableaux qui lui plairaient. Le jeune artiste en profita et passa deux années à étudier, dessiner et peindre d'après les œuvres de Titien, Rubens, Van Dyck, Ribera et Velasquez. Par le résultat on peut deviner le travail et l'application qu'y put apporter l'élève en train de devenir un maître.

De retour à Séville, en 1645, il étonna les artistes par les tableaux qu'il peignit l'année suivante pour le petit cloître de Saint-François; on ne comprenait pas où et avec qui il avait pu prendre ce style neuf, magistral et inconnu, dont il n'existait ni modèle ni maître. Il fit voir dans ses peintures les trois professeurs qu'il s'étaient proposé d'imiter à Madrid : la *Cuisine des Anges* rappelle Ribera, la *Mort de sainte Claire*, Van Dyck, le *San Diego avec les pauvres*, Velasquez ; mais avec un accent d'originalité irrécusable.

Ce travail lui acquit une réputation incontestée et lui valut de nombreuses commandes publiques et particulières. Du premier coup il était passé chef de l'école de Séville, et cette position, nul ne la lui a prise encore ; avec la gloire, l'aisance lui vint, et il put songer à s'établir. Il épousa doña Béatrix de Cabrera y Sotomayor de la ville de Pilas, parti en tous points convenable : ce mariage se fit en 1648. A dater de cette époque, soit par suite de l'extrême facilité que lui donna une pratique continue, soit par désir de complaire au public, il changea son style soutenu et for pour une manière plus franche, plus tendre et plus agréable même aux yeux des connaisseurs, dans laquelle il peignit les principales et les plus estimées des toiles de sa main qu'on admire à Séville.

Tels sont le *Saint Léandre* et le *Saint Isidore*, plus grands que nature, en habits pontificaux, assis et placés dans la grande sacristie de la cathédrale. D'un manuscrit du temps il résulte que le *Saint Léandre* est le portrait du licencié Alonzo de Herrera, chef de chœur, et le *Saint Isidore*, celui du licencié Juan Lopez Talavan. Ces tableaux furent peints en 1655, sur la commande de l'archidiacre de Carmona don Juan Federigui, qui en fit don au chapitre. — C'est de l'année suivante que date le fameux *Saint Antoine de Padoue,* le chef-d'œuvre de Murillo peut-être, placé sur l'autel du baptistère de la cathédrale. Nous avons vu à Séville cette merveilleuse toile que le duc de Wellington, pendant les guerres d'Espagne, offrit au fier chapitre, qui refusa, de couvrir entièrement d'onces d'or, si on voulait la lui laisser emporter. Cela devait faire une somme énorme, car le tableau est très-grand. Honneur aux braves chanoines pour avoir plus estimé un chef-d'œuvre qu'un monceau de métal ! Qu'on nous permette d'emprunter à notre *Voyage en Espagne* ces quelques lignes écrites sous l'impression du moment : « Jamais la magie de la peinture n'a été poussée plus loin. Le saint en extase est à genoux au milieu de sa cellule, dont tous les pauvres détails sont rendus avec cette réalité vigoureuse qui caractérise l'école espagnole. A travers la porte entr'ouverte on aperçoit un de ces longs cloîtres blancs, si favorables à la rêverie. Le haut du tableau, noyé d'une lumière blonde, transparente, vaporeuse, est occupé par des groupes d'anges jouant d'instruments de musique, d'une beauté vraiment idéale. Attiré par la force de la prière, l'Enfant Jésus descend de nuée en nuée et va se placer entre les bras du saint personnage, dont la tête est baigné d'effluves rayonnantes, et se renverse dans un spasme de volupté céleste. Nous mettons ce tableau divin au-dessus de la *Sainte Élisabeth de Hongrie pansant un teigneux,* qu'on voit à l'Académie royale de Madrid, au-dessus du *Moïse,* au-dessus de toutes les Vierges et de tous les Enfants Jésus du maître, si beaux, si purs qu'ils soient. Qui n'a pas vu le *Saint Antoine de Padoue* ne connaît pas le dernier mot du peintre de Séville. C'est comme ceux qui s'imaginent connaître Rubens et qui n'ont pas vu la *Madeleine* d'Anvers ! »

Il n'y a rien d'exagéré dans cette impression si vive. Murillo a montré là qu'il était l'égal des plus grands. Avec un seul personnage il remplit ce vaste cadre, comme s'il eût eu à sa disposition des groupes nombreux. La pieuse hallucination du saint devient sensible pour le spectateur ; ce qu'il rêve, on le voit, les cieux s'ouvrent pour vous comme pour lui. Les murs de l'humble cellule disparaissent, et dans l'atmosphère argentée et bleuâtre de la vision s'agitent, comme des ondes lumineuses, des êtres ailés vraiment surnaturels, d'une immatérialité qu'on ne croirait pas la peinture susceptible de rendre. Le petit Jésus est adorable de naïveté enfantine et caressante. Il tend, comme un nourrisson à sa mère, ses jolis bras ronds au saint Antoine extasié, mais on sent bien que ce n'est pas un enfant ordinaire. La lumière incréée brille dans sa chair délicate pétrie avec les lis et les roses du paradis. Ce tableau d'un mysticisme si éthéré vous enivre comme une fumée d'encens.

Cette facilité de traduire le merveilleux d'une manière sensible se fait remarquer dans les tableaux qu'il peignit en 1665, aux frais du fervent prébendé, don Justino Neve, pour l'église de Sainte-Marie-la-Blanche. Ces deux toiles qui s'ajustaient sans doute dans des tympans, sont arrondies à la partie supérieure et nous les avons vues à l'Académie royale de Madrid. La première représente la vision du patricien romain et de sa femme touchant l'édification de Sainte-Marie-Majeure, à Rome ; la seconde, les époux racontant leur vision au pape.

Dans une salle d'architecture sobre et toute baignée d'ombre dont un pan coupé laisse discerner le ciel gris du soir au-dessus d'un vague paysage, le patricien romain et sa femme se sont endormis d'un sommeil surnaturel, car ils sont tout habillés et n'ont pas eu le temps de gagner leur lit. Le mari dort accoudé à une table recouverte d'un tapis rouge, où sont jetés négligemment un livre et un bout de linge blanc; sa tête repose sur sa main, grave et recueillie, illuminée par le reflet de la vision. On comprend, quoique ses paupières soient fermées, qu'il voit avec l'œil de l'âme, une apparition céleste. Son pourpoint de couleur sombre, sa simarre noire dont il retient les plis de sa main restée libre s'éteignent en tons savamment amortis pour faire valoir le visage. Un peu plus vers le fond de la pièce sa femme sommeille, la tête au bord du lit et la joue sur un mouchoir, dans une pose gracieusement affaissée. Elle a un corsage marron garni d'épaulettes à crevés, laissant passer une manche bleue et sur le bord de sa jupe d'un rouge glacé de laque repose un petit chien de la Havane, inconscient de ce qui se passe. Au pied d'un pilastre, une corbeille de travail contient des étoffes roses et blanches. Rien de plus calme, de plus silencieux, de plus dormant que toute cette partie du tableau qu'on pourrait nommer terrestre à cause de sa réalité naïve et presque familière, mais dans la partie supérieure, vers la gauche, rayonne dans tout son éclat la vision révélatrice. La vierge entourée d'une auréole et supportée par de légers nuages imprégnés de lumière, descend avec l'Enfant Jésus, et de sa main étendue vers la campagne semble désigner la place où doit s'élever la future église. Ce groupe aérien est d'une grâce et d'une couleur surprenante, idéale sans pour cela cesser d'être vraie.

On ne saurait trop admirer l'art avec lequel Murillo a su remplir au moyen de trois personnages seulement cette toile d'une dimension considérable où il n'a rien admis qui n'ait rigoureusement trait au sujet.

La composition du second tableau n'est pas moins ingénieuse. Au premier plan, à gauche, sur un trône exhaussé par une estrade et surmonté d'un dais en velours cramoisi, on voit le pape Liberio posé de profil et, dans la demi-teinte, qui écoute avec une pose admirative le récit de la vision que lui font les époux. Près de lui, une table à tapis de velours violet crépiné d'or, sur laquelle sont posées une sonnette et une buire, forme un vigoureux repoussoir. La lumière glisse derrière le pape et tombe sur la dame vêtue d'une robe rose, glacée de paille, d'une couleur délicieuse. Pour venir chez Sa Sainteté, la femme du patricien a mis ses habits de gala; un fil de perles orne son col, une coiffure gracieuse relève sa beauté plus andalouse peut-être que romaine mais d'un charme incomparable. Agenouillée près de son mari elle semble confirmer le récit de la vision. Le patricien en justaucorps de velours tanné, en manteau noir, la toque à la main, un genou plié, explique comment la sainte Vierge lui est apparue et lui a indiqué l'endroit où doit se fonder le nouveau temple.

Entre le pape et ce groupe, sur un fond d'architecture très-éclairé, on aperçoit un vieux prélat à camail blanc et à robe blanche, s'aidant de sa béquille et ajustant des besicles à son nez pour ne rien perdre de la scène; un moine brun est placé derrière lui et le fait valoir par l'opposition.

Ce n'est pas là tout le tableau, ainsi qu'on pourrait le croire; comme dans ces plans où l'on présente la coupe d'un édifice, Murillo a tranché le mur de la salle qui renferme l'action principale et séparé par une élégante colonne l'action secondaire. Au dehors de la salle on aperçoit la campagne où se déroule la procession montant jusqu'à la place couverte de neige que la Vierge montre du haut du ciel et qui désigne l'emplacement du temple. On admire beaucoup la perfection avec laquelle est rendue la dégradation successive des personnages à mesure qu'ils s'éloignent du spectateur et que leur double file s'enfonce à l'horizon du tableau. L'éclat du ciel pulvérulent de lumière est rendu avec une intensité de chaleur qui fait ressortir encore le miracle de la neige non fondue par cet été ardent.

On admettait encore ces doubles actions dans le même tableau que depuis un art plus sévère a proscrites : elles ne nous choquent nullement pour notre compte, surtout lorsque l'artiste sait, comme Murillo, les juxtaposer sans les confondre ni les isoler trop absolument. Ici, la procession se subordonne au sujet principal dont elle est la conséquence, et se tient discrètement au second et au troisième plan. Le foyer du tableau est la dame romaine avec sa tête charmante et sa robe rayonnante de lumière rose; elle attire d'abord les yeux qui se reportent vers son époux pour aller ensuite au pape et suivre, quand ils ont tout vu, la foule processionnelle jusqu'à ce qu'elle se perde dans le lointain.

Dans cette même église de Marie la Blanche, Murillo avait

peint deux autres tableaux, de forme cintrée, placés dans les autres nefs et toujours aux frais de don Justino Neve, une *Conception*, du côté de l'Évangile et une *Foi*, du côté de l'Épître.

Le tableau connu sous ce nom bizarre, la *Cuisine des Anges*, qui faisait partie de la collection du maréchal Soult, et qu'on admire maintenant au musée du Louvre, est un exemple de plus de la facilité qu'avait Murillo de mélanger sans discordance le miraculeux au réel. Sa foi vive le servait en cela; il n'apportait aucune critique à l'introduction du divin dans le positif.

La forme oblongue de la toile a obligé l'artiste à diviser sa composition en trois groupes principaux, habilement reliés les uns aux autres. On sait l'anecdote, ou, pour parler plus religieusement, le miracle bizarre représenté dans cette peinture. La catholique Espagne, où le soin de l'âme fait si bien oublier le corps, a été de tout temps le pays de la faim. Chez les mondains même, l'étranger s'étonne d'une sobriété qui serait ailleurs le jeûne le plus austère. Les contes rabelaisiens, sur les repues franches des moines, n'y sont guère de mise. Aussi les frères du couvent où Murillo a placé sa scène manquaient le plus souvent des choses nécessaires à la vie. Le saint..., — son nom nous échappe, — se mettait en prière, et, soulevé par les ailes de l'extase, se tenait à genoux en l'air, comme sainte Madeleine dans la Baume, implorant la pitié céleste pour la communauté famélique. Des anges descendaient, apportant des provisions aux pauvres moines. Avec sa foi profonde et sérieuse, Murillo n'a pas craint de traiter toute cette partie de sa composition de la façon la plus réelle, ou, comme on dirait aujourd'hui, la plus réaliste. Deux grands anges, aux ailes azurées et roses, dont le duvet frissonne encore des souffles du paradis, portent, l'un un lourd cabas de victuailles, l'autre un quartier de viande qu'on croirait détaché à l'instant d'un étal de boucher. D'autres anges, marmitons divins, à la grande surprise du cuisinier, pilent l'ail dans le mortier, ravivent le feu du fourneau, veillent sur la *olla podrida*, rangent les assiettes, font reluire les vases de cuivre avec une grâce naïve et noble que Murillo seul était capable de rendre. Au premier plan, des chérubins tiennent une corbeille remplie de concombres, d'oignons, de tomates, de piments rouges et de tous ces légumes des pays chauds dont nous admirions les couleurs vives aux étalages des marchés pendant notre voyage en Espagne. A l'angle de la toile brillent des bassines, des poêlons, des casseroles, toute une batterie de cuisine à rendre jaloux cet art hollandais qui se mire dans un chaudron, mais peinte avec une largeur historique et magistrale.

A l'autre bout du tableau, un moine, le supérieur du couvent sans doute, introduit avec précaution un hidalgo, « chevalier de Saint-Jacques et de Calatrava, » qu'il veut rendre témoin du miracle. Derrière le chevalier s'avance un personnage dont la tête ressemble beaucoup à celle de Murillo et qui pourrait être le peintre lui-même. Ces trois têtes, celle du moine surtout, sont merveilleuses. Elles vivent, elles sortent de la toile et vous racontent par leurs types profondément espagnols toute une croyance, tout un pays, toute une civilisation.

La *Nativité de la Vierge* est un tableau charmant, d'une familiarité pieuse et tendre qui arrête le sourire sur les lèvres des incrédules, s'il pouvait s'en trouver devant un cadre de Murillo. C'est toujours ce mélange aisé du surnaturel et du vrai, ce rapport facile du ciel et de la terre qui distinguent le maître de Séville des autres peintres religieux. Au centre de la composition, comme un bouquet de fleurs illuminé d'un rayon de soleil, la petite Vierge nage en pleine lumière; une vieille matrone, la *tia*, comme disent les Espagnols, soutient le berceau avec un geste caressant. Pour regarder la frêle créature, une belle fille vêtue de lilas, de vert tendre et de jaune paille se penche curieusement et montre un bras blanc, satiné, fouetté au coude d'une touche vermeille; mais ce qu'il y a de plus merveilleux dans le groupe, c'est un ange adolescent, modelé avec rien, une vapeur rose glacée d'argent qui incline coquettement la plus adorable tête faite de trois coups de pinceau, et appuie contre sa poitrine une main longue et fine noyée dans les plis de l'étoffe comme dans les pétales d'une fleur.

Près de la chaise placée à la gauche du spectateur, on remarque un petit chien, un bichon de la Havane, à longs poils soyeux, blanc comme neige, de race pure et digne d'être porté dans le manchon d'une marquise. Paul Véronèse ne manque jamais de mêler un lévrier à ses compositions. Murillo, quand les convenances ne s'y opposent pas trop, aime à y faire jouer ou dormir un bichon havanais. Ces petits détails familiers empêchent l'ennui.

Au-dessus du berceau de la Vierge enfant plane une gloire d'anges répandue dans la chambre comme une fumée lumineuse dont les flocons seraient de délicieuses têtes souriantes. Au fond, dans la pénombre, on distingue vaguement le lit à courtines où repose l'accouchée.

Il est impossible de rien voir de plus frais, de plus tendre, de plus aimable que cette peinture brossée avec la hardiesse légère d'un talent sûr de lui-même et rendant sans effort les idées charmantes qui lui viennent. Il y a sur cette toile heureuse comme un sourire de grâce andalouse.

Et que dire de cette merveille qu'on appelle tout simplement la *Vierge de Murillo*, et qui s'épanouit comme un lis de blancheur et de pureté dans le grand salon carré du Louvre, au milieu de ce bouquet de chefs-d'œuvre choisis parmi les plus belles fleurs de l'art. La Vierge, le pied sur le croissant de la lune, vêtue d'une tunique blanche comme la lumière, drapée d'un manteau bleu qui semble un pan du ciel, s'élève dans les splendeurs de l'Assomption, légère, immatérielle, colorée de rose comme une vapeur de l'aurore, accompagnée de chérubins qui s'égayent et voltigent autour d'elle, nacrés, vermeils, transparents, dans toutes les poses que peuvent prendre des êtres aériens devant qui cède l'impalpable éther.

Avec la *Sainte Élisabeth de Hongrie*, nous redescendons dans la réalité la plus triviale. Des anges nous passons aux teigneux, mais l'art comme la charité chrétienne ne se dégoûte de rien. Tout ce qu'il touche devient pur, noble, divin, et, avec ce sujet rebutant, Murillo a fait un chef-d'œuvre. La pieuse reine a la tête enveloppée d'une sorte de voile blanc qui encadre le pur ovale de son visage de plis ascétiques et s'arrange sur la poitrine en guimpe de religieuse. A la cour, autant qu'elle le peut, elle mène la vie du cloître, mais sur le voile à demi-monastique scintille une mignonne couronne qui désigne la reine et s'arrondit une auréole qui désigne la sainte. Debout, au seuil du palais, elle accueille sa clientèle de pauvres, de malades, d'infirmes : c'est l'heure du pansement. Sur un escabeau pose un large bassin d'argent rempli d'eau vers lequel se penche un pauvre enfant dont les guenilles insuffisantes laissent voir l'épaule maigre et le torse souffreteux. Il présente son crâne damassé de croûtes, saigneux, dénudé par la teigne, aux belles mains royales de la sainte, blanches comme des hosties, qui épongent ces plaies immondes avec une précaution respectueuse, car ce petit misérable, c'est peut-être Jésus-Christ lui-même. Mais, pour être sainte, on n'en est pas moins reine, on n'en est pas moins femme; femme délicate et charmante, avec des aversions, des répugnances, des dégoûts. L'aspect hideux de ces ulcères, leur odeur fétide, inspirent à sainte Élisabeth une horreur qu'elle combat victorieusement. Son visage céleste exprime la révolte de la nature et le triomphe de la charité. Cette double expression si féminine et si chrétienne est un trait de génie de Murillo. Un peintre moins sincèrement catholique que lui ne l'aurait pas trouvée. Une tête de cette sublimité efface toutes les misères et toutes les laideurs. Deux jeunes filles accompagnent la reine et l'assistent dans ses pieuses occupations. L'une d'elles tient un plateau chargé de buires, de boîtes d'onguent, de charpie. L'autre penche une aiguière de vermeil pour renouveler l'eau du bassin d'argent Rien d'assez beau pour les pauvres !

Sur la première marche du perron est assise une vieille

femme en haillons, dont le profil ébréché se découpe avec une singulière hardiesse sur le velours violet de la robe que porte la reine. Au premier plan, tout près du cadre, un mendiant rajuste des linges autour de sa jambe, tandis qu'au fond un estropié se hâte et arrive appuyé sur ses béquilles. Au dernier plan, à travers une architecture à la Véronèse, on aperçoit la reine et ses femmes qui servent des pauvres attablés. Lazare est le bienvenu dans ce palais hospitalier.

Comme on le voit, chez les artistes espagnols le spiritualisme le plus éthéré n'empêche nullement le réalisme, et le même pinceau qui vient de faire rayonner l'extase dans l'auréole, d'ouvrir le ciel et d'en montrer les profondeurs peuplées d'anges, n'a pas honte de peindre un petit mendiant cherchant sa vermine dans un bouge. N'a-t-il pas une âme, ce *pouilleux* de Murillo? Qu'un rayon de soleil glisse sur le mur qui l'abrite et lui envoie un reflet, et il vaudra toutes les pâles imitations de l'antiquité.

Il existe à Séville un hôpital de la Charité où repose le fameux don Juan de Marana, qui n'est pas un personnage fabuleux, comme on pourrait le croire, sous cette inscription : « Ci-gît le pire homme qui fut jamais. » On y voit encore plusieurs toiles très-importantes de Murillo, quoique la *Piscine de Jéricho* et le *Retour de l'enfant prodigue* soient passés dans la galerie du maréchal Soult. La *Multiplication des pains* et *Moïse frappant le rocher*, vastes toiles animées d'une multitude de figures, le *Saint Jean de Dieu portant un mort* n'ont pas quitté la place qu'ils occupaient, mais *l'Ange qui délivre saint Pierre de la prison*, *Abraham adorant les trois anges*, *Sainte Élisabeth de Hongrie*, sont allés orner des musées ou des galeries. Le *Saint Jean de Dieu*, succombant sous la charge du cadavre auquel il va donner la sépulture et que le démon s'amuse à rendre plus lourd pour lui faire pièce, est d'un effet fantastique et puissant. La magie du clair-obscur ajoute à la terreur de la scène et fait rayonner le bel ange accouru au secours du saint écrasé sous le faix de cette croix lugubre. Murillo, malgré la suavité de son style, la grâce de son pinceau, la fraîcheur de son coloris, sait être terrible quand il le faut. L'horreur ne l'effraye pas plus que la trivialité. Il n'est besoin d'autre preuve, pour qui n'a pas vu le *Saint Jean de Dieu*, que le *Saint Bonaventure* revenant après sa mort achever ses mémoires, un des plus étranges tableaux du musée espagnol, rapporté par le baron Taylor et le peintre Dauzats. Dans cette peinture, Murillo lutte de poésie sinistre avec le sombre Valdes Léal, dont les tableaux, la *Mort* et les *Deux cadavres*, font frissonner tous ceux qui visitent l'hôpital de la Charité. Ce fantôme aux yeux atones, à la pâleur livide, dont la main écrit en tâtonnant sur un parchemin moins jaune qu'elle, produit un effet qu'on n'oublie plus et vous donne la sensation de l'autre monde.

Nous marquons cette note, bien qu'elle soit rare chez Murillo, mais elle est trop profondément espagnole et catholique pour l'omettre.

Chaque grand peintre a son style de madone où il incarne en l'épurant son rêve de beauté. La Vierge, comme Murillo la représente, est une jolie Andalouse, idéalisée sans doute, mais dont on rencontrerait encore aujourd'hui des modèles à la Cristina ou à la promenade del Duque ; ce n'est pas un reproche, car rien n'est plus charmant qu'une femme de Séville saints personnages aient achevé de descendre Notre-Seigneur de la croix. »

Peu de temps après son état s'aggrava; il reçut les sacrements et mourut, le 3 avril 1682, entre les bras de son ami et disciple don Pedro Nuñez de Villavicencio, chevalier de l'ordre de Saint-Jean. Il fut enterré dans cette même chapelle dont nous parlions tout à l'heure, sous le tableau de la *Descente de croix* qu'il admirait tant!

Murillo était d'un caractère aimable et bienveillant; il s'intéressait à ses élèves et ne leur cachait rien des secrets de son art. Il fonda une académie de peinture à Séville. Pour 'établir, il sut apprivoiser l'orgueil farouche de Valdès Léal, aire taire l'envie de François Herrera le jeune et des autres artistes de la ville et les déterminer à seconder ses efforts de leur argent et de leur expérience. C'est ainsi qu'il constitua l'école de Séville reconnaissable à son style aimable et naturel, à son coloris d'une chaleur fraîche, à ses contours grassement noyés, à ses gracieux types de femmes et d'enfants où sourit la gentillesse andalouse. Quant à lui, malgré ses imitateurs, il resta inimitable; qu'on voulût copier sa manière froide, sa manière chaude ou sa manière vaporeuse, car les Espagnols désignent ainsi les trois styles qu'il mélange souvent dans le même tableau; ce qu'on ne copia jamais, ce fut son génie.

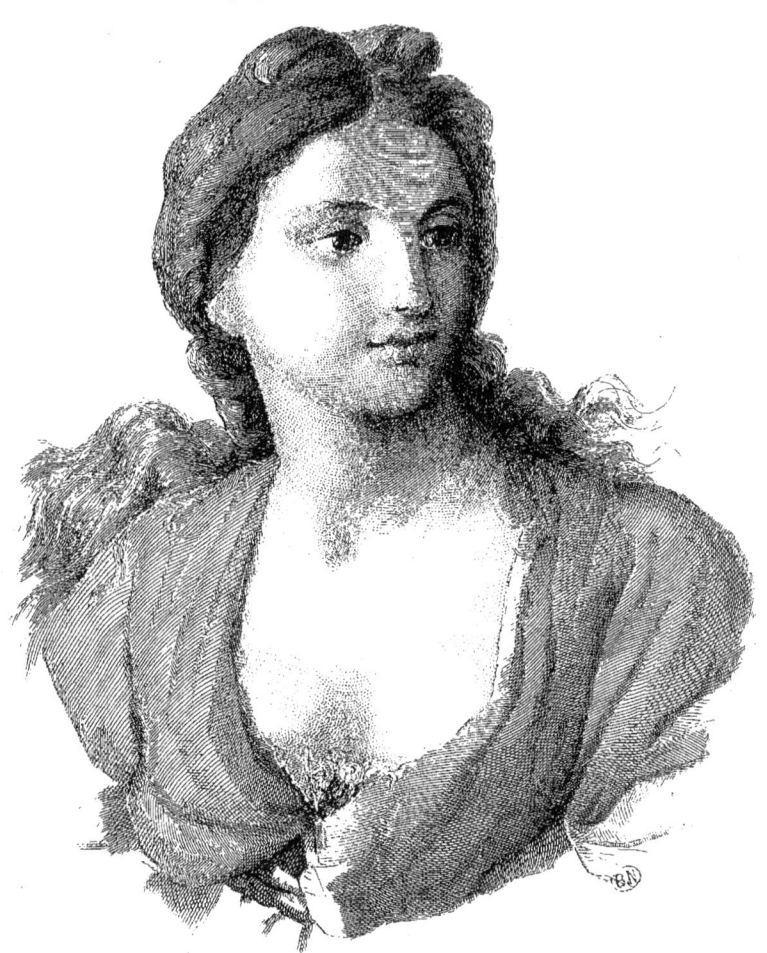

Dessiné par L. Calamatta. Gravé par Delaistre.

Genio
Peint par Poussin.

Imp. Ch. Chardon aîné, Paris.

NICOLAS POUSSIN

Et ego in Arcadia! Telle est, pour l'éternité, la véritable épitaphe du Poussin, qui le peint tout entier, et mieux que le beau quatrain de Bellori, inscrit sur sa tombe dans l'église de Saint-Laurent[1]. Oui, il a vécu dans l'Arcadie, mais dans une Arcadie qu'il a lui-même créée, calme, apaisée, grandiose, et toute pleine du souffle des dieux. L'œuvre du Poussin, poésie visible et tangible, c'est la nature inerte, conquise par la pensée créatrice ; c'est l'œuvre des

[1] Parce piis lacrymis : vivit Pussinus in urna
Vivere qui dederat, nescius ipse mori.
Hic tamen ipse silet. Si vis audire loquentem,
Mirum est, in tabulis vivit et eloquitur.

Grecs continuée et complétée par une transposition d'une audace étrange, car ce sourire humain qu'ils avaient su imposer à leur architecture, le peintre des Andelys le donne aux vastes frondaisons, aux solitudes, aux larges aspects des campagnes silencieuses. A quelle contrée sont-ils empruntés ces asiles verdoyants coupés de grandes masses d'arbres, ombragés de chênes centenaires, surplombés de montagnes tranquilles où le géant Polyphème rêve assis sur le sommet des rocs, où Diogène jette sa tasse en voyant un berger boire dans le creux de sa main, où voyagent, dans l'ivresse de leur joie, le faune, le satyre, l'enfant qui porte un syrinx, l'hamadryade échevelée? à nulle contrée réelle qu'ait éclairée en effet le soleil de Dieu, car, pareil à tous les grands inventeurs, Poussin a créé son monde qui n'appartient qu'à lui, et qui pourtant est plus vrai que la vérité, puisqu'il a reçu une existence immortelle. Ce monde, c'est une Grèce, sans doute, une patrie de héros et de dieux, où, au pied de l'arbre ému dont les rameaux s'ouvrent comme des bras tutélaires, les nymphes aux draperies flottantes nourrissent Jupiter enfant du miel des abeilles et du lait de la chèvre Amalthée que vient de traire le corybante couronné de feuillages. C'est une Grèce, mais non pas la Grèce géographique bornée par l'Illyrie et la Mésie, par la Thrace et par une ceinture de mers; c'est une de ces terres idéales où le navigateur n'abordera jamais sans doute, mais où les âmes des penseurs voyageront et demeureront pendant l'éternité. Comme Vigneul de Marville demandait un jour au Poussin par quelle voie il était arrivé à la perfection, le grand homme répondit modestement : « Je n'ai rien négligé. » Réponse ingénue et charmante, mais qui prouve à quel point le Poussin se connaissait peu lui-même et connaissait peu la portée de son œuvre. A quoi lui eussent servi ses profondes études d'anatomie, de draperie, de paysage; sa religion pour Raphaël, sa longue intimité avec les chefs-d'œuvre antiques; quelle utilité eût-il retiré de ses vastes recherches, que lui importait enfin de connaître les moindres détails des feuillages et d'avoir mesuré l'Antinoüs, s'il n'avait eu en lui son univers qui voulait vivre et qu'il lui fallut bien réaliser sous l'impérieuse obsession de son génie!

Que le Poussin n'ait vu aucun des pays où il place la scène de ses compositions merveilleuses, que la Judée lui soit restée inconnue comme la Grèce et qu'il les ait rêvées toutes les deux à travers l'imposante austérité de la campagne de Rome, ce serait certes un des plus grands bonheurs de cette vie privilégiée, si le hasard entrait pour quelque chose dans de telles existences, et si le doigt de Dieu n'en avait d'avance réglé toutes les phases pour rendre possible l'éclosion des œuvres qui causeront à jamais l'étonnement et l'admiration de l'humanité. Quand on l'envisage, cette vie si simple, si austèrement vouée à connaître et à créer, on voit que rien n'y eût pu être changé impunément, et qu'elle obéit à une logique invincible. Poussin devait être sédentaire et non voyageur, puisque le monde qu'il avait à peindre était en lui; il fallait qu'il naquît pauvre pour que le luxe et la vie bruyante ne fussent pas un obstacle entre lui et l'idéale région de la poésie; enfin ne devait-il pas vivre comme il vécut, toujours blessé, souffrant du corps, mais l'âme sereine et vivace, pour ne rien donner aux amours matériels, aux éblouissements de la couleur, à tout ce que suscite en nous la furie du sang, et pour pouvoir se livrer tout entier aux sereines et pures voluptés de la pensée?

Poussin, on le sait, naquit gentilhomme et d'une famille qui s'était appauvrie au service de nos rois. Ce détail n'est pas sans importance, car Poussin, destiné à être non pas un brillant ouvrier de l'art, mais un initiateur, un poëte agissant, devait naître avec ce dédain de la richesse et des biens positifs qui ne saurait s'associer avec une naissance vile. Ses commencements sont difficiles et pénibles, exempts pourtant de toute incertitude; ses croquis crayonnés sur les marges de ses cahiers d'écolier étaient déjà des croquis du Poussin, et Quintin Varin n'eut pas besoin d'un grand effort d'imagination pour deviner une vocation qui s'affirmait elle-même. Toutefois, Poussin, contrarié dans ses projets, dut quitter en fugitif la maison paternelle. Arrivé à Paris, il demande des leçons à des maîtres qui ne pouvaient rien lui apprendre, rien, ou bien peu de chose, à Georges Lallemant, de Nancy, qui dessinait des tapisseries historiées, à Ferdinand Elle, venu de Malines pour peindre le portrait. Mais il n'était pas réservé à ces artistes médiocres d'être les instituteurs du Poussin. Un jeune gentilhomme du Poitou, dont il devint l'ami, lui fit connaître un mathématicien du roi, Courtois, qui possédait des dessins de Raphaël et de Jules Romain, et une collection de gravures de Marc-Antoine. La vue de ces gravures fut la révélation qu'attendait Poussin. Dès lors il n'a plus qu'une idée, aller à Rome. Alors, comme aujourd'hui, tout chemin y conduisait; mais le chemin qui y mène les artistes pauvres fut, de tout temps, le plus long et le plus difficile de tous.

Il fallait d'abord vivre. Le jeune seigneur poitevin qui, le premier, avait encouragé et secouru Poussin, étant rappelé près de sa mère, emmène son ami dans l'espoir qu'il sera employé comme peintre, mais la dame ignorante veut ployer ce génie à des occupations domestiques. Cette fois encore Poussin s'enfuit, n'emportant que sa misère, tout brisé, va se refaire chez ses parents, aux Andelys, et, à son retour, part enfin pour Rome vers 1623. Cette fois, il ne peut aller que jusqu'à Florence. Il regagne Paris, se loge au collége de Laon, et fait la connaissance de Philippe de Champagne, puis celle du cavalier Marini. Événement important dans la vie du Poussin! Que Marini, si célèbre alors et tout vivant portant son laurier, ait trop sacrifié à l'emphase, aux concetti, à tout le faux luxe poétique d'alors, — qu'il faut pourtant préférer à la platitude, — c'est ce qui ne saurait faire aujourd'hui l'ombre d'un doute. Mais le Poussin, esprit grave, profondément sensé, ne risquait pas d'être envahi par le clinquant du poëte italien, et, en lui lisant son *Adonis*, Marin lui révélait un monde, le vrai monde de la poésie, ces dieux grecs éclatant d'amour, de jeunesse et de force, cette patrie enchantée, ces îles heureuses, ces porteurs de lyres et de thyrses sans lesquels, en fait d'art, il n'y a pas de salut. Cette illustration du poëme d'*Adonis* (car Poussin fit de merveilleux dessins pour l'œuvre de son ami) devait avoir sur le peintre des Andelys une influence décisive, car, en réalité, ce père de l'école française, ce peintre de sujets sacrés, cet émule parfois heureux de Raphaël, ne peignit jamais que des héros. C'est ce que lui reprochèrent amèrement ses ennemis de France quand il eut achevé, pour les Jésuites, son *Martyre de saint François Xavier*. Dans ce tableau, disaient-ils, le Christ avait plus l'air d'un Jupiter Tonnant que d'un Dieu de miséricorde. Critique très-juste, que le Poussin ne voulut pas accepter. L'art est païen, et dans ses chefs-d'œuvre les plus élevés ne peut aller plus loin que la représentation idéale de l'homme.

Mais finissons vite avec la biographie; celle du Poussin n'est rien, et pour apprécier dignement ses ouvrages immortels, il faudrait pouvoir écrire des volumes. Quand les uns cherchent pour moyen d'expression la ligne abstraite, les autres l'harmonie enivrante de la couleur, quand ceux-ci demandent leur effet à la disposition théâtrale des personnages, ceux-là dans la vérité des attitudes ou l'expression des têtes, Poussin osa se proposer comme but, la perfection, vouloir mener de front toutes les parties de son art, montrer l'homme dans la nature, lui calme et éternelle comme elle; elle est divine et pensante comme lui; et, par un effort inouï de génie et d'amour (mais cet effort ne s'arrêta pas et prit toute sa vie), il put se montrer fidèle à ce programme surhumain !

Retenu à Paris par la promesse qu'il avait faite à la communauté des Orfévres de Paris de peindre pour elle une *Mort de la Vierge*, Poussin ne put partir avec Marini pour Rome, où il arriva seulement au printemps de 1624, au moment où le poëte d'*Adonis* s'en allait à Naples pour y mourir. Marini avait recommandé le Poussin à son vieil ami le cardinal Barberini; mais celui-ci fut forcé lui-même de quitter Rome pour une légation, et laissa le peintre entièrement livré à sa pauvreté et à sa solitude.

Amères nourrices, bonnes pourtant au penseur, à qui elles donnent l'âpre, l'inexorable liberté. La solitude! quelle fut complète pour le Poussin, qui ne trouva pas même des frères de sa pensée et de son désir! Ni Guerchin, ni Valentin, ni Manfredi, ni Ribeira, et toute la farouche postérité du Caravage, ni l'Albane et le Guide, enivrés de leur rêve charmant, ne savaient le mot que cherchait Poussin. A qui donc le demandera-t-il? Pas même à Raphaël ou à Michel-Ange, mais à l'antique, source de toute inspiration hautaine et libre. Tandis que Claude Lorrain, Stella et Valentin se groupent autour de lui, il se lie avec un sculpteur flamand, François Duquesnoy, et à eux deux ils moulent des antiques, vivant du produit de ce travail qui, en même temps, leur donnait la science, l'intelligence de tout. Puis, avec l'Algarde, Poussin mesure la Niobé, le Laocoon, l'Hercule Commode, l'Antinoüs. En même temps, il étudiait la nature dans la campagne de Rome, simple, lumineuse, grandiose, à la fois enflammée et calme, où il semble que les Césars enfuis laissent traîner un reflet de la pourpre impériale. Tout occupé des grands effets de masses d'arbres, des verdures, des accidents de lumière, cependant il ramassait et apportait dans son mouchoir, pour en savoir tous les détails, des pierres, les plus humbles mousses, et, sur son chemin, esquissait les poses, les attitudes, les expressions diverses des passants, à la fois apprenant, devinant tout et se devinant lui-même, contemplant l'homme, la terre, le ciel, et s'armant de toutes pièces pour créer à coup sûr des œuvres où serait partout l'idéale beauté. En effet, dès son retour à Rome, le cardinal Barberini songe au Poussin, et celui-ci, du premier coup, lui donne, quoi? cette merveilleuse création d'un génie à son apogée, la *Mort de Germanicus*. Puis à ce chef-d'œuvre succèdent sans interruption la *Prise de Jérusalem par Titus*, la *Peste des Philistins*, le *Saint Érasme* de Saint-Pierre, les tableaux des *Sacrements*, peints pour le chevalier del Pozzo!

Calme, heureux, marié à la sœur de Gaspard Dughet, qui avait soigné sa santé chancelante, en pleine possession de sa gloire, entouré de tout ce qu'il aimait, des antiques et des Raphaël, compris par quelques amis chers et précieux, Poussin ne désirait rien tant que de rester à Rome. On sait pourtant comment le désir de Louis XIII fit de lui un peintre du roi et l'appela en France, où il fut si malheureux malgré la faveur du roi et les délices de la petite maison dans le jardin des Tuileries. La commande du tableau de la *Cène*, sujet redoutable, où il avait à lutter avec Léonard de Vinci, l'amitié de M. de Chanteloup et de M. des Noyers, le bruit fait autour de son nom, sa gloire grandissante enfin, le consolaient mal de son temps dépensé à dessiner des cartons pour les tapisseries et des fers de reliures. Ses démêlés avec Feuquières, Simon Vouet et Lemercier, à propos de la décoration de la grande galerie du Louvre, l'achevèrent. Il ne tarda pas à solliciter la permission d'aller chercher sa femme malade à Rome pour la ramener à Paris. Il n'y devait jamais revenir, malgré ses promesses et malgré les espérances qu'il laissait concevoir à ce sujet. Bientôt la mort de Richelieu et celle de Louis XIII lui rendirent toute sa liberté; mais lors même que ces grands événements ne fussent pas venus dégager sa parole, il est douteux que Poussin fût jamais revenu en France.

Génie trop français, c'est-à-dire trop plein de bon sens, de justesse et de logique pour pouvoir se plaire dans la France d'alors, artiste trop amoureux de la pure beauté pour être un serviteur commode à des souverains; sa vraie patrie était sa petite maison du monte Pincio, entre les Dughet et les Stella et devant la nature inspiratrice! En quittant la France, il se vengea de ses ennemis mieux qu'il ne l'avait fait dans ses lettres magistrales, et pour étouffer les calomnies, répondre aux injures, affirmer sa gloire, peignit cette page éloquente, le *Triomphe de la Vérité*.

Triomphe tout abstrait et moral, car pendant sa longue, obstinée et brillante carrière jusqu'au jour où la mort le prend à soixante et onze ans, le 19 novembre 1665, Poussin ne fut réellement compris que de lui-même! C'est pitié de le voir défendre ses tableaux pied à pied, expliquer dans ses lettres à M. de Chanteloup que sa nouvelle série des Sacrements exécutée pour ce seigneur, vaut au moins les tableaux peints primitivement sur les mêmes sujets pour le commandeur del Pozzo; et enfin chercher une justification pour les œuvres de son génie. C'est pitié et c'est justice, car tout artiste qui n'est pas méconnu n'a pas été un créateur, et nul mieux que Poussin ne mérita ce nom plus grand que tous les mots humains.

En effet, même après Rubens, même après Raphaël, il est, si l'on veut parler d'une façon essentielle, le seul créateur de la peinture d'histoire. Seul il a eu le courage, l'âpre volonté, le détachement suprême de tout subordonner à l'idée qu'il veut rendre ; il ne s'est jamais permis l'ineffable volupté de peindre pour peindre, de s'enivrer d'un jeu de couleur ou de draperie. Pas un pli, pas un regard, pas une attitude qui ne concoure sévèrement à l'effet général. Il suffit, disait-il, d'une demi-figure de trop pour gâter un tableau, et sa recherche d'une dominante, son application à la peinture des modes dorien, phrygien, lydien, ionique, explique tout l'homme. Échapper à la matière, être tout âme et pensée dans un art plastique et matériel, tel fut le problème insondable qu'il se proposa et qu'il résolut, de sorte que l'accomplissement de l'impossible fut sa vie de toutes les heures et son travail quotidien.

Voyez, la composition est irréprochable, mesurée, rhythmique, le dessin est pur, exquis ; la couleur sobre, sans pauvreté, vit dans de solides et calmes harmonies, la nature autour des personnages est vraie, toujours grande ; les expressions appropriées au sujet concourent toutes au même et unique effet : devant ces tableaux si variés, si différents entre eux et dont la perfection constitue pour ainsi dire la seule parenté, quelle impression reçoit-on ? Une impression toute religieuse, et j'oserais dire religieusement païenne, car Poussin peint l'homme à cet état d'enthousiasme et de grandeur morale où il va se transfigurer en héros, la nature à ce point d'épanouissement et de grandeur silencieuse où elle peut être foulée par les pas des dieux. Ses pâtres sont déjà des héros et ses saints ne sont que des héros. Poussin était digne d'être un Grec ;

mais, que dis-je, il le fut; sa Grèce est à nous comme elle est à lui, elle ne sera pas ravagée comme l'autre, les barbares et le temps ne pourront détruire ses ombrages et dessécher ses fontaines murmurantes. L'Arcadie! elle verdit et fleurit, demeure de nos âmes; elle est la récompense et le refuge des esprits qui n'ont pas voulu d'autre richesse et d'autre volupté que celles de la pensée.

Le jour où le cavalier Marini présenta Poussin au cardinal Barberini : *Vous verrez*, lui dit-il, *un jeune homme qui a une fougue extraordinaire*. Fougue qui, tempérée par la raison, par l'âpre étude, par la sobriété voulue, devint l'éclatante, la prestigieuse fécondité dont nous restons éblouis. Bible, histoire, mythologie, Adonis, Vénus, Salomon, Moïse, faisant jaillir la fontaine sacrée, la mort de Phocion, la clémence de Coriolan, Germanicus mourant, la Femme adultère pardonnée, Armide en furie épiant le sommeil de Renaud, que n'a pas peint, commenté, transfiguré l'infatigable génie du Poussin? A quelle légende sacrée, à quelle histoire, à quel récit, à quel poëme a manqué son invention que rien n'épuise?

Quelle grandeur, quelle majesté tragique dans le *Testament d'Eudamidas!* Dans sa maison nue où la pauvreté habite avec lui, le guerrier est couché, prêt à rendre le dernier soupir. Le médecin garde une main appuyée sur le cœur du mourant pour savoir à quel instant il aura cessé de battre. A côté du lit, le notaire est assis; il finit d'écrire le testament sublime que lui a dicté Eudamidas : « Je lègue ma mère à Arété, pour la nourrir et en avoir soin dans sa vieillesse; ma fille à Charixène, pour la marier avec une dot aussi forte qu'il pourra la lui donner; et cependant, si l'un d'eux vient à mourir, j'entends que le legs revienne au survivant. » La mère du guerrier, déjà vieille, instruite à la résignation par de longues souffrances, tourne le dos à ce cruel spectacle; mais la jeune fille, assise sur un escabeau sur lequel repose le pied de sa grand'mère, s'abandonne sans réserve à sa douleur; sa tête est posée sur son bras, qui, appuyé sur le pied du lit, retombe inerte; toute son attitude morne, désespérée, ses yeux en larmes, son front penché, le grand dessin de ses draperies remplissent l'âme d'une religieuse pitié. Par une pensée hautaine et charmante, la pauvre demeure où Eudamidas expire n'a d'autres ornements que son épée et son bouclier pendus à la muraille : le guerrier a le droit de choisir pour ses légataires Arété et Charixène!

Qui dira la fougue du tableau des *Sabines*, tapage des couleurs, tant de personnages qui courent en sens divers, les femmes échevelées et folles de terreur se débattant contre leurs ravisseurs aux mines violentes et farouches, l'éclat des armes, les chevaux cabrés, les draperies envolées, tout ce tumulte que domine Romulus majestueux et calme levant avec gravité un pan de son manteau! Qui dira la grâce du *Moïse exposé sur le Nil*, du *Moïse sauvé des eaux*, du tableau d'*Éliézer et Rébecca?* Jeune, naïve, ingénue, Rebecca jette un regard ravi sur les présents que lui offre Éliézer; autour d'elle, parmi ses compagnes si finement drapées à la grecque, quelle variété de sentiments! La femme envieuse accoudée immobile sur la margelle du puits, les deux sœurs embrassées, la curieuse qui laisse tomber l'eau de sa cruche, l'indifférente qui s'éloigne, la jeune fille, qui portant déjà une urne sur sa tête, se baisse pour en soulever une autre, sont d'une simplicité attendrissante et digne de l'épopée.

Ces quatorze tableaux des *Sacrements* où chaque composition, recommencée deux fois, affirme une pensée si robuste, scènes merveilleuses, les unes, comme le *Baptême* empruntées à la vie même du Christ, les autres reproduisant les pompes de l'Église catholique, cette apothéose enthousiaste intitulée le *Ravissement de saint Paul,* tant d'autres tableaux de sainteté : le *Repos de la sainte famille,* la *Cène,* l'*Apparition de la Vierge, Jésus guérissant les aveugles,* l'*Adoration des Mages* nous montrent le génie du Poussin sous ses aspects les plus pompeux et les plus sévères ; mais n'est-il pas lui davantage dans ces paysages inimitables où la campagne est surprise et connue à toutes les heures du jour; où, ombrages, rayons du soleil, grandes perspectives, plans étagés, ruissellement des eaux, cieux infinis, rien n'a de secrets pour lui; où la vérité des branches, du feuillé, où la perfection dans l'exécution matérielle de chaque détail n'empêchent jamais la grande tournure et le sentiment héroïque? Dans ces campagnes, il peint, et d'une main créatrice, Echo et Narcisse, Diogène, Polyphème, les faunes, les hamadryades, Pan et Syrius, Apollon et Daphné; mais lors même qu'il ne les y montre pas, les héros et les dieux y sont présents, et leurs pieds seuls peuvent fouler ces gazons olympiens, leurs seules mains peuvent écarter ces nobles branches, sillonnées par la foudre ou courbées par le souffle de Jupiter !

Le Poussin est lui surtout dans ce tableau des *Bergers d'Arcadie,* où d'heureux pasteurs, demi-nus, couronnés de feuillages, promènent leurs amours à travers la riante contrée ouverte sur les montagnes neigeuses et sur les horizons infinis. Tout en eux est joie, poésie, bonheur de vivre. Cependant, au pied d'un bouquet d'arbres, l'un d'eux vient de découvrir un tombeau avec cette inscription à demi-effacée : *Et ego in Arcadia !* Cette joie tout à coup assombrie, cette voix venue de la tombe pour résonner dans le paysage enchanté, la subite rêverie de ces jeunes hommes beaux comme des dieux, la mélancolie éveillée sur le visage de cette bergère-muse appuyée sur son amant dans une pose noble et pensive, c'est toute l'âme du Poussin. Mais quoi! dans son œuvre immense, variée, innombrable, féconde en surprises et cependant toujours semblable à elle-même, il n'est pas une page qui ne le raconte tout entier. Et le temps eût-il anéanti détruit son œuvre impérissable, ne trouverait-on pas toute l'histoire du poëte de la peinture rien qu'en regardant le radieux portrait où il se représenta lui-même, tête forte, résolue, résignée, pâle, pensive, aux regards lumineux sous des sourcils nets et droits, au nez énergique, à la moustache mince, au front puissant et droit sous deux ondes égales de cheveux noirs? Naturellement et sans recherche, il est drapé dans son manteau comme une figure antique, et sa belle main élégante et virile est appuyée sur le portefeuille qui contient ses études, imposante et unique occupation de toute sa vie. Sur cette tête on lit l'enthousiasme du poëte, la patience de l'artiste, la bravoure du soldat, la résignation du martyr. Poussin a eu dans la postérité la double apothéose de sa pauvreté et de sa gloire; initiateur, il a suscité par tout l'univers des fils de sa pensée, et nous sommes forcés de permettre aux peuples nos rivaux de réclamer eux aussi comme un citoyen du monde celui qui reste pour nous le maître, le fondateur et le soldat toujours militant de la glorieuse École française.

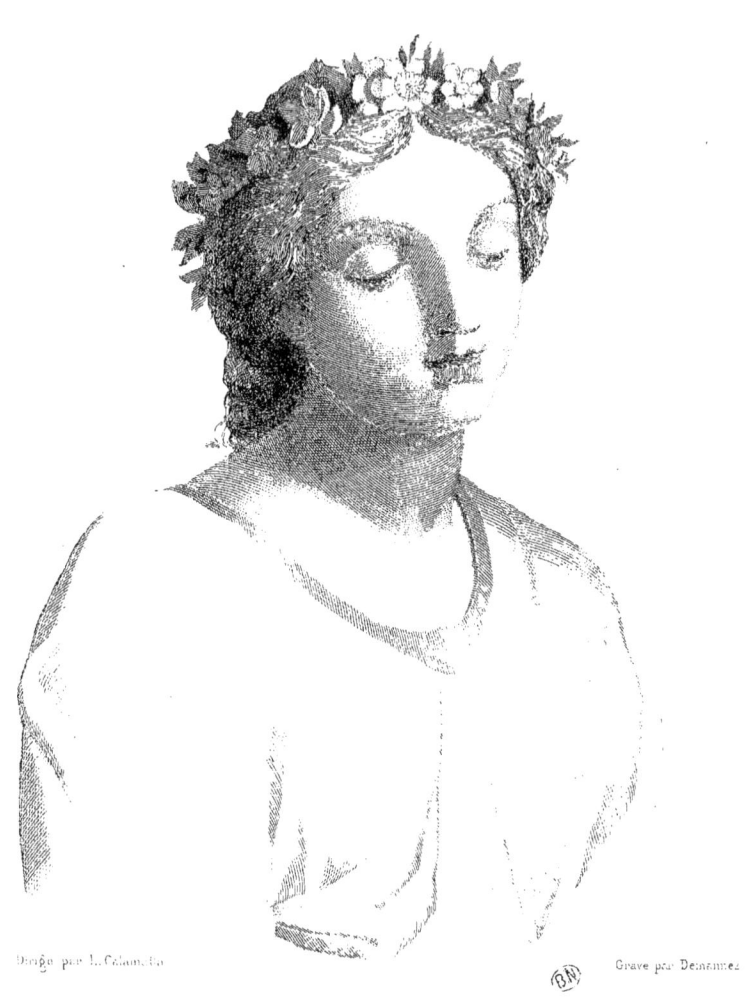

Dessiné par L. Calamatta. Gravé par Demannez.

Musset
Peint par Désirée.

EUSTACHE LE SUEUR

Cet homme si doux, si résigné, si profondément religieux, capable d'un amour unique, d'une pensée immuable, et qui mourut du chagrin d'avoir perdu sa femme, fut un révolutionnaire en art. Ses contemporains purent s'y tromper, mais non pas les souverains, qui ne lui confièrent jamais de travaux, non pas Lebrun, disant aux obsèques mêmes de Le Sueur, que *la mort venait de lui ôter une grande épine du pied,* non pas le grand Poussin, qui tout de suite avait reconnu en lui un frère d'inspiration et de pensée. La vie de ce suave artiste est de celles qui prouvent irrévocablement que l'art est immortel, puisqu'il a, comme la nature, le don de se reproduire et de se renouveler à jamais par des contrastes violents, prodigieux, inattendus, où le doigt de Dieu éclate, faisant sortir du rocher, frappé de mort, la source fraîche et jaillissante. De la hideuse décomposition de la matière quelque chose s'élance; ce quelque chose a le parfum divin, la couleur exquise, la vie pleine de grâce; c'est une fleur portant en elle tout un paradis de joie et d'amour. Ainsi, aux époques où l'art étouffé sous la matière, sous les procédés factices, sous l'imitation de l'imitation, a créé autour de lui l'éblouissement et le dégoût, soudain un homme surgit, nouveau, inconnu, ne devant rien à ses prédécesseurs ni à ce qui l'entoure, et qui rapporte dans son œuvre le pur et primitif parfum de la pensée humaine; cet homme, c'est la Fontaine, c'est Poussin, c'est Le Sueur, et son arrivée providentielle blesse les yeux de ses contemporains aussi douloureusement que le rayon du jour filtrant parmi les rayons des lampes et l'orgie. Fatalement, tant les yeux des hommes sont aveugles, nous en venons toujours à adorer quelque brutal et grossier carnaval qui, fatalement aussi, s'efface et tombe en poussière sous le premier regard de cette déesse toujours insultée et nue, la sainte Vérité.

Le Sueur fut, je le répète, un des révolutionnaires, un des initiateurs qui font le jour dans un chaos et qui, à la place de la convention toute-puissante, viennent apporter la vie et la lumière. Quel fut son procédé? Nul que l'imitation puisse reproduire, car, plus sincère, plus idéal encore que Poussin, il puise dans son âme les moyens d'émouvoir. Les vingt-deux tableaux de la *Vie de saint Bruno*, peints pour le cloître des Chartreux de Paris, sont l'œuvre toujours jeune et triomphante de notre Raphaël, mais d'un Raphaël plus spiritualiste, plus dégagé de la matière et qui dédaigne les pompes de l'art comme les pompes de la vie, possédant, comme par une grâce spéciale, la naïveté, la pureté ineffable, l'intensité du sentiment, la grandeur de conception qui préside aux créations simples. Regardez ces tableaux où toute une épopée est clairement et délicieusement écrite, depuis la légende du frère Raymond le Tartufe, qui sert d'introduction à celle du saint, jusqu'à la grande page où sa mort est racontée avec tant de ferveur! Suivez cette série d'une harmonie si douce et si impérieuse, le recueillement, la prière, la vocation du saint ému par les frissonnements du monde surnaturel, la distribution de ses richesses aux pauvres, la prise d'habit, la lecture du bref du pape; quel charme invincible vous retient là toujours plus captif, toujours plus attiré dans le cercle de l'enchantement sacré? C'est celui qui déplace les montagnes et rend possibles tous les miracles: une foi profonde! Foi dans l'art, foi dans la religion, et même le peintre a eu la grâce d'une sorte de crédulité enfantine, adorable à cette époque où après le Rosso, après Primatice, après Fréminet, après l'éclectisme mondain et stérile de Simon Vouet, il est si doux de respirer cette fleur sauvage.

Mépris de tout ce qui est terrestre, appétit des seuls biens éternels, détachement des choses, ardeur d'embrasser le réel infini, telle est la seule idée exprimée dans les vingt-deux tableaux de la *Vie de saint Bruno*, et n'est-ce pas un miracle vingt-deux fois renouvelé que d'avoir pu faire comprendre à l'aide d'un art fait pour les sens, cet appétit qui n'est pas des sens, ce désir extra-humain et hyperphysique dont le vol nous transporte en dehors de nous, cette soif de l'invisible que rien ici-bas ne peut tromper ni rassasier? Par quel miracle déjà quand l'Italie était encore fanatisée tantôt par les excès des successeurs de Michel-Ange, tantôt par des réactions impuissantes contre sa manière, quand la tentative des Carrache n'avait abouti qu'aux violences du Caravage et au chimérique idéalisme de Josépin, à la conscience un peu stérile du Dominiquin et la systématique suavité du Guide, quand chez nous, après les travaux sans originalité des Dubreuil, des Ambroise Dubois, des Leramberg et des Jean de Brie, Fréminet renouvelait l'exagération à la Michel-Ange et les tons noirâtres du Caravage, par quel heureux don, par quel bienfait du ciel Le Sueur avait-il trouvé en lui-même des éléments pour créer de toutes pièces un art nouveau? Que le goût lui indiquât, en des sujets comme ceux qu'il avait à traduire, la nécessité d'éviter tout tumulte, toute symphonie bruyante de couleur, toute magnificence théâtrale, cela se comprend de reste, mais une fois qu'il s'était privé volontairement de tout ce qui, pour ses contemporains, constituait la peinture même, une fois qu'il avait renoncé aux procédés de l'Italie comme à ceux de Rubens, à l'affectation anatomique comme au prestige de la lumière colorée, qu'allait-il lui rester pour donner à ses tableaux la vie de l'art, charme qui séduit, la beauté durable? Je l'ai dit, rien que lui-même et sa propre foi. Dégagé de tout, il écouta la voix silencieuse qui nous parle, regarda sa propre pensée, et dans des attitudes exaltées et cependant tranquilles, dans une couleur sereine, peignit son âme. Quant aux moyens de se traduire, cet élève de Simon Vouet ne les avait demandés qu'à deux maîtres, à

Poussin son ami, et aussi à Raphaël, auquel tout d'abord s'adressent toujours ceux qui cherchent la vérité, car il n'apprend qu'à être sincère, qu'à trouver le beau en soi et dans la nature, à voir sur le front de l'humanité le sceau divin dont elle est marquée irrémissiblement et qui pour l'œil fidèle du penseur, reste visible malgré les nuages passagers qui l'effacent ou le voilent.

Eustache Le Sueur fut, comme le Poussin, un des fils bénis de la pauvreté. Son père, médiocre sculpteur, originaire de Montdidier, en Picardie, ne méconnut pas ses dispositions pour le dessin et le conduisit chez le peintre du roi, chez le célèbre et triomphant Simon Vouet. Déjà dans ce même atelier, un jeune homme nommé Pierre Mignard, un enfant nommé Charles Lebrun, venaient s'initier à l'art. Mais comme chaque destinée est semblable à elle-même, Lebrun était entré chez maître Vouet comme plus tard il entra partout, par la grande porte. La protection assurée du chancelier Séguier en faisait déjà un personnage, tandis que Le Sueur était admis obscurément et par grâce. Bientôt l'Italie, alors le but et la terre promise de tous les jeunes artistes, enleva à Simon Vouet Mignard et peu après Lebrun. Seul, Le Sueur, dont la grande destinée était écrite d'avance, fut retenu à Paris par sa bonne marraine, la Misère.

Oh! combien nous devons la bénir, cette tutélaire marâtre! Si Le Sueur eût par malheur possédé les quelques pistoles qui lui manquèrent alors, l'Italie nous prenait le plus original, le plus sincère de nos peintres; un simple hasard supprimait le *Saint Paul prêchant à Éphèse*, la *Vie de saint Bruno*, le *Martyre de saint Gervais et de saint Protais*, la *Descente de*

Croix, des chefs-d'œuvre sans nombre et nous aurions eu un peintre théâtral de plus, quelque Carrache de seconde main, quelque Vénitien de convention, ou tout au plus un grand artiste imposant et aligné comme les tragédies de Racine et comme les jardins de le Nôtre. Mais un tel hasard n'est pas possible à supposer dans la vie des grands hommes; Dieu les mène par la main et sait où il les mène.

Le Sueur n'eut-il pas l'âme enflammée et tendre des poëtes destinés à mourir avec les premières fleurs de la jeunesse? Nous ne saurions pas nous le figurer vieux, non plus que Raphaël, non plus que tous ces êtres angéliques, à la fois homme et femme, qui ont gardé en eux la double nature. Par la virginité de son talent, par cette âme privilégiée, candide, qui lui fit retrouver l'inspiration naïve des plus beaux temps de l'art, il méritait le précieux privilége d'apparaître sous la figure d'un jeune maître, non-seulement pendant son voyage mortel, mais à travers les âges. Toujours comme le Poussin, car il devait y avoir plus d'une similitude dans les existences de ces deux apôtres de l'art, ce fut une circonstance fortuite qui révéla à Le Sueur sa vocation. Il suivait docilement les conseils de Simon Vouet, quand le maréchal de Créqui, revenant en 1634 de ses ambassades à Rome et à Venise, rapporta à Paris une riche collection de tableaux italiens. Tandis que tous les visiteurs couraient au Guide, à l'Albane, au Guerchin, Le Sueur se sentait attiré involontairement vers d'autres tableaux placés sans honneur au fond de la salle : c'étaient des peintures de quelques maîtres du quinzième siècle, et aussi des copies de Raphaël exécutées sous ses yeux : un André del Sarto, un Francia. De ce moment, Le Sueur comprit ce qui s'agitait au dedans de lui-même; l'art qu'il avait rêvé, celui vers lequel s'agitaient ses aspirations, était là sous ses yeux, vivant, réalisé. Il avait soupçonné la vérité; maintenant elle était là sous ses yeux, brillante, lumineuse, invincible. Il ne faut pas croire pourtant que l'élève de Vouet eût alors le droit d'embrasser son idéal et de se dégager des liens où il était garrotté; obligé de travailler aux tableaux de son maître de plus en plus accablé de commandes, il fallait qu'il se conformât sans murmurer aux procédés rapides adoptés par le peintre du roi, car on ne devait pas voir la trace de deux mains différentes sur ces toiles si rapidement couvertes. Ainsi, le malheureux Le Sueur se sentait chaque jour envahir davantage par l'imitation, et une grave inquiétude le tourmentait. Pourrait-il en effet s'affranchir de ces méthodes lâchées, presque mécaniques, le jour où, rendu à la liberté, il travaillerait pour son propre compte et tenterait de dégager l'artiste caché en lui sous le modeste et docile ouvrier. L'événement nous a prouvé qu'il s'alarmait en vain, mais à coup sûr il y avait là un légitime sujet d'épouvante. Ce qu'il apprenait sans s'en douter, à l'école de Simon Vouet, c'était l'humilité, la résignation chrétienne.

Le Sueur avait environ vingt ans quand se présenta, pour la première fois, l'occasion si ardemment souhaitée de faire acte de pensée, d'être lui-même. Chargé de faire huit grands tableaux destinés à être exécutés en tapisserie, et dont les sujets devaient être tirés du poëme de François Colonna, dominicain, intitulé : le *Songe de Polyphile,* Vouet abandonna complétement cette tâche à Le Sueur, qui en deux ans acheva les huit compositions. Une seule nous reste, et par sa grâce élégante, par l'heureuse disposition des figures, laisse deviner déjà le peintre du *Salon de l'Amour* et du *Cabinet des Muses*. Toutefois, ne nous affligeons pas trop de la perte de ces tableaux; Le Sueur, sans doute, n'était pas encore là, il ne devait être lui-même qu'après sa rencontre providentielle avec le Poussin. A peine arrivé en France, ce grand homme était en butte à un dénigrement systématique, à des sarcasmes implacables, à des attaques sans nombre. Seul, parmi les élèves de Simon Vouet détrôné, Le Sueur refusa de s'associer à la haine dont on poursuivait le nouveau venu. Sans songer qu'il s'exposait à passer pour un courtisan de la faveur royale, Eustache Le Sueur osa admirer tout haut les œuvres du peintre des Andelys. Ce style noble, sévère, si courageusement pur et nouveau, si exempt de toute manière, l'avait conquis et gagné du premier coup. Poussin apprit par hasard qu'un jeune homme avait osé le défendre contre tous, et voulut voir ce Caton enfant qui ne tenait pas à être du parti des dieux. Est-il besoin de dire que l'esprit charmant et candide de Le Sueur gagna tout de suite Poussin, cet homme antique. Une amitié grave, féconde, s'établit entre eux, et, de la part du maître, fut une véritable paternité spirituelle. A sa voix Le Sueur, encouragé et fortifié, sortait des langes de l'éducation, se sentait libre, osait laisser paraître sa fierté longtemps contenue. Qu'elles durent être belles ces longues causeries où les deux grands hommes, l'un à son aurore, l'autre déjà en possession de tout son génie, se confiaient leurs projets, leurs désirs, leurs communes aspirations! Le grand, l'éternel sujet de conversation, on le devine, c'était l'art des anciens. A la voix de son nouveau maître, Le Sueur pénétrait avec délices dans ce monde, sa vraie patrie, jusqu'alors fermé pour lui; il ne se lassait pas de parcourir, de feuilleter sans cesse les cahiers de croquis innombrables que Poussin avait rapportés de Rome : précieux, inépuisable trésor, où il s'enivrait à la coupe même de l'idéal. Pendant toute une année, non-seulement il eût sans cesse à sa disposition la précieuse collection des croquis, non-seulement il jouit sans cesse des conseils et des enseignements du Poussin, mais il eut la rare fortune de lui voir peindre la *Sainte Cène* et le *Miracle de saint François Xavier*. Lui-même il exécuta sous les yeux du maître son tableau de réception à l'Académie de Saint-Luc, *Saint Paul imposant les mains aux malades*, page où l'influence du Poussin est visible, et dont la gravure nous a conservé du moins le noble et imposant caractère.

Hélas! le moment de la séparation était venu. Ces deux artistes, si dignes de s'apprécier, de se deviner, de se compléter l'un et l'autre, ne devaient plus se revoir en ce monde. Nous avons dit ailleurs comment Poussin, las des intrigues, abreuvé de dégoûts, quitta la France pour n'y plus revenir. Compromis, perdu pour ainsi dire par sa dévotion à l'homme de génie insulté, Eustache Le Sueur restait seul, à vingt-cinq ans, sans protecteur, sans appui, sans autres amis que Stella et Philippe de Champagne. S'il ne suivit pas en Italie le maître qui volontairement s'exilait et retournait tout meurtri à sa maison du monte Pincio, si Le Sueur demeura privé, pour ainsi dire, de la meilleure moitié de lui-même, c'est que l'amour, un de ces amours purs, exclusifs, éternels, comme ceux qui naissent dans de telles âmes, venait de disposer de sa vie. Quelque temps après, Le Sueur épousait cette jeune fille, pleine de piété et de vertus, frêle et souffrante, pauvre comme lui. Hélas! elle devait descendre bien jeune dans la tombe, emportant bientôt avec elle la vie de son époux, irrévocablement unie à la sienne. Ce beau mariage chrétien est encore un des traits qui peignent Le Sueur; enthousiaste et pensif comme les premiers apôtres, il devait aimer comme eux, mourir comme eux, avant d'avoir senti s'appesantir sur lui la froide main de la vieillesse. Mais alors il lui restait encore à parcourir treize années de luttes et de gloire. Uni à mademoiselle Goulay, il entrait sérieusement dans la bataille de la vie; jusque-là, il avait été uniquement occupé de ses études, il lui fallut alors songer à son foyer et travailler pour le pain quotidien. Mais cette impérieuse nécessité ne devait pas le faire descendre au-dessous de lui-même. Quelque travail qu'il entreprît, Le Sueur resta le digne élève de Poussin, et ne sut faire que des chefs-d'œuvre.

On ne peut refuser ce nom aux vignettes qu'il fut obligé de composer pour la librairie, aux frontispices de la *Doctrine des Mœurs*, des *Œuvres de Tertullien*, de la *Vie du duc de Montmorency*, et celui qui, gravé pour un office à l'usage des Chartreux, représente une *Adoration de la Vierge*, non plus qu'au portrait de la Vierge soutenue par des anges et à la belle composition pour la thèse de M. Claude Bazin, de Champigny. Dans ce dernier tableau, les quatre figures qui forment l'encadrement sont d'un dessin noble et sévère qu'on admire et qu'on est heureux d'admirer. De même le portrait de la Vierge, tête chaste, sacrée, et d'une jeunesse ineffable, laisse cette impression saine qu'on reçoit des œuvres d'art où rien n'est surprise, embûche pour le spectateur, où ce qui vient de l'âme va directement à l'âme. Là, comme dans toutes les circonstances de la courte vie d'Eustache Le Sueur, nous pensons que la pauvreté fut pour lui une bonne conseillère, une digne inspiratrice; ces vignettes, qui ne le cèdent comme style à aucune peinture, sont assurées du moins d'une longue durée matérielle; elles auront la presque éternité de ce qui est typographie et gravure, tandis que les tableaux du cloître des Chartreux sont déjà si cruellement mutilés par le temps et par des restaurations successives.

La galerie du duc de Devonshire, où l'on voit de Le Sueur plusieurs *Saintes Familles*, la *Reine de Saba devant Salomon*, la *Nuit des noces de Tobie*, le *Moïse abandonné sur les eaux*, l'*Agar chassée par Abraham*, celles de lord Besborough, de lord Hougton, renferment presque tous les tableaux qu'il peignit à cette époque, tout en menant à fin ces travaux pour la librairie qui établissent entre sa vie et celle de Poussin une similitude de plus, car, pendant son court séjour en France, le Raphaël français n'avait pas refusé de dessiner des vignettes et même des reliures pour les éditions de l'imprimerie royale. Enfin, l'heure de la gloire, l'heure de la justice arrivait : le prieur des Chartreux faisait restaurer le petit cloître de son couvent, et les peintures à fresque restaurées pour la première fois en 1508, ne pouvaient subsister dans les arrangements nouveaux; il fut convenu qu'on en ferait de nouvelles, et le prieur les demanda à Le Sueur, que sa grande piété et sa réputation d'artiste déjà grandissante lui recommandaient doublement. Eustache Le Sueur put donc entreprendre l'œuvre qui, entre toutes, devait l'immortaliser. Œuvre de foi, œuvre de pauvreté, car la modicité du prix dont elle fut payée ajoute encore à sa sainteté, à sa grandeur et surtout prouve que la commande des tableaux de la *Vie de saint Bruno* ne fut pas, comme l'a cru à tort La Ferté, une faveur royale.

Il est des hommes à qui leur destinée sublime réserve la gloire de n'être jamais récompensés de leur vivant, et de rester des bienfaiteurs envers qui les États ne tentent même pas de s'acquitter. Le Sueur fut un de ces hommes, et si modeste d'ailleurs, qu'il prétendait n'avoir fait que des ébauches; sa modestie, son humilité réelle ne purent cependant pas désarmer l'envie des contemporains, ni endormir la jalousie de Lebrun qui, à son retour d'Italie, devina en Le Sueur non pas un rival (il n'aurait peut-être pas eu peur d'un rival), mais un vainqueur dont les travaux devaient primer les siens devant le tribunal de la postérité. Dès lors commença entre les deux artistes une lutte ardente, acharnée, si l'on peut donner le nom de lutte à une guerre où Le Sueur ne faisait que se défendre et ne se défendait qu'à force de génie. Cette guerre, à laquelle la France dut tant de pages merveilleuses, ne devait pas être longue pourtant en enlevant si prématurément le peintre des Chartreux, la mort se prononça pour Charles Lebrun, et comme Lebrun l'avait douloureusement prévu l'immortalité donna raison à Eustache Le Sueur. Mais disons en quelques mots quelle fut à sa fin cette noble carrière où croyance, vie, travaux, mort même, tout brilla d'une si profonde et si sainte unité. Lebrun revoyait Paris en triomphateur, fêté de la reine mère, du cardinal Mazarin, de Fouquet lui-même qui lui donnait douze mille livres de pension pour décorer le château de Vaux. Il entrait de plain-pied et dès le premier jour dans tous ces palais qui devaient être toujours fermés pour son ancien camarade à l'atelier de Simon Vouet, pour son nouveau collègue à l'Académie royale de peinture et de sculpture. L'organisation récente de ce corps avait porté le dernier coup à nos écoles provinciales, et tandis que Le Sueur, quoique si peu compris encore, n'était choisi que par une sorte de pudeur pour faire partie des anciens, Charles Lebrun promoteur ardent de la création nouvelle obtenait du chancelier la présentation de l'homologation de l'arrêt et en faisait pour ainsi dire son affaire personnelle, comme s'il eût eu le pressentiment de la tyrannique domination qui devait plus tard mettre dans ses mains la toute-puissance de Louis XIV. Si Le Sueur se sentit ému et troublé ce fut, non pas en voyant que tant d'honneurs étaient décernés à Lebrun, mais en apprenant qu'à Rome, Poussin l'avait encouragé de ses éloges et de son amitié. Si la jalousie eût pu entrer dans cette âme exempte de faiblesses, c'eût été à ce propos seulement. Mais Le Sueur était de ceux que la douleur inspire, fortifie et rend plus ardents au travail.

En quelques années il peint son May, le *Saint Paul prêchant à Éphèse*, qui balance le succès du *Saint André* de Lebrun, puis à l'hôtel Lambert où Lebrun n'avait voulu se charger que de la galerie d'Hercule, dix-sept tableaux, le

Salon de l'Amour, le *Cabinet des Muses et d'Apollon*, les *Camaïeux de l'appartement des bains*, et divers tableaux pour l'abbaye de Marmoutier et pour les églises de Saint-Gervais et de Saint-Germain-l'Auxerrois. On sait qu'à l'hôtel du président de Thorigny, et en présence du nonce du pape, Le Sueur remporta une victoire complète. Pour deviner, en ce temps où la mythologie n'était qu'une mascarade, ce que le paganisme grec renferme de divin et d'idéal, ne fallait-il pas un chrétien et un mystique comme Le Sueur ? Alors, il ne s'arrêtait plus, peignait le jour, passait les nuits à dessiner, dévorait sa vie, pris tout entier par la fièvre de l'art. La mort de sa bien-aimée compagne le terrassa, et il ne put achever son dernier plafond à l'hôtel Lambert. Il voulut mourir près de ces chartreux à qui il avait donné le plus pur de sa pensée; il s'endormit les mains jointes entre les mains du grand prieur au commencement de mai 1655. En mourant, il laissait place libre à Lebrun qui devait régner et céder le sceptre à Mignard; il n'y aurait pas eu de rôle pour un génie indépendant dans cette splendide et pompeuse représentation qui fut la gloire de Louis XIV. Pour protester au nom de la pensée contre l'autocratie morale du grand roi, Le Sueur n'aurait trouvé en lui ni la profonde ironie de Racine, ni la ruse exquise de la Fontaine. Il n'eut pas même une feuille de ce laurier banal qui fut prodigué un peu plus tard si libéralement à tous les figurants du grand siècle, mais ne devons-nous pas supposer que cette âme tendre et blessée trouva enfin l'apaisement, la joie infinie, et ces palmes que le ciel garde aux humbles et sincères génies qui ont su dédaigner tout ici-bas, même le laurier?

DAVID

On peut dire de Louis David qu'il fut révolutionnaire à son atelier comme au club des Jacobins ou à la tribune de la Convention. C'était un Spartiate et un Romain de Paris. Il avait rapporté, en 1780, de son voyage au delà des Alpes, la patrie de Lycurgue et de Brutus à la semelle de ses souliers. Il n'a jamais compris ni l'art national ni le sentiment national. Il était Spartiate et Romain; il n'a jamais été Français, hormis dans son exil. Il a presque mis en relief cette idée de l'abbé Galiani, que l'histoire moderne n'est que de l'histoire ancienne sous d'autres noms.

Buonarotti, ce descendant de Michel-Ange, qui était venu

apporter ses agitations aux flammes vives de la révolution française, disait à David : « Ce n'est pas moi qui suis le petit-fils de Michel-Ange, c'est toi. » En effet, c'est un peu la même passion pour l'idée, la même vie inquiète jetée dans la tourmente des révolutions ; mais dans sa pâleur de touche, Michel-Ange est brûlant encore, son exécution garde toute la flamme inspiratrice; celle de David est conduite par la raison armée d'un compas.

David se croyait chef d'école comme s'il eût inventé l'art antique. Est-ce parce qu'il avait protesté contre la peinture française du dix-huitième siècle, les fêtes galantes de Watteau, les réminiscences vénitiennes de Raoux, les nymphes court vêtues de Boucher, les drames familiers de Greuze? David ne s'est-il pas aperçu une seule fois qu'il n'était que le disciple savant du Poussin et le continuateur de Lebrun? Qui n'avait, avant lui, recherché les épanouissements de l'art jusqu'à son origine? Winckelmann a eu des précurseurs sans nombre. Est-ce qu'on avait attendu la naissance de David pour reconnaître que les Grecs sont les maîtres par excellence, qu'ils ont écrit la grammaire de l'art, que leurs œuvres sont les seules infaillibles dans tous les siècles, parce qu'elles sont créées par la pensée et par le style, parce que le beau idéal était un culte chez les artistes d'Athènes et de Sicyone, comme le culte des dieux chez les hommes, comme le culte du soleil chez les sauvages ?

D'ailleurs, en plein dix-huitième siècle, avant David, Vien avait protesté : or Vien a été le maître de David. C'est lui qui lui a enseigné les sources vives de l'art. Après les bruyants soupers et les galantes orgies de Boucher, il fallait bien retremper sa peinture à moitié ivre dans quelque fleuve aux rives idéales, où Diane chasseresse seule s'était baignée. Après les folies du festin et les chansons des courtisanes, l'enfant prodigue n'avait plus pour planche de salut que la maison natale. La maison natale de l'art, c'est la Grèce. C'est toujours là qu'on retrouve sa famille et qu'on tue le veau gras.

David n'a paru un réformateur qu'au delà du dix-huitième siècle. En deçà, tous les artistes saluaient Vien comme le maître nouveau. A ses derniers jours, Vien disait avec malice : *J'ai entr'ouvert la porte; David l'a poussée.* C'est toujours l'histoire de Christophe Colomb et d'Améric Vespuce. Seulement ici le nouveau monde découvert avait plus de tombeaux que de forêts vierges.

Au dix-huitième siècle, on disait : Vien; sous l'Empire, on disait : David; aujourd'hui nous disons : Prudhon. Voilà le vrai fils des Grecs. Celui-là leur ressemble d'autant plus, qu'il a moins voulu les imiter.

David est né à Paris, en 1750, sur le quai de la Mégisserie. Son père, qui était mercier, fut tué dans un duel invraisemblable. David, n'ayant encore que neuf ans, tomba sous la tutelle d'un oncle qui le destina à l'architecture. Mais, pour une intelligence passionnée, l'architecture est un art glacial qui passe tout un siècle pour exécuter un rêve. La peinture, au contraire, c'est un art de feu qui, comme Dieu, crée son monde en six jours. David avait vu plus d'une fois son cousin Boucher, le peintre des courtisanes royales; un jour, il le fut trouver à son atelier, et, le voyant à l'œuvre, perdu dans l'horizon bleu d'un paysage féerique, enca-

drant quelque Cythéréenne au nez retroussé, David s'écria :
« Voilà les pays où je veux vivre ! » David ne se connaissait pas encore.

Boucher fut son premier maître. Ce mauvais maître avait voyagé dans la ville éternelle sans enthousiasme pour Raphaël ni pour Michel-Ange. « Raphaël, c'est une femme ; Michel-Ange, c'est un monstre. L'un est le paradis, l'autre est l'enfer ; ce sont des peintres d'un autre monde ; c'est une langue morte qu'on ne parle plus aujourd'hui. Nous autres, nous sommes les peintres de notre siècle ; nous n'avons pas le sens commun, mais nous sommes charmants. — Et pourtant ! dit David d'un air pensif en regardant des gravures d'après l'antique et d'après la Renaissance. — Après cela, reprit Boucher, il y a près d'ici un homme de talent qui s'est tourné vers les vieux en croyant que le soleil se levait par là. Je crois que la lumière qui l'attire c'est la lampe des morts ; mais, après tout, il a peut-être raison. » Et Boucher conduisit David à l'atelier de Vien ; car Boucher était un noble artiste, qui croyait aux autres comme à lui-même. L'Envie aux yeux louches n'avait jamais hanté sa maison.

Le cousin de Boucher alla donc chez Vien apprendre à mépriser — à trop mépriser — la palette du peintre de madame de Pompadour. Il concourut bientôt pour le grand prix de Rome, ce fameux grand prix qui n'a jamais créé un peintre et qui en a désespéré mille. Il échoua. Pour la première fois, il douta de ses forces ; pauvre et seul, il se laissa aller au découragement, peut-être même eût-il abandonné la peinture, si les dieux ne lui fussent venus en aide sous la figure d'une déesse de l'Opéra, mademoiselle Guimard. Il concourut donc une seconde fois. Mais une seconde fois il échoua. Au lieu d'aller se consoler aux pieds de Guimard, il résolut de se laisser mourir de faim. Il habitait le Louvre, dans l'appartement de Sedaine, secrétaire de l'Académie d'architecture. Il s'enferma dans sa chambre, brisa son dernier pinceau, jeta ses couleurs par la fenêtre, se croisa les bras et s'endormit sur un fauteuil. A son réveil, il dompta sa faim avec une force d'âme toute romaine. Il passe ainsi deux jours, niant la vie à vingt ans, aux beaux jours de septembre, où le pampre dévoile la grappe provocante. Puisqu'il nie la vie, il nie la douleur. Pas un mot, pas un cri. L'orgueil est là qui étouffe ses regrets et ses plaintes.

Cependant Sedaine pense qu'il n'a pas vu David depuis trois jours, David qui a subi une nouvelle défaite à l'Académie. Il court à sa chambre. Il trouve Doyen sur le seuil, qui frappe à la porte. « Eh bien? — Eh bien, savez-vous s'il est là? ils l'ont tué à l'Académie. — David! » cria Sedaine de plus en plus inquiet.

Le jeune homme, reconnaissant la voix du vieux poëte, répondit qu'il était mort, d'une voix sépulcrale. Doyen l'appela à son tour. « Celui-là, du moins, m'a donné sa voix, » murmura David. Et il se traîna le long du mur jusqu'à la porte. « Ils ne m'empêcheront pas de mourir, et j'emporterai là-haut leurs adieux. » Il ouvrit la porte. Doyen et Sedaine furent effrayés par cette apparition du tombeau. C'était la Mort aux yeux caves et aux joues marbrées. Ils portèrent David au soleil, et, selon l'expression de Sedaine, « le sauvèrent des bras de la mort, » non sans beaucoup de luttes, car David n'en voulait pas démordre. Doyen, furieux contre ses confrères de l'Académie, alla les apostropher en pleine séance. « Messieurs, souvenez-vous que ce jeune homme, un jour, vous tirera les oreilles à tous tant que vous êtes. » Une troisième fois David concourut pour le grand prix; une troisième fois il échoua. Mais l'Académie, reconnaissant son injustice, lui accorda une place à l'école de Rome.

À l'atelier de Vien, quoique David se fût imprégné des principes de réforme, il n'avait pas répudié tout à fait le goût de son temps. Il avait pris quelque plaisir à peindre le *Temple de Terpsichore* et le salon du banquier Perregaux. Son plus fameux tableaux de concours, la *Mort des fils de Niobé*, était dans la tradition des Van Loo, ces peintres qui avaient trouvé le secret d'être charmants sans science, sans dessin et sans style, comme Delille était alors un poëte sans poésie, comme madame de Pompadour était une belle courtisane sans amour. Quand David partit pour Rome, il disait avec je ne sais quel regret pour le monde impossible de son cousin Boucher : « L'antique ne me séduira pas; l'antique manque d'action et ne remue point. » Et, en effet, après les premières heures d'éblouissement devant les murailles du Vatican, que fit David? Il copia avec amour la belle scène de son compatriote Valentin. Ensuite, il peignit la *Peste* qui est au lazaret de Marseille, sans parti pris bien visible, dominé tour à tour par le souvenir de l'école française et par l'exemple des bas-reliefs antiques.

L'Italie, qui avait revu le soleil dans Cimabué et les maîtres florentins, était à son dernier rayonnement. La nuit couvrait déjà la voie sacrée; le génie national allait descendre au tombeau pour la seconde fois. Il n'allait plus rester qu'un sculpteur, Canova, pour tailler un mausolée à l'art italien. Ne comptant plus sur l'avenir, le dieu invisible qui se repose quand sa semaine est finie, on se tourna vers le passé, comme si la science pouvait remplacer l'inspiration. Montfaucon avait dévoilé l'antiquité, Winckelmann s'y agenouilla pieusement, et Mengs s'écria : « C'est là que sont les dieux. »

David passa une année à Rome sans prendre un pinceau, épris de la seule éloquence de la ligne, qui est une langue complète, comme le disait Euphanor l'antique. Il dessinait tout et partout : statues mutilées, fragments de bas-reliefs, fresques devenues invisibles. Il dessinait tout, moins la nature vivante. Aussi, quand il se remit à peindre, il ne trouva que dans l'histoire ancienne des sujets dignes de son génie. A son retour à Paris, il exposa *Bélisaire* et les *Funérailles de Patrocle*, donnant raison à ces paroles de Boucher : « Les figures antiques manquent de mouvement et de vie ; elles ne remuent pas. » Mais tout Paris s'inclina avec respect devant ces morts illustres sortis du tombeau sous le souffle de David. La révolution était faite dans l'art comme elle le fut dans l'humanité peu d'années après, quand Mirabeau, Danton et Saint-Just, ces autres Romains de Paris, ensevelirent le vieux monde sous le flot tempétueux de leur éloquence.

David, qui avait voulu mourir de faim, eut un triomphe inespéré. L'ancienne peinture française ne fut plus admise que sur les portes et sur les paravents. Van Loo disait en mourant qu'il ne croyait plus à Satan, à ses pompes, à ses œuvres. Les nouveaux venus brisèrent les dieux de la veille comme des idoles surannées, indignes d'un grand peuple. On commençait, par pressentiment, à prendre au sérieux le mot peuple. David avait ouvert une école toute jonchée de marbres, de médailles et de débris de vases étrusques. Girodet, Drouet, Fabre et mademoiselle Leroux-Laville (l'Émilie des *Lettres* de Demoustier) furent ses premiers élèves. Il ne tourmentait pas ses élèves par sa science : il avait compris que le temps seul est le grand maître ; il se contentait de leur dire souvent : « Apprenez à faire un Grec qui ne soit pas un Romain, et un Romain qui ne soit pas un Grec. » De la France, il n'était jamais question. Ses élèves auraient pu lui dire quelquefois : « Maître, vous-même, vous faites des Grecs qui sont des Romains. En effet, si David avait vécu avec Lucrèce et avec Cicéron, il n'avait qu'entrevu Aspasie et Platon. Il connaissait le Forum et non le Sunium [1].

Cependant l'Académie l'avait reçu par acclamation, le roi l'avait nommé son premier peintre, — le roi Louis XVI, dont le tribun David vota la mort ! — Enfin la fortune lui était venue sous la figure d'une belle fille qui avait une dot.

Toutes les pages de la jeunesse de David étaient écrites pour marquer dans l'histoire. Il fut repoussé trois fois par l'Académie. Il faillit mourir de faim. Enfin il fut porté en triomphe. C'était en 1780 ; il avait envoyé son *Bélisaire* à

---

[1] Un jour qu'il peignait le *Supplice des enfants de Brutus*, il sortit tout à coup mécontent de lui, pour une jeune fille de Rome vingt fois peinte et vingt fois effacée. Il va se promener, sachant bien que la figure cherchée lui apparaîtra dans le souvenir de son voyage à Rome. A son retour, la jeune fille était peinte. Qui avait osé jouer à ce jeu? Autrefois Van Dyck avait repeint une figure de Rubens, mais Van Dyck était lui-même un autre Rubens. Le coupable vint demander son châtiment : c'était mademoiselle Leroux-Laville, la muse inspiratrice de Demoustier! « Cela est bien peint, dit David, mais vous m'avez fait une Grecque. »

l'exposition. Un jour, perdu dans la foule, il écoutait le bruit public sur son œuvre. Tout à coup il fut reconnu ; tout le monde le voulut féliciter ; les plus enthousiastes le saisirent et le portèrent dans leurs bras en criant de toute leur force : « David ! David ! David ! » Il ne s'opposa point à cette ovation ; sans doute il la trouvait toute naturelle dans son naïf orgueil. Ce qui doit l'excuser un peu, c'est qu'ayant aperçu son ami Sedaine qui levait les bras avec des larmes dans les yeux, il écarta le flot d'enthousiastes et s'élança vers le vieux poëte.

La vie de David était toute de labeur. Minuit le surprenait souvent remuant les débris du monde ancien. Il se levait presque toujours avec le soleil, et s'enfermait dans son atelier sans permettre aux oisifs d'y perdre leur temps. Il y en a qui aiment la vie à deux, il aimait la vie à un.

J'oubliais : il avait un ami, c'était son violon, — ami sérieux, qu'il n'a jamais permis de railler, — ami de tous les instants, confident de toutes les joies et de toutes les douleurs.

David aurait eu une autre poésie s'il eût senti l'antiquité par l'âme comme par l'aspect visible, — contraste à Prudhon ! — La figure de Sapho, l'ardente amoureuse, tenta son génie ; mais il ne vit la deuxième Muse qu'à travers la traduction de Boileau :

> Heureux qui, près de toi, pour toi seule soupire.

Il la représenta assise et inspirée. Phaon protégé par Vénus, tient suspendue Sapho et lui passe la main sur les yeux. Elle laisse tomber sa lyre d'argent. L'Amour est là qui la saisit et qui chante l'hymne à Vénus. Le tableau est savamment composé. On applaudit à la manière originale dont David a peint le visage de Sapho sous les doigts de son amant. C'est un chef-d'œuvre de dessin. Mais pourtant l'hymne de Sapho devait passionner tout autrement David, qui, sans doute, n'a jamais chanté l'hymne à Vénus ou qui n'a jamais lu Sapho.

Il y a au Louvre, dans la galerie française, un portrait de femme, madame Récamier, qui n'a guère arrêté la critique et qui symbolise le génie de David. C'est une figure où tout est sacrifié à la ligne. Le pinceau est austère jusqu'à la pâleur. Pas un ornement, pas un rayon, pas un battement de cœur. Et pourtant cette figure, ainsi éteinte dans la pâleur d'une touche glaciale, a un attrait indicible comme la poésie de l'inconnu. Les yeux, enivrés des somptuosités des coloristes, s'arrêtent là, devant cet horizon tout imprégné de neige, avec un sourire de surprise. David a poussé l'austérité de la touche dans ce portrait jusqu'à la fantaisie, jusqu'à la volupté, jusqu'à la passion, comme sainte Thérèse, qui fuyait la terre d'un pied haineux pour retrouver dans le ciel les joies coupables de l'extase amoureuse, — ou comme Sapho, qui se jetait avec un frémissement d'amour dans la mer Ionienne où l'attendait la mort.

Louis XVI et son premier peintre semblèrent conspirer ensemble contre la monarchie française. Le roi commanda à David un tableau d'un enseignement sévère, pris dans l'histoire romaine, pour retremper un peu tous ces marquis désœuvrés qui faisaient de la tapisserie aux pieds de quelque Ariane ennuyée, et qui ne pouvaient plus tirer l'épée que pour défendre le bichon fanfreluche de leur maîtresse. « Tous ces brins de muguet, comme disait le duc de Coigny, qui, depuis la bataille de Rosbach, avaient abdiqué tout sentiment national. » David repartit pour Rome et y peignit le *Serment des Horaces*. Les Italiens de Rome s'y reconnurent sans doute dans leurs ancêtres, car le tableau du peintre français y fut bruyamment applaudi[1].

Quand le tableau fut à Paris, M. d'Angevilliers parut alarmé qu'un artiste eût osé dépasser la mesure du compas royal. David s'écria brusquement : « Eh bien ! qu'on prenne des ciseaux et qu'on le rogne. » Le succès, à Paris, fut mêlé de surprise et d'enthousiasme. Il y avait longtemps qu'on n'avait vu apparaître ces mâles figures de l'histoire. « C'est encore la tragédie, dirent les libertins. — Oui, répondirent les derniers encyclopédistes, mais c'est la tragédie de Corneille. » — C'était plutôt celle de Crébillon ; seulement on ne la jouait plus en paniers. On salua

---

[1] David écrivait au marquis de Bièvre (toujours des contrastes ! David est d'abord disciple de Boucher, quand lui-même est un maître ; son premier disciple est la maîtresse de Demoustier, et s'il a un ami, cet ami c'est le marquis de Bièvre !), David écrivait donc au marquis de Bièvre : « Les Romains se sont rendus de bon cœur, et il y a un concours de monde à mon tableau presque aussi nombreux qu'à la comédie du *Séducteur*. Quel plaisir ce serait pour vous, qui m'aimez, d'en être le témoin ! Au moins, je dois vous en faire la description. D'abord, les artistes étrangers ont commencé, ensuite les Italiens, et, par les éloges outrés qu'ils en ont faits, la noblesse en a été avertie. Elle s'y est transportée en foule, et l'on ne parle plus que du peintre français et des *Horaces*. Ce matin, j'ai rendez-vous avec l'ambassade de Venise ; les cardinaux veulent voir cet animal rare et se transportent tous chez moi. Mais il manque à mon bonheur de savoir s'il sera bien exposé à Paris. Pour la grandeur de mon tableau, j'ai outre-passé la mesure que l'on m'avait donnée pour le roi, qui était de dix sur dix, mais ayant tourné ma composition de toutes les manières, voyant qu'elle perdait de son énergie, j'ai abandonné de faire un tableau pour le roi, et je l'ai fait pour moi. »

On voit que déjà David ne prenait pas beaucoup *le roi* au sérieux.

David grand peintre, mais surtout grand archéologue [1].

Pour David, l'humanité n'avait pas fait un pas depuis la mort de Socrate. Pour lui, le soleil s'était couché dans le tombeau de cette mort éloquente. Il ne comprenait rien aux splendeurs visibles ou invisibles du christianisme. La Bible et l'Évangile étaient pour lui deux livres de plus dans une bibliothèque. Jésus le crucifié, le divin maître, ne lui avait jamais rien enseigné. Il le reléguait au calendrier, avec les saints. La duchesse de Noailles, croyant qu'un artiste si sérieux pouvait seul lui peindre un Christ digne de rappeler la ligne sévère et l'onction des œuvres religieuses, lui commanda un tableau représentant un Christ couronné d'épines. « Comment voulez-vous, madame, que je peigne le Christ? je ne le connais pas. Socrate, si vous voulez. » Madame de Noailles insista. David promit d'obéir. Peu de jours après, il lui envoya un Christ sous les traits et sous les habits d'un soldat aux gardes françaises. Voltaire était dépassé! Et pourtant, au sacre de l'Empereur, ce fut David qu'on choisit

---

[1] « Le goût du temps, dit Charles Blanc, ne tarda pas à lui emprunter toutes les modifications de l'ameublement et du costume. C'est depuis l'exposition du *Serment des Horaces* que les ornements antiques devinrent à la mode. On voulut avoir le mobilier de Tarquin le Superbe, boire dans les patères d'Herculanum, que sais-je? s'éclairer par les lampes de la villa Albani. Les robes des femmes furent taillées en chlamydes, leurs souliers se changèrent en cothurnes. »

David, consulté par les comédiens, se contenta de leur donner des vases étrusques. Les comédiens jetèrent les hauts cris. La tragédie subit une rude secousse. Aucune femme n'y voulait plus jouer. J'ai toujours pensé qu'on avait trop d'esprit railleur et pas assez de sentiment antique au dix-huitième siècle pour prendre la tragédie au sérieux. Elle n'était admise qu'avec des habits et des jupes à la française, comme une savante curiosité de carnaval. Les Français ont toujours aimé l'anachronisme en littérature. Aussi, depuis qu'on a restitué à la tragédie son péplum majestueux, on n'a pas fait une seule œuvre immortelle.

Parmi les élèves de David il ne faut pas oublier le Kain ni Talma. Ce fut dans l'atelier du maître qu'ils apprirent le style des mouvements et le style des habits.

pour le portrait de Pie VII. On l'avertit que, selon la tradition, il fallait que l'artiste fût agenouillé pour peindre un pape. Il s'assit fièrement devant Pie VII, l'épée au côté pour tout signe de respect. Le pape avait trop voyagé pour se plaindre. Aussi ce pape de David est le premier Italien venu vêtu de pourpre. Point d'idéal et point de flamme intérieure. Ce front ne porte pas le tabernacle de la foi. Peut-être est-ce la faute de Pie VII, peut-être est-ce la faute du peintre, qui, n'ayant pas au cœur la religion chrétienne, n'a pu donner à cette belle figure le rayonnement de l'apôtre.

David était un philosophe du Portique, ne croyant qu'à Socrate. Aussi, quand il peignit la *Mort de Socrate*, il n'eut qu'à se souvenir, car il lui sembla qu'il avait, avec Platon, assisté à cette tragédie païenne, — tragédie sans bruit et sans larmes visibles, tragédie aux lignes grecques, où la grâce antique se révèle jusque dans la mort. David avait d'abord peint Socrate tenant la coupe que lui présentait l'esclave attendri : « Non, non, lui dit André Chénier, qui était Grec comme David était Romain, Socrate ne prendra la coupe que lorsqu'il aura fini de parler[1]. »

David entra à toute bride dans la Révolution, qui, selon lui, n'alla jamais assez vite ni assez loin. Il se signala aux Jacobins par son éloquence brutale. Ses amis Collot d'Her-

[1] Dans son Salon de 1822, M. Thiers revient sur cette composition avec tout le respect qu'inspire un chef-d'œuvre : « Socrate dans sa prison, assis sur un lit, montre le ciel, ce qui indique la nature de son intention ; reçoit la coupe, ce qui rappelle sa condamnation ; tâtonne pour la saisir, ce qui annonce sa préoccupation philosophique et son indifférence pour la mort. » Pour la composition, ce tableau est un chef-d'œuvre que Poussin seul, de tous les peintres modernes, aurait pu trouver ; mais David, sentant qu'il avait sous la main un chef-d'œuvre, s'y complut trop et oublia cette autre maxime, qu'il faudrait inscrire à la porte de tous les ateliers : *Le fini ne finit pas.*

bois et Marat n'étaient pas plus exaltés. Il fut nommé à la Convention par la section du Muséum. Le peintre du roi habitait toujours le Louvre. Ce pauvre Louis XVI fut, pour ainsi dire, décapité deux fois par David. Au 10 août, comme il ne reconnaissait aucune figure amie parmi les conventionnels, il aperçut tout à coup son premier peintre : « Eh bien ! David, lui demanda-t-il d'une voix émue, quand finissons-nous mon portrait? — Je ne finis pas le portrait d'un tyran, » répondit David avec une cruauté sans égale dans l'histoire. Le tyran baissa la tête et ne répliqua pas. Quand David vota la mort du roi, il le tua pour la seconde fois.

David a été révolutionnaire en art, en religion et en politique. Quand on recherche les causes de la révolution de 1789, on doit ne pas perdre de vue les tableaux de David. Tout son œuvre est l'expression de cette idée [1].

Le fameux tableau de *Brutus*, daté de 1789, pressentiment de la Révolution, avait d'ailleurs été commandé à David par le roi de France, comme le *Serment des Horaces*. La

---

[1] Il commença à montrer ses forces au Salon de 1781. Il y exposa *Bélisaire reconnu par un soldat qui avait servi sous lui, au moment où une femme lui fait l'aumône*. Au salon de 1783, il reparut avec son tableau de réception à l'Académie : la *Douleur et les regrets d'Andromaque sur le corps d'Hector*, et le dessin d'une frise dans le goût antique. Au Salon de 1785, il exposa le *Serment des Horaces* et une petite répétition du *Bélisaire*. Au salon de 1787 : *Socrate au moment de prendre la ciguë*, et une répétition des *Horaces* que Girodet aurait pu signer si le disciple signait les tableaux du maître quand il les peint. Au salon de 1789 (la Révolution allait s'annoncer partout, jusque dans les ateliers) : 1° *Brutus, premier consul, de retour en sa maison après avoir condamné ses deux fils qui s'étaient unis aux Tarquins et avaient conspiré contre la liberté romaine; des licteurs rapportent leurs corps pour leur donner la sépulture;* 2° les *Amours de Pâris et d'Hélène*; 3° une *Vestale*; 4° *Psyché abandonnée;* 5° *Louis XVI entrant à l'Assemblée constituante*; 6° le *Serment du Jeu de Paume*, dessin à la plume lavé au bistre, œuvre capitale.

révolution était dans tous les esprits, même à Versailles :

<blockquote>Rome n'est pas dans Rome, elle est toute à Paris !</blockquote>

Brutus est une œuvre secondaire, sans émotion, partant sans vraie grandeur. Brutus est là pourtant avec sa douleur contenue ; mais où êtes-vous, filles de Brutus, sœurs désolées ? Je ne vous reconnais pas dans ces marbres antiques qui s'évanouissent avec tant de science et tant de grâce. C'est la douleur du théâtre et non celle du foyer.

Et pourtant David avait eu mieux qu'un modèle d'atelier pour peindre la sœur évanouie. Tout le monde alors se voulait montrer citoyen, même les femmes, même les marquises de la cour. Une demoiselle de qualité était venue, toute dévouée à l'amour de l'art et à l'amour de la patrie, avec sa gouvernante, poser pour une des filles de Brutus à l'atelier de David. On raconte même qu'à force de poser dans l'expression cherchée, elle s'évanouit sérieusement dans les bras de sa gouvernante. « Monsieur ! monsieur ! elle se trouve mal pour tout de bon ! — Taisez-vous, dit David à voix basse, attendez encore ; ne voyez-vous pas qu'elle est admirable ainsi ? » Et il continua froidement à saisir l'expression. Tout autre, mieux inspiré, se fût précipité aux pieds de la jeune fille, l'eût prise avec passion dans ses bras et eût trouvé ensuite dans son souvenir l'expression idéale. Mais on l'a déjà trop vu, David manquait de chaleur d'âme.

Cependant la pensée le passionnait. Son *Serment du Jeu de paume*, qui est du même temps, est tout un poëme radieux où se trahit le désordre de l'enthousiasme, où la pensée domine le flux populaire avec sa grande attitude. Il y a là du Michel-Ange. C'est le grand historien qui va jusqu'à la prophétie. En effet, la foudre qui frappe la chapelle royale ne crie-t-elle pas en passant : 21 *janvier* 1793!

La passion révolutionnaire, la seule passion de cet Étrusque réveillé parmi nous lui inspira son chef-d'œuvre : *Marat assassiné dans sa baignoire*. Ce tableau sera beau partout, même dans la tribune du vieux palais de Florence. C'est la vérité dans toute sa rudesse, le réalisme dans toute sa brutalité; mais la mort est là qui répand sur cette triste tête de Marat non pas seulement le sommeil oublieux, mais le rayonnement d'une âme qui s'envole et éclaire en passant d'un dernier adieu le front, les yeux et la bouche. Voilà un chef-d'œuvre d'exécution. L'amitié a donné jusqu'au dernier coup la chaleur d'âme à ce pinceau presque toujours éteint qui a si souvent trahi l'inspiration. Ce Marat mort, si laid dans la vie, est presque devenu beau dans le miroir de l'art. On sent que le peintre lui était sympathique. Et pourtant c'est toujours la vérité qui parle. C'est bien là cette bête féroce de la bonté qui aurait volontiers supprimé la moitié du monde pour le bien de l'autre moitié; qui signait un bon de guillotine avant d'entrer dans le bain, mais qui écrivait en mourant, ainsi que le témoigne le tableau de David : « Vous donnerez cet assignat à cette mère de sept en- « fants dont le mari est mort pour la défense de la pa- « trie [1]. »

[1] Ceux qui n'ont pas vu le tableau s'imaginent que c'est la représentation d'un odieux spectacle. En effet, il y a là, dans une pièce nue et grise, le couteau ensanglanté et le billot de bois, l'écritoire de plomb et la plume brisée. — Cette plume plus terrible qu'un seing royal du moyen âge. — Par terre, le billet de Charlotte est ouvert : « Il suffit que je sois bien malheureuse pour avoir droit à votre bienveillance. — 13 juillet 1793. — Deux 13.

Après Thermidor, David fut emprisonné cinq mois durant au Luxembourg. Thibaudeau, Chénier et Boissy d'Anglas le sauvèrent de l'exil, peut-être de la mort. Son exaltation démagogique s'était calmée en prison. Dans ses nuits solitaires il était descendu en lui-même et s'était jugé sévèrement. Ah! pourquoi n'était-il resté le premier de la république des arts dans ce royal atelier, tout peuplé de chefs-d'œuvre? Pourquoi s'était-il aventuré sur cette mer des tempêtes qui, plus d'une fois avait jeté sur lui des vagues de sang? il avait d'ailleurs le pressentiment que Robespierre et Saint-Just avaient enseveli la Révolution avec eux. Il se sentait impuissant dans l'avenir; il ne devait plus vivre que pour les arts, laissant l'humanité en route ou en déroute. Dès qu'il fut libre, il se remit à l'œuvre; il peignit les *Sabines*, œuvre de maître, mais tableau théâtral sans tumulte, sans émotion, quoique la pensée qui le lui inspira l'eût saisi au cœur : il avait appris dans sa prison que sa femme, qui, on l'a dit, n'était plus sa femme depuis longtemps, s'épuisait en dévouement pour le sauver. Pour peindre ce dévouement, il trouva tout simple de la représenter parmi les Sabines ; toujours Romain, même après la Révolution, toujours fidèle à ce paradoxe de l'abbé Galiani : « L'histoire moderne n'est que l'his-
« toire ancienne sous d'autres noms. » David s'était étrangement mépris sur son talent en peignant ce grand tableau. C'était moins du style que de la verve qu'il fallait là. Un

---

— Charlotte à Marat. » Et comme contraste, au-dessous : « David à Marat. » Eh bien, cet odieux spectacle est beau dans ce chef-d'œuvre de David que nous admirions tous hier encore, à une fête du prince Napoléon, entre un bataille d'Yvon et une page antique de Gérome.

Quand Robespierre avait la dictature politique, David était le dictateur des arts.

peu de barbarie et de *primitivité* dans l'exécution eût mieux valu que cette exquise *politesse* des contours, des mouvements et des chevelures. A force d'art, l'art lui-même est banni.

Une fois libre, David ne songea qu'à s'oublier lui-même et à faire oublier ses violences montagnardes. Mais oublia-t-il sans peine tant d'amis et tant d'ennemis morts sur la guillotine, — ces ennemis politiques qui vous disent du fond du tombeau : « Nous nous sommes tous trompés ! » Çà et là, en prenant sa palette et en broyant ses couleurs, ne vit-il pas des gouttes du sang de Danton et de Camille ? En 1795, l'ombre de Danton le poursuivant encore, il dessina, avec la seule force du souvenir, un beau portrait du grand révolutionnaire pour son ami M. Saint-Albin. « Tiens, dit David en contemplant la figure puissante qu'il avait retrouvée dans son cœur, c'est Jupiter Olympien que je te donne. »

C'est peut-être le seul portrait signé David qui porte, par le style, une date révolutionnaire. Il est vrai que les Montagnards de David ne sont pas effrayants, parce qu'il a éteint leur passion sous la correction glaciale de son pinceau.

Napoléon, qui voulait gouverner avec l'éclat de son génie et avec le rayonnement du génie des hommes de son temps, alla à David comme à un historien qui devait parler à tous les yeux. Il lui donna cent quatre-vingt mille francs pour ses deux grandes toiles : la *Distribution des aigles* et le *Couronnement*, qui sont au musée de Versailles. David a répété le *Couronnement* pour que cette œuvre courût le monde, quand l'Empereur était emprisonné à Sainte-Hélène. C'était une éloquente protestation. On l'a vue exposée jusqu'en Amérique. Après avoir tant voyagé, cette toile, venue à Paris en 1842 et mise en vente publique, a été adjugé à quinze cents francs! O flux et reflux de l'opinion humaine! Dans ce tableau du *Couronnement*, David, enlevé par l'enthousiasme public, monta jusqu'aux sommets inaccessibles de l'idéal. Son Napoléon est beau de génie, la tête de Joséphine a un rayonnement d'amour et de jeunesse. « Vous avez peint Joséphine plus belle qu'elle n'est, dit à David un grand dignitaire de l'Empire. — Allez le lui dire, » répondit-il brusquement. Le pape était d'abord un simple spectateur dans cette comédie héroïque du sacre. Il regardait Napoléon, qui, après s'être couronné lui-même, va poser la couronne sur le front radieux et triste de Joséphine. Mais Napoléon dit au peintre : « Je n'ai pas fait venir le pape de si loin pour ne rien faire. Faites-lui lever la main en signe de bénédiction [1]. »

[1] David laissait le temps de compter ses œuvres. Il était trop savant pour être fécond. J'ai indiqué tous ses tableaux jusqu'à la Révolution ; je vais indiquer ses œuvres depuis 1789 jusqu'à l'Empire, depuis l'Empire jusqu'à son exil, et depuis son exil jusqu'à sa mort. David signa, en 1793, 1° les *Derniers moments de Lepelletier de Saint-Fargeau*; 2° *portrait* de mademoiselle Lepelletier, fille adoptive de la nation française; 3° *Marat assassiné dans sa baignoire*; 4° la *Mort du jeune Barra*; 5° *portraits* de Grégoire, de Robespierre, de Saint-Just, de Boissy d'Anglas, de Jean Bon Saint-André, de Prieur (de la Marne), de Bailly, de Marie-Joseph Chénier. Au Salon de 1795, nous voyons le citoyen David exposer le portrait d'une *Femme et son enfant*. De 1795 au Salon de 1808, le citoyen David peignit : 1° : une répétition de *Sapho et Phaon*; 2° une variante des *Sabines*, avec un autre fond ; 3° un portrait quatre fois répété du *Premier Consul gravissant le Saint-Bernard*; 4° les *portraits* de madame Vervinhac, de madame de Pastoret, de madame de Trudaine, une *ébauche* de madame Récamier; 5° *Pie VII et le Cardinal Caprara*; 6° le *portrait* de Pie VII. Au Salon de 1808, David, premier peintre de l'Empereur, exposa : 1° le *Couronnement*; 2° le *portrait* en pied de l'Empereur ; 3° les *Sabines*. Au Salon de 1810 : 1° la *Distribution des aigles au Champ de Mars* ; 2° l'*Empereur debout, dans son cabinet*. Au Salon de 1814 : 1° les *Thermopyles*; 2° *portraits* des gendres de David, les généraux Meunier et Jeannin, de madame Daru, de François de Nantes. Dans l'exil de 1816 à 1824, David a peint : 1° l'*Amour quittant Psyché au lever*

David, exilé, vivait en Flandre par le corps, mais son esprit avait choisi la Grèce. Il ranimait sa vieillesse à ce soleil sans nuages de la mère patrie des arts. Les visions de sa jeunesse, Eucharis, Psyché, l'Aurore, Vénus, Achille, les trois Grâces, Apollon et Campaspe, vinrent le visiter à ses derniers jours; ou plutôt David n'a jamais été ni jeune ni vieux. Son pinceau de vingt ans n'accuse ni fougue ni vérité; son pinceau de soixante-quinze ans n'indique ni faiblesse ni défaillance, tant il est vrai que la tête d'un artiste est, comme l'a dit le poëte, un éternel printemps paré des moissons et des vendanges. Titien peignait à quatre-vingt-dix-neuf ans avec toute la chaleur de ton de ses jeunes années.

David, qui en 1789 avait peint *Brutus* comme par pressentiment, peignait en 1814 les *Thermopyles*. Ce fut sa dernière page d'histoire en France, page éloquente et froide comme un discours de grand maître de l'Université. « Héroïque pensée sculptée sur la toile au moment où les alliés envahissaient la France, » dit Théophile Thoré. Au 9 thermidor, il faillit suivre sur la guillotine Robespierre, dont il fut le premier peintre; à la chute de l'Empire il fut exilé comme l'Empereur, dont il était le premier peintre. Il n'alla pas si loin, il se réfugia à Bruxelles. Vainement, M. de Humboldt tenta de l'emmener à Berlin avec le titre de ministre des arts du roi de Prusse; vainement ses enfants,

de l'aurore; 2° *Télémaque et Eucharis*; 3° la *Colère d'Achille contre Agamemnon*; 4° *Bohémienne disant la bonne aventure à une jeune fille*; 5° *Mars désarmé par Vénus et les Grâces*; 6° *Apelles peignant Campaspe devant Alexandre*; 7° des portraits, celui de David, ceux de quelques-uns de ses compagnons d'exil, comme Sieyès; 8° des *dessins*.

ses amis, ses élèves, le prièrent d'adresser une simple requête à la Restauration pour fouler encore le sol natal. La Restauration ne voulait ni de David vivant ni de David mort. Elle ne voyait qu'un régicide de plus, dans le maître de Gros, de Gérard et de Girodet, dans le peintre de la *Mort de Socrate*.

Quand on étudie l'œuvre de David, on se prend à regretter qu'il n'ait pas imprimé sa pensée sur le marbre. Il était né sculpteur, avec l'amour de la ligne et la passion de l'idée; il n'a jamais rien compris aux fêtes du soleil, ses yeux ne se sont jamais enivrés de lumière. Il disait de la couleur comme Boileau disait de la rime : « Une esclave qui ne doit qu'obéir. » Si M. Thiers a savamment interprété la pensée de David dans son Salon de 1822, M. Guizot, dans son Salon de 1810, a protesté avec une souveraine raison contre cette école de David.

Quand on étudie avec quelque sollicitude l'œuvre des peintres du dix-huitième siècle, on voit que l'art français n'est pas arrivé au style de David sans transition.

De toute cette école célèbre, qu'est-il resté? « Mes disciples, disait David, ont tous la lettre du génie : Girodet, Guérin, Gérard, Gros. » Ce dernier seul a survécu, parce que sa forte nature l'a emporté au-dessus des leçons de David. Les trois autres sont des statuaires qui n'ont pas suivi leur vocation. Des élèves secondaires, qui sait aujourd'hui les noms?

David était né grand peintre, puisqu'il a reconnu ses vrais maîtres dans Phidias et Michel-Ange, puisqu'il a compris qu'en vivant dans l'intimité de leurs œuvres, il arriverait aux lois éternelles du beau. Nul peintre au monde n'a plus dessiné d'après Phidias et Michel-Ange. David a conservé jusqu'à sa mort cinq volumes in-folio d'études faites à Rome ; c'était sa grammaire. Il l'emportait partout, il l'ouvrait à toute heure. Mais Phidias et Michel-Ange n'avaient pas eu besoin d'une grammaire, pour parler en toute éloquence la langue de l'art. Avec la grammaire, on craint de s'aventurer dans les régions de l'infini ; on a toujours un pied sur la terre ; on ne s'envole jamais au delà des nues. On fait des œuvres : on ne fait pas des chefs-d'œuvre.

PRUDHON

Le monde est le rêve de Dieu, a dit un philosophe. Ne pourrait-on pas dire avec plus de raison : Dieu, ayant créé le monde et le voyant imparfait, mais ne daignant pas recommencer son œuvre, rêva un autre monde plus beau, plus éblouissant, plus digne de lui-même, nouveau paradis terrestre, où la poésie, Ève avant et après le péché, se promène dans toute sa beauté splendide? L'art est ce rêve de Dieu.

L'artiste ou le poëte est donc une créature privilégiée, qui a la mission de réaliser cet autre monde qui nous console du premier. L'artiste poétiquement doué ne doit pas seulement étudier sous la lumière du soleil, il doit écouter cette voix idéale qui répand sur la nature ses prestiges et ses enchantements. A-t-on jamais rencontré sur la terre la divine beauté des Madones de Raphaël? Les masques de plâtre moulés à vif atteindront-ils jamais à l'élévation des têtes de Michel-Ange? Les printemps que nous traversons en France, en Italie, en Grèce, sont-ils doux et parfumés comme les idylles d'André Chénier? La nature, toute belle qu'elle soit, manque un peu d'accent et d'harmonie; l'art achève le poëme imparfait de Dieu, avec le vague souvenir du ciel d'où il est descendu, quand l'art s'appelle Raphaël, Corrège ou Prudhon.

Au dix-septième siècle, deux peintres luttent ardemment pour arriver à la royauté de la peinture : l'un n'a que son talent, mais celui-ci est un esprit hardi, toujours sur la brèche, prêt à dominer, prêt à prendre la place de vive force : vous avez reconnu Lebrun. L'autre a son génie pour lutter, mais celui-là est un esprit timide et discret, recherchant avec amour la solitude qui inspire et le silence qui élève : c'est un homme simple et naïf, qui aime la peinture et non la gloire, qui demande à Dieu les joies cachées de l'artiste, et non les fanfares de la renommée. C'est un grand peintre; et pourtant il est vaincu par son rival, vaincu dans la vie, vaincu à Versailles, vaincu jusqu'au jour où le temps remet tout le monde à sa place : vous avez reconnu Le Sueur.

A la fin du dix-huitième siècle, la même lutte se reproduit. Après les paysages bleus et roses de Boucher, quand la peinture, conduite par David, s'est retrempée dans le sol romain, ne voit-on pas les apparences du génie surprendre et frapper tout le monde sous le pinceau sévère de ce maître souvent égaré, tandis que le vrai génie demeure méconnu dans l'humble atelier de Prudhon? David, comme Lebrun, s'était fait le peintre de son temps; à lui les sombres figures de 1793 et la pompe impériale de 1812; à lui tout ce qui rappelle les Romains qu'il veut ranimer, les vertus républicaines et les vertus héroïques : Joseph Chénier est son poëte, Napoléon est son héros, la liberté est son dieu.

Prudhon, comme Le Sueur, inspiré de plus haut, s'était fait le peintre de tous les temps et de tous les pays. Le vrai génie n'a pas d'âge et il a le monde pour patrie; que lui importe à lui, ce timide et doux Prudhon, tout ce bruit qui se faisait alors? « Saturnales de la gloire, saturnales de la liberté! » disait-il en fermant sa fenêtre. Certes, comme tout cœur national, il était fier de voir l'héroïsme français choisir l'Europe pour champ de bataille et proclamer la liberté à tous les coins du monde; mais à côté de Prudhon homme, il y avait Prudhon artiste : or, pour l'artiste, il y avait sous le soleil bien des choses avant Bonaparte ou Saint-Just, il y avait l'amour et le beau; il y avait Dieu; il y avait les enfants qui jouent sur le sein de leur mère, et les amoureux qui rêvent aux pieds de leur maîtresse; il y avait l'antiquité, cette muse toujours nouvelle. Le champ qu'il aimait le mieux, ce n'était pas le champ de bataille, c'était la vallée bénie du ciel, où la gerbe répand son or sur la faux; le pré bordé de saules, où les bœufs s'éparpillent; la vigne rougie, courbée sous la grappe, qu'égaye encore le chant des vendanges. Ce qu'il aimait, c'était la nature dans sa force, dans son sourire, dans sa douleur, vue par le prisme de l'art, qui est la seconde nature.

On peut pousser le parallèle plus loin. Lebrun et David avaient étudié les maîtres ; ils avaient puisé d'une main confiante à toutes les sources consacrées ; ils étaient devenus peintres à force de voir comment les grands peintres l'étaient devenus. Par contraste, voyez Le Sueur et Prudhon : ils étudient seuls, ne suivent aucune trace et arrivent au génie sans presque le savoir. Lebrun a été le peintre de Louis XIV, David a été le peintre de Napoléon ; Le Sueur et Prudhon ont été les peintres de la nature éternelle, n'ayant d'autre inspiration que celle qui vient de Dieu.

Dès les premières années de Prudhon, on voit que ce fut là un peintre prédestiné. Comme Rubens, il s'appelait Pierre-Paul. Il est né en avril 1760, à Cluny, presque dans le même pays où était né Greuze. Celui-ci était fils d'un architecte, celui-là était fils d'un maçon. Rien ne serait triste comme l'enfance de Prudhon, s'il n'y avait sa mère pour répandre l'amour sur son berceau : ainsi de Greuze. Prudhon était né le treizième enfant du maçon ; son père, finit par succomber en pleine bataille d'une vie de labeur et de sacrifice ; il mourut à la peine, ne laissant à sa veuve désolée que Dieu seul pour appui. Dieu prit bien sa part du testament ; il fit un peu de place au soleil à tous ces pauvres orphelins. Ce fut surtout sur Prudhon que tomba sa bonté ; mais donner le génie à un homme, est-ce de la bonté divine? N'est-ce pas plutôt le soumettre aux plus rudes épreuves? N'est-ce pas montrer le ciel à l'oiseau qui a perdu ses ailes? En effet, ce fut par un rude chemin, par un autre calvaire, que Prudhon porta la croix du génie.

Prudhon puisa sa force dans les larmes de sa mère. Le

premier tableau que vit ce peintre fut une mère désolée qui aime ses enfants, et qui n'a souvent à leur donner que l'amour de son cœur et les larmes de ses yeux. Prudhon vit donc s'ouvrir la route dans l'ombre, la route du pauvre avec ses horizons sur la misère ; mais, du moins, dans ce triste tableau, il y avait une mère dont la douce et tendre figure se détachait sur une auréole divine. Cette figure de mère fut toujours la plus suave inspiration du peintre ; c'est dans le souvenir de son enfance qu'il puisa cette douceur ineffable et cette angélique tendresse qui est l'âme de son génie.

De bonne heure, Prudhon alla à l'école des moines de Cluny. Dès les premières leçons d'écriture, le voilà, comme Callot, dessinant mille profils fantastiques ; au lieu d'apprendre à écrire, il apprend à dessiner. Ce n'est point avec les lettres de l'alphabet qu'il *exprimera sa pensée*, qu'il *parlera aux yeux* : au lieu de l'art ingénieux chanté par Boileau, il s'exprimera avec l'art divin de Raphaël. Revenu à la maison, fuyant les jeux de son âge, il prend une aiguille et sculpte la passion de Notre-Seigneur sur une pierre. Comme il a une charmante figure, les moines de l'abbaye le distinguent et s'attachent à lui ; il a le privilége de les suivre partout ; à l'heure de l'école, il lui est permis de s'égarer dans les vastes dépendances du monastère. Il passe des journées en contemplation devant quelque sculpture ébréchée, devant quelque peinture où l'araignée file sa toile. Le monde est là pour lui ; l'œuvre de Dieu n'est pas ce qui le surprend, car rien n'est impossible à Dieu, c'est l'œuvre de cette pauvre créature qui ne fait que montrer sa faiblesse ici-bas. Un jour un moine, voyant son écolier en extase devant une *Descente de croix* de quelque peintre ignoré, lui dit, sachant qu'il aime à dessiner : « Tu ne réussiras pas, toi, car cela est peint à l'huile. » Prudhon ne répond pas; il sort du monastère et court les champs, tout en se demandant quelle est la manière de peindre à l'huile. Et d'abord il faut de la couleur, il faut mille teintes variées pour reproduire ce ciel, ces figures, ces draperies et ces paysages. Dans la prairie, il y a des primevères et des scabieuses; dans le seigle ondoyant, des coquelicots et des bluets; sur le sentier, des marguerites et des églantines. « Voilà mes couleurs trouvées ! » s'écrie Prudhon. Il cueille des fleurs et des plantes, il s'en va butinant partout; il rentre à la maison joyeux et riche comme l'abeille à la ruche; il exprime le jus de ses bouquets; il cherche, il se trompe, il essaye, il se désespère; il retourne dans les champs, il rapporte une autre moisson : la maison de sa mère est tout un laboratoire. On se moque de lui, on le poursuit de quolibets; que lui importe? il est dans le chaos, mais il trouvera la lumière. En effet, au bout de quelques jours, Prudhon avait découvert à lui seul le secret de peindre à l'huile. Il avait treize ans, l'âge de Pascal découvrant les mathématiques. Prudhon rentra victorieux à l'abbaye, les mains pleines d'ébauches. « Cela est peint à l'huile, dit-il au moine surpris de cet éclair de génie. — Comment as-tu donc fait, mon enfant? — J'ai cherché, j'ai trouvé. » Le moine parla de Prudhon à son évêque : c'était au beau temps où chaque grand seigneur était né protecteur des arts. L'évêque de Mâcon enleva l'enfant à sa mère pour le confier à un peintre de province, Des Vosges, dont le nom n'est arrivé jusqu'à nous que parce qu'il eut Prudhon pour élève. Du reste, ce brave homme fut digne de sa mission : il eut le bon esprit d'être fier de guider le pinceau de l'enfant; il comprit que ce serait là son œuvre. Prudhon, libre désormais de toute autre étude, prit le vol de l'aigle dans ce domaine de l'art. Ce fut un disciple souvent rebelle aux leçons du maître; il avait ses idées à lui, il comprenait la beauté à sa manière, il avait une certaine façon de rendre la vérité qui lui semblait plus fière et plus douce que la façon des autres; aussi, plus d'une fois, ce fut le maître qui prit une leçon.

Prudhon passait tout son temps dans l'atelier; quand il prenait un jour de repos, c'était pour voler vers sa mère, sa mère toujours tendre, toujours triste, toujours inquiète; sa mère qui voyait alors sa nombreuse couvée déserter le nid et fuir, au hasard, à la grâce de Dieu, le sûr abri de ses ailes. La pauvre femme vivait de peu, comme tout ce qui souffre ici-bas; un rayon de soleil, le parfum des prés et des bois, quelques miettes d'une fortune depuis longtemps disséminée, l'amour de ses enfants, voilà sa vie.

Le jour où Prudhon tombait chez elle sans se faire annoncer était un jour de joie; on s'embrassait, on pleurait, on se consolait. Ce jour-là, le souper était presque gai; le lendemain, avant de partir, on déjeunait encore ensemble, mais le repas s'attristait. Et pourtant rien n'était plus agréable que ce frugal déjeuner servi à la fenêtre par une main maternelle, en regard des vignes rougies. Mais il fallait partir ! En s'éloignant, le fils se retournait tout ému, déjà presque consolé par le tableau saisissant des belles campagnes du pays. De loin, au détour du sentier, il voyait sa mère penchée à la fenêtre, immobile comme une statue, perdue dans son amour et dans sa tristesse. Prudhon se rappela toujours avec un charme ineffable ses poétiques visites à sa mère; le voyage et le retour, l'arrivée soudaine, la surprise silencieuse, le tendre babil du souper, le feu qui s'allumait dans l'âtre, cet âtre béni, où Dieu, passant sur la terre, eût aimé à se reposer. Il se rappelait surtout les tristesses du départ, ce déjeuner qui n'était pour lui que le signal de l'adieu, enfin, le sentier sinueux d'où il voyait encore sa mère. Ce fut vers ce temps-là que, voulant peindre une figure de fantaisie, il fut tout d'un coup surpris et joyeux de reconnaître sa mère, sa mère dans l'attitude qu'elle prenait à la fenêtre. C'était un vrai portrait qui ressemblait pour les yeux et pour le cœur : c'était la ligne, c'était le sentiment. Le pauvre Prudhon, ravi de son œuvre et n'ayant pas de quoi acheter un cadre, trouva plus simple d'encadrer au pinceau cette figure tant aimée dans la fenêtre de la maison natale. Jusque-là Prudhon, âgé de seize ans, n'avait aimé que deux choses : la peinture et sa mère, amour béni du ciel, joie sainte et glorieuse, délices matinales d'un cœur à peine ouvert. Un troisième amour vint tout gâter.

Il prit une maîtresse sans l'aimer, et croyant échapper à ce despotisme, il épousa sa maîtresse. Voilà la prose qui vient, avec ses souliers ferrés, fouler le vert gazon de sa poésie. A peine fut-il marié d'un an qu'il compta deux enfants dans son atelier. Ces enfants, mal nippés, ne venaient pas inspirer bien poétiquement leur père; cependant ils lui servirent de modèles pour ces jolis groupes dignes des fresques de Pompéi. Malgré les soucis souvent rongeurs et les devoirs quelquefois desséchants de la famille, Prudhon demeura tendre, généreux, enthousiaste. Les états de Bourgogne avaient établi un concours pour un grand prix de peinture; ils envoyaient tous les ans à Rome le lauréat de la province. Prudhon qui concourait était à l'œuvre comme de coutume avec une noble ardeur. Un jour, à travers la cloison qui le sépare de son voisin, il entend des sanglots : un élève se désespérait et s'indignait contre son inspiration. Prudhon sourit d'abord, il s'attendrit ensuite, et, s'oubliant lui-même, il détache une planche, pénètre dans la loge voisine et achève la composition de son camarade. La générosité lui donna plus de talent qu'il n'en avait eu jusque-là : aussi son camarade obtint le prix; mais honteux de sa victoire, il avoua qu'il la devait à Prudhon. Les états de Bourgogne réparèrent l'erreur : un cri d'admiration se répandit avec éclat; ses rivaux l'embrassèrent et le portèrent en triomphe par toute la ville.

Il partit pour Rome, laissant sa femme et ses enfants à la garde de sa mère et de Dieu, espérant revenir de la ville éternelle, sinon riche, du moins avec assez de talent pour le devenir; il partit heureux de retrouver sa liberté, ébloui par cet horizon de chefs-d'œuvre qu'il allait étudier.

Arrivé à Rome, il trouva un ami dans Canova; cette amitié fut la plus belle, la plus noble, la plus sainte de sa vie : tout s'y trouva, jusqu'au sacrifice : elle consola Prudhon de l'amour. « Il y a trois hommes ici, lui dit un jour Canova, dont je suis jaloux. — Je ne connais et je n'aime que vous, lui répondit Prudhon. — Et Raphaël, et Léonard de Vinci, et le Corrége! reprit Canova ; vous passez tout votre temps avec eux, vous les écoutez, vous leur confiez vos rêves, vous allez de l'un à l'autre, de celui-ci à celui-là, vous n'avez jamais fini d'admirer ce qu'ils disent. »

Si Prudhon eût écouté Canova, il eût passé sa vie à Rome, loin de la France qui lui fut ingrate, loin de sa femme qui lui fut infidèle. Le proverbe dit que les absents ont tort ; ils ont quelquefois tort de revenir. Pour les imaginations poétiques, les absents ont raison : le souvenir ne garde en amour que le côté charmant ; c'est un miroir magique où les mauvais tableaux ne se reflètent jamais. Or, Prudhon avait aimé sa patrie et sa femme : par les prismes du lointain, il revoyait avec un charme infini les beaux paysages de la Bourgogne ; sa femme elle-même avait repris, grâce à l'absence, je ne sais quel attrait perdu de sa première jeunesse. Et puis il avait laissé là-bas un autre amour plus grave, sa vieille mère qui l'attendait pour mourir. Malgré les instances de Canova, il partit, lui promettant de revenir bientôt. Ils ne se revirent pas, mais ils furent fidèles à l'amitié, fidèles à ce point, qu'ils moururent en même temps, comme pour se revoir là-haut dans l'immortelle galerie du roi des artistes.

Quand il revint en France, sa mère venait de mourir ; sa femme était, comme d'habitude, d'humeur peu conjugale ; la France n'était plus un royaume et n'était pas encore une patrie ; les premières rumeurs de la Révolution soufflaient sur le pays comme un vent d'orage ; on était en 1789 : c'était l'heure de l'exil pour les arts. Prudhon, qui se résignait toujours, se résigna. Après avoir embrassé sa femme et ses enfants, il partit pour Paris, croyant qu'en tout temps, même en révolution, c'était encore le meilleur pays pour chercher fortune. Il arriva à Paris en fort mince équipage; il prit un gîte dans un pauvre hôtel plus ou moins garni, en attendant qu'il pût louer un atelier. Il ne trouva rien à faire, partant rien à manger. Ce train de vie ne pouvait le mener bien loin ; il foula aux pieds sa fierté; il ouvrit boutique, ce pauvre grand peintre ; il fit des portraits en miniature, il historia des têtes de lettres, des billets de concert, des factures de commerce ; il enjoliva des cartes d'adresse et des boîtes à bonbons. « Je fais, disait-il avec un triste sourire, tout ce qui concerne mon état. »

C'était là un labeur plein d'angoisses ; il sentait bien qu'à ce métier il perdait son temps le plus précieux, ce temps béni du ciel que la jeunesse répand de ses mains fleuries. Pour se consoler, il vivait de peu et envoyait à sa famille le reste de son gain. A force de portraiturer des héros de pacotille à dix ou vingt francs par tête, il finit, au bout de deux à trois ans, par amasser un millier d'écus, destinés à lui permettre de redevenir artiste. Déjà l'horizon se rouvrait pour lui moins sombre et moins froid ; la gloire, qu'il avait perdue de vue, recommençait à lui sourire. Il reprenait sa vie familière avec le Corrége, Raphaël et Léonard de Vinci ; il écrivait à Canova pour lui confier ses douleurs ; Canova lui envoyait l'espérance dans ses réponses. Greuze aussi lui disait d'espérer ; Greuze avait de bonne foi et de bon cœur reconnu le génie de Prudhon. « Celui-là, disait-il souvent, ira plus loin que moi (et Greuze croyait, avec raison, aller plus loin que David et Girodet) ; il enfourchera les deux siècles avec des bottes de sept lieues. »

Mais le millier d'écus était le pot au lait de Perrette. Madame Prudhon, apprenant vaguement que son mari commençait à faire fortune, se mit en route pour le joindre avec ses enfants ; il fallut bien la recevoir, il fallut bien vivre en communauté de cœur et d'argent : tant qu'il y eut de l'argent, c'est-à-dire pendant trois mois, tout alla bien ; mais quand la misère vint reprendre sa place au foyer, tout alla mal. Madame Prudhon aimait à briller, comme toutes les femmes qui ne sont pas belles. Le pauvre peintre fut réduit à bercer et à amuser ses enfants. Il en eut bientôt six, six bouches impitoyables qui demandaient toujours. Souvent Greuze a surpris Prudhon ébauchant un tableau au milieu de ses six enfants, deux sur ses genoux, un sur le dossier de son fauteuil, les autres à ses pieds. Il ne se plaignait point ; il accueillait tous ces cris, toutes ces gambades, tous ces caprices par ce beau sourire de résignation qu'il avait appris de bonne heure.

Cependant le temps, loin de calmer l'humeur altière et vagabonde de madame Prudhon, l'irrita davantage. La bourrasque soufflait toujours sur le feu ; dépitée de perdre en vieillissant les grâces maussades qu'elle avait reçues de la nature, n'ayant ni la vertu, ni l'esprit, ni la maternité pour refuge, elle devint encore plus acariâtre et plus méchante, « toute hérissée d'épines, » disait Prudhon. Après dix-huit ans d'une pareille communauté, il prit une résolution violente : il se sépara de corps et de biens de madame Prudhon. C'était séparer le paradis de l'enfer. Comme c'était un galant homme, il fit une pension à sa femme et se voulut charger de tous les enfants. Le dirai-je ? le suicide l'avait souvent tenté ; plus d'une fois il avait été près d'en finir avec toutes ses misères.

Il s'était toujours résigné à vivre pour ses enfants. Séparé de sa femme, il respira ; le ciel lui sembla plus pur, la nature plus souriante et les hommes meilleurs ; il va sans dire que les femmes y gagnèrent aussi. La fortune elle-même lui fut dès ce jour moins rebelle ; elle vint plus d'une fois sinon s'asseoir, du moins se reposer à sa porte. Il n'avait pas encore sa vraie place au soleil, mais il n'était plus dans la nuit : son génie commençait à poindre à l'horizon, non pas encore dans un horizon sans nuages. Tous les ennemis du vrai talent, les médiocrités de toute sorte, les avortons et les sots tentaient d'obscurcir ce soleil levant. Ceux-ci, parce qu'il était sévère, lui niaient la grâce ; ceux-là, parce qu'il était gracieux, lui niaient la sévérité. Il y avait si longtemps qu'on n'avait vu en France un peintre à la fois sévère et gracieux ! Malgré les envieux, Prudhon en était arrivé à ce point de la route où tout ce qui se fait pour ou contre un talent lui ajoute de l'éclat.

Mais la gloire et la fortune arrivaient bien tard pour un homme de génie qui avait pâli jusqu'à plus de quarante ans dans la misère et l'obscurité, dans les soucis de famille et les douleurs conjugales. Quoique jeune encore, Prudhon ne sentait plus la jeunesse autour de lui ; son cœur était sombre et dévasté ; c'était le désert dans la nuit ; pas un rayon, pas une fleur ; l'espérance même, cette herbe qui pousse jusque sur les tombeaux, ne verdoyait plus pour lui. Mais Dieu, touché sans doute de ses larmes et de son labeur, lui rendit la jeunesse. Il lui fut permis comme par miracle, d'espérer et de sourire encore, de retrouver un long printemps d'amour, ou plutôt de traverser un automne plein de fleurs et de rayons, d'ombrages et de sentiers.

Greuze était mort; on était en 1803; sa meilleure élève, mademoiselle Mayer, voulant retrouver les grâces de son maître, alla droit à l'atelier de Prudhon, qui ne consentit qu'à regret à aller donner des leçons à l'élève de son vieil ami. Cependant mademoiselle Mayer avait beaucoup de séduction : c'était une brune enjouée, enthousiaste, toujours souriante, toujours passionnée. Elle était loin d'avoir la beauté que Prudhon donnait à ses figures de vierges ou de nymphes ; mais, malgré son teint basané et ses pommettes saillantes, elle avait un attrait qui frappait les plus philosophes. Ses yeux et ses lèvres répandaient du feu ; si sa figure n'était pas faite par les Grâces, on voyait que l'Amour y avait mis la main. Prudhon, plus insensible que tous les autres, ne put se défendre de prime abord d'un certain plaisir secret à la vue de cette physionomie ardente et expressive, que la religion de l'art ennoblissait. Peu à peu les leçons devinrent plus longues ; Prudhon ne s'en doutait point, mademoiselle Mayer ne s'en plaignait point. Bientôt l'amour fut de la partie ; tantôt donnant, tantôt prenant la leçon, l'amour n'était pas le plus mauvais maître. Enfin le peintre et son écolière s'aimèrent, l'un avec une tendresse rajeunie, l'autre avec toute l'ardeur des vingt ans.

Vers ce temps-là, mademoiselle Mayer, ayant perdu son père, se réfugia chez Prudhon, ne croyant pas, dans la pureté de son cœur, qu'il y eût grand mal devant Dieu à remplacer une mauvaise femme, qui n'avait laissé sur ses pas qu'abîme et dévastation. Elle avait un peu de fortune, elle en abandonna presque tous les revenus aux enfants de Prudhon. Parmi ces enfants, il y avait une fille de vingt ans, qui devint l'amie inséparable de cette seconde mère. Le monde, qui ne voit jamais d'un bon œil une nouvelle façon d'exercer la vertu chrétienne, surtout quand on brave les lois qu'il a faites, ne trouva pas une épigramme contre mademoiselle Mayer. C'est qu'elle n'avait pas rougi en entrant chez Prudhon, c'est qu'elle avait franchi le seuil le front haut, le cœur plein, avec la vertu pour compagne. La vertu des femmes n'est pas toujours la vaine pudeur; quelquefois c'est l'humble charité. Mademoiselle Mayer recueillit bientôt plus de preuves d'estime que bien des dames de qualité mariées par-devant notaire et par-devant l'Église. On comprit dans le monde qu'il y avait entre elle et Prudhon plus qu'un serment et une feuille de papier timbré. On les rencontra au bal, au concert, à la promenade, avec la figure des gens qui sont heureux et fiers de vivre ensemble. On allait à eux, on les fêtait sans hypocrisie, on leur demandait sans malice des nouvelles de la jeune famille. Mademoiselle Mayer était la vraie mère des enfants de Prudhon; car n'est-ce pas l'amour qui fait la mère? Enfin ce mariage d'un nouveau genre parut légitime à tout le monde, même à Napoléon; ainsi, quand les artistes furent délogés du Louvre, Prudhon et mademoiselle Mayer obtinrent chacun un appartement à la Sorbonne; plus tard, le jour où Napoléon plaça de sa main royale une croix sur le cœur de Prudhon, deux jolis tableaux anacréontiques de mademoiselle Mayer furent achetés, par une galanterie délicate, au nom de l'Empereur.

Prudhon fit le portrait de Joséphine et donna des leçons de peinture à Marie-Louise. Il a laissé plusieurs portraits du roi de Rome et de M. de Talleyrand. Le fameux diplomate ne se lassait pas de poser dans l'atelier du peintre, pourvu qu'il trouvât à s'égayer avec l'esprit de mademoiselle Mayer. Plus d'une fois Prudhon eut à enregistrer bien des mots charmants lancés de part et d'autre; aussi disait-il en finissant le portrait : « Il n'y manque que l'esprit[1]. »

Prudhon, arrivé lentement au bonheur après les plus rudes épreuves, se détacha de jour en jour des vanités humaines : l'éclat et le bruit l'importunaient; il aimait mieux le petillement du feu, le soir, quand la voix argentine de mademoiselle Mayer arrivait à son cœur avec la voix de ses enfants, que toutes les fanfares de la gloire. Il adorait la peinture pour la peinture : aussi, le jour de sa nomination à l'Institut, tout préoccupé par une figure de nymphe qu'il venait de créer, il conduisit un de ses amis devant la toile avec l'orgueil naïf d'un enfant. « Mais, lui dit le visiteur, n'avez-vous donc pas été nommé à l'Institut? — Ah ! c'est vrai, dit Prudhon avec quelque surprise, j'oubliais de vous l'apprendre. »

Son bonheur était de ceux qui aiment l'ombre, le silence, la mélancolie. C'était un bonheur voilé par le souvenir et par

---

[1] Prudhon avait le génie de l'allégorie. « J'aime le palais diaphane, » disait-il. La ville de Paris lui demanda les dessins du berceau pour le roi de Rome. Il est curieux, aujourd'hui, de voir ce berceau où l'artiste avait en quelque sorte prédit l'avenir. Il s'élève sur quatre cornes d'abondance; il est appuyé sur la Force et la Justice; des abeilles d'or le parsèment; à ses pieds, un aiglon est prêt à prendre son vol. Il est ombragé d'un rideau de dentelles semé d'étoiles. Deux bas-reliefs ornent les côtés : d'un côté, la nymphe de la Seine, couchée sur son urne, reçoit l'enfant de la main des dieux; de l'autre côté on voit le Tibre, et près de lui la louve de Romulus : le dieu soulève sa tête couronnée de roseaux, pour voir à l'horizon un astre nouveau qui doit rendre à ses rives leur splendeur antique.

Après avoir peint le berceau, il peignit l'enfant; il le peignit dormant dans un bosquet de palmes et de lauriers, éclairé par la gloire, protégé par deux tiges de la fleur impériale. Le roi de Rome, même sous le pinceau de Prudhon, est tout simplement un joli marmot bouffi et gourmand qui tend la main vers le sein de sa nourrice.

le pressentiment. Selon un poëte arabe, le bonheur le plus pur est un ciel de printemps traversé de légers nuages. Celui qui est sous le ciel du bonheur ne cherche à voir que des nuages ; il les suit du nord au midi, de l'orient à l'occident, espérant sans cesse que le ciel va devenir pur, mais sans cesse l'horizon chasse d'autres nuages. Comme tous les hommes, Prudhon, quoique philosophe, voyait les nuages plutôt que le ciel. Entre l'horizon de l'avenir et l'horizon du passé, Dieu, mademoiselle Mayer, ses enfants, lui montraient en vain l'azur où vivent les bienheureux : il persistait à voir les nues.

Malgré sa gaieté native, mademoiselle Mayer aussi finit par se couvrir peu à peu du voile de Prudhon. Il y avait près de vingt ans que ces deux amants vivaient des mêmes idées et des mêmes ardeurs. Vingt ans d'amour ! De la gaieté folâtre, mademoiselle Mayer passa à la mélancolie qui sourit encore ; de la mélancolie à la tristesse il n'y a qu'un pas ; en franchissant ce pas, mademoiselle Mayer, qui mettait de l'ardeur à tout, alla jusqu'à la désespérance. Elle se mit à cultiver avec une joie funèbre les pâles fleurs de la mort. En vain on lui demandait raison de sa tristesse. Elle ne répondait pas ; s'il me fallait répondre pour elle, je dirais que, le jour où elle vit la jeunesse qui fuyait avec les Grâces moqueuses, un fantôme vint la visiter et lui parler de la tombe, la tombe qui ensevelit les rides et les cheveux blancs. Ce fantôme, qui tourmenta les premières générations du dix-neuvième siècle, nous l'appelons le *suicide*. Il parla longtemps de sa voix funèbre à mademoiselle Mayer ; il ne lui fit pas grâce d'une année ; il l'appela *mademoiselle* d'un air railleur, tout en lui parlant de ses quarante ans. Elle eut le vertige ; durant trois jours elle vécut côte à côte avec la mort, quoique Prudhon demeurât avec elle. L'abîme venait de s'ouvrir, elle ne put qu'y tomber.

Ici, j'en suis fâché pour cette histoire, qui finirait mieux par une page de poésie, je n'ai plus qu'à reproduire une page de la *Gazette des Tribunaux*. Le matin du 6 mars 1821, mademoiselle Mayer était seule dans son appartement ; elle n'avait ce jour-là vu que son médecin et une jeune élève. La veille, elle avait dit bonsoir à Prudhon avec des larmes dans la voix. Un bruit sourd appelle les gens du voisinage ; on accourt, on se précipite, on trouve la pauvre femme baignée dans son sang, sous une glace où sans doute elle avait étudié la mort. En un mot, elle s'était coupé la gorge avec le rasoir de Prudhon. Pourquoi faut-il le dire? Pourquoi faut-il expliquer la triste fin de cette vie toute de grâce et de cœur, d'art et d'amour?

Prudhon ne survécut guère à ce coup terrible, seulement son agonie fut lente. Jusqu'au dernier moment il tint fièrement son pinceau, disant qu'il voulait mourir sur la brèche. Quand la mort le prit, il s'abandonnait à cette belle inspiration qu'il a laissée dans son *Christ mourant*. « La mort est venue deux ou trois jours trop tôt, mais je l'attendais, » disait-il à ses amis. En effet, il avait acheté les six pieds de terre où il repose au Père-Lachaise, vis-à-vis de la sépulture de mademoiselle Mayer. Il allait souvent, dans ses derniers jours, rêver sur ces deux tombes[1].

[1] « Aux amis qui assistaient à sa mort il disait, avec un sourire de résigné : « Ne pleurez point, je ne vais pas mourir ; je vais partir. » Cette lettre, qui est un dernier

Il mourut le 16 février 1825 ; Géricault était mort en 1824. En moins d'un an la France perdit peut-être ses deux plus grands peintres.

Prudhon et mademoiselle Mayer ont eu le dessein sans cesse renaissant de faire leur portrait l'un par l'autre : il n'en fut rien. Seulement, un jour de distraction, seuls à l'atelier, se reposant des œuvres sérieuses, ils prirent chacun une méchante feuille de papier, et, dans la même séance, Prudhon fit un charmant croquis de mademoiselle Mayer, tandis que celle-ci dessinait à grands traits la noble et douce figure de son ami. Prudhon, dans son croquis, avec une simple estompe relevée de blanc, a saisi tout l'attrait et tout le feu de cette physionomie de créole. Il a habillé sa maîtresse avec un costume de l'Empire ; mais, grâce au peintre, le costume est charmant : on voit bien qu'elle est coiffée par lui ; ses cheveux, s'échappant du bandeau à la grecque, retombent sur ses joues en touffes abondantes ; Homère n'eût pas mieux coiffé Diane la chasseresse : toute la grâce antique est là. Malheureusement, mademoiselle Mayer a affublé Prudhon du costume de l'Empire : c'est presque de la caricature. Mais elle a bien saisi le caractère de cette figure qu'elle aimait jusqu'à l'enthousiasme. Cette figure, très-accentuée, est triste,

adieu, nous le montre tendant les bras à la mort. « Oh ! que la chaîne de la vie est pesante ! Seul sur la terre, qui m'y retient encore ? Je n'y tenais que par les liens du cœur : la mort a tout détruit. Ma vie est le néant ; l'espérance ne dissipe point l'horreur des ténèbres qui m'environnent. Elle n'est plus, celle qui devait me suivre ! La mort que j'attends viendra-t-elle bientôt me donner le calme où j'aspire ? C'est à ta tombe, ô mon amie, que s'attachent toutes mes pensées. » On le voit, malgré son génie, Prudhon écrivait dans le style des littérateurs de l'Empire ; on est toujours de son temps par un côté quelconque. Prudhon appartenait à cette triste période qui dénaturait Ossian et Voltaire ; mais s'il tenait mal la plume, qu'importe ? il était un homme de génie le pinceau à la main.

douce et sévère; la pensée veille sur le front, un sourire adoucit les lèvres, mais c'est bien là le sourire de résignation d'un cœur blessé qui se cache.

Ce qui caractérise surtout Prudhon, c'est l'exquise poésie : il est poëte autant qu'il est peintre, car il peint pour l'âme comme pour les yeux; tout en retraçant les plus gracieuses ondulations des formes humaines, il répand avec onction le sentiment qui vient du cœur illuminer le front, les yeux et les lèvres. Un matérialiste disait, en voyant une des adorables figures de femmes créées par Prudhon : « Il serait capable de me faire croire à l'immortalité de l'âme[1]. »

Prudhon n'avait pas seulement la divination de l'art, il en avait la science. On se souvient qu'il trouva la couleur, à treize ans, dans les herbes et dans les fleurs. Il ne s'est pas borné là : il a laissé dans ses lettres des pages dignes d'être reproduites, qui prouvent que ce n'était pas là un de ces artistes ignorants qui arrivent au génie sans savoir pourquoi.

« La nature donne l'exemple de la plus riche variété, et, si elle a modelé le genre humain sur un type semblable, n'en a-t-elle pas modifié à l'infini la couleur, les formes et la figure? Et vous voulez que, témoin journalier de ses

---

[1] Un tableau de Prudhon, les *Divinités de l'Olympe*, m'a offert le curieux spectacle d'un homme qui cherche dans la nuit encore la lumière du talent. Dans ce tableau, Prudhon s'est peint lui-même en génie. Sa tête est belle et intelligente; c'est presque Apollon : sans doute le peintre s'est flatté. Il n'avait alors que vingt ans ; on voit qu'il était dominé par le goût de son temps; c'est la couleur de Greuze, c'est le dessin de Boucher; pourtant il y a déjà dans cette œuvre le pressentiment du génie, certaine finesse, certaine fraîcheur, certaine grâce que Prudhon seul avait apprises ou plutôt trouvées sans autre maître que la nature. Il peignait alors d'un pinceau timide, plutôt en façon de miniature qu'en façon de croquis.

variations, j'adopte pour exprimer ce que je vois un style étranger à leur nature (c'était là une épigramme contre l'école de David)? Autant vaudrait dans un tableau adopter la même figure et le même sentiment pour tous les hommes, et la même beauté pour toutes les femmes. Je ne puis ni ne veux voir par les yeux des autres : leurs lunettes ne me vont point. La liberté, c'est la force des arts. Parce que Racine et Corneille ont fait des chefs-d'œuvre, faut-il ne plus parler et ne plus écrire qu'en vers alexandrins? »

On a dit de Prudhon, ce fils du Corrége, qu'il était le frère d'André Chénier. Mais dans le génie de Prudhon il y a l'alliance de la grâce antique et du sentiment chrétien, que ne connut pas André Chénier. L'imagination de Prudhon voyageait au pays d'Homère, mais son cœur habitait la contrée que le Christ a fécondée de son sang. Il a ses jours de foi où il peint des crucifiements, ses jours de charité où il peint la *Famille malheureuse*, ses jours d'espérance où il peint l'*Ame s'envolant au ciel*. Et quand Prudhon est païen, il l'est avec toute son âme

Prudhon a dépassé David, comme André Chénier a dépassé Marie-Joseph Chénier[1].

Avec David, on se réveille dans la Rome politique. Avec Prudhon, on se réveille dans l'antiquité des poëtes : je me trompe, on sommeille et on rêve dans l'Olympe. C'est la nuit,

---

[1] Supprimez un instant David. Que va-t-il arriver? Prudhon, longtemps méconnu, sera salué à sa première œuvre et tiendra le sceptre. Les nouveaux venus, au lieu de copier le bronze ou la pierre des statues et des bas-reliefs, au lieu d'aller à l'école de Socrate, copieront des hommes tels que Dieu les a faits. Ce sera l'école d'Homère et de Théocrite. Nous n'aurons pas de philosophes, mais des poëtes en peinture. Prudhon ne sera pas seulement un grand peintre, ce sera un grand maître.

c'est le crépuscule, c'est le soleil voilé. Les déesses descendent des nuages toutes nues, amoureuses mais pudiques. Non loin des déesses, voici les demi-déesses qui symbolisent les passions humaines dans leurs poétiques aspirations. N'entendez-vous pas le chant lointain des bacchantes dans les vignes brûlées? Ne voyez-vous pas se jouer devant vous, sous les ramées voluptueuses, ces Amours et ces Zéphyrs qui ondulent dans les demi-teintes en grappes d'or et de pourpre?

Quel poëte et quel musicien que ce peintre! tout chante en lui et autour de lui. Son crayon, c'est une mélodie aérienne; son pinceau, c'est une harmonie matinale.

EUGÈNE DELACROIX

J'ai connu Eugène Delacroix de loin et de près. Je l'ai étudié dans ses œuvres, je l'ai aimé dans sa vie. Je conserve précieusement ses lettres, je garde avec religion son souvenir. La première fois que je l'ai vu, c'était à un souper de mademoiselle Rachel. L'amitié colora nos âmes, comme un vin généreux empourpre les coupes.

Il y a deux ans, j'écrivais dans *L'Artiste*, le lendemain d'un dîner chez le peintre de la *Barque du Dante*:

« Eugène Delacroix est tout aussi beau convive chez lui que chez les autres. Sa table est exquise ; le tour de sa table, qui n'est pas grande, est tout un Olympe en habits noirs de demi-dieux de l'art : peintres, sculpteurs, poëtes et musiciens. Par malheur, beaucoup de demi-dieux ont des cheveux blancs. La gloire aime cela. Comme la Muse de l'intimité y verse aux convives d'une main familière le vin pur des vieilles amitiés toujours jeunes! Ces festins où le rôti est toujours bien doré, ces heures qui répandent des roses comme les heures de Raphaël à la Farnésine, et qui retournent en perles égrénées dans l'océan de l'infini, qui les retrouvera? La mort ne permet pas aux mêmes convives de revenir à la même table : il faut que le style de l'histoire les grave dans le souvenir de ceux qui restent. Je me souviens d'une de ces fêtes : Eugène Delacroix, Victor Hugo, Alfred de Musset, Pradier, mademoiselle Rachel, madame de Girardin, qui encore? De tous ces vivants immortels, Delacroix seul reste debout à Paris, toujours vaillant, sans avoir blanchi d'un cheveu. Que les dieux ne l'appellent qu'après sa journée faite, ce travailleur indompté qui serait si désolé de perdre ses heures de soleil! »

Hélas! le soleil, son maître, celui qu'il osait peindre face à face dans son char de feu à la galerie d'Apollon, le soleil revient indifférent tous les matins à son atelier de Paris et de Chamrosay, mais Eugène Delacroix ne lui prend plus ses rayons. La nuit éternelle s'est répandue sur le grand peintre de la lumière.

En quelques années la France a vu tomber, le ciseau ou le pinceau à la main, d'illustres artistes : Pradier, David d'Angers, Simart, Ary Scheffer, Paul Delaroche, Decamps, Horace Vernet et Eugène Delacroix, le plus grand de tous.

Je suis revenu de loin pour les funérailles d'Eugène

Delacroix. J'avais vu les funérailles de Gros, et j'avais foi encore en cette vaillante jeunesse qui avait arraché au corbillard le cercueil du peintre de la *Peste de Jaffa* pour le porter pieusement jusqu'au cimetière. Mais je n'ai pas retrouvé ce noble enthousiasme. Les jeunes de 1834 ont aujourd'hui les cheveux blancs, les jeunes de 1863 n'ont-ils donc pas vingt ans? Ils ont laissé à l'Institut tout l'honneur des funérailles du plus grand des peintres contemporains, — l'Institut représenté à peine par une douzaine des siens!

Où était donc la France ce jour-là?

Ç'a été l'histoire des funérailles d'Alfred de Musset : un peloton de garde nationale, quelques académiciens, de rares amis, trois ou quatre femmes qui pleuraient. Mais la vraie douleur de quelques hommes hors ligne n'est-ce pas le deuil de la France? Seront-ils moins grands le lendemain ce peintre et ce poëte de notre jeunesse?

Les grands hommes politiques des grands journaux, qui consacrent tous les jours un premier-Paris à parler de tout et de rien, qui se garderaient bien d'omettre un nuage diplomatique, n'ont pas jugé que la mort d'Eugène Delacroix fût un événement digne d'être enregistré.

C'est pour les natures violentes comme Eugène Delacroix que le mot génie a été créé : en effet, le mot talent ne convient pas à ce maître impatient, fiévreux, emporté, qui dit que le fini c'est l'infini. Le talent, c'est la placidité de Gérard Dow; le génie, c'est la *furia* de Michel-Ange; le talent s'applique au pinceau qui s'épuise à parachever une tulipe, comme celui de Van Huysum; le génie, c'est le pinceau qui crée des mondes, qui dévore l'espace, qui jette feu et flamme, qui traduit par la grandeur et par la beauté l'œuvre de Dieu. C'est Eugène Delacroix.

Eugène Delacroix était un peintre héroïque. Il appartenait à la grande famille des maîtres absolus, des despotes, des tyrans. C'était un artiste de grande race, sa main était fière, son âme rayonnait. Ce que j'admire en lui, c'est que la science n'a pas tempéré l'audace : il cherchait toujours les aventures comme s'il avait toujours eu vingt ans ; mais n'a-t-il pas eu vingt ans toute sa vie ?

Étudiez sa figure, c'est le masque de l'intelligence. Ce front cherche et se heurte aux nues ; ces cheveux, toujours noirs, toujours abondants, marquent la persistante jeunesse ; ces yeux profonds, ombragés de cils et de paupières, défient les rayons du soleil ; ce nez fin, bien attaché, bat des narines avec impatience ; cette bouche est dédaigneuse, mais cache la bonté. Les joues sont battues et pâlies par les passions du génie. L'âme est recueillie, mais au moindre choc elle va éclater comme le tonnerre. Ce portrait n'a qu'un défaut : il représente l'artiste au repos. Eugène Delacroix, l'homme de l'action, ne s'asseyait que pour se mettre à table. Il pensait debout, il parlait debout, il travaillait debout. Je me rappelle qu'il n'y avait pas un banc dans son jardin. Le peintre avait ses jours de rêverie, mais non de rêverie oisive.

Avant Eugène Delacroix, on n'avait jamais qu'entrevu le pays radieux irrévélé avant lui. Comme Rembrandt, comme Watteau, il a créé son monde dans les arts au temps où l'on croyait que tous les maîtres avaient dit leur dernier mot. Les grands siècles de l'antiquité et de la Renaissance ne renaîtront pas avec leurs peuplades d'hommes de génie, mais la France n'est pas encore inféconde; ses mamelles sont toujours pleines de lait, et plus d'une bouche aimée des dieux, comme dit le poëte, ira y puiser la soif de l'immortalité.

Il ne faut pas dire d'Eugène Delacroix que c'était un coloriste, il faut dire que c'était le coloriste. Véronèse avait le coloris éclatant, Rembrandt le coloris magique, Eugène Delacroix était tour à tour éclatant et magique; il jouait de la couleur comme Paganini jouait du violon, toujours maître de sa gamme et ne détonnant jamais.

La critique lui conseillait d'oser faire des sacrifices et de ne pas si souvent étouffer la ligne sous le prisme; mais dans sa lumineuse ivresse il était si éloquent qu'il enivrait tout le monde, même la critique.

Celui qui reproche à Eugène Delacroix de n'avoir pas l'amour de la ligne est celui qui reproche à M. Ingres de n'avoir pas l'amour de la palette. M. Ingres a ses raisons pour ne pas étouffer son beau dessin sous la couleur; son éloquence est dans la ligne : il veut dominer par là. M. Ingres est parti du bas-relief antique, M. Eugène Delacroix est parti de la passion moderne. Qu'importe, puisqu'ils sont, le premier dans la région sereine, le second dans la zone orageuse, l'honneur de notre école moderne!

Diderot se promenant avec Chardin devant les tableaux du Salon de 1765, disait à son ami : « Tout cela est très-bien, mais où est le démon? » Qui de nous n'a fait vingt fois la même remarque devant les œuvres contemporaines : « Tout cela est très-bien ; poses académiques, études d'après nature, sages compositions, couleurs à grand orchestre ; tout cela est très-bien, mais où est l'âme? » Quand on s'approche d'un tableau d'Eugène Delacroix, c'est l'âme qui vous saisit d'abord. Pour lui, le grand secret n'est pas de faire tout bêtement ce qu'il voit par l'œil simple, c'est de répandre sur sa toile les lumières de l'inspiration, c'est d'y montrer son âme tour à tour épanouie ou crucifiée. Le vrai réalisme n'est pas de faire vrai pour les yeux, mais de faire vrai pour l'esprit.

Pour ce grand peintre de la passion, la vie a été une lutte quotidienne, la lutte du génie contre l'opinion. Quand il était enfant, un fou lui tira son horoscope. Sa gouvernante l'avait conduit à la promenade, un homme lui prend la main, l'examine trait par trait, et dit en hochant la tête : « Cet enfant deviendra un homme célèbre, mais sa vie sera des plus laborieuses et des plus tourmentées. » Eugène Delacroix, qui n'avait pas oublié les paroles du fou, disait souvent : « Voyez, je travaille toujours, et je suis toujours contesté. Ce fou était un devin.

Eugène Delacroix pourtant voulant se donner des jours de paresse, s'était donné une maison de campagne ; mais, dans sa mauvaise habitude de travail, il y avait établi un atelier. Le *rien faire* de ces âmes de feu effrayerait les ouvriers les plus robustes, ceux-là qui demandent toujours le droit au travail. Mais l'homme de génie est condamné aux travaux forcés à perpétuité.

Quelle bonne fortune pour celui qui l'arrachait à sa palette et le tenait à sa table deux heures durant! car Eugène Delacroix était l'hôte le plus gai, le plus imprévu, le plus lumineux qu'on pût avoir. De même qu'il était artiste sans cesser d'être homme du monde, il était homme du monde sans cesser d'être artiste. Tel était Rubens, tel était Van Dyck, tels les maîtres Vénitiens. Il parlait de tout comme un homme qui a voyagé non pas sur la terre classique ou dans les forêts vierges, mais par tous les mondes de l'imagination. Il n'est pas un grand poëte, depuis Homère jusqu'à Byron, dont il n'ait eu l'intimité, pas un philosophe dont il n'ait habité les châteaux de cartes, pas un artiste dont il n'ait traversé l'atelier. L'idéal ne le dominait pas au point qu'il ne descendît des fiers sommets aux simples actions humaines. Il a vu de loin, il a vu de près. Il savait la vie. Il avait étudié les hommes et les choses hors de son atelier. Il y a des artistes qui ne sont supérieurs que dans leur atelier. Eugène Delacroix était partout supérieur. Il eût discuté pied à pied avec le prince de Metternich. L'empereur l'a appelé aux conseils de la ville de Paris : Napoléon III aurait pu l'appeler à tout autre conseil. Son père était ministre : comme son père, il avait le sens pratique. Il jugeait un homme sans appel en un clin d'œil. Son esprit était subtil à ce point qu'il vous comprenait au premier mot. Si vous étiez un fâcheux, il ne vous laissait pas achever; si vous parliez bien, il vous laissait dire, car il aimait l'éloquence pour l'éloquence, comme il aimait les roses sans lendemain. Il savait tout et savait oublier, ce qui est le sublime de la science, car il faut au génie les heures nocturnes : le soleil est plus beau parce qu'il se couche tous les jours.

Il me faudrait préciser comme la Bruyère pour dire en peu de mots tout le charme et tout l'esprit de ce beau convive des dîners parisiens, qui était tour à tour sévère comme l'art et gai comme l'esprit. Madame de Maintenon faisait oublier le rôti, il eût fait oublier madame de Maintenon.

Que dirai-je de la vie d'Eugène Delacroix? il a tant vécu dans ses œuvres que je me demande s'il a pris le temps de vivre ailleurs. Mais les grandes natures vivent partout et toujours. Elles dévorent vingt siècles en un siècle : elles vivent du passé et du présent. Pour vivre ainsi, il faut avoir été trempé dans l'acier du Styx. Si Eugène Delacroix eût vécu cent ans, on ne l'aurait pas accusé d'avoir été avare de ses jours comme Fontenelle qui n'osait ni rire ni pleurer, qui étouffait en son âme tout amour et toute haine. Eugène Delacroix est mort dans sa dernière émotion quand ses bras n'avaient plus la force de retenir son âme volcanique.

Eugène Delacroix est né à Saint-Maurice, presque à Charenton, presque à Paris, en la dernière année du dix-huitième siècle, le 26 avril; mais son vrai pays natal est Bordeaux, puisque c'est à Bordeaux, en voyant peindre des camaïeux, qu'il sentit naître un peintre en lui. Son père, Charles Delacroix, avait été, tour à tour, conventionnel, ministre du Directoire et préfet de l'Empire. Suivant les fortunes diverses de son père, il eut une enfance très-accidentée. Je ne sais pas si une bonne fée a préservé son berceau, mais un jour les flammes l'ont envahi, l'ont caressé, l'ont presque dévoré. Un peu plus tard, il s'empoisonne avec du vertde-gris destiné à laver des cartes géographiques. Un peu plus tard, il tombe dans le port de Marseille, et n'est sauvé que par un miracle. Est-ce tout? Non, il s'étrangle avec un grain de raisin, comme le poëte antique.

Je ne le suivrai pas au lycée, où il rencontra Géricault, ni à l'atelier Guérin, où il étudia Rubens. Je ne soulèverai pas d'une main indiscrète le voile du passé répandu comme un chaste linceul sur les premières passions. J'arrive de plain-pied au Salon de 1822, où se révéla Eugène Delacroix à peine âgé de vingt-trois ans. Pour cette grande révélation, il fallait un grand historien : en 1822, M. Thiers faisait la critique du Salon dans le *Constitutionnel*. Le futur homme d'État reconnut du premier regard un peintre dans l'inconnu qui exposait *Dante et Virgile aux enfers*. « On peut y remarquer ce jet de talent, cet élan de la supériorité naissante qui ranime nos espérances un peu découragées par le mérite trop modéré de tout le reste.

« Le pinceau large et ferme, la couleur simple et vigoureuse, quoique un peu crue. L'auteur a, outre cette imagination poétique qui est commune au peintre comme à l'écrivain, cette imagination de l'art, qu'on pourrait appeler en quelque sorte *l'imagination du dessin*, et qui est tout autre que la précédente. Il jette ses figures, les groupe, les plie à volonté avec la hardiesse de Michel-Ange et la fécondité de Rubens. Je ne sais quel souvenir des grands artistes me saisit à l'aspect de ce tableau ; je retrouve cette puissance sauvage, ardente, mais naturelle, qui cède sans effort à son propre entraînement. Je ne crois pas m'y tromper, M. Delacroix a reçu le génie. »

N'est-il pas beau de voir l'historien faire ainsi l'histoire du lendemain? N'est-il pas beau de voir M. Thiers à son aurore saluer Eugène Delacroix à son premier soleil?

David avait appris la ligne à l'atelier de Boucher, Eugène Delacroix apprit le coloris à l'atelier de Guérin.

En sortant de l'atelier, Eugène Delacroix a osé se montrer coloriste jusqu'à la violence. Tout amoureux qu'il fût de la renommée, il lui fallut la prendre par force, comme aux jours de pillage. Venu au soleil couchant de David, ce soleil plus clair que brûlant; venu quand déjà le romantisme montrait son disque embrumé au-dessus des ténèbres du moyen âge, il ne fut ni gréco-romain ni franco-gaulois; il fut lui, — il fut contemporain de lui-même, homme de son siècle. — Pendant que d'autres interrogeaient les statues de la Grèce antique, il peignait, en trouvant des larmes dans sa palette, la Grèce moderne, où mourait Byron : le *Massacre de Scio*, c'est la seule histoire qui nous reste de l'héroïque renaissance de ce peuple perdu.

Parallèlement à Victor Hugo, il faisait sa révolution. On avait adoré la ligne jusqu'à l'aller étudier dans le dessin linéaire, il osa prouver par le *style du coloris* que la ligne n'existait pas. Supprimez la couleur, supprimez le rayon, que restera-t-il de l'œuvre de Dieu? Une œuvre sans style, une nature sans âme. Cette révolution fit pâlir encore l'école de David. Malheureusement elle mit au monde une myriade de coloristes échevelés qui s'imaginèrent, étudiant mal le maître, que toute l'éloquence de la peinture était dans la palette. Ce fut l'invasion des barbares. Mais un peu de barbarie féconde les civilisations malades. « La queue de l'école davidienne, a dit M. Théophile Gautier, traînait alors ses derniers anneaux dans la poussière académique, et ses tableaux n'étaient plus que de faibles copies de bas-reliefs grecs ou romains. Les tons de plâtre du modèle se reproduisaient si exactement dans les contre-épreuves peintes, qu'il eût mieux valu faire franchement de la grisaille comme M. Abel de Pujol. Aussi, lorsque parurent la *Barque du Dante* et le *Massacre de Scio*, les yeux habitués à ces couleurs crépusculaires furent-ils singulièrement offusqués par cette intensité ardente et cet éclat superbe. On poussa des cris de hibou devant le soleil, et les plus comiques fureurs se donnèrent libre carrière : l'art était perdu! c'en était fait des saines traditions! Attila approchant de Rome sur son petit cheval à tous crins ne produisit pas plus d'horreur, de tumulte et d'épouvante. Cependant le coup était porté, et à chaque Salon diminuait le nombre des Oreste en proie aux Furies, des Ajax insultant les dieux, des Achille suppliés par Priam. Shakspeare, Gœthe, Byron, les légendes du moyen âge, fournissaient des thèmes neufs au peintre audacieux qui secouait le joug de l'école pour n'écouter que son génie. Jamais artiste plus fougueux, plus échevelé, plus ardent, ne reproduisit les inquiétudes et les aspirations de son époque; il en a partagé toutes les fièvres, toutes les exaltations et tous les désespoirs; l'esprit du dix-neuvième siècle palpitait en lui.

Mais il en coûte toujours cher pour faire une révolution, même sans le vouloir, car Eugène Delacroix ne songeait pas à faire école. Il ne voulait que faire triompher sa personnalité, comme naguère David. Ce qui eût bien étonné ses ennemis alors, c'est qu'il avait dans son atelier, à côté d'une esquisse de Géricault et d'une copie de Rubens par Delacroix — que j'achèterais bien pour un Rubens — un portrait de David qu'il admirait beaucoup, un chef-d'œuvre; car, maintenant qu'il n'y a plus ni classiques ni romantiques, reconnaissons que David fut un grand peintre. Eugène Delacroix admirait David et ne voulait pas l'imiter, fidèle à cet axiome, que celui qui imite l'*Iliade* n'imite pas Homère. Il lui en coûta cher pour répudier tout air de famille avec ses contemporains. Le duc de la Rochefoucauld, intendant des Beaux-Arts, tenta de le ramener dans les voies consacrées, mais il se cabra. « Qui prouve que ce n'est pas moi qui vois juste? — Tout le monde. — Eh bien, tout le monde voit faux. » Ce ne fut qu'à l'Exposition de 1855, un tiers de siècle après ces paroles, que le roi Tout le monde prit enfin les yeux d'Eugène Delacroix.

Mais avant ce légitime triomphe, la vie de ce grand artiste fut une lutte de tous les jours. Privé de travaux par le duc de la Rochefoucauld, il fut réduit à faire des lithographies, comme Prudhon, trente ans plus tôt, qui dessinait pour vivre des têtes de lettres. C'était le vaillant soldat qui avive son héroïsme en escarmouches. Selon M. Théophile Silvestre, qui l'a peint en relief vigoureux : « La première des deux collections, qu'il publia de 1825 à 1828, est une série d'interprétations de reliefs, de médailles et de pierres gravées antiques de la collection de M. le duc de Blacas. Ces lithographies, devenues très-rares, résument absolument le côté pratique du génie de Delacroix et donnent la clef de son œuvre, dont le principe, du reste, loin d'avoir varié, n'a fait que se fortifier par la suite. Il est bien certain que si les ouvrages de sa jeunesse n'égalent pas en intensité ceux de son âge mûr, si l'*Entrée des Croisés à Constantinople* surpasse le *Massacre de Scio*, tout Delacroix est dans l'un comme dans l'autre tableau avec ses émotions profondes, sa manière fièrement personnelle, son cachet inimitable. La seconde série de lithographies est une illustration de Faust : « Je retrouve dans ces images, disait le vieux Gœthe, toutes les impressions de ma jeunesse. »

La révolution de 1830 vit naître dans son atelier cette *liberté* toute moderne sortie des entrailles du peuple et non détachée des bas-reliefs ou des fresques antiques. L'heure du peintre allait sonner; on lui permit enfin de marquer son génie aux plafonds et aux parois des palais. Il peignit pour Versailles, il peignit pour les musées, il étendit partout ses conquêtes. La Chambre des députés, le palais du Luxembourg, le Louvre, l'Hôtel de ville, ont enfin leur Rubens et leur Véronèse.

Dans l'œuvre d'Eugène Delacroix, l'unité et la variété se donnent harmonieusement une main amie. C'est toujours le même pinceau, mais avec les belles ressources d'une fertile imagination. Le peintre est inépuisable, quel que soit l'horizon. L'unité répand sur ses ciels, ses paysages, ses mers, ses architectures, ses personnages, le même caractère; la variété répand la vie universelle et témoigne du sentiment de l'infini : il remue tout un monde.

Ne soyons pas de cette école de critiques mot à mot, qui s'acharnent aux défauts lilliputiens d'une œuvre gigantesque. Il faut au génie de libres allures; les défauts qu'un petit esprit signale avec bonheur ne font souvent que donner plus de relief aux beautés. La peinture a sept dieux : Michel-Ange, Léonard de Vinci, Raphaël, Corrége, Titien, Rubens, Rembrandt. Quel est le plus parfait? c'est peut-être le plus imparfait : Michel-Ange.

Gérard Dow est parfait, mais qu'est-ce que Gérard Dow quand Rubens est là? Eugène Delacroix, qui appartient à la grande famille des maîtres, ne doit pas être jugé sur ses ébauches de chevalet. Où il faut le voir, c'est dans ses plafonds, dans ses chefs-d'œuvre du musée du Luxembourg, dans ses batailles du musée de Versailles. Là il respire l'air vif et se montre dans sa force. Il est abondant, varié, harmonieux, hardi, toujours nouveau, toujours vivant. Il *meuble* ses tableaux avec magnificence, il *peuple* les salles qu'il peint. La nuit, les figures doivent reprendre l'entretien familier.

Le peintre du *Massacre de Scio* est dramatique comme Shakspeare ; comme Shakspeare, c'est l'homme des temps nouveaux. S'il a vécu dans l'antiquité par des existences antérieures, il ne veut pas que son souvenir s'y attarde trop longtemps. Quand il est forcé d'être mythologique, il l'est avec tant de liberté qu'il transfigure l'Olympe dans l'esprit moderne. Les dieux de la fable deviennent nos dieux; ils symbolisent nos rêves, nos idées, nos sentiments. Il fait des déesses les Muses nouvelles. Pour lui, Minerve est la sagesse, mais c'est aussi la pensée. Sa Vénus n'est pas copiée d'après les statues antiques ; c'est la Volupté inquiète qui a traversé les vagues furieuses. Ainsi des autres. Les grandes personnalités reforment le monde à l'image de leur âme.

Eugène Delacroix a tenté l'universalité : il a osé être peintre d'histoire, peintre de batailles, peintre religieux ; quoi encore ? peintre de fleurs. Il a compris tous les pays et tous les siècles avec le caractère héroïque et l'esprit intime de chaque génération. Grec ancien dans ses plafonds, Grec moderne dans ses tableaux d'histoire, comme le *Massacre de Scio*, païen dans sa *Sibylle* ou sa *Médée*, chrétien dans ses *Pietà*, oriental avec ses *Croisés* et ses *Fantasia*, poète avec Virgile, Dante et Byron, romancier avec Walter Scott, historien à Versailles, peintre partout. Familier à tous les arts, il a prouvé que, toujours poëte, il savait tour à tour être musicien pour faire chanter les harmonies de sa couleur et architecte pour décorer les palais dans le style consacré. Et comme il est toujours fécond ! comme il jette la vie à pleines mains ! comme ses figures respirent ! comme ses draperies s'agitent ! comme ses accessoires font la fête des yeux !

J'ai dit qu'Eugène Delacroix avait, comme tous les grands maîtres, créé son monde. Les demi-grands maîtres s'arrêtent à mi-chemin dans leurs œuvres ; là l'originalité, là le style. Ils ne créent leur monde qu'avec des débris épars des mondes connus, noyant leur personnalité dans celle des devanciers ou des contemporains : cette figure est à Raphaël, ce torse à Michel-Ange, cette draperie à Véronèse, ces ombres à Prudhon, ces lumières à Eugène Delacroix. C'est à peine si le peintre se montre un peu sous l'habit d'Arlequin. Il a beau déguiser ses emprunts par le masque de l'originalité, le moins savant sait dénouer le masque.

Eugène Delacroix est tout un, est tout lui. Il ne marche pas dans les souliers d'un mort illustre, il ne boit pas dans le verre d'un dieu reconnu. Si son verre est si beau, c'est qu'il boit dans son verre, dirait Alfred de Musset. Une simple rose peinte par Eugène Delacroix, je la reconnaîtrais comme les plus distraits reconnaissent du premier regard ses figures et ses draperies. Tout ce qu'il peint a son style; ses roses comme ses lions, ses palais comme ses déserts, ses dieux païens comme ses dieux chrétiens.

On peut dire aussi que pour lui l'ordre, c'est le désordre, parce que le désordre, c'est la vie. Il ne mesure pas les ténèbres avec un compas, mais avec une torche enflammée.

Dans son expression comme dans son désordre, il ne viole pas la loi du beau. Il a toujours un air de grandeur et un accent de poésie qui le maintiennent dans les régions surhumaines. Il est le plus étrange et le plus harmonieux des peintres; un peu moins, il ne serait qu'un grand artiste hors de sa voie; mais comme il a franchi victorieusement la ligne invisible qui sépare le génie du talent, il a le droit de tout oser.

Eugène Delacroix a voulu par son testament la simple tombe antique sur la colline la plus solitaire du Père-Lachaise, là où le soleil seul vient à son couchant. On a dit de Poussin que c'était le philosophe des peintres et le peintre des philosophes. On pourrait graver sur le marbre d'Eugène Delacroix : *Ci-gît le peintre des poëtes et le poëte des peintres.*

SIR JOSHUA REYNOLDS

Reynolds possède le don de la grâce; il sait rendre avec toute leur délicatesse la beauté de la femme et la fraîcheur de l'enfant, et, comme ayant conscience de cette faculté précieuse, il se plaît à les représenter. Aussi, pour le peindre et le caractériser, mettrons-nous sous les yeux du lecteur un cadre où se trouvent réunis un enfant et une femme, le portrait de la vicomtesse Galway et de son fils.

Reynolds, avec une hardiesse de grand maître, n'a pas planté ses modèles immobiles au centre de la toile. Ils y entrent par le bord du cadre, continuant une action commencée au dehors, en laissant vide devant eux, contrairement aux règles, un assez large espace. La vicomtesse, portant sur son épaule son fils âgé de trois ou quatre ans, fait irruption dans le tableau qu'elle va traverser. Tout à l'heure on ne la voyait pas encore, tout à l'heure on ne la verra plus. Elle ne pose pas, elle passe, et l'artiste semble l'avoir saisie au vol. C'est une jeune femme à peine épanouie, gardant beaucoup de la vierge et de l'ange, une rose d'hier avec un seul bouton. Sa tête, de profil ou plutôt de trois quarts perdu, se détache, comme la veine laiteuse d'un camée de la tranche fauve de l'agate, d'un feuillage chaudement roussi par l'automne ; ses cheveux, que cendre un œil de poudre, se relèvent à la mode de l'époque, découvrant leurs racines ; un bout de gaze lamée d'or gracieusement noué en mentonnière forme la coiffure. De derrière l'oreille, rose et nacrée comme un coquillage, s'échappe cette longue boucle nommée repentir dans le bizarre langage de la toilette du temps ; n'ayant pas reçu la neige parfumée ou l'ayant secouée, elle est plus brune que les cheveux et fait admirablement valoir les blancheurs d'albâtre du col et les blancheurs rosées de la joue ; des réveillons vermeils animent la bouche et la narine de ce profil opalin où les longs cils des paupières font seuls palpiter leur ombre. Le costume est charmant de fraîche simplicité : une robe de mousseline blanche, une casaque ou pardessus de taffetas rose. Par-dessus l'épaule, la vicomtesse de Galwey tend à son baby, pour le maintenir, une main fine, diaphane, de la plus aristocratique élégance, pleine de vie dans sa pâleur patricienne et telle qu'un grand coloriste comme Reynolds pouvait seul la peindre. L'enfant est une merveille. Nimbé d'un chapeau de paille qui lui fait une auréole comme à un petit Jésus, il appuie le menton sur l'épaule maternelle avec l'air étonné et ravi d'un enfant porté. Une lumière satinée lustre son front qu'obombrent de naissants cheveux blonds. Dans sa petite face vermeille et ronde, ses yeux d'azur ressemblent à deux bluets piqués dans un bouquet de roses.

Le reste de la toile est rempli par un fond de parc où les rougeurs du couchant se mêlent, sous les rameaux, aux teintes chaudes et sourdes de la palette automnale.

Comme on pourrait le croire, Reynolds n'arrive pas à cette grâce délicate par le fini et le blaireautage. Il peint au contraire en pleine pâte, du premier coup, avec une brosse dont le libre maniement apparaît. Il est robuste, presque violent dans le tendre et l'exquis. Presque partout ses tons sont vierges, plaqués hardiment avec la décision rapide du grand maître prompt à saisir la nature; les accessoires, les fonds tiennent, pour la négligence spirituelle, de l'esquisse et du décor. Nulle part un travail de polissage n'efface la touche, cette signature du génie.

Quel adorable portrait que celui de la princesse Sophie-Mathilde enfant! La petite princesse, sans le moindre souci de sa dignité, est couchée à plat ventre sur l'herbe, les genoux ramenés, les pieds nus, une main appuyée à terre et l'autre jouant dans les poils soyeux d'un griffon qu'elle tient par le col, l'étranglant un peu, et qui se laisse faire avec cette patience amicale que les chiens montrent aux tout petits enfants, sans doute parce qu'ils vont à quatre pattes comme eux et qu'ils les prennent pour des frères. Une robe blanche, à ceinture rose, un bonnet de mousseline agrémenté d'une faveur de même nuance que la ceinture, composent tout le costume de la gentille princesse. Le peintre, voulant la représenter avec les grâces naïves de l'enfance, a défendu sans doute tout colifichet, tout oripeau, tout apparat. Rien n'est plus charmant que la tête, avec son front blanc ombré sur le contour par le poil follet de ces premiers cheveux qui semblent le duvet d'une auréole séraphique tombée récemment, ses joues potelées, fouettées de rose, trouées de fossettes, et ses grands yeux fixes, profonds, limpides, nageant dans la lumière bleue où l'éblouissement des choses simule le rêve et la pensée. Le portrait de la princesse Sophie-Mathilde tiendrait sa place à côté de l'infante Marguerite de Velasquez.

Le tableau connu sous le nom de l'*Age d'innocence* est une nouvelle preuve de l'aptitude de Reynolds à rendre le charme pur des enfants qui n'ont encore bu que le lait de la vie. L'âge d'innocence est représenté par une petite fille de quatre ou cinq ans, accroupie sur ses talons, croisant ses menottes grasses, roses et souples, avec un joli mouvement puéril, et découpant son profil chiffonné et mutin sur une losange d'azur du ciel orageux servant de fond à la figure. Les cheveux, traversés d'un ruban rose pâle, sont de ce roux anglais qui, sous le pinceau de Reynolds, vaut le roux vénitien. Une mèche folle se détache et jette l'ombre de sa spirale alanguie sur les fraîcheurs printanières de la joue que font ressortir encore les tons vigoureux placés sous le menton ; car ce n'est pas par un fade mélange de lis et de roses que l'artiste obtient ces carnations idéales qu'on ne voit qu'en Angleterre, où l'enfant est cultivé comme une fleur. Il y mêle une blonde lumière, et les blancs de ses robes sont dorés comme les linges du Titien, à qui il ressemble encore par le grand goût et la richesse de ton des paysages qu'il donne ordinairement pour fonds à ses portraits.

Nous préférons peut-être à l'*Age d'innocence,* qui est un tableau célèbre du maître, le portrait de miss Boothby enfant : un chef-d'œuvre de simplicité, de naturel et de couleur. C'est une petite fille assise, les mains croisées et gantées de mitaines, au pied d'une charmille laissant voir par une trouée un bout de ciel au coin du tableau. Elle a une robe blanche dont la large ceinture noire forme brassière, un haut bonnet cerclé d'un ruban noir. Ses cheveux, d'un blond fauve, sont coupés carrément sur le front baigné d'une demi-teinte argentée et transparente, et deux boucles qui s'allongent accompagnent les joues ; les yeux, de ce gris où se fondent l'azur du ciel et le vert glauque de la mer, ont une expression indéfinissable de quiétude, d'ingénuité et de rêverie. Jamais carnations enfantines ne furent rendues par une pâte plus fine, plus souple et plus nourrie, par des couleurs si suaves et si solides en même temps. Toute la figure est d'une localité gris-de-perle réchauffée d'ambre, avivée de rose, d'une harmonie enchanteresse. La critique la plus méticuleuse ne trouverait à reprendre qu'un peu de lourdeur dans les blancs.

Simplicity, portrait de lady Gatwyn enfant, ne vaut pas celui que nous venons de décrire, mais il a encore bien du charme. Quel beau parti pris de lumière dans cette fillette vêtue de blanc, le buste de face et la tête de profil, dont les petites mains jouent avec une rose et qui s'enlève en clair sur un fond obscur orageux et chaud brouillé d'arbres et de nuages !

Il est bien délicieux aussi le portrait de miss Rice, une bergerette de neuf ou dix ans, qui conduit ses moutons dans un parc orné de vases de marbre, en robe rose retroussée et bouffante sur un jupon de taffetas bleu, en souliers de satin blanc étoffés de rosettes. Le travestissement pastoral n'ôte rien à la candeur de la petite fille toute ravie de ce costume.

Mentionnons aussi ce cadre où, sous le titre de « *têtes d'anges*, » l'artiste a réuni les enfants de lady Londonderry voltigeant dans un ciel bleu, cravatés d'ailes de chérubin. Ce sont en effet des têtes célestes, et le tableau est comme une gracieuse apothéose de l'enfance, si belle, si choyée et si adorée en Angleterre.

Nous en avons dit assez maintenant pour démontrer que sir Joshua Reynolds sait peindre le premier âge ; arrivons à ses portraits de femme. Un des plus singuliers et des plus attirants est celui de Nelly O'Brien. Il arrête tout d'abord le regard pour le retenir longtemps par la gamme étrange de tons qu'a choisie l'artiste pour le peindre. C'est une toile presque monochrome ou plutôt composée de teintes neutres qui fait penser à la Monna Lisa, de Léonard de Vinci. La tête, d'une pâleur argentée, est baignée d'ombres grises ; le col, tout en clair obscur, a des reflets de nacre où luisent vaguement les perles d'un collier ; la poitrine découverte reçoit une lumière blanche, et les chairs se confondent sous cette lumière avec les plis bouillonnants de la gorgerette. Des bracelets étoilés de grenats sombres cerclent aux poignets et aux biceps des bras dont le ton hésite entre le marbre et l'ivoire. Il serait difficile de dire quelle est la teinte de la robe ou plutôt de la draperie qui enveloppe le reste du corps. C'est une couleur indéfinissable, un ton qu'on ne sait pas, comme on dit : en termes d'atelier, une préparation en grisaille glacée de rose mauve, de violet et de feuille-morte avec une patine anticipée. Nelly O'Brien s'accoude à une sorte de mur d'appui dans lequel s'encastre un bas-relief indistinctement ébauché. Ce socle est gris fauve. Le fond se compose d'arbres d'un roux sourd, étouffé, assoupi, faisant ressortir par leur obscurité vigoureuse la tête presque blafarde de l'actrice. L'expression de ce beau visage est presque inquiétante. Une malice énigmatique étincelle dans les yeux voilés d'ombre, et les commissures des lèvres sont retroussées par un sourire mystérieux où l'esprit semble se moquer de l'amour. Cependant la volupté domine, mais une volupté redoutable comme la beauté du sphinx.

Dans un autre portrait, qui est plutôt une étude, Reynolds, encore préoccupé du Vinci, a représenté une femme portant un enfant nu sur l'épaule. Ces deux figures, d'une couleur superbe, ont ces ombres rembrunies, ce modelé fin et ce long sourire de faune, avec ce regard profond, qui caractérisent les rares chefs-d'œuvre du maître inimitable. Dans *l'Écolier* qui tient des livres sous le bras, la chaleur intense du ton, la magie du clair-obscur, la brusquerie des rehauts trahissent l'étude de Rembrandt et de ses procédés.

Quoique Reynolds eût un vrai tempérament de peintre, il possédait cependant l'esthétique de son art, et il en raisonnait les principes, sauf à les oublier le pinceau à la main. L'influence de plusieurs maîtres est visible dans sa peinture, dont heureusement les reflets lointains n'altèrent pas l'originalité. Qu'il essaye d'imiter Léonard de Vinci, Rembrandt ou Murillo, il reste toujours Anglais. Quoi de plus anglais, par exemple, que le portrait de *lady Charlotte Spencer* en amazone ? Coiffée de boucles courtes ébouriffées par le vent de la course, les joues animées, les yeux levés vers le ciel, sa bouche de cerise entr'ouverte, elle caractérise bien une héroïne du sport. Une cravate de mousseline à pointes brodées se noue négligemment autour de son col, sa veste rouge galonnée d'or découvre un gilet de piquet blanc. Des gants de daim protégent ses mains, dont l'une tient un élégant chapeau de feutre, et l'autre, amicalement passée sous le col du cheval, flatte et encourage la bonne bête près de laquelle elle a mis pied à terre, dans une allée de la forêt indiquée par des troncs de hêtre satinés et veloutés de mousse. Ce n'est pas, à proprement parler un portrait, équestre, car on ne voit guère que la tête et le poitrail du cheval, et le cadre coupe la femme à la hauteur du genou.

Miss Élizabeth Forster, avec sa coiffure en hérisson, nuagée de poudre, son œil vif et malin, son nez spirituellement taillé au bout par une brusque facette, sa large collerette à la Mezzetin, sa robe blanche à manches de gaze, serrée à la taille d'une ceinture bleu noir, est encore un très-piquant portrait et se détache franchement d'un de ces fonds sombres qu'affectionne Reynolds.

Un charmant caprice a présidé à l'arrangement de *Kitty Fisher en Cléopâtre*. La chose n'a rien d'antique cependant, et la couleur locale égyptienne y est traitée avec un sans-façon d'anachronisme à la Paul Véronèse. La Cléopâtre anglaise, sans doute pour dépasser en prodigalité quelque Antoine de la Chambre des lords, jette, en faisant le plus gracieux mouvement de doigts qu'une coquette qui a une jolie main puisse imaginer, une grosse perle dans une coupe d'une riche orfévrerie. Son costume, tout de fantaisie, est gris et blanc, orné de découpures, de nœuds et de boutons. La tête se présente en petit trois-quarts; des sourcils noirs surmontant des yeux d'un vague azur, pleins d'esprit, de flamme et de séduction, font valoir un teint d'une blancheur blonde et rosée, qui ne s'obtiendrait qu'avec le maquillage partout ailleurs qu'en Angleterre, ce pays du beau sang.

Il n'est pas besoin de parler du *Samuel enfant*. Tout le monde connaît cette délicieuse figure agenouillée que la gravure a rendue populaire. Comme portrait d'apparat, celui de *lady Giorgiana Spencer* a toutes les qualités requises : élégance, grand air, exécution brillante. La belle lady, coiffée en pouf avec des plumes blanches et roses, fardée en roue de carrosse, vêtue d'une magnifique robe de cour en satin blanc frangé d'or, descend un riche escalier à balustres d'un air à la fois dégagé et majestueux. Le geste de la main qui cherche la jupe pour la relever un peu est tout charmant et tout féminin.

Dans le genre qu'on pourrait appeler historié, le portrait de *mistress Siddons en Muse de la tragédie* est fort remarquable. L'illustre actrice en robe de brocart, drapée d'un crêpe, est assise sur un trône de théâtre, dans l'action de déclamer. Derrière elle, à travers les ombres du fond, on distingue vaguement des larves tragiques : la Peur et la Pitié.

Nous retrouvons sur une autre toile, mais cette fois dans la familiarité de la vie domestique, cette fastueuse *lady Giorgiana Spencer*, duchesse de Devonshire. Vêtue de noir, poudrée, dessinant son profil sur un rideau de damas rouge rebrassé, la duchesse agace du doigt sa petite fille debout sur ses genoux et levant en l'air, comme pour se défendre, ses jolis bras roses et potelés. L'enfant est habillée d'une robe blanche à ceinture noire. Le fond se compose d'une colonne où s'enroule le rideau, d'un vase de marbre et d'un appui en forme de fenêtre, festonné de quelques brindilles de lierre, et laissant voir un pan de ciel. Il y a dans ce portrait vie, lumière et couleur. Van Dyck, après quelques retouches, pourrait le signer.

Nous avons beaucoup insisté sur les portraits d'enfants et de femmes de Reynolds, parce qu'il nous a semblé que là étaient son vrai génie et son intime originalité : ce qui ne veut pas dire qu'il ne peigne aussi fort bien les hommes; il ne faut, pour s'en convaincre, que jeter un coup d'œil sur le groupe de portraits représentant Dunningcol, Barré et Baring, réunis autour d'une table verte, le vicomte Althorp, le marquis de Rockingham et le marquis de Hastings, tous traités d'une manière libre, magistrale et grande.

Reynolds a peint aussi l'histoire, mais nous n'avons pas eu l'occasion de voir beaucoup de tableaux de sa main en ce genre. Le *Cymon et Iphigénie*, sujet mythologique dont le sens nous échappe, est une toile des plus remarquables. Sous les rameaux d'un bois que le soleil crible de ses flèches d'or, une nymphe s'est endormie dans le costume de l'Antiope du Corrége. Guidé par un Amour, un jeune homme qui semble être un chasseur s'approche de la belle et contemple ses charmes avec un trouble plein d'amour; le torse de la nymphe couchée est d'une couleur magnifique et titianesque, et l'effet de lumière est un des plus hardis que jamais peintre ait risqués.

Nous aimons moins les *Grâces décorant une statue de l'Hymen* taillée en Hermès. Ces Grâces, probablement des portraits, suspendent des guirlandes de fleurs, et sont vêtues comme les Grâces décentes, mais à la mode anglaise du temps, ce qui leur ôte un peu de leur charme.

Arrêtons là cette étude sur Reynolds, et contentons-nous des spécimens superbes que nous venons de décrire. Nous pourrions rendre sans doute notre travail plus complet, mais ce que nous avons dit suffit, nous l'espérons, pour caractériser ce maître, honneur de l'école britannique.

WILLIAM HOGARTH

S'il a jamais existé un peintre absolument original, c'est à coup sûr Hogarth. Quelle que soit l'appréciation qu'on fasse de son talent, on ne peut lui refuser cette qualité. Chez lui, nul souvenir des nobles formes antiques, aucun reflet des grands maîtres d'Italie, ni même, chose plus étonnante, des maîtres de Flandre et de Hollande, qui, par la familiarité de leurs sujets et leur réalisme, sembleraient se rapprocher de son genre. De même que Pascal, enfant, inventait les mathématiques, on dirait que Hogarth a inventé la peinture sans avoir vu de tableaux, par la force intrinsèque de son esprit, et cela non pas sous le charme d'un pur contour ou d'un lumineux chatoiement de couleur observé dans la nature, mais philosophiquement, pour donner un vêtement plastique à des conceptions intérieures qu'il aurait pu aussi bien écrire que peindre. Le dessin et le coloris sont à ses yeux de purs moyens graphiques, et, préoccupé de l'idée à exprimer, il ne cherche jamais la beauté ni la grâce, ni même l'agrément. Cette austérité logique, ce désintéressement de l'art dans l'art même, cette poursuite du caractère aux dépens de la beauté, produisent une individualité profonde. L'homme physique n'est presque rien pour Hogarth, l'homme moral est tout, et la société l'emporte sur la nature. Mettre en jeu les passions, faire ressortir les ridicules, châtier les vices après les avoir promenés à travers leurs phases de dégradation, tel est le but que se propose le peintre moraliste et dont il ne s'écartera pour aucun régal de palette, pour aucun lazzi de brosse. Tout, dans ses tableaux, est significatif, observé, voulu. Le moindre détail a sa portée. La pendule, la chaise, la table, sont celles qui doivent être là et point ailleurs, et il serait impossible d'en meubler une autre chambre. Quant aux figures, elles sont toutes typiques d'une espèce; leurs traits, chargés exprès, ne permettent pas de s'y méprendre; parfois même elles sont caricaturales et grimées comme se les font les acteurs pour caractériser leur emploi, et l'on pourrait croire de certaines toiles du maître qu'elles ont été peintes d'après des pièces inconnues jouées par d'excellents comédiens, plutôt encore que copiées directement d'après nature, tant la mise en scène est savante et bien calculée au point de vue théâtral! Si Hogarth se soucie peu de la forme comme l'entendaient les Grecs, il excelle dans l'expression et la mimique. Ses gestes, d'une justesse intime, trahissent le mouvement intérieur et partent du cerveau sous l'impulsion d'un sentiment déterminé ; il ne les combine pas pour des angles, des rondeurs, des contrastes ou des alternances de lignes. Tant pis, si un vice, une passion, une laideur caractérielle, une difformité idiosyncratique convulsent, empâtent ou ravinent les traits d'une physionomie ; Hogarth ne vous fera grâce ni d'une ride, ni d'un pli, ni d'une bouffissure, ni d'une lividité, ni d'une couperose. Il ne tient pas à plaire aux yeux, car ce n'est pas un peintre pittoresque, qu'on nous permette ce pléonasme, mais bien un *essayist*, un philosophe, un auteur comique qui peint. Quel humour, quelle causticité, quelle verve satirique ! Il ne faudrait pas s'imaginer cependant que Hogarth soit, comme exécutant, un artiste sans valeur. Son dessin, quoique dénué de style, ne manque pas de correction, et sa couleur, souvent opaque et terne, a une certaine harmonie sourde dans ses localités grises, parfois brusquement réchauffées de rouge. Les modes de l'époque, qui affublent ses personnages, présentent un caractère outré d'exactitude, dont le temps écoulé fait ressortir l'ironie, et puis, comme il est Anglais ! comme il a la saveur du pays ! comme il en possède le sens intime et familier ! chacune de ses toiles porte dans le plus minime détail la signature britannique.

Il ne sera pas hors de propos, avant de décrire l'œuvre d'Hogarth, de parler du portrait du peintre tracé de sa propre main. Hogarth est assis devant son chevalet, la palette au pouce, et regarde un panneau où l'on distingue une figure de Thalie, à la craie, avec ce recueillement d'un artiste qui va attaquer une œuvre. Ses traits sont assez vulgaires, mais une certaine finesse caustique en relève la trivialité. Les cheveux déjà gris et coupés ras pour la facilité de la perruque, s'argentent sur les tempes. Un bonnet de couleur violette, négligemment posé, les recouvre à demi. Le costume se compose d'un habit vert et d'une culotte rouge. Au pied du chevalet un volume porte le titre du traité esthétique de Hogarth sur la beauté. Pour fond, une muraille de teinte neutre. Le dessin est lourd, le coloris opaque, la touche appuyée, l'ensemble peu agréable. Pourtant on sent le maître dans ce petit tableau, il donne bien l'idée physique et morale du peintre.

Le *Mail*, ou pour parler plus intelligiblement la promenade, est une des rares toiles de Hogarth qui ne contiennent pas une moralité directe et se contentent, sans leçon, de reproduire le spectacle de l'activité humaine. Des arbres d'un feuillé bleuâtre qui forment des allées et laissent voir au bout de la perspective des tours semblables à celles de Westminster, ombragent une multitude de figurines offrant un échantillon complet et précieux des modes de l'époque. Les unes se promènent isolées, les autres en groupes. Celles-ci s'abordent avec des saluts, celles-là causent familièrement. On voit je manége des coquettes, les entreprises des galantins, les leux des enfants, l'insouciance des maris ennuyés d'une promenade conjugale; des Highlanders en plaid et le jupon court, des Hongrois en costume national mêlent un élément pittoresque aux robes à paniers et aux habits à la française. Au premier plan, une marchande de bière débite de l'ale et du porter. Une femme se baisse pour remettre sa jarretière. Il faut que du temps de Hogarth les femmes eussent le genou bien glissant ou que les élastiques ne fussent pas inventées, car cette attitude revient souvent dans son œuvre. Le *Mail* rappelle les parcs de Watteau pour le déploiement des toilettes féminines, et les places publiques de Callot pour le fourmillement ingénieux et détaillé des groupes, le tout, bien entendu, avec un accent anglais très-marqué, sans l'élégance aristocratique de l'un et le caprice picaresque de l'autre.

Dans le *Départ des gardes pour Finlay*, Hogarth a raconté avec une puissance comique et une verve bouffonne très-amusantes les épisodes d'un changement de garnison. Si les hommes ne sont pas fâchés de voir s'éloigner ces beaux soldats rouges, les femmes se montrent inconsolables. Une Ariane à taille plus que rondelette s'accroche au bras d'un Thésée à parements blancs qu'une rivale tiraille de l'autre côté en faisant valoir ses droits avec force injures. L'heureux drôle a la contenance de Don Juan entre Charlotte et Mathurine; seulement il semble plus flatté encore qu'embarrassé, car il n'a plus rien à désirer de ses deux conquêtes, et il s'en va... par ordre supérieur. Dénoûment commode aux intrigues multiples!

Un peu en avant, vers l'angle du tableau, un tambour bat sa caisse avec une insouciance philosophique des criailleries d'une femme entre deux âges, quelque hôtesse, sans doute, réclamant son dû. A l'autre coin, pour avoir trop cédé à l'attendrissement des adieux et bu plus que de raison le coup de l'étrier, un soldat aviné a roulé sur le bord d'une mare, et ses compagnons, un peu moins ivres que lui, cherchent à lui entonner une dernière mesure de wisky. Le reste de la colonne suit un peu en désordre derrière le drapeau, s'arrachant aux baisers éperdus, aux enlacements de bras qui ne veulent pas se dénouer; sur le passage de la troupe, la population féminine est aux fenêtres, tâchant au moins d'accompagner du regard, aussi loin que possible ce beau régiment qu'elle voudrait bien suivre, et qui traîne tous les cœurs après lui. Une grosse matrone ne dissimule pas son désespoir, éclate franchement en sanglots. Heureusement, la prochaine garnison la consolera. Cette scène pathético-burlesque est rendue avec une vraie puissance comique. Hogarth traduit à sa façon le *ferrum est quod amant* du satirique latin, et sa version ne manque ni de sel ni de gaieté. L'esprit est satisfait si les yeux ne sont pas toujours contents; c'est le mérite et le défaut de toutes ses peintures.

The Rake's progress est un de ces romans en huit ou dix chapitres, où l'artiste démontre les inconvénients d'un vice, oubliant qu'un tableau n'est pas un sermon et qu'il empiète ainsi sur les attributions des prédicateurs et des philosophes. L'art tient dans les sphères intellectuelles une place assez haute pour être un but et non pas un moyen, et c'est le méconnaître que de le faire servir à exprimer d'une manière subordonnée telle ou telle vérité morale. L'utilité directe et pratique n'est pas de son ressort. L'art élève l'âme en lui donnant la pure sensation du beau, en l'arrachant aux plaisirs matériels, en satisfaisant aux postulations de ses rêves, en la rapprochant plus ou moins de l'idéal. En ce sens, le torse de la Vénus de Milo contient plus de moralité que toute l'œuvre de Hogarth; dans sa blanche nudité luit la splendeur du vrai et rayonne le plus divin concept de la forme qu'ait jamais réalisé la main humaine. Sans doute, nous ne commettrons pas la folie de demander la beauté grecque au brave artiste londonien, mais nous ne pouvons nous empêcher de trouver qu'il souligne trop ses leçons, et se donne beaucoup de peine pour prouver des vérités que personne ne conteste ; il est bon d'omettre quelquefois la moralité à la fin des fables et de laisser au lecteur le soin de conclure, et c'est ce que Hogarth ne fait jamais.

Le progrès ou plutôt la progression du libertin se compose de huit tableaux : l'*Héritage*, la *Toilette du débauché*, l'*Orgie*, l'*Arrestation*, le *Mariage*, la *Maison de jeu*, la *Prison pour dettes*, *Bedlam*. L'énoncé seul des titres suffit à indiquer les phases principales et pour ainsi dire les points culminants d'une vie de désordre. Surpris par une succession inattendue, le jeune homme quitte la maison honnête et tranquille où il a vécu jusqu'alors sans un regret, sans un mot de tendresse pour ceux qui ont partagé sa mauvaise fortune, il a déjà le cœur gâté. Le voilà bientôt à son lever entre les mains des valets, entouré de maîtres de toutes sortes, comme le bourgeois gentilhomme, et se livrant aux recherches outrées d'un luxe extravagant. Ainsi paré comme l'enfant prodigue, il va chez les courtisanes qui profitent de son ivresse pour lui voler sa bourse et sa montre. Avec une telle vie, ne soyez pas étonné si dans le tableau suivant les recors, des lettres de change protestées aux mains, le font descendre de sa chaise à porteurs, et si pour leur échapper il se marie avec une vieille douairière ; un homme ruiné qui épouse une femme en ruines, c'est une union bien assortie. Pour échapper aux tendresses surannées de madame, monsieur court les maisons de jeu, éparpillant sur le tapis vert les guinées, prix de son mariage infâme et ridicule; il perd, bien entendu, car les dés sont pipés, les cartes biseautées, et le cercle se compose de grecs, de filles perdues, de chevaliers d'industrie et de spadassins. De la maison de jeu à la prison de Fleet il n'y a qu'un pas et ce pas est bientôt fait, et de Fleet-prison à Bedlam, c'est-à-dire du désespoir à la folie, la pente est glissante.

Cette série qui fonda la réputation de Hogarth a plutôt un mérite philosophique que pittoresque. L'artiste n'est pas encore bien maître de ses moyens d'exécution; il écrit ses idées avec le pinceau. Plus tard dans le *Mariage à la mode*, il les peindra. Ces tableaux renferment les plus curieux détails de mœurs, et il serait facile, à leur aide, de restituer dans un roman la société de l'époque. Au lever du libertin assistent des maîtres d'armes, de boxe, de danse et de musique, de la tournure la plus caractéristique : un jockey apporte un vase d'argent, prix d'une course gagnée par le cheval du jeune dissipateur. Une longue bandelette de papier contenant la liste des présents faits à Farinelli, le célèbre chanteur, pend du dos d'un fauteuil jusqu'à terre, attendant une nouvelle signature. Des portraits de coqs célèbres sont appendus à la tapisserie. On voit que notre jeune homme est devenu bien vite un sportsman accompli, et qu'il galope à fond de train sur le turf de la dissipation. L'orgie a lieu à la taverne de la Rose, un endroit célèbre alors pour ces sortes de parties. Il règne un certain luxe dans la salle. La table, les chaises et les buffets sont en bois de mahogoni. Les portraits des douze Césars, une grande carte, contenant les deux hémisphères, avec cette inscription : *Totus mundus*, des glaces de Venise, des appliques et des torchères décorent les murailles. Il y a longtemps que le festin dure, car les convives semblent fort échauffés. Une fille montée sur une chaise met, avec une bougie, le feu à la mappemonde dans un joyeux délire de destruction, comme si la mission de la courtisane était de saccager l'univers. Déjà les glaces ont volé en éclats au choc des verres et des bouteilles. Accoudée à la table, une des bacchantes lance une fusée de vin de Champagne au visage d'une de ses compagnes. Une autre happe à même un bol de punch dont elle verse la moitié dans sa gorge. Quant à notre dissipateur, la cravate dénouée, la veste ouverte, les jarretières défaites, en proie à l'hébétement d'une ivresse malsaine, il chavire sur son siége et se laisse dépouiller de sa bourse, de sa montre et de son mouchoir par deux nymphes aux doigts agiles, qui font semblant de le caresser. Un laquais apporte un immense plat de cuivre, dessert de la débauche, dans lequel doit être servie nue, au milieu de la table, une courtisane déjà débarrassée de son corps de baleine et qui s'apprête à tirer ses bas : des bas d'azur à coins d'or, dont Hogarth, toujours moraliste, même quand il en a le moins l'air, a malicieusement rompu quelques mailles pour montrer la misère et la paresse sous le faux luxe.

Dans la prison pour dettes, le libertin, à bout de ressources, a eu l'idée de recourir à la littérature. Il a fait une pièce de théâtre pour Hay-Market ou Covent-Garden, et la lettre du directeur, qui la refuse avec enthousiasme, gît tout ouverte à côté du prisonnier. — N'est-ce pas là une plaisante et satirique imagination ?

A travers cette histoire, Hogarth a fait circuler adroitement un intérêt sentimental et bourgeois bien fait pour toucher les âmes tendres. La pauvre fille trompée, et ne pouvant plus cacher sa faute, que nous voyons au premier tableau indignement abandonnée, reste fidèle de cœur à ce mauvais sujet. Quand il est arrêté dans sa chaise par les recors, c'est elle qui les apaise en leur offrant la bourse qui contient ses modestes économies. On l'aperçoit encore, son enfant dans les bras, à la grille de l'église où se fait ce triste mariage. Elle apparaît dans la prison comme un ange consolateur, faisant contraste avec la vieille épouse transformée en mégère. Quand de chute en chute son ancien amant est tombé à Bedlam, elle prodigue à la folie des soins qui n'ont même pas la récompense d'être compris.

Quoique Hogarth ait écrit une analyse de la beauté et disserté philosophiquement sur la grâce de la ligne courbe ou plutôt serpentine, son penchant naturel l'entraîne vers la caricature, et il semble se réjouir avec une verve diaboliquement satirique au milieu des monstrueuses hideurs qu'il évoque. Pour la faire entrer dans la dure tête de l'humanité, il pousse la leçon jusqu'aux dernières limites de l'outrance, et c'est en cela qu'il est un maître. La plate copie de la réalité ne donna jamais ce titre.

Ses tableaux au nombre de quatre, représentant des scènes d'élection, sont excessivement curieux, et conservent de bizarres détails de mœurs que l'histoire néglige dans sa nonchalance altière. Le premier nous montre le *Régal aux électeurs*. La vieille corruption y apparaît avec toute sa naïveté bestiale : une salle de taverne est le lieu du banquet. Les électeurs, gorgés de viande, crevés de boisson, se pressent autour d'une table chargée de brocs, de victuailles et de cadeaux. L'amphitryon-candidat, obligé de répondre à tous les toasts, se renverse sur sa chaise, gonflé, apoplectique, le visage vultueux, tendant le bras à la saignée et dans un état pitoyable. Au fond, une virago grimpée sur une chaise scie à grands coups d'archet les cordes d'un méchant violon; dans un coin, des commères usent de tous leurs moyens de séduction pour entraîner un électeur incertain. Sur le devant, un agent du candidat panse le crâne d'un homme abîmé dans la bagarre et qui tient sous son pied un papier où sont écrits ces mots dont le sens allusif nous échappe : *Give us our eleven days*. Parmi d'autres paperasses éparpillés près de lui, figure dérisoirement l'acte contre la corruption électorale. Non loin de là, un personnage à tournure ignoble tient à la main un mandat daté du 1ᵉʳ avril 1654, et ainsi conçu : « Je promets de payer à Abel Squat la somme de cinquante livres, six mois après ce jour; valeur reçue : Richard Slim. » Vous voyez comme on observe l'édit. Tout à fait au premier plan, un petit garçon remplit de gin un tonnelet qui sera bientôt tari par l'inextinguible soif des votants.

Dans le second tableau, qu'on pourrait appeler la *Préparation des votes*, des colporteurs juifs offrent des marchandises; un pâtissier coupe des galettes et le candidat tient sa bourse ouverte pour payer les achats des électeurs. Au second plan, des hommes agitent les mandats qu'ils ont reçus. Tout au fond, des émeutiers assiègent le bureau de perception des impôts et on leur tire des coups de fusils par la fenêtre. Devant la taverne de Porto-Bello, deux gaillards fument et boivent, aux dépens du candidat, près d'un lion chimérique en bois ou en carton, qui, avec un effroyable rictus, tient, entre ses crocs, une fleur de lis qu'il semble vouloir avaler. Du balcon de la taverne se penchent vers la rue, pour regarder cet amusant spectacle, deux femmes d'une attitude gracieuse et d'une couleur charmante : deux fleurs que l'artiste a jetées là fort à propos pour délasser l'œil de toutes ces laideurs que Polichinelle parodie en posant sur la pancarte de sa baraque comme « candidat pour Guzzledown. »

Le troisième cadre, intitulé *the Polling* (le vote), pousse jusqu'au paroxysme ce comique féroce dont les Anglais tirent des effets si chargés, et que, littérairement, Swift possédait au plus haut degré. Hogarth s'en est donné ici à cœur joie avec une absence de goût formidable. Il n'a reculé devant rien, et cette tribune au vote est aussi lugubrement caricaturale que la cave des momies dans la tour Saint-Michel, à Bordeaux. On a convoqué le ban et l'arrière-ban des électeurs; les manchots, les boiteux, les paralytiques, les malades même, arrachés de leur grabat dans des couvertures, viennent agoniser à la tribune et déposer leur vote au milieu d'un râle. Il y a là des figures effrayantes, cadavéreuses, spectrales; des êtres hybrides, moitié chair, moitié bois, échafaudés de potences, agitant des moignons. N'est-il pas mort, ce corps inerte à la face livide, aux traits convulsés qu'on hisse le long des gradins? N'est-on pas allé le chercher dans la tombe, parmi les vers, pour faire nombre?

Au quatrième tableau, le candidat a triomphé. On le porte sur une chaise comme sur un pavois, trône chancelant, dont les oscillations l'alarment. Son chapeau est déjà tombé à terre, et sa gloire récente pourrait bien prendre un bain de fange. Des saltimbanques, montreurs de bêtes, se rangent pour laisser passer le triomphateur. Une laie et ses quatre cochons, effrayés du tumulte se précipitent dans l'égout où l'élu risque de les aller rejoindre, car des hommes armés de fléaux attaquent le cortége, à la grande frayeur d'une jeune femme qu'on aperçoit au-dessus d'une terrasse et à qui sa duègne fait respirer des sels ; au fond, la troupe victorieuse agite des bâtons et balance un drapeau à la devise *true blue* (les vrais bleus). Espérons que l'honorable Robert Slim rentrera vivant chez lui.

Dans *the Harlot's Progress* (les Aventures d'une Fille de joie), Hogarth prend, à la descente du coche d'Yorkshire, l'innocente jeune fille que le Minotaure de la débauche doit dévorer ; et il la conduit plus loin que la mort, car il la montre dans son cercueil, objet de curiosités profanes, et ne commandant même pas le respect qu'inspire aux plus endurcis ce lugubre spectacle. L'un des tableaux de cette série nous fait voir cette nouvelle paysanne pervertie parmi les splendeurs du vice élégant ; elle est richement vêtue, elle habite un appartement somptueux. Un homme entre deux âges, d'apparence opulente, déjeune près d'elle à une petite table ; mais la fantasque créature a donné un coup de pied au guéridon, et le plateau se renverse avec un grand fracas de porcelaine et d'argenterie. Un petit groom nègre, portant une théière, s'arrête stupéfait de cette équipée, et un sapajou coiffé d'un bonnet se sauve en glapissant d'effroi. Ce tapage a un motif ; il sert à détourner l'attention de milord protecteur et à dissimuler la fuite d'un amant fort en désordre, qui se sauve son épée sous le bras, les jarretières dénouées, tandis que ses souliers sont emportés par une soubrette experte à protéger les galants. A la planche suivante, le châtiment commence déjà ; il ne se fait jamais attendre longtemps chez Hogarth. A la suite de quelque démêlé avec la police, l'héroïne de ce roman pictural trop véridique a été enlevée et mise dans une maison de pénitence. Elle n'a encore descendu que le premier échelon de la décadence. Elle porte un coquet tablier de taffetas rouge sur une jupe de damas jaune à fleurs ; une fanchon de dentelles se noue sous son menton ; un collier de perles entoure encore son col, et c'est avec des gants longs qu'elle soulève à contre cœur le maillet destiné à teiller le chanvre posé devant elle sur un billot ; mais il n'y a pas à faire la paresseuse ou la délicate. Un surveillant, armé d'une cravache, fait un geste menaçant accompagné d'une grimace significative. Rangées en file, cinq ou six malheureuses, à divers états de dégradation, s'occupent nonchalamment du même travail. Au coin, sur le devant, une fille rattache son bas largement étoilé de trous, et une autre poursuit dans son corsage un ennemi dont elle tire une vengeance espagnole.

Sous le rapport de l'idée et de la composition, il n'y a rien à critiquer dans ces peintures, mais elles sont beaucoup moins satisfaisantes envisagées au point de vue de l'art. Le dessin en est lourd, et la couleur, peut-être bonne autrefois, s'est altérée et rembrunie de manière à rendre certains détails difficilement perceptibles. Elles ont aussi le défaut, comme beaucoup d'autres du peintre, de présenter des personnages vils et des scènes d'abjection, ce qui fit accuser Hogarth de ne pouvoir peindre les gens comme il faut, par manque de distinction, de grâce et d'élégance. Sensible à ce reproche, il prouva qu'il n'était pas fondé en faisant paraître cette série intitulée le *Mariage à la mode*, ce qui est son chef-d'œuvre. Le sujet était pris, cette fois, dans la vie du monde, et l'artiste y démontra victorieusement que, lui aussi, pouvait être, lorsque cela lui plaisait, un artiste fashionable, ou, comme on dit aujourd'hui, de *high life*.

Cette suite, composée de six tableaux, est d'une conservation parfaite, due, sans doute, aux glaces qui les protégent.

Nous allons analyser l'une après l'autre chacune de ces toiles, où un vif sentiment d'art se mêle à l'intention morale et à la peinture curieuse des mœurs d'une époque.

Un grand seigneur, ayant besoin de redorer son blason, a bien voulu condescendre à l'union de son fils avec la fille d'un riche alderman de Londres, désireux d'un titre. La comédie ou, si vous l'aimez mieux, le drame s'ouvre par la signature du contrat, qui en forme l'exposition. Nous sommes chez le très-honorable lord Squanderfield, dans un riche salon orné avec un fastueux mauvais goût. Un portrait, chamarré d'ordres étrangers, se prélasse, au milieu d'un tourbillon de draperies volantes que des vents contraires semblent se disputer, dans une pose emphatiquement ridicule. Un canon dont le boulet est visible lui part entre les jambes. Au plafond, on distingue en perspective *Pharaon se noyant au passage de la mer Rouge*. Les tableaux qui tapissent les murailles sont d'un choix bizarre et farouche, d'où un esprit superstitieux tirerait aisément des présages funestes. Ce sont : *David vainqueur de Goliath, Prométhée et le Vautour, le Massacre des Innocents, Judith et Holopherne, Saint Sébastien*

percé de flèches, Caïn tuant Abel, Saint Laurent sur le gril.
Les appliques des bougies représentent des têtes de Méduse surmontées de couronnes comtales. A travers la fenêtre, on aperçoit un hôtel en construction, mais déjà en ruine derrière ses échafaudages. L'ignorance opiniâtre du lord s'y révèle par le porte à faux des colonnes et autres bévues d'architecture grossières.

L'alderman, assis près d'une table au milieu du salon, le nez chevauché de besicles, tient le contrat de mariage ; son caissier présente au lord une levée d'hypothèques obtenue des créanciers, et, sur le tapis, s'entassent les guinées et les billets de banque, car ce n'est qu'à prix d'or que l'altier seigneur consent à une pareille mésalliance. Superbement vêtu d'un habit nacarat dont les broderies font disparaître le velours, coiffé d'une majestueuse perruque blanche, une main au jabot, il désigne de l'autre un arbre généalogique des plus touffus dont la racine plonge dans le ventre de Guillaume, duc de Normandie. Quelques branches coupées s'en détachent, sans doute pour désigner les prétendants que l'illustre famille dédaigne ou ne reconnaît pas. Son pied goutteux emmailloté de linges repose sur un tabouret, ses béquilles armoriées s'appuient à son fauteuil, derrière lequel s'élève un dais sommé d'une couronne de comte aux pointes burlesquement exagérées. Le lord est un de ces hommes infatués de leur noblesse qui disent à tout propos : ma race, mon titre, mon blason.

A l'autre bout de la chambre, sur une espèce de sopha, les futurs, dédaignant de s'occuper de ces détails matériels, sont assis l'un à côté de l'autre, mais ils ne semblent pas bien violemment épris. Ils se tournent presque le dos. Le mari, jeune fat de constitution chétive, portant au col comme une mouche malsaine la tache noire de la maladie originelle, allonge ses maigres jambes dans des bas de soie blancs à coins d'or, ouvre en dehors comme un danseur les pointes de ses souliers à talons rouges, et puise avec des grâces de marquis français une prise de tabac d'Espagne, tout en retournant la tête pour jeter un coup d'œil de satisfaction à la glace.

Il est difficile de rendre d'une façon plus spirituelle, plus élégante et plus vraie le délabrement aristocratique et l'énervation précoce d'une nature distinguée, et de mieux faire sentir le gentilhomme sous le libertin usé de débauches. Son teint pâle, sa poitrine étroite, ses mains maigres et blanches, ses jambes en fuseaux, ne manquent pas de grâce sous ce velours, ces broderies et ces dentelles, et personne, en voyant le vicomte de Squanderfield, n'élèvera de doute sur sa qualité.

La jeune fille en robe de satin blanc brochée d'or, sans poudre, coiffée de dentelles et de fleurs, écoute en jouant, pour se donner une contenance, avec les bouts d'un mouchoir passé dans une bague, les galanteries que lui chuchote à l'oreille le conseiller Silver-Tongue (langue d'argent), un légiste galantin, qui jouera un grand rôle dans le roman du mariage à la mode.

Cette figure de femme est une des plus jolies qu'ait peintes Hogarth, qui ne sacrifie pas souvent aux grâces. Elle a de la jeunesse, du charme, la beauté du diable et une certaine fraîcheur plébéienne. C'est un meurtre d'unir cette créature pleine de vie à ce frêle cadavre musqué. Sa gaucherie, la façon timide dont elle s'assoit sur le bord du sopha sont intéressantes.

Vers l'angle du tableau, au premier plan, deux chiens enchaînés, l'un de race et estampé d'une couronne, l'autre d'origine vulgaire, se séparent autant que leur laisse le permet.

Au second tableau, le mariage est fait, on pourrait même dire qu'il commence à se défaire. A la suite d'une soirée qui s'est prolongée jusqu'au matin, les invités partis, les deux époux, fatigués et bâillant à qui mieux mieux, se sont jetés sur des fauteuils à chaque coin de la cheminée, où s'écroule un feu de charbon près de s'éteindre. Le comte, il peut porter ce titre maintenant, car son père est allé rejoindre ses illustres aïeux, le comte, le chapeau sur la tête, la veste ouverte, le linge bouffant, les mains enfoncées dans les goussets, s'affaisse sous l'hébètement de l'ivresse; il n'a point passé la soirée avec sa femme, il revient d'une orgie ou même d'un lieu pire encore, car un griffon, innocemment délateur, lui tire à demi de la poche un bonnet de femme chiffonné. L'épée du comte, cassée dans le fourreau, gît sur le tapis et décèle une nuit orageuse.

Madame, en jupe de soie rose-mauve, en corset de taffetas blanc, un bout de mousseline coquettement tourné autour de la tête, comme une personne qui s'est mise à son aise, étire ses bras avec un joli mouvement féminin plein de lassitude voluptueuse; elle tient, dans une de ses petites mains crispées au-dessus de sa tête, un objet qu'il n'est pas facile de déterminer; une bonbonnière ou plutôt une boîte à portrait.

Ses paupières, ensablées de sommeil, se ferment sur un regard dédaigneux lancé à son mari. Près d'elle un guéridon supporte un plateau avec des tasses. Plus loin, une chaise renversée les quatre fers en l'air, des cartes à jouer éparpillées, des étuis d'instruments, des papiers de musique, le traité de Hoyle sur le whist, témoignent que la comtesse n'a pas attendu seule son mari.

Dans le second salon, qu'on aperçoit à travers une baie en arcade supportée par des colonnes de marbre, un domestique somnolent arrange les chaises près des tables de jeu. Des tableaux représentant des apôtres et des saints ornent les murailles ; mais dans un coin, un cadre voilé de rideaux verts mal tirés qui laissent voir le pied d'une nudité mythologique, trahit les penchants licencieux du maître, de même que l'étrange pendule placée dans le premier salon, près de la cheminée, atteste son goût baroque. Un chat y domine gravement un cadran supporté par un singe faisant la grimace au centre d'un buisson touffu de rinceaux où nagent des poissons de Chine. Des bibelots de mauvais choix, statuettes, magots, idoles, potiches chargent le manteau de la cheminée; un buste antique à nez de rapport, préside ce petit monde de figurines monstrueuses, et, derrière lui, dans un cartel, un Amour moqueur joue d'une musette dont les tuyaux font les cornes. Si le comte n'est pas encore enrôlé dans le régiment jaune du Minotaure, cela ne tardera guère.

Ce n'est pas une maison bien ordonnée que celle où le matin voit les bougies fumer en s'éteignant sur les lustres et les chandeliers. Le vieil intendant fidèle, croyant de bonne heure trouver son maître à jeun, est venu, armé d'une liasse de notes, présenter ses comptes et tâcher d'obtenir une réduction de dépenses; mais le pâle gentilhomme, brisé par les fatigues nocturnes, n'est pas en état de l'entendre, et le pauvre serviteur affligé se retire en haussant les épaules avec un geste de pitié impuissante. Il faut abandonner désormais cette belle fortune au torrent de la ruine.

Ici Hogarth mérite tout à fait le nom de peintre qu'on lui refuse parfois et fort injustement. La figure du jeune comte anéanti dans son fauteuil a une valeur d'exécution très-remarquable. La tête pâle, exténuée, morbide, trahissant les révolte de la nature contre les exigences de la débauche, se détache du chambranle grisâtre de la cheminée avec une prodigieuse finesse de ton. Le modelé du masque où il s'agissait de conserver l'apparence de la jeunesse et de la distinction à travers la sénilité et l'hébètement précoces du libertinage est d'une justesse vraiment merveilleuse. Quant au chapeau à plumes, au linge, à l'habit, aux détails du vêtement, il faudrait aller jusqu'à Meissonnier pour rencontrer quelque chose d'égal en fermeté, en précision, en couleur, et encore l'avantage serait-il du côté du peintre anglais, car chacune de ces touches, outre qu'elle rend absolument la nature, exprime le caractère du personnage et concourt à l'effet. La femme est d'une couleur charmante. Rien de plus délicat que le mauve pâle de sa jupe se fondant avec les blancheurs du corset. La tête, dans son nuage de mousseline, nuance sa fatigue d'une animation rosée qu'un fin coloriste pouvait seule trouver sur sa palette. Le fond est traité de la façon la plus magistrale comme perspective aérienne et linéaire. Le ton en est sobre, tranquille et chaud ; aucun détail n'y papillote et n'y tire l'œil; et cependant ils ne sont pas sacrifiés, car tous ont leur signification et doivent être lus clairement. C'est un tableau excellent et qui subirait sans y perdre les plus redoutables voisinages. On voit que Hogarth tenait à prouver qu'il était capable d'être autre chose qu'un humoriste en caricature et qu'il pouvait peindre avec art des sujets relativement élevés.

Voici les deux premiers chapitres du roman ou les deux premiers actes de la comédie qui bientôt va tourner au drame après un intermède sinistrement bouffon.

Le troisième tableau de la série porte ce titre : *The Visit to the quack doctor*, que l'on pourrait traduire la Visite au charlatan. Figurez-vous un cabinet de médecin, un laboratoire de chimiste, un atelier de mécanicien fondant ensemble leurs capharnaüms : têtes de mort, cornues, alambics, squelettes, préparations d'anatomie, monstruosités, roues à dents, appareils d'une complication bizarre, bocaux, fioles, bouquins, paperasses, et tout ce qui peut meubler l'antre d'un Faust de contrebande.

Le docteur, en perruque in-folio, debout près d'une table sur laquelle pose un crâne vermiculé de trous, signature d'un remède pire que la maladie, nettoie d'un air goguenard les verres de ses besicles et paraît s'apprêter, en ricanant d'un rire de faune, à quelque scabreux examen médical. Sur un fauteuil, un personnage que sa physionomie élégamment délabrée et la mouche noire de son cou font tout de suite reconnaître pour le comte, s'étale sans le moindre embarras et comme habitué à de pareilles mésaventures. Il montre au charlatan une petite boîte de pilules qui probablement n'ont pas produit grand effet. Non loin du comte est debout, l'air timide et souffrant, une jeune fille de quatorze ou quinze ans au plus : d'une main elle tient aussi une boîte et de l'autre elle porte un mouchoir à ses yeux. Elle est jolie ; ses traits doux et fins conservent encore un reflet de candeur enfantine, mais elle a déjà perdu l'innocence. Sa mise est plus riche qu'il ne convient à son âge. Un camail de velours bleu passementé d'or couvre ses épaules. Une robe de brocart à ramages laisse voir sa jupe de mousseline ; une montre pend à sa ceinture ; la fanchon de dentelles qui entoure son délicat visage est sans doute destinée à remplacer le bonnet que le chien griffon, dans le tableau précédent, tirait de la poche du comte. Mais que signifie cette femme ou plutôt cette mégère au visage constellé de mouches, à la poitrine tatouée des lettres F. C., mise d'une façon voyante et cossue, en vaste jupe noire bouffante sur laquelle se découpe un court tablier de taffetas rouge ; qui, armée d'un couteau ouvert, semble menacer le comte fort peu alarmé, du reste, de ses injures ? Est-ce une Fillon anglaise défendant l'honneur de sa maison contre une pratique dont elle aurait à se plaindre ? Nous ne saurions le dire. Les commentateurs prétendent que les lettres F. C. désignent Fanny Cox, la fille d'un crieur avec qui Hogarth avait eu des démêlés. D'autres voient un E dans l'F et indiquent un nom différent ; mais au fond, tout cela importe peu. Ce qu'il y a de sûr, c'est que la jeune fille est charmante, le comte plein de désinvolture, le docteur rusé, spirituel et moqueur comme un masque de Voltaire, et que les innombrables accessoires dont le fond du tableau est encombré restent à leur plan, discernables pourtant dans leur pénombre, discrets mais ne sacrifiant aucun détail caractéristique, résultat qu'un maître seul pouvait obtenir et que Hogarth, souvent moins bien inspiré, n'atteint pas toujours.

Dans le quatrième tableau, Hogarth nous fait assister à une matinée musicale chez la comtesse. Le jeune ménage mène toujours grand train, malgré les représentations de l'intendant fidèle. Madame est à sa toilette devant une table chargée d'un miroir et de tout l'arsenal de la coquetterie ; son costume se compose d'une robe de satin jaune fort décolletée, sur laquelle est jeté un peignoir. Un perruquier, dont les traits offrent l'exagération caricaturale du type français tel que l'Angleterre le comprenait au siècle dernier, met des papillotes à la comtesse, qui écoute, sans se préoccuper beaucoup du concert, les propos galants du conseiller Silver-Tongue, devenu l'ami de la maison, car son portrait figure effrontément parmi les tableaux appendus à la muraille. Silver-Tongue propose à la comtesse un billet de bal masqué. On voit que le ménage est en plein désordre, et que, depuis la scène du contrat, le galant homme de loi a fait bien du chemin.

Sur le devant du tableau, un célèbre sopraniste du temps, le signor Carestini, dont l'embonpoint colossal fait penser à celui de Lablache, chante un morceau qu'accompagne un joueur de flûte allemand, très en vogue alors. Carestini est vêtu d'une façon magnifique, tout brodé d'or, tout inondé de dentelles, des bagues à tous les doigts ; il a un air d'assurance et de satisfaction, une fatuité nonchalante qui sentent le virtuose gâté par le succès. Une dame habillée de blanc, les bras étendus comme pour prendre les notes au vol, se livre à des pamoisons admiratives les plus ridicules du monde. Encore un peu, elle va donner du nez en terre. Heureusement, un nègre en livrée verte la secoue de son extase pour lui offrir une tasse de chocolat.

Sur le parquet, au premier plan, un petit nègre ramasse un lot de curiosités achetées à la vente aux enchères. Parmi ces bibelots de mauvais goût, figure une statuette d'Actéon déjà cerf par la tête. Le symbole est transparent. Des cartes d'invitation, des billets d'excuses gisent confusément à terre, et renseignent sur les habitudes de la maison. Il faut remarquer aussi que la scène ne se passe pas au salon, mais dans une chambre à coucher dont le fond est occupé par un lit de parade surmonté d'une couronne de comte, ce qui indique une imitation des mœurs françaises. Aucun détail n'est insignifiant dans Hogarth.

Le cinquième tableau prouve d'une manière tragique et sinistre à quels résultats peut aboutir une union mal assortie. On n'a pas oublié le billet de bal masqué que Silver-Tongue présente à lady Squanderfield dans la scène précédente. Grâce aux facilités du déguisement, le couple adultère s'est esquivé du bal. Un *bagno*, honteux asile des amours furtives ou criminelles, leur a fourni son abri hasardeux. Le lieu est assez sinistre d'aspect, et il faut tout l'emportement de la passion pour ne pas frémir en mettant le pied sur le seuil. Une vieille tapisserie d'Arras représentant le massacre des Innocents, figuré avec une barbarie gothique, recouvre les murailles ; le portrait d'une courtisane célèbre y est cloué d'une façon si étrange que les jambes d'un satellite d'Hérode, se bifurquant sous le cadre, semblent appartenir à la donzelle. L'ombre des pincettes adossées au chambranle d'une cheminée enlevée avec le mur que l'artiste a dû abattre idéalement pour faire plonger le regard du spectateur dans ce triste réduit, s'allonge sur le plancher, dessinant la silhouette d'un vague spectre. Près d'un fagot destiné aux feux impromptu que nécessite l'arrivée des couples, gît le corset de la comtesse. Faut-il voir, dans ce rapprochement du fagot et du corset, une allusion injurieuse aux charmes de la jeune lady, ainsi que le prétendent certains commentateurs? Nous préférons y lire la hâte et le trouble d'un rendez-vous dangereux.

Une crinoline à cercles d'acier, exactement pareille à celles que les femmes portent de nos jours, ballonne non loin de là. Sur une chaise traînent un domino et un masque. Dans l'angle, des rideaux de serge entr'ouverts trahissent le désordre d'un lit quitté brusquement. Voilà une plantation de décor qui ne promet rien de bon. Aussi la scène est-elle digne du fond qui l'encadre. Lord Squanderfield, sans doute prévenu par quelque lettre anonyme ou quelque domestique chassé, a suivi les amants, attendu le flagrant délit et forcé la porte. Un combat s'en est suivi entre le mari et l'amant, combat funeste au pauvre comte qui, le jabot taché de sang, la pâleur de la mort sur la figure, laissant glisser son épée de ses doigts inertes, chancelle et va tomber pour ne se relever jamais. La coupable, éperdue, nu-pieds, en manteau de nuit et en chemise, se traîne aux genoux du comte qui ne l'entend déjà plus, criant grâce et merci! Au fond, dans la baie d'une fenêtre à guillotine, s'enchâsse avec un raccourci lugubrement grotesque, la fuite du conseiller Silver-

Tongue, en costume adamique. Rien de plus effrayant que cette tête effarée, livide, spectrale, jetant par-dessus l'épaule un regard de suprême horreur à l'asile de la débauche devenu le théâtre du crime. L'assassinat commis, le coupable évadé, la justice au pied lent qui n'abandonne jamais le criminel, arrive, sa lanterne à la main, sous la figure de deux agents de police, l'un gras et l'autre maigre.

Il y a une vraie terreur dans cette toile aux tons sombres encore rembrunis par le temps. Les figures s'en détachent vagues, blafardes et terribles comme des fantômes.

Vous croyez peut-être le drame fini et la leçon suffisante? Nullement; il y a encore un acte intitulé la *Mort de la comtesse*. Après cette tragique aventure et le scandaleux éclat qui s'en est suivi, Lady Squanderfield, devenue veuve, a dû se réfugier dans la maison paternelle, chez l'alderman, au sein de la Cité. Par la fenêtre entr'ouverte, on aperçoit le pont de Londres tout couvert de maisons, comme il était alors. L'intérieur de la chambre contraste avec les élégants salons où se passaient les premières scènes du drame. Quelques grossières images collées au mur, un râtelier de pipes communes, quelques livres d'arithmétique, de jurisprudence et de commerce, s'épaulent les uns contre les autres sur les tablettes des encoignures formant l'ameublement. La table est encore couverte des débris d'un déjeuner plus que frugal: un œuf à la coque tenu en équilibre au milieu d'un tas de sel, moyen auquel Christophe n'avait pas songé, une tête de veau qu'emporte un chien, profitant du trouble produit par la catastrophe, voilà tout. Ce n'est pas misère, mais avarice.

Au milieu de la chambre, renversée sur son fauteuil, son

corsage défait comme une personne qui suffoque, le visage masqué d'une pâleur exsangue, le nez déjà tiré, l'œil vitreux, la comtesse exhale son dernier soupir. Une vieille domestique soulève entre ses bras, pour le baiser suprême, le fruit malsain de cette triste union, un pauvre enfant de quatre à cinq ans, blafard, scrofuleux, rachitique, marqué du stigmate noir, comme son père. Ses petites jupes, à demi-soulevées, laissent voir les brodequins orthopédiques, tuteurs de ses jambes nouées.

L'alderman arrache au doigt de la comtesse un anneau que sa main roidie par la mort retiendrait peut-être plus tard. C'est une valeur qu'il est inutile d'ensevelir avec la défunte. Un peu en arrière de ce groupe, un apothicaire aux formes trapues secoue par sa cravate une espèce de valet imbécille, jocrisse de la domesticité, enseveli dans une souquenille trop grande pour lui, qui lui descend jusqu'aux talons. Quelle bévue, quelle faute peut avoir commis cet animal? Regardez cette fiole de laudanum jetée à terre aux pieds de la comtesse. C'est le valet qui l'est allé chercher. Armée de ce poison, lady Squanderfield s'est débarrassée d'une vie insupportable désormais. Si vous voulez savoir la cause de cette résolution désespérée, baissez-vous et lisez cette feuille volante tombée près de la fiole. C'est la cause à côté de l'effet. Ce *canard* a tué la comtesse. Une potence lui sert de vignette. L'imprimé contient le discours prononcé sur l'échafaud par le conseiller Silver-Tongue, que cette fois sa langue d'argent n'a pu disculper. Le médecin, appelé trop tard, s'esquive silencieusement. La Faculté n'aime pas à se trouver en face de la mort.

Ce tableau est un des meilleurs de Hogarth. La figure de la comtesse expirante effraye par la vérité de l'agonie physique, sous laquelle transparaît l'agonie morale, plus douloureuse encore. Hogarth a touché là presque au sublime, et le pinceau n'a pas fait défaut à l'idée. Les autres personnages sont tous admirablement caractérisés, et les fonds touchés avec une sobriété chaude digne de Téniers ou d'Ostade.

Nous avons analysé longuement cette suite. Elle est, comme pensée et comme exécution, l'œuvre la plus parfaite de Hogarth. L'artiste s'y montre l'égal du philosophe. Ce n'est pas tout Hogarth, mais c'est assez pour que, désormais, aucun tableau du maître ne vous apprenne rien de nouveau sur lui, pas même ses tableaux d'histoire, genre qui n'était pas le sien, et dans lequel il ne s'est heureusement pas obstiné.

Le mérite de Hogarth est d'avoir été intimement et profondément Anglais, Anglais jusque dans la moelle de ses os. Il a tiré son art de son temps, chose difficile, et nul artiste n'a fait preuve d'une originalité plus absolue dans ses défauts comme dans ses qualités.

FIN

TABLE

Introduction.	1
Léonard de Vinci.	1
Fra Giovanni da Fiesole.	27
Hemling.	47
Raphael.	55
Corrége.	71
Michel-Ange.	97
Giorgione.	141
Titien.	149
Paul Véronèse.	171
Holbein.	185
Rubens.	195
Van Dyck.	223
Rembrandt.	241
Don Diego Velasquez.	265

Esteban Murillo	289
Nicolas Poussin	309
Eustache Le Sueur	325
David	339
Prudhon	361
Delacroix	383
Reynolds	399
William Hogarth	411

PARIS. — IMP. SIMON RAÇON ET COMP., RUE D'ERFURTH, 1.

www.ingramcontent.com/pod-product-compliance
Lightning Source LLC
Chambersburg PA
CBHW050149230526
45470CB00001B/21